Lebenslanges Lernen und Weiterbildungsberatung

STUDIEN ZUR PÄDAGOGIK, ANDRAGOGIK UND GERONTAGOGIK

Begründet von Franz Pöggeler

Herausgegeben von Bernd Käpplinger und Steffi Robak

BAND 83

Bernd Käpplinger / Caroline Dietz / Martin Reuter (Hrsg.)

Lebenslanges Lernen und Weiterbildungsberatung

Politisch-wissenschaftliche Diskurse und Perspektiven in der Bevölkerung

PETER LANG

Berlin · Bruxelles · Chennai · Lausanne · New York · Oxford

Bibliografische Information der Deutschen Nationalbibliothek
Die Deutsche Nationalbibliothek verzeichnet diese Publikation in der Deutschen Nationalbibliografie; detaillierte bibliografische Daten sind im Internet über http://dnb.d-nb.de abrufbar.

In diesem Band werden Ergebnisse des Projekts „Lebensbegleitendes Lernen und Weiterbildungsberatung“ publiziert, das vom Bundesministerium für Bildung und Forschung unter dem Förderkennzeichen W148700 zwischen 2021 und 2024 gefördert wurde.

Umschlagabbildung: Bearbeitete Version einer Infografik aus der BIBB-Fachzeitschrift Berufsbildung in Wissenschaft und Praxis, Ausgabe 1/2020, S. 20

ISSN 0934-3695
ISBN 978-3-631-93650-4 (Print)
ISBN 978-3-631-93651-1 (E-PDF)
ISBN 978-3-631-93652-8 (E-PUB)
DOI 10.3726/b22824

Verlegt durch Peter Lang GmbH, Berlin (Deutschland)

info@peterlang.com – www.peterlang.com

Inhaltsverzeichnis

Bernd Käpplinger

Einleitung und Rahmung

Weiterbildungsberatung wird seit einigen Jahren vielfach eine große Bedeutung bei der Steigerung der Weiterbildungsbeteiligung zugesprochen (u. a. Gieseke & Opelt, 2004; Käpplinger, 2020; Weiß, 2008). Ein damit oft verbundener, normativer Leitgedanke ist hier, wie Weiterbildungsberatung Individuen dabei unterstützen kann, wie sie autonome Weiterbildungsentscheidungen gut informiert treffen können. Weiterbildungsberatung sollte und darf kein dominant politisches Steuerungsinstrument von Fördermittelgebern sein, um bestimmte Weiterbildungsentscheidungen regulativ explizit oder implizit anzubahnen (vgl. Käpplinger, 2016), die zum Beispiel aufgrund aktueller Arbeitsmarkt- und Wirtschaftslage politisch opportun erscheinen. In unseren empirischen Studien in diesem Band wurde an mehreren Stellen von Befragten in der Vergangenheit genutzte Beratungen kritisiert, die sie wohl eine bestimmte Richtung lenken wollten und sich zu wenig auf die zu beratenden Personen eingelassen haben. Es verwundert nicht, dass Tagungen zu Beratungsethik eine große Resonanz finden (dvb, 2018). Auch in digitalen Beratungsräumen stellen sich viele (neue) ethische Fragen wie man Beratungen (nicht) durchführen sollte.

Neben Face-to-Face Beratungen, Mail- und Videoberatungen wird Weiterbildungsberatung auch in Form von Telefonberatung angeboten. Im Sinne einer Exploration dieses Formats stand die Praxis eines spezifischen Telefonberatungsangebots zunächst im Fokus der nachfolgend dargelegten Analysen im Rahmen unseres Projektes, was dankenswerter Weise vom Bundesministerium für Bildung und Forschung (BMBF) zwischen 2021 und 2024 in mehreren Projektphasen gefördert wurde. Besonderen und herzlichen Dank möchten wir hier Heidemarie Stuhler vom BMBF aussprechen, die sich über Jahre und Projektphasen hinweg für die hier im Folgenden vorgestellten Studien und Analysen vehement eingesetzt hat. An ihr hat es sicherlich nicht gelegen, dass sich das BMBF leider gegen eine weitere Förderung des Info-Telefons ausgesprochen hat, was wir und andere Fachleute sehr bedauern (siehe auch Käpplinger et al., 2023). Wir hoffen, dass Telefonberatung aber auch in ein paar Jahren eine (neue) Zukunft haben wird und dabei dann ggf. die reichhaltigen Forschungsbefunde, die wir im Folgenden präsentieren werden, eine Anregung und Hilfestellung bieten können, damit man quasi „das Rad nicht neu erfinden“ muss. Über die Telefonberatung hinaus, meinen wir in diesem Band auch viel mehr und weitere Erkenntnisse auch zu anderen

Beratungsformen und -anbietern vor allem aus Perspektive der Bevölkerung gewonnen zu haben, die manche Diskurse in Politik und Wissenschaft mindestens neu zur Diskussion stellen.

Von Januar 2015 bis November 2022 förderte das Bundesministerium für Bildung und Forschung (BMBF) das sogenannte „Infotelefon Weiterbildungsberatung". Zum Zeitpunkt des Projektbeginns gab es relativ wenige empirischen Forschungsaktivitäten zur theoretischen und praktischen Grundlegung und weiteren Ausarbeitung von Telefonberatung insbesondere im Feld von Beratung in Bildung, Beruf und Beschäftigung in Deutschland. Vorliegende mikroanalytische und empirische Untersuchungen von Bildungsberatungsprozessen in diesem Feld bezogen sich fast ausschließlich auf Face-to-Face-Beratungen. Hier wurden z. B. die Funktion der Wissensvermittlung (Enoch, 2011), die von Fragetechniken (Müller, 2005) oder die Beratungspraktiken in einzelnen Phasen der Gespräche (Pörtner, 2006; Gieseke & Stimm, 2016) rekonstruiert. Weitere Studien fokussierten Besonderheiten spezifischer Formate (z. B. Kurswahlberatungen (Stanik, 2014), Existenzgründungsberatungen (Maier-Gutheil, 2009), Gutscheinberatungen (Käpplinger & Stanik, 2014) oder betrachteten die Einflüsse der institutionellen Anbieter auf die Beratungsinteraktionen (Stanik, 2015). Analysen von Mail-Beratungsprozessen als medial vermittelte Beratungen zeigten zudem, dass hier die Beratungsanliegen der Ratsuchenden häufig nicht in ihrer Komplexität bearbeitet werden und die Ratsuchenden zu Face-to-Face-Beratungen veranlasst werden sollen (Stanik & Maier-Gutheil, 2018). Sicherlich wäre hier noch einiges mehr zu nennen an empirischen Studien zu Weiterbildungsberatung. Die Forschung hat sich hier durchaus erfreulich ausdifferenziert (vgl. auch Käpplinger 2019). Speziell zur Telefonberatung oder hybriden Formen entstanden so auch in den letzten Jahren einige Publikationen der Forschung (Lerch & Weitzel, 2024; Mocigemba & Unterreiner, 2024; Pätzold & Dohmen, 2024; Schmidt-Lauff & Rathmann, 2024). Dies war teilweise durch die Corona-Krise befördert, weil telefonische oder digitale Beratungsformen hier oft allein praktikabel waren in manchen Phasen der Pandemie bzw. durch den politischen Umgang mit der Pandemie (vgl. Wenzel & Jaschke, 2020).

Caroline Dietz und Martin Reuter eröffnen diesen Sammelband nach der Einleitung mit dem Beitrag „Weiterbildungsberatung in bildungspolitischen Dokumenten zum Lebenslangen Lernen". Dabei gehen Sie auf Basis der Analyse von Dokumenten unterschiedlicher bildungspolitischer Akteure auf nationaler und internationaler Ebene der Frage nach, welche Bedeutung der Weiterbildungsberatung bildungspolitisch zukommt und welche Beratungsverständnisse sichtbar werden.

Nina Lichte und Bernd Käpplinger gehen anschließend in ihrem Beitrag der „Relevanz von Telefonberatung in der Weiterbildung per Literatur- und Dokumentenanalyse" nach. Dieser Beitrag entstand in der ersten Projektphase, als wir uns vertieft mit der Telefonberatung national und international gestützt auf Literatur befasst haben. Er liefert wichtige Grundlagen und gibt einen guten Überblick, was weitere oder vertiefende Forschungsarbeiten zu Telefonberatung unterstützen und anregen kann. Forschungslücken werden aufgezeigt.

Tim Stanik und Anika Denninger befassen sich dann qualitativ empirisch auf der Basis von Beobachtungen und Dokumentenanalysen mit „Anlässe und Prozessierung im Kontext telefonischer Weiterbildungsberatung". Hier bestand die Möglichkeit und Chance im für das Info-Telefon zuständigen Callcenter in Rostock vor Ort Beratungsgespräche zu beobachten und mit den Beratenden Interviews zu führen. Konkrete Fälle von Anrufenden konnten so besprochen werden. Den Beratenden vor Ort in Rostock möchten wir nachdrücklich danken für ihre professionelle Offenheit und Bereitschaft sich im wörtlichen Sinne „über die Schulter schauen zu lassen". Dabei fiel u. a. auf, dass die Telefonberatung nicht immer allein telefonisch stattfand, sondern Tools für ein Co-Browsing genutzt wurden, sodass sowohl Telefon als auch Internet in Beratungen hybrid verbindend genutzt wurden in Beratungssitzungen. Die Beobachtungen und Gespräche vor Ort waren sehr wichtig, um die Telefonberatungen gut zu verstehen.

„Zur Gestaltung der Weiterbildungsberatung: Erfahrungen und Erwartungen aus Bevölkerungsperspektive" äußern sich dann Caroline Dietz, Martin Reuter, Claudia Pohlmann und Nina Lichte. Dieser Beitrag entstand in der zweiten Projekthälfte als leider schon klar geworden war, dass das Info-Telefon des Bundesministeriums für Bildung und Forschung nicht fortgeführt werden würde. Unser ursprüngliches Forschungsinteresse mehr darüber zu erfahren, wie man fokussiert Telefonberatung im Verhältnis zu anderen Beratungsformen (Präsenz und digital) gewichten kann aus Bevölkerungsperspektive wurde nun weniger prominent. Wir konnten hier unser Forschungsinteresse rechtzeitig vor der qualitativen und quantitativen Feldphase neu justieren und uns nun mehr damit befassen, wie Weiterbildungsberatung insgesamt von der Bevölkerung und verschiedenen Gruppen in der Bevölkerung wahrgenommen wird. War unser Projekt zunächst stark anwendungsorientiert ausgelegt, konnten wir nun stärker forschungs- bzw. grundlagenorientiert forschen. So kam im quantitativen Forschungsteil auch ein Vignettendesign zum Einsatz, um allgemeinen Präferenzen der Bevölkerung zu Weiterbildungsberatung zu eruieren: „Durchführung einer Online-Erhebung im Rahmen der Studie „Weiterbildungsberatung und Lebensbegleitendes Lernen""" von Frank Arndt, Frauke Bilger, Eva Koubek und Bernd Käpplinger. Vignettenstudien wurden bislang eher selten in der Weiterbildungsforschung durchgeführt.

Sie bieten anspruchsvolle Auswertungsmöglichkeiten, aber bringen auch methodische Herausforderungen mit sich, da u. a. in der praktischen Umsetzung das sogenannte Vignettenuniversum begrenzt ist, wenngleich man sich eigentlich noch viel mehr Parameter vorstellen und wünschen könnte, die man den Befragten dann zur Beurteilung und Bewertung vorlegt. Im qualitativen Forschungsteil von Dietz, Reuter, Pohlmann und Lichte wurden dagegen bundesweit Gruppendiskussionen zu Weiterbildungsberatung durchgeführt und ausgewertet. Den Vermittelnden in verschiedenen Organisationen möchten wir nachdrücklich danken für ihre Unterstützung, um Teilnehmende an den Gruppendiskussionen zu finden und Räumlichkeiten in verschiedenen Organisationen zur Durchführung der Diskussionen nutzen zu können. Gruppendiskussionen oder Fokusgruppen gibt es in der Weiterbildungsforschung durchaus oft, aber nur relativ selten bislang zu Weiterbildungsberatung. Generell haben wir den Eindruck gewonnen, dass wir viele valide und vertiefte Einblicke in die Bevölkerungsperspektive gewinnen konnten und dies auch Überraschungen vorhält, da die Bevölkerungsperspektive nicht immer identisch mit den Perspektiven von Politik, Wissenschaft und Beratungspraxis sind. Dies kann vielleicht Anregungen bieten, beliebte Diskussionspunkte neu anzugehen bzw. anders zu sehen.

Der abschließende Vergleich der Projekte, Fazit und Empfehlungen erfolgt schließlich durch Bernd Käpplinger, Caroline Dietz und Martin Reuter. Hier führen wir die Ergebnisse aller Projektphasen und -teile kontrastierend und komprimiert zusammen. Den Lesenden mit wenig Zeit sei besonders dieses Kapitel zur Lektüre und für einen Gesamtüberblick empfohlen. Oftmals unterstützen sich qualitative und quantitative Methoden dabei wechselseitig, aber es kommt auch zu differenten Ergebnissen, die u. a. weiteren Forschungsbedarf begründen. Es ist als Wissenschaftlerin und Wissenschaftler durchaus eine Herausforderung, Empfehlungen für Politik und Praxis auszusprechen. Gerade unser Projekt und seine zunächst enge Einbindung in die existierende Förderpraxis des Info-Telefons zeigt nahezun exemplarisch auf, wie different Politik und Wissenschaft agieren können. Politische Entscheidungen werden oft unabhängig von Wissenschaft und wissenschaftlichen Erkenntnissen getroffen. Die Einstellung des Info-Telefons war eindeutig eine rein politisch-finazielle Entscheidung, die sich nicht auf wissenschaftliche Erkenntnisse oder Empfehlungen stützte. Macht dies das Geben von Empfehlungen durch die Wissenschaft überflüssig? Wir denken nicht, da politische Entscheidungen auch revidiert werden können und man auch kaum darüber weiß, wie Empfehlungen durch die Wissenschaft über verschlungene und langwierige Wirkungen in Politik und Praxis vielleicht doch wirkungsvoll werden. Wir würden uns jedenfalls freuen, wenn zum Beispiel in ein paar Jahren Telefonberatung als eine auszubauende Beratungssäule wiederentdeckt würde und unsere Publikation hier dann eine Renaissance erfahren würde. Außerdem ist dieses Buch wie bereits mehrfach erwähnt auch deutlich breiter angelegt, da es sich bei weitem nicht allein mit Telefonberatung befasst, sondern sich in weiten Teilen mit Weiterbildungsberatung insgesamt befasst. Wir haben uns deswegen auch bewusst dagegen entschieden, die Erkenntnisse dieses Projekts in verschiedene, parzellierten Aufsätzen zu veröffentlichen, sondern wollen bewusst alle Ergebnisse hier gebündelt zusammenführen und in einem Zusammenhang stellen. Dies mag nicht modisch sein, weil heutzutage leider oft (zu sehr) der Fokus auf referierte Aufsätze liegt, aber wir sehen die große Gefahr, dass allein durch referierte Aufsätze Zusammenhangswissen zu wenig gefördert wird.

Literatur

dvb – Deutscher Verband für Berufs- und Bildungsberatung (2018). Beratungsethik und Vielfalt der Berufsfelder. Fachmagazin dvb-forum. 10.3278/DVB1802W

Enoch, C. (2011). *Dimensionen der Wissensvermittlung in Beratungsprozessen. Gesprächsanalysen der beruflichen Beratung.* Springer VS.

Gieseke, W., & Stimm, M. (2016). *Praktiken der professionellen Bildungsberatung. Innensichten auf die Entscheidungsfindung im Beratungsprozess.* Springer.

Gieseke, W., & Opelt, K. (2004). *Weiterbildungsberatung II. Studienbrief EB 2001, 2. überarb. Aufl.* TU Kaiserslautern, Zentrum für Fernstudien und Universitäre Weiterbildung.

Käpplinger, B., Reuter, M., Dietz, C., Schmidt-Lauff, S., Rathmann, M., Pätzold, H., Dohmen, J., Lerch, S., Weitzel, H., & Ellwart, K. (2023). Positionspapier: Anforderungen an eine zeitgemäße und professionelle Bildungsberatung. *Hessische Blätter für Volksbildung, 73*(3), 91-93. URL: https://hessische-blaetter.de/articles/225/files/650d6624174eb.pdf

Käpplinger, B. (2020). Weiterbildungsberatung: Mantra oder manifester Bedarf? *Berufsbildung in Wissenschaft und Praxis, 49*(1), 17–21.

Käpplinger, B. (2019). Beratung im Rampenlicht – Von Sisyphos zu Prometheus? In O. Dörner, C. Iller, I. Schüßler, C. Maier-Gutheil, & C. Schiersmann (Hrsg.), *Beratung im Kontext des Lebenslangen Lernens. Konzepte, Organisation, Politik, Spannungsfelder* (S. 17–32). Barbara Budrich.

Käpplinger, B. (2016). Gutscheinberatung – Regulative Beratung. In W. Gieseke, & D. Nittel (Hrsg.), *Handbuch Pädagogische Beratung über die Lebensspanne* (S. 259–266). Beltz Juventa.

Käpplinger, B., & Stanik, T. (2014). Gutscheinberatung als regulative Beratungsarbeit in der Weiterbildung: Verpasste Chancen für Beratung? In A. Schlüter (Hrsg.), *Beratungsfälle – Fallanalysen für die Lern- und Bildungsberatung* (S. 144–160). Barbara Budrich.

Lerch, S., & Weitzel, H. (2024). Beratung für lebensentfaltende Bildung. *Zeitschrift für Weiterbildungsforschung, 47*, 47–62. https://doi.org/10.1007/s40955-024-00273-1

Maier-Gutheil, C. (2009). *Zwischen Beratung und Begutachtung. Pädagogische Professionalität in der Existenzgründungsberatung.* Springer VS.

Mocigemba, D., & Unterreiner, L. (2024). Hybridisierungstendenzen in Settings der Berufs- und Laufbahnberatung. *Zeitschrift für Weiterbildungsforschung, 47*, 7–27. https://doi.org/10.1007/s40955-024-00275-z

Müller, A. (2005). *Weiterbildungsberatung. Qualitative Analyse von Interaktions- und Prozessverläufen situativer und biographieorientierter Weiterbildungsberatungsgespräche.* Rhombos.

Pätzold, H., & Dohmen, J. (2024). Die Rolle von neutraler, überregionaler, telefonischer Weiterbildungsberatung und verwandter Formen im Weiterbildungsberatungssystem. *Zeitschrift für Weiterbildungsforschung, 47*, 63–80. https://doi.org/10.1007/s40955-024-00277-x

Pörtner, S. (2006). *Anforderungsstruktur und Praktiken der Berufswahlberatung. Eine interaktionsanalytische Untersuchung von Berufsberatungsgesprächen.* Universitätsbibliothek Johann Christian Senckenberg.

Schmidt-Lauff, S., & Rathmann, M. (2024). Weiterbildungsberatung im Online-Format – Zur Analyse digitaler Dokumente. *Zeitschrift für Weiterbildungsforschung, 47*, 81–97. https://doi.org/10.1007/s40955-024-00279-9

Stanik, T. (2015). *Beratung in der Weiterbildung als institutionelle Interaktion.* Peter Lang.

Stanik, T., & Maier-Gutheil, C. (2018). E-Mail-Weiterbildungsberatungen. Ergebnisse einer qualitativen Korrespondenzanalyse. *MedienPädagogik. Zeitschrift für Theorie und Praxis der Medienbildung, 30*, 73–93. https://doi.org/10.21240/mpaed/30/2018.03.02.X

Weiß, R. (2008). Weiterbildung: Beratung tut not. *Berufsbildung in Wissenschaft und Praxis (BWP), 37*(1), 3–4.

Wenzel, J., Jaschke, S., & Engelhardt, E. (2020). Krisenberatung am Telefon und per Video in Zeiten von Corona. *e-beratungsjournal.net, Fachzeitschrift für Onlineberatung und computervermittelter Kommunikation, 16*, 1.

I. Diskurse in Politik und Wissenschaft

Caroline Dietz und Martin Reuter

Weiterbildungsberatung in bildungspolitischen Dokumenten zum Lebenslangen Lernen

1 Einleitung

Seit rund 60 Jahren existieren im politischen und wissenschaftlichen Raum Begriffe und Konzepte eines Lernens über den ganzen Lebensverlauf (Elfert, 2018; Hof, 2022; Ioannidou, 2010; Jakobi, 2009). Die Begriffe variieren dabei von Lebenslangem Lernen bzw. Lifelong Learning, Lifelong Education, Lifewide Learning, éducation permanente oder recurrent education und werden zum Teil nicht differenziert und durchaus synonym verwendet. Gleichwohl lassen sich aus dem Gebrauch der Begriffe Unterschiede erkennen, die auf spezifische Verständnisse und Bedeutungen hinweisen. Im EU-Kontext und auch auf nationaler Ebene wurde der Begriff Lebenslanges Lernen um die letzte Jahrtausendwende besonders relevant und unter anderem Gegenstand von europaweiten und nationalen Konsultationen (Käpplinger, 2001). Konzeptionell wird auf Lebenslanges Lernen als alltägliches Phänomen und evolutionär bzw. biologisch bedingte Notwendigkeit verwiesen (vgl. Hof, 2022, S. 18). Hierbei erscheint Lernen als „ein lebenslang notwendiger Prozess (vgl. Gerlach, 2000, S. 157) und ein konstitutiver Teil der sozialen Realität (vgl. Kell, 1996, S. 48). Leben ist hier gleichsam identisch mit Lernen“ (zit. n. Hof, 2022, S. 18). Im politischen Diskurs veränderte sich das Verständnis im Sinne einer strategischen und funktionalen Zuspitzung (vgl. ebd.). Lebenslanges Lernen gewinnt dabei eine hohe Relevanz und Notwendigkeit für den Funktionserhalt der gesamten Gesellschaft. Vor allem seit dem Memorandum über Lebenslanges Lernen (Europäische Kommission, 2000) wurde dies Gegenstand bildungspolitischer Leitlinien und Programmatiken.

In diesbezüglichen Diskursen wird seit den 2000er Jahren verstärkt die Bedeutung der Weiterbildungsberatung als „Eckpfeiler“ (Gieseke, 2016, S. 31) oder „Supportstruktur“ (Nuissl, 2000; Schmidtke & Gugitscher, 2021) für Lebenslanges Lernen beschrieben und diskutiert. Oft stehen hierbei zwei Ziele im Mittelpunkt. Erstens soll Weiterbildungsberatung dazu beitragen, die Transparenz des Weiterbildungsmarktes zu erhöhen. Es besteht die Einschätzung, dass es gerade Laien schwerfällt, sich auf diesem Markt zu informieren und zu orientieren. Auch empirische Ergebnisse des Adult Education Survey (AES) zeigen, dass sich im Jahr 2022 über 44 Prozent der befragten Erwachsenen mehr Informationen und Beratung zu Weiterbildung wünschen, was seit 2010 einen neuen Höchstwert darstellt (vgl. Bilger & Koubek, 2024,

S. 72). Zweitens soll durch Weiterbildungsberatung die Weiterbildungsbeteiligung insgesamt erhöht werden (Dörner et al., 2019; Käpplinger, 2009; Käpplinger, 2020; McCarthy, 2007). Die Steigerung der Weiterbildungsteilnahme ist auf internationaler, EU- und nationaler Ebene eine allgemeine Zielsetzung, die mit Benchmarks unterlegt ist und fokussiert besonders die berufsbezogene Weiterbildung.

> Einer allgemeinen Definition von Karnath und Schröder (2009, S. 136) folgend hat Weiterbildungsberatung die Aufgabe, „Individuen [...] dabei zu unterstützen, Bildungs-, Ausbildungs- und Berufsentscheidungen auf einer gut vorbereiteten und informierten Basis eigenständig zu treffen und ihr Berufsleben selbst in die Hand zu nehmen, d.h. die Entscheidungsfindung und Handlungsfähigkeit der Ratsuchenden sowie eine selbsttätige Umsetzung der getroffenen Entscheidung zu unterstützen".

Pädagogisch betrachtet rückt Weiterbildungsberatung als Lernprozess zur Wissensvermittlung und „Entwicklung des Individuums in Auseinandersetzung mit sich selbst und den strukturellen Handlungsbedingungen" (Schmidtke & Gugitscher, 2021, S. 111; vgl. auch Cuvry, Kossack & Zeuner, 2009) in den Blick, was ein professionelles Setting erfordert. Die Betrachtung der Weiterbildung als Mehrebenensystem (vgl. z. B. Schrader, 2011 oder speziell für Beratung Schiersmann, 2013) verweist darauf, dass Organisationen der Weiterbildung und die in ihr bzw. durch sie stattfindenden Lehr-Lernprozesse mit ihrer Umwelt in wechselseitigem Steuerungs- bzw. Beeinflussungsverhältnis stehen. Hierbei agieren bspw. bildungspolitische Akteure, Verbände, Stakeholder etc., die unterschiedliche Rationalitäten und Interessen kennzeichnet. Diese Akteure auf nationaler und internationaler Ebene etablieren beispielsweise Programme und Rahmenbedingungen, die das Lernen über den gesamten Lebensverlauf, unter anderem durch Beratungsangebote, ermöglichen und unterstützen sollen. Zum bildungspolitischen Diskurs des Lebenslangen Lernens existieren bereits mehrere systematische Analysen, die unterschiedliche Akteure fokussieren (vgl. z. B. Dellori, 2016; Kraus, 2001; Schemmann, 2007). Für den spezifischeren Bereich der Weiterbildungsberatung ist dies jedoch als Desiderat auszuweisen. Daher besteht insgesamt Bedarf, die Verständnisse der Begrifflichkeiten Lebenslanges Lernen und Weiterbildungsberatung zu eruieren.

An dieses Desiderat anschließend geht dieser Beitrag im Rahmen einer Dokumentenanalyse der Frage nach, welche Gemeinsamkeiten und Unterschiede in Bezug auf die Bedeutung von Weiterbildungsberatung zwischen den zentralen nationalen wie auch internationalen bildungspolitischen Akteuren sichtbar werden. Hierzu werden zunächst theoretische Grundlagen zur Gegenstandsbestimmung von Lebenslangem Lernen und Weiterbildungsberatung beschrieben und die bildungspolitische Rahmung dargelegt (Kap. 2). Anschließend wird das methodische Vorgehen bei der Recherche und Analyse der bildungspolitischen

Dokumente vorgestellt (Kap. 3). Daraufhin erfolgt die Darstellung der Ergebnisse in Bezug auf die zugeschriebene Relevanz von Beratung (Kap. 4.1), genutzte Beratungsverständnisse und -begriffe (Kap. 4.2) sowie zentrale Themenschwerpunkte in den analysierten Dokumenten (Kap. 4.3). Abschließend werden diese Ergebnisse zusammenfassend dargestellt und diskutiert (Kap. 5).

2 Weiterbildungsberatung in bildungspolitischen Kontexten Lebenslangen Lernens

Nachfolgend wird kurz in die Begriffe des Lebenslangen Lernen und der Weiterbildungsberatung eingeführt. Dies erfolgt sehr fokussiert in Bezug auf den bildungspolitischen Kontext, wohingegen eine bereitere, subjektbezogene Gegenstandsbestimmung von Weiterbildungsberatung im Beitrag von Dietz, Reuter, Pohlmann und Lichte in diesem Band erfolgt. Dieser Beitrag orientiert sich an Kraus (2001) begrifflichem Verständnis von Lebenslangem Lernen, wonach dieses „als Oberbegriff für all diejenigen Konzepte [verstanden wird], die explizit und in ihrem Kern die Unmöglichkeit bzw. Unangemessenheit eines Endpunktes der Lernbemühungen jedes einzelnen Menschen benennen" (ebd., S. 9f.). Lebenslanges Lernen bezieht sich somit auf sämtliche Lern- und Bildungserfahrungen eines Menschen in allen Formen, die sich auf die gesamte Lebensdauer erstrecken und sowohl räumlich als auch zeitlich und inhaltlich nicht auf bestimmte Bereiche festzulegen sind (vgl. Hof, 2022, S. 33). Somit ist Lebenslanges Lernen ein „alltägliches Phänomen" (ebd., S. 17) und „lebenslang notwendiger Prozess" (Gerlach, 2000, S. 157), da Menschen im Laufe ihres Lebens immer wieder Probleme lösen oder Herausforderungen meistern müssen, denen lernend begegnet werden kann, indem beispielsweise neues Wissen angeeignet und Fähigkeiten (weiter-)entwickelt werden.

Andererseits ist Lebenslanges Lernen Gegenstand eines öffentlich geführten „Diskurses über das Lernen" (Hof, 2022, S. 18). So existieren im politischen Raum schon seit Beginn der 1970er Jahre Begriffe und Konzepte zum Lebenslangen Lernen (Dellori, 2016; Felden, 2020; Hof, 2022; Kraus, 2001). Damals noch unter den Begriffen der „recurrent education" oder „education permanente" gefasst, erregte Lebenslanges Lernen vor allem durch Debatten um die Bildungsreform internationale, politische Aufmerksamkeit. Seit den 1990er Jahren und dem durch die EU-Kommission ausgerufenen „Europäischen Jahr des lebensbegleitenden Lernens" (1996) erreichte dieses dann auch das Interesse deutscher Bildungspolitik. Mit dem „Memorandum über Lebenslanges Lernen" (2000) wurde Lebenslanges Lernen zum Gegenstand bildungspolitischer Leitlinien und Programmatiken (BMBF, 2008). Gegenwärtig unterstreichen insbesondere gesamtgesellschaftliche Transformationsprozesse die bildungspolitische Relevanz (Schmidt-Hertha,

Haberzeth & Hillmert, 2020) und die Weiterbildung Erwachsener hat sich zu einem strategischen und funktionalen Steuerungsinstrument zur Bewältigung gesellschaftlicher Herausforderungen entwickelt (vgl. Hof, 2022, S. 18f.).

In wissenschaftlichen und bildungspolitischen Diskursen um Lebenslanges Lernen hat insbesondere in den vergangenen dreißig Jahren die Bedeutung von Beratung deutlich zugenommen. Ausgehend davon, dass es Erwachsenen schwerfallen kann, sich auf dem Weiterbildungsmarkt zurechtzufinden, wird Weiterbildungsberatung als „Eckpfeiler“ (Gieseke, 2016, S. 31) oder Supportstruktur für Lebenslanges Lernen beschrieben und diskutiert (McCarthy, 2007; Nuissl, 2000; Schmidtke & Gugitscher, 2021). Dies hängt eng mit gesellschaftlichen Veränderungen und ihren Auswirkungen auf individuelle Lebensläufe zusammen (vgl. Schiersmann, 2022, S. 45). So soll durch Weiterbildungsberatung die Transparenz des Weiterbildungsmarktes verbessert und damit die Teilnahme an Weiterbildung erleichtert und erhöht werden.

> Ausgehend von der Definition der OECD (2004) hat Beratung die Aufgabe, „Individuen […] dabei zu unterstützen, Bildungs-, Ausbildungs- und Berufsentscheidungen auf einer gut vorbereiteten und informierten Basis eigenständig zu treffen und ihr Berufsleben selbst in die Hand zu nehmen‘, d.h. die Entscheidungsfindung und Handlungsfähigkeit der Ratsuchenden sowie eine selbsttätige Umsetzung der getroffenen Entscheidung zu unterstützen“ (Karnath & Schröder, 2009, S. 136).

Daraus ergeben sich die zwei Kernfunktionen der Weiterbildungsberatung: Information für und Unterstützung von Individuen (vgl. Hof, 2022, S. 158). Über den Berufskontext hinaus ist sie nicht nur als Lernprozess zur Wissensvermittlung zu betrachten, sondern auch als Möglichkeit zur „Entwicklung des Individuums in Auseinandersetzung mit sich selbst und den strukturellen Handlungsbedingungen“ (Schmidtke & Gugitscher, 2021, S. 111; vgl. auch Cuvry, Kossack & Zeuner, 2009). Damit stellt Beratung eine Unterstützungsfunktion zur gesellschaftlichen Teilhabe durch die Beförderung von individuellen Lern- und Reflexionsprozessen hin zu selbstbestimmten Partizipationsmöglichkeiten im gesellschaftlichen Miteinander dar. Beratung versteht sich allerdings nicht als Obligation, sondern vielmehr als Support, um individuell Entscheidungen zur Bewältigung von Problemen und Herausforderungen zu treffen. Sie bietet neben den Möglichkeiten zur Information und Orientierung für Individuen über die gesamte Lebenszeit auch die Option, Benachteiligungen in der Bildungsteilhabe entgegenzuwirken (vgl. Schmidtke & Gugitscher, 2021, S. 126).

Insgesamt lassen sich die vielfältigen Ziele von Weiterbildungsberatung aus unterschiedlichen Perspektiven wie folgt zusammenfassen. Gesamtgesellschaftlich kommt Weiterbildungsberatung die Aufgabe zu, gesellschaftliche Teilhabe und soziale Integration zu verbessern, indem sie Menschen dabei unterstützt,

Bildungsbarrieren zu überwinden und ihnen den Zugang zu Weiterbildungsangeboten erleichtert (vgl. z. B. Dietz, Reuter, Klein & Reutter, 2023). In Bezug auf den Arbeitsmarkt „kann gute Beratung die Effektivität und Effizienz des Bildungssystems erhöhen“ (Schiersmann, 2021, S. 20), indem beispielsweise Fehlentscheidungen entgegengewirkt oder Abbrüche vermieden werden oder durch Beratung das Angebot an qualifizierten Fachkräften auf dem Arbeitsmarkt sichergestellt werden kann. Aus einer individuellen Perspektive unterstützt Weiterbildungsberatung Erwachsene bei der Entscheidung und Gestaltung geeigneter Bildungs- und Entwicklungsmöglichkeiten. (vgl. ebd.)

Mit diesen vielfältigen Funktionen und Zielen gerät die Weiterbildungsberatung auch in den Fokus von nationalen und internationalen bildungspolitischen Akteuren, die im Mehrebenensystem der Weiterbildung (Schrader, 2011) steuernden Einfluss auf Lebenslanges Lernen und die Weiterbildungsberatung nehmen (vgl. ebd., S. 103, Abbildung 1). Auf die zentralsten bildungspolitischen Akteure und Entwicklungen, deren veröffentlichte Dokumente Untersuchungsgegenstand dieser Studie sind, wird im Folgenden in Anlehnung an Schiersmann (2021) genauer eingegangen. Dabei handelt es sich v.a. um solche, die sich insgesamt auch mit Lebenslangem Lernen auseinandersetzen und Weiterbildungsberatung in diesem Kontext als Teilbereich von Programmen und Strategien aufgreifen.

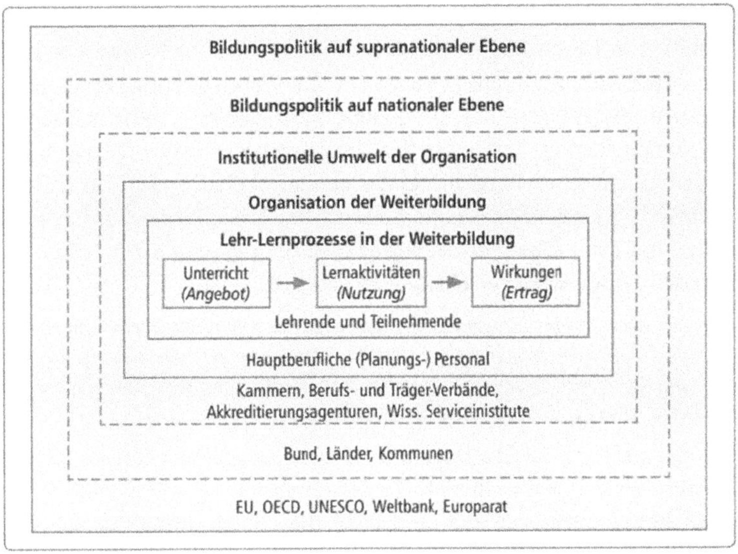

Abb. 1: Mehrebenensystem der Weiterbildung
Quelle: Schrader, 2011, S. 103

Wird Weiterbildungsberatung als Supportstruktur des Lebenslangen Lernens begriffen, so wirkt diese ebenfalls als bildungspolitischer Steuerungsmechanismus, ist aber auch gleichzeitig gesellschaftspolitischen Rahmenbedingungen abhängig. Dabei wird davon ausgegangen, dass nationale und internationale politische Akteure die Rahmenbedingungen von Beratung beeinflussen, indem sie Standards setzen, Programme und Strategien entwickeln oder Förderprogramme offerieren. Die Ziele, Schwerpunktsetzungen und Bedeutungen, die Weiterbildungsberatung dabei zugesprochen werden, unterscheiden sich zwischen den Akteuren bzw. Organisationen, was auch zu Zielkonflikten führen kann (vgl. Schiersmann, 2021, S. 20).

Internationale Organisationen, die den bildungspolitischen Diskurs um das Lebenslange Lernen und Weiterbildungsberatung mit ihren Konzepten und Programmen besonders prägen sind die Organisation der Vereinten Nationen für Erziehung, Wissenschaft und Kultur (UNESCO), die Organisation für wirtschaftliche Zusammenarbeit und Entwicklung (OECD) sowie der Europäische Rat und die Europäische Union (EU) (Dellori, 2016; Ioannidou, 2010; Kraus, 2001; Schemmann, 2007). Die Weiterbildungsberatung wurde von diesen Akteuren insbesondere ab den 1990er Jahren im Rahmen von Initiativen und Programmen zum Lebenslangen Lernen verstärkt in den Fokus gerückt. Ein Beispiel dafür ist „Europäische Jahr des lebenslangen Lernens" im Jahr 1996, das darauf abzielte, die gesellschaftliche Teilhabe durch „Lifelong Guidance" zu stärken. Auch das „Memorandum zum Lebenslangen Lernen" der Europäischen Kommission (2000) hebt die Weiterbildungsberatung als wesentliche Unterstützung hervor, um allen Bürgerinnen und Bürgern der EU qualitativ hochwertige Informationen über ihre Lernmöglichkeiten bereitzustellen. Wegweisend für die bildungspolitische Auseinandersetzung mit Beratung sind auch die EU-Resolutionen von 2004 und 2008 (Rat der Europäischen Union, 2004, 2006). Diese fordern unter anderem, den Fokus von einer Übergangsberatung im Lebensverlauf hin zu einer lebensbegleitenden Beratung zu verschieben, die als

> „kontinuierlicher Prozess den Bürgern jeden Alters in jedem Lebensabschnitt ermöglicht, ihre Fähigkeiten, Kompetenzen und Interessen zu erkennen, Bildungs-, Ausbildungs- und Berufsentscheidungen zu treffen und selbst ihren persönlichen Werdegang zu gestalten" (Rat der Europäischen Union, 2004, S. 2).

Thiel (2023) weist darauf hin, dass diese Entwicklungen von einem „Beratungsboom" und Forderungen nach mehr Professionalisierung und Qualitätsentwicklung begleitet wurden (vgl. ebd., S. 13). In diesem Zusammenhang setzte die Europäische Kommission im Jahr 2002 eine „Expertengruppe Lifelong Guidance"

(2002–2007) ein, die unter anderem Standards und Qualitätskriterien für die Beratung festlegte (Cedefop, 2005; Schiersmann, 2021, S. 19). Weitere internationale Akteure neben der EU und der OECD sind Netzwerke wie das European Lifelong Guidance Policy Network (ELGPN), das Programme sowie länderübergreifende Kooperationsstrukturen zur lebensbegleitenden Beratung in Bildung und Beschäftigung entwickelt. Auch das European Centre for the Development of Vocational Training (Cedefop) spielt eine zentrale Rolle bei der Förderung der beruflichen Orientierung und der Weiterentwicklung von Beratungskonzepten auf europäischer Ebene (vgl. ebd., S. 19f.).

Auf nationaler Ebene beschäftigen sich insbesondere das Bundesministerium für Bildung und Forschung (BMBF) und das Bundesministerium für Arbeit und Soziales (BMAS) mit Lebenslangem Lernen und Weiterbildungsberatung. Angestoßen durch europäische Initiativen zu Beginn des 21. Jahrhunderts wurde im Jahr 2006 vom BMBF ein Innovationskreis für Weiterbildung eingerichtet und Handlungsempfehlungen zum Lebenslangen Lernen veröffentlicht. Der Ausbau und die professionelle Weiterentwicklung der Beratungsangebote stellten hierbei eine zentrale Komponente dar (BMBF, 2008). Es folgten weitere nationale Initiativen und Programme sowie geförderte Projekte und Studien (vgl. Schiersmann, 2021, S. 21) zum Ausbau der Beratung mit Beteiligung des BMBF, z. B. die Einführung einer vorgeschalteten, obligatorischen Beratung zum Erhalt einer finanziellen Förderung für Weiterbildung in Form der sogenannten Weiterbildungsgutscheine (Käpplinger, 2016) oder dem Infotelefon Weiterbildungsberatung für Bürgerinnen und Bürger, was jedoch 2022 eingestellt wurde. Aktuell wird sich seit 2019 auf nationaler bildungspolitischer Ebene insbesondere im Kontext der Nationalen Weiterbildungsstrategie (NWS) des BMBF und BMAS mit Weiterbildungsberatung beschäftigt. Ziele sind unter anderem der Ausbau von Beratungsangeboten für Individuen und klein- und mittelständische Betriebe sowie die flächendeckende Vernetzung und die Niedrigschwelligkeit von Beratungsangeboten, wobei insbesondere die berufsbezogene Beratung thematisiert und arbeitsmarktpolitische Ziele mit Weiterbildungsberatung verfolgt werden (BMAS & BMBF, 2022). Ergänzend hierzu nehmen politiknahe Akteure wie Beratungsverbände und Netzwerke wie das Nationale Forum Beratung (nfb) und der Deutsche Verband für Bildungs- und Berufsberatung (dvb) Einfluss auf die Gestaltung von Beratung. Diese agieren in Anlehnung an Schraders Mehrebenenmodell an der Schnittstelle von institutioneller Umwelt von Bildungs- und Beratungsanbietern sowie der nationalen Bildungspolitik und veröffentlichen seit über 15 Jahren beispielsweise Policy

Briefings oder Standards für die Professionalisierung von lebensbegleitender Beratung.

Mit Blick auf den Forschungsstand zu Weiterbildungsberatung im bildungspolitischen Kontext lassen sich vor allem ländervergleichende Begleitstudien der bereits benannten zentralen Organisationen finden. So wurden seit und insbesondere um die Jahrtausendwende einige Studien (OECD, 2004, 2021; Watts & Sultana, 2003; Watts, Sultana, Ronald & McCarthy, 2010) veröffentlicht, bei denen mehrere internationale Akteure wie das Cedefop, die Europäische Kommission, die OECD und die Weltbank beteiligt waren. Schwerpunkte in der empirischen Auseinandersetzung sind unter anderem Vergleiche länderspezifischer Praktiken der Weiterbildungsberatung, sowie deren bildungspolitische Integration und Weiterentwicklung, insbesondere mit Fokus auf Strukturbildung, Professionalisierung und Qualitätsentwicklung (vgl. für Deutschland BMBF, 2007; Schiersmann et al., 2008).

3 Forschungsmethodisches Vorgehen

Diese Studie verfolgt das Ziel, die Verständnisse und Bedeutungszuschreibungen der Weiterbildungsberatung zentraler bildungspolitischer Akteure in Dokumenten zum Lebenslangen Lernen auf nationaler und internationaler Ebene zu identifizieren und zentrale Themen sichtbar zu machen. Dabei werden inhaltliche Gemeinsamkeiten und Unterschiede zwischen den Dokumenten herausgearbeitet. Auf diese Weise werden Entwicklungen, Kontinuitäten und Diskontinuitäten sichtbar.

Dokumentenanalysen ermöglichen es, „institutionalisierte Spuren" (Wolff, 2004, S. 503) aus bildungspolitischen Dokumenten zu identifizieren, aus denen „legitimerweise Schlussfolgerungen über Aktivitäten, Absichten und Erwägungen ihrer Verfasser bzw. der von ihnen repräsentierten Organisationen gezogen werden können" (ebd.). Neben Informationen über institutionelle Strukturen (Gesetze) lassen sich auch Themen der politischen Agenda explizieren (vgl. Ioannidou, 2010, S. 114). Beispiele sind Gesetze und Strategiepapiere, programmatische Texte, politische Mitteilungen, Memoranden, Leitlinien und Empfehlungen oder Konferenzpapiere (vgl. ebd.). Bedeutsam sind solche Dokumente insbesondere dann, wenn „auch auf Bildungssystemebene Folgen aus bildungspolitischen Positionen bzw. Aktivitäten und Handlungen erkennbar geworden sind" (Schemmann, 2007, S. 18).

Um Weiterbildungsberatung auf der Ebene der Bildungspolitik in den Blick nehmen zu können, wurden maßgebliche Dokumente zum Lebenslangen Lernen herangezogen. Dies beginnt zeitlich mit dem Faure-Report[1] (1972) und endet im Jahr 2021 (zum Ende des Projektzeitraums) mit der Nationalen Weiterbildungsstrategie. Eine rege Publikation ist dabei insbesondere ab den 1990er bis 2010er Jahren zu beobachten.

Die Auswahl der Dokumente erfolgte erstens über folgende zentrale, bildungspolitische Akteure; die sich mit Lebenslangem Lernen und Weiterbildungsberatung auseinandersetzen. Wie bereits in Kapitel 2 beschrieben, sind dies auf internationaler Ebene die Europäische Kommission bzw. der Rat der Europäischen Union, die OECD, die UNESCO sowie Netzwerke wie das Cedefop, ELPGN oder NICE. Auf nationaler Ebene konnten Dokumente bei unterschiedlichen Bundesministerien (BMBF und BMAS), bei der Kultusministerkonferenz und Verbänden wie dem nfb oder dvb recherchiert werden. Alle Dokumente wurden über die jeweiligen Homepages der Akteure und Suchmaschinen recherchiert. Zweitens wurde eine Literaturrecherche im Schneeballverfahren zu den Begriffen „Beratung", „Counselling" und „Guidance" durchgeführt. Auswahlkriterium war, dass Beratung im Kontext von Lebenslangem Lernen thematisiert wird. Die Auswahl zielt darauf, die bedeutsamsten Publikationen zu identifizieren und beansprucht keine Vollständigkeit.

Die recherchierten Dokumente wurden anschließend in Citavi einpflegt (inkl. Volltexte und Abstracts, wenn kein Abstract vorhanden, wurde dies ebenfalls dokumentiert) und nach nationalen und internationalen Dokumenten sowie nach Institutionen auf nationaler und internationaler Ebene, z. B. Europäische Kommission, Nationales Forum Beratung etc. systematisiert. Anschließend wurden die Dokumente für die inhaltsanalytische Weiterverarbeitung und Analyse in MAXQDA exportiert. Um die relevanten Textstellen in einem ersten Schritt zu identifizieren, wurde die Funktion „Lexikalische Suche" genutzt, wobei alle Textdokumente in MAXQDA nach den folgenden, vordefinierten Suchbegriffen gefiltert wurden:

- Beratung, Guidance, counsel (für Counselling), consul (für Consultation und Consulting), advi (für advisory und advice bzw. personnel advice), online (für z. B. online tools), digital, Internet, Telefon, telephone, ICT und Channel (für z. B. chanelling, multi-channelling)

---

1 Der Faure-Bericht wird nach Kraus (2001, S. 73) „übereinstimmend als das Konzeptdokument der UNESCO zu ihrer Idee der Neugestaltung des Bildungswesens angesehen". Weitere Autorinnen und Autoren beschreiben ihn auch als „das wichtigste internationale Bildungsreform-Dokument der zweiten Hälfte unseres Jahrhunderts" (Dohmen, 1996, S. 15) oder als eines der maßgeblichen Dokumente der UNESCO, die relevante, innovative Impulse zur Bildungsdiskussion im Rahmen des lebenslangen Lernens vorgedacht haben" (Gerlach, 2000, S. 14).

Die so identifizierten Textstellen wurden anschließend gesichtet, in Sinnabschnitte definiert und als Textsegment codiert. Dem Erkenntnisinteresse entsprechend wurden diese dann „ergebnisoffen“ (Schemmann, 2007, S. 16) und anhand der inhaltlich strukturierenden, qualitativen Inhaltsanalyse (Kuckartz & Rädiker, 2022) analysiert, was sich in bisherigen Untersuchungen als ertragreich erwiesen hat. Auf diese Weise wurden drei thematische Hauptkategorien, in einer Kombination aus einem deduktiven und induktiven Vorgehen bei der Codierung herausgearbeitet: „Relevanz von Beratung“, „Beratungsverständnisse“, „Thematische Schwerpunkte in den Dokumenten“. Im Ergebnis stehen 34 analysierte Dokumente im nationalen und internationalen Raum (Abbildung 1)[2].

Tab. 1: Analysierte Dokumente nach Jahr der Veröffentlichung

Jahr	Dokumenttitel, Autorinnen und Autoren bzw. Organisation	Anzahl Publikationen
1972	Learning to be. The world of education today and tomorrow (Faure, UNESCO)	1
1973	Recurrent education. A Strategy for Lifelong Learning (OECD)	1
1996	Learning: The Treasure Within. Report to UNESCO of the International Commission on Education for the Twenty-first Century (Delors, UNESCO)	2
	Lifelong Learning for All (OECD)	
2000	A Memorandum on Lifelong Learning. Commission Staff Working Paper (Europäische Kommission)	1
2001	Mitteilung der Kommission. Einen europäischen Raum des lebenslangen Lernens schaffen (Europäische Kommission)	2
	Vierte Empfehlung der Kultusministerkonferenz zur Weiterbildung. Beschluss der Kultusministerkonferenz vom 01.02.2001 (KMK)	
2002	OECD-Gutachten zur Berufsberatung – Deutschland (OECD)	1

2 Genaue Quellenangaben zu den Dokumenten sind im Anhang in der Tabelle 2 aufgeführt.

Tab. 1: Fortsetzung

Jahr	Dokumenttitel, Autorinnen und Autoren bzw. Organisation	Anzahl Publikationen
2004	Career guidance and public policy. Bridging the gap (OECD)	4
	Career guidance. Handbook for policy makers (OECD)	
	Entwurf einer Entschließung des Rates und der im Rat vereinigten Vertreter der Regierungen der Mitgliedstaaten über den Ausbau der Politiken, Systeme und Praktiken auf dem Gebiet der lebensbegleitenden Beratung in Europa. Dokument 9286/4 (Rat der Europäischen Union)	
	Strategien zur Bildungs- und Berufsberatung. Trends, Herausforderungen und Herangehensweisen in Europa; ein Synthesebericht des Cedefop (Sultana, Cedefop)	
2006	Beschluss Nr. 1720/2006/EG des Europäischen Parlaments und des Rates vom 15. November 2006 über ein Aktionsprogramm im Bereich des lebenslangen Lernens (Rat und Parlament der Europäischen Union)	1
2007	Bestandsaufnahme in der Bildungs-, Berufs- und Beschäftigungsberatung und Entwicklung grundlegender Qualitätsstandards (Aurich et al., BMBF)	2
	Rechtliche Stellungnahme. zur gegenwärtigen und zur künftig möglichen Stellung der öffentlichen Berufsberatung in der Bundesrepublik Deutschland (Durner, dvb)	
2008	Entwurf einer Entschließung des Rates vom 21. November 2008 und der im Rat vereinigten Vertreter der Regierungen der Mitgliedstaaten zu einer besseren Integration lebensumspannender Beratung in die Strategien für lebenslanges Lernen (Amtsblatt der Europäischen Union)	3
	Empfehlungen des Innovationskreises Weiterbildung für eine Strategie zur Gestaltung des Lernens im Lebenslauf (BMBF)	
	Konzeption der Bundesregierung zum Lernen im Lebenslauf (BMBF)	

Tab. 1: Fortsetzung

Jahr	Dokumenttitel, Autorinnen und Autoren bzw. Organisation	Anzahl Publikationen
2009	Eckpunkte für ein zeitgemäßes und zukunftsfähiges Beratungsangebot in Deutschland. Ein Plädoyer für notwendige Reformen der Struktur und des Umfangs von Beratungsangeboten für Bildung, Beruf und Beschäftigung und zur Verbesserung des Zugangs und der Transparenz (nfb)	2
	In demand. Career guidance in EU neighbouring countries (Zelloth, European Training Foundation)	
2010	EUROPE 2020. A European strategy for smart, sustainable, and inclusive growth. Communication from the Commission. 03.03.2010 (Europäische Kommission)	1
2012	NICE Handbook for the Academic Training of Career Guidance and Counselling Professionals (Ertelt et al., NICE)	1
2015	Leitlinien für die Entwicklung politischer Strategien und Systeme lebensbegleitender Beratung. Ein Referenzrahmen für die Länder der europäischen Union und für die europäische Kommission (ELGPN)	1
2016	European competence standards for the academic training of career practitioners. NICE Handbook (Schiersmann et al., NICE)	1
2017	Professionelle Bildungs- und Berufsberatung Positionen des dvb (dvb)	1
2018	Empfehlung des Rates vom 22. Mai 2018 zu Schlüsselkompetenzen für lebenslanges Lernen (Amtsblatt der Europäischen Union)	1
2019	Wissen teilen. Zukunft gestalten. Zusammen wachsen. Nationale Weiterbildungsstrategie. Strategiepapier (BMAS & BMBF)	3
	Investing in career guidance. Europäisches Zentrum für die Förderung der Berufsbildung (Cedefop)	
	Weiterbildungsberatung weiter:denken! Impulspapier des nfb-Vorstandes zur Zukunft der Weiterbildungsberatung. Impulspapier des nfb-Vorstandes zur Zukunft der Weiterbildungsberatung (nfb)	

Tab. 1: Fortsetzung

Jahr	Dokumenttitel, Autorinnen und Autoren bzw. Organisation	Anzahl Publikationen
2020	Lifelong guidance policy and practice in the EU: trends, challenges and opportunities. final report (Europäische Kommission)	3
	Embracing a culture of lifelong learning. Contribution to the Futures of Education initiative. Report: a transdisciplinary expert consultation (UNESCO)	
	Global education monitoring report Inclusion and education: All means all. Global monitoring report 2020 (UNESCO)	
2021	Wissen teilen. Zukunft gestalten. Zusammen wachsen. Nationale Weiterbildungsstrategie. Umsetzungspapier (BMAS & BMBF)	2
	Themenlabore. Begleitpublikation zum Umsetzungsbericht der Nationalen Weiterbildungsstrategie (BMAS & BMBF)	

Quelle: Eigene Darstellung

4 Ergebnisse der Dokumentenanalyse

Die folgende Ergebnisdarstellung erfolgt entlang der entwickelten Kategorien der Dokumentenanalyse. Dabei wird in Anlehnung an das Erkenntnisinteresse zunächst die in den Dokumenten beschriebene Relevanz von Beratung im Kontext des Lebenslangen Lernens dargestellt (Kap. 4.1) und anschließend die zugrundeliegenden und sich wandelnden Beratungsverständnisse skizziert (Kap. 4.2). Abschließend werden unterschiedliche Themen, die in den Dokumenten zum Thema Beratung häufig auftreten, beschrieben (Kap. 4.3). Die Analyse zielt primär darauf ab, die der Weiterbildungsberatung zugeschriebene bildungspolitische Bedeutung sichtbar zu machen sowie Gemeinsamkeiten und Unterschiede aufzuzeigen. Stellenweise werden dabei die spezifischen Perspektiven unterschiedlicher Akteure auf nationaler und internationaler Ebene benannt.

4.1 Relevanz von Beratung

Insgesamt wird Beratung in nahezu allen untersuchten Dokumenten als unverzichtbares Element für das Lebenslange Lernen betrachtet. Die Bedeutung der

Beratung bewegt sich dabei in einem Spannungsfeld zwischen individuellen und öffentlichen Zielen (vgl. OECD, 2004, S. 17). So wird die Relevanz in fast allen Dokumenten dahingehend begründet, dass Beratung einerseits zur Unterstützung individueller Bildungsprozesse fungiert (individuelle Ziele), aber gleichzeitig auch dazu beiträgt, den Arbeitsmarkt stabil zu halten und die Beschäftigungsfähigkeit zu sichern, sowie einen Umgang mit gesellschaftlichen Transformationsprozessen zu finden (öffentliche Ziele). Das folgende Zitat aus einem Dokument des nfb (2009) verdeutlicht diese Perspektive:

> Jedoch ist qualitätsvolle Beratung – auch nach übereinstimmender Auffassung in der EU – ein unverzichtbares Element, das einerseits den Individuen hilft, ihren Bildungs- und Berufsweg eigenständig, kompetent und eigenverantwortlich zu gestalten, und dass andererseits die Politik bei der Erreichung zentraler bildungs-, arbeitsmarkt- und sozialpolitischer Ziele wirkungsvoll unterstützen kann (ebd., S. 3).

Dies wird im Spezifischen in den Dokumenten wie folgt begründet[3].

4.1.1 Beratung zur Unterstützung der Gestaltung individueller Bildungsprozesse

In den Dokumenten wird Beratung auf individueller Ebene eine hohe Relevanz zugesprochen, um die individuelle Gestaltungskompetenz von Menschen für die eigene (Bildungs- und Berufs)Biografie zu unterstützen und zu fördern (Amtsblatt der Europäischen Union, 2008; nfb, 2009, OECD, 2004). Beratung soll Menschen in unterschiedlichen Lebensphasen begleiten und befähigen, informierte und selbstbestimmte Entscheidungen zu ihrer (Weiter-)Bildung und beruflichen Weiterentwicklung zu treffen. Diese zentrale Aufgabe von Beratung ist bereits vor rund 25 Jahren im Memorandum für Lebenslanges Lernen verankert: „[...] to accompany individuals on their unique journey through life, by releasing motivation, providing relevant information and facilitating decisionmaking" (Europäische Kommission, 2000, S. 17). In einem Konzeptpapier zum Lernen im Lebenslauf formuliert auch das BMBF (2008, S. 5): „Nur wer den Überblick über die verschiedenen Bildungsmöglichkeiten hat, kann sich sinnvoll und eigenverantwortlich entscheiden". Zu zentralen Handlungsempfehlungen in den Dokumenten zählt daher auch schon seit über 20 Jahren, dass „eine verbesserte Transparenz der Angebote und die regelmäßige Weiterbildung des in der Bildungsberatung be-

3 Lesehinweis: Die Quellenangaben in den folgenden Abschnitten des Ergebnisteils beziehen sich auf die analysierten Dokumente, wobei nicht alle Dokumente vollumfänglich aufgezählt wurden, sondern besonders anschauliche Quellen ausgewählt wurden.

schäftigten Personals benötigt“ (ebd.) werde. Beratung dient somit als Türöffner zur Erkundung von Entwicklungsmöglichkeiten und zum Zugang zu Lebenslangem Lernen und Weiterbildung. „Lebensbegleitende Beratung ermöglicht es den lernenden EU-Bürger/innen, die beste und gut begründete Wahl für ihre bildungsmäßige und berufliche Weiterentwicklung zu treffen“ (ELGPN, 2015, S. 9).

4.1.2 Beratung zur Stabilisierung des Arbeitsmarktes und Sicherung der Beschäftigungsfähigkeit

Darüber hinaus wird Beratung in den Dokumenten häufig als (arbeitsmarkt- und beschäftigungs-)politisches Instrument und Bindeglied zwischen Bildungssystem und Arbeitsmarkt gesehen. Wie im Amtsblatt der Europäischen Union (2008) beschrieben, zeigt sich dies insbesondere in der Funktion, Arbeitsmarkterfordernisse gezielt zu adressieren:

> Der Arbeitsmarkt ist zudem paradoxerweise dadurch gekennzeichnet, dass es bei anhaltender Arbeitslosigkeit in manchen Bereichen Schwierigkeiten gibt, Personal zu finden, und Beratung ist ein Mittel, um effizienter auf den Bedarf des Arbeitsmarkts zu reagieren (ebd., S. 1).

Auf internationaler Ebene wird dabei häufig der Begriff „career guidance“ (OECD, 2004a) verwendet, um diese zielgerichtete berufliche Begleitung und Orientierung zu benennen. Das Cedefop (2019) beschreibt Beratung dabei auch als wichtiges Instrument zur Förderung von „carreer management skills“ (S. 2), die für das Navigieren in einer zunehmend komplexen Arbeitswelt unverzichtbar seien, wobei eine genaue Beschreibung dieser Kompetenzen in dem Dokument ausbleibt.

Mit der fortschreitenden Digitalisierung und Globalisierung der Arbeitswelt steigen die Anforderungen an berufliche Flexibilität und Beschäftigungsfähigkeit. Beratung wird daher als wesentliches Mittel betrachtet, um die Menschen auf die Herausforderungen dieser dynamischen Arbeitswelt vorzubereiten. Sie soll „die Lücke zwischen dem bildungspolitischen Anspruch und der tatsächlichen Teilnahme an Weiterbildung schließen“ (BIBB, 2009, S. 19). Dabei liegt die Verantwortung nicht nur bei den Individuen selbst, sondern ebenso bei Unternehmen, die ihre Mitarbeitenden strategisch fördern und den Zugang zu Weiterbildung erleichtern sollten (BMBF, 2008, S. 13–14). Diese Sichtweise hebt die Rolle der Beratung als Brücke zwischen individueller Kompetenzentwicklung und der Sicherung der internationalen Wettbewerbsfähigkeit hervor. Auch die OECD (2004) hebt die Bedeutung der Beratung für den Arbeitsmarkt hervor: „Viele Länder betonen die Wichtigkeit der Berufsberatung zur Verbesserung der Arbeitsmarktergebnisse und zur Effizienzsteigerung“ (ebd., S. 21). In dieser Perspektive soll Beratung nicht nur einen Beitrag zur Gestaltung individueller Lebensläufe, sondern auch zur Sicherung ökonomischen Stabilität leisten.

Im Anschluss daran, dass Unternehmen dazu angehalten werden, ihren Mitarbeitenden Weiterbildungsperspektiven aufzuzeigen, nehmen insbesondere neuere Dokumente wie die Nationale Weiterbildungsstrategie (BMAS & BMBF, 2021a, 2021b) verstärkter Unternehmen als Adressaten von Beratung in den Blick. Die Betriebe/Unternehmen (Personalabteilungen, Ausbilderinnen und Ausbilder) sollten Beratungsangebote zur Qualifizierung und beruflichen Weiterentwicklung der Beschäftigten einschließlich der Auszubildenden im Betrieb vorhalten. Damit sollen auch für eher bildungsabstinente Betriebsangehörige eine niedrigschwellige und leicht zugängliche Beratungsmöglichkeit geschaffen werden.

Die Notwendigkeit der Beratung für kleine und mittlere Unternehmen (KMU) im Kontext von Transformationsprozessen wird etwa im Hinblick auf die Kompetenzentwicklung des Personals durch die Digitalisierung und den Strukturwandel gesehen. Hierzu wird vorgeschlagen, Angebote von Qualifizierungsberatung und Organisationsentwicklung auszubauen. Die NWS hebt die Bedeutung arbeitsplatznaher Lernformen und die präzise Bestimmung der Qualifikationsbedarfen hervor, bei denen die Beratung eine zentrale Rolle für die Identifikation und Umsetzung solcher Lernprozesse spielen soll (BMAS & BMBF 2021a; vgl. auch Freiling et al. 2024).

> Vor dem Hintergrund des sich wandelnden Arbeitsmarktes bedarf es einer hochwertigen und anbieterneutralen Weiterbildungsberatung sowohl für Erwerbspersonen als auch für Unternehmen. Eine entsprechende Beratung kann mögliche Qualifizierungsbedarfe und Qualifizierungsoptionen für Unternehmen und für den Einzelnen aufzeigen und dazu beitragen, dass Ratsuchende auf einer gut vorbereiteten und informierten Basis Weiterbildungsentscheidungen, z. B. für berufliche Aufstiege oder Umstiege, eigenständig treffen können (BMAS & BMBF, 2021a, S. 10).

4.1.3 Beratung als Hilfe im Umgang mit gesellschaftlicher Transformation

Neben der individuellen Unterstützungsfunktion für die Gestaltung der eigenen Biografie sowie der Bedeutung für den Arbeitsmarkt und die Beschäftigungsfähigkeit wird Beratung in den Dokumenten sehr häufig mit den Herausforderungen durch gesellschaftliche Transformationsprozesse begründet. Bereits in den einleitenden Abschnitten wird oft argumentiert, dass Beratungsangebote besonders in Zeiten gesellschaftlicher Veränderungen Menschen dabei unterstützen kann, einen Umgang mit diesem Wandel zu finden. Durch Beratungsangebote soll der Zugang zu Informationen über Weiterbildungsmöglichkeiten erleichtert werden, sodass Menschen ihre bildungs- und beruflichen Entscheidungen auch in Phasen der Veränderung oder Unsicherheit selbstbestimmt treffen können. Beispielsweise beschreibt die Europäische Kommission (2020) mit einem sehr starken Fokus auf die Berufs- und Arbeitswelt:

> „Lifelong guidance and learning have a key role to play in supporting citizens and workers during this period of change ensuring they are aware of the opportunities available in new economic sectors, the new jobs and activities, and reskilling opportunities" (ebd., S. 6).

Auch die NWS fokussiert insbesondere Transformationsprozesse der Wirtschaft und des Arbeitsmarktes:

> Der Transformationsprozess in der Wirtschaft und am Arbeitsmarkt ist eine der größten Herausforderungen unserer Zeit. [...] Digitale Arbeitsprozesse erfordern neue Kompetenzen. Die COVID-19-Pandemie hat diese Entwicklung noch einmal verstärkt und beschleunigt, sodass teilweise Tätigkeitsfelder und Berufsgruppen betroffen sind, die bisher noch nicht im Fokus von Strukturveränderungen standen. Beratung zu Weiterbildung und Qualifizierung kommt daher eine immer wichtigere Rolle bei Weiterbildungsentscheidungen von Beschäftigten und Betrieben zu (BMAS & BMBF, 2021, S. 45).

Hierbei wird der Beratung auch eine Funktion zur Bewältigung gesellschaftlicher Krisen wie der Corona-Pandemie zugesprochen, was auch von der OECD (2022) beschrieben wird: „Career guidance for adults can contribute to the labour market recovery by advising workers on means to reskill and upskill, so that their skills remain relevant and well utilised" (ebd. S. 2). Beratung fungiert dabei als Mittel zur Erholung und Stabilisation des Arbeitsmarktes in und nach einer globalen Krise.

Darüber hinaus sind insbesondere Demografischer Wandel, Globalisierung, Digitalisierung, Strukturwandel und die Ausdifferenzierungen der Berufswelt und Erwerbsbiografien „Dauerbrenner", auf die in den Dokumenten immer wieder Bezug genommen wird, wenn die Notwendigkeit und der Bedarf an Beratung thematisiert werden (BMBF, 2008, Cedefop, 2019; Council of the European Union, 2008):

> Im Hinblick auf die durch den demographischen Wandel bedingten neuen Herausforderungen und die Globalisierung bedarf es an der Berufs- und Arbeitsbiographie und der Lebens- und Lernsituation der Menschen orientierter Bildungsberatung und Lernangebote (BMBF, 2008, S. 9).

> Der grundsätzliche Bedarf an Beratung für alle Bürger/innen ist darüber hinaus aufgrund bestimmter gesellschaftlicher Veränderungen gestiegen: Eine sich ausdifferenzierende Berufswelt und brüchiger gewordene Erwerbsbiografien, technologische und

soziale Veränderungen, der wachsende Anteil älterer Menschen an der Bevölkerung und generell die demographische Entwicklung sowie die Zunahme marginalisierter Gruppen seien hier als Stichworte genannt (nfb, 2009, S. 4).

Das Cedefop hebt in diesem Zusammenhang hervor, dass Beratung als „Katalysator" (2019, S. 3) in einer immer komplexeren Welt wirkt, indem Menschen dabei unterstützt werden, ihre eigenen Potenziale auszuschöpfen und damit ein Beitrag für die Effizienz der Wirtschaft und die Gerechtigkeit der Gesellschaft geleistet werden kann. Mithilfe von Beratung sollen „Menschen für neue Beschäftigungen in der Wissensgesellschaft" (Rat der Europäischen Union, 2008, S. 1) gerüstet werden. Dies umfasst auch die Entwicklung und Anerkennung von Schlüsselkompetenzen, um auf die notwendige Flexibilität und Anpassungsfähigkeit für die heutige dynamische Arbeitswelt reagieren zu können (vgl. Amtsblatt der europäischen Union, 2008; Cedefop, 2019). Die fortschreitende Digitalisierung und der damit zusammenhängende Bedarf neuer Kompetenzen für digitale Arbeitsprozesse sind insbesondere in aktuelleren Dokumenten Begründungen für einen zunehmenden Beratungsbedarf (BMAS & BMBF, 2021a; nfb, 2019).

Eine weitere Begründung für Beratung ist, dass sie als Instrument zur Förderung sozialer Inklusion betrachtet wird, da sie helfe den Zugang zu Bildungs- und Beschäftigungsmöglichkeiten zu öffnen und bestehende Barrieren abzubauen.

So beschreibt beispielsweise das ELGPN (2015), dass lebensbegleitende „Beratung einem öffentlichen Interesse [entspricht], das über Bildungs-, Weiterbildungs- und Beschäftigungsstrategien […] hinausgeht. Die Individuen und die verschiedenen Gemeinschaften/Gruppen in der Gesellschaft unterscheiden sich hinsichtlich ihrer Fähigkeiten, Zugang zu Informationen über Bildungs- und Berufsmöglichkeiten zu erhalten, diese Informationen einordnen zu können, sinnvolle Entscheidungen zu treffen und diese Entscheidungen erfolgreich in ihrem Lebensweg umzusetzen. Dem Angebot lebensbegleitender Beratung kommt eine Schlüsselrolle im Sinne einer gesellschaftspolitischen Reaktion auf solche Unterschiede zu" (ebd., S. 6).

Die bildungspolitischen Dokumente betonen stark die Eigenverantwortung von Individuen, sich den gesellschaftlichen und wirtschaftlichen Veränderungen anzupassen bzw. einen Umgang mit diesen zu finden. Eine besondere Perspektive findet sich im Dokument des dvb (2017), welches das Grundrecht auf Berufsfreiheit, wie es im Artikel 12 des Grundgesetztes verankert ist, betont. In diesem Kontext wird Beratung als essenziell für die Verwirklichung dieses Grundrechts gesehen, da sie die Menschen dabei unterstützt, eigenständige und selbstbestimmte Entscheidungen zur Wahl und Gestaltung ihres Berufes zu treffen.

Bildungs- und Berufsberatung spielt für die Verwirklichung der Grundrechte, aber auch für das Gelingen der skizzierten Kreisläufe eine Schlüsselrolle. Nur wenn Menschen

> ihre Potenziale erkennen und entwickeln können, und nur, wenn sie in der zunehmend umfangreichen und komplexer werdenden Gesamtheit der möglichen Bildungs- und Berufswege navigieren und das für sich Passende identifizieren können, wird ihnen die Inanspruchnahme der nach Artikel 12 des Grundgesetzes verbrieften Berufsfreiheit möglich. Und nur, wenn Menschen in Freiheit ihre berufliche Wahl getroffen haben, werden sie mit großer Motivation all ihre Potenziale auch in die wirtschaftlichen Kreisläufe einspeisen können (ebd., S. 4).

Zusammenfassend zeigt sich über alle Dokumente hinweg, dass Beratung im Kontext des Lebenslangen Lernens als unverzichtbares Element gilt, das Menschen befähigt, sich kontinuierlich weiterzuentwickeln und auf Veränderungen in Arbeitswelt und Gesellschaft zu reagieren. Die Relevanz der Beratung wird unter verschiedenen Aspekten begründet: Sie dient der individuellen Unterstützung und beruflichen Orientierung, übernimmt eine zentrale Rolle bei der gesellschaftlichen Integration und Teilhabe und trägt zur Sicherung der Wettbewerbsfähigkeit der Wirtschaft bei. Beratung wird als vielseitiges Instrument betrachtet, das Menschen in unterschiedlichen Lebensphasen begleitet und ihnen ermöglicht, informierte und selbstbestimmte Entscheidungen zu treffen. Angesichts der zunehmenden Bedeutung gesellschaftlicher Transformationsprozesse wird ein wachsender Beratungsbedarf erwartet. Dabei ist auffallend, dass Beratung von allen Akteuren nicht nur als Bildungs- oder Arbeitsmarktinstrument wahrgenommen wird, sondern vielmehr normativ als bedeutsam für Entwicklungsprozesse von Individuen, Unternehmen und der Gesellschaft eingeschätzt wird.

Die Analyse der dokumentenspezifischen Erkenntnisse zeigt, dass verschiedene Akteure eigene Schwerpunktsetzungen und Perspektiven hinsichtlich der Beratung verfolgen. In deutschen Verbandsdokumenten wird beispielsweise insbesondere die individuelle Perspektive der Ratsuchenden eingenommen. So sehen das nfb und der dvb Beratung als Voraussetzung für eine aktive und selbstbestimmte Teilhabe am Leben und Lernen. Ein einzigartiges Verständnis von Beratung zeigt, wie beschrieben, der dvb (2017), der in Beratung einen Beitrag zur Verwirklichung der Grundrechte sieht. Anders als bei den anderen analysierten Akteuren, die insbesondere den Eigenverantwortungsaspekt für die Gestaltung Lebenslangen Lernens betonen, fordert der dvb eine gesellschaftliche Verantwortung ein. Diese Perspektive reflektiert eine normative Position, in der Beratung als Mittel zur sozialen Gerechtigkeit und beruflichen Freiheit betrachtet wird, und hebt sich von anderen Ansätzen ab, die eher den Aspekt der individuellen Anpassung und Selbstverantwortung betonen.

Auf der Ebene der nationalen und internationalen Bildungspolitik fokussieren dagegen insbesondere Akteure wie das BMBF und BMAS oder die OECD eher eine auf die Berufs- und Arbeitswelt eingeengte Perspektive. Hierbei liegt der Fokus stark auf der Förderung der individuellen Beschäftigungsfähigkeit und der systematischen Entwicklung von Fachkräften, Arbeitsmarkt und der Wirtschaft. Mit Blick auf das eher ökonomisch orientierte Verständnis Lebenslangen Lernens der OECD erschien dies jedoch erwartbar.

4.2 Beratungsverständnisse und -begriffe im Wandel

Sowohl in den nationalen als auch in den internationalen Dokumenten haben sich die Beratungsverständnisse und Definitionen im Zeitverlauf im Hinblick auf die Aufgaben, Ziele und Funktionen von Beratung verändert bzw. erweitert. Zentral ist dabei die Veränderung dahingehend, dass Beratungsverständnisse und –bedarfe nicht mehr klassischerweise an Übergängen im Berufsleben und vor allem an frühen Übergängen im Lebenslauf (z. B. die Berufsberatung am Übergang der Schule ins Berufsleben), sondern auch innerhalb bestimmter Phasen im Lebenslauf gesehen werden.

Insbesondere wurde dies durch das Memorandum zum Lebenslangen Lernen initiiert, indem Lebenslanges Lernen als nahtloses Kontinuum von der Wiege bis ins Grab beschrieben wird:

> „The knowledge, skills and understanding we learn as children and as young people in the family, at school, during training and at college or university will not last a lifetime. Integrating learning more firmly into adult life is a very important part of putting lifelong learning into practice, but it is, nevertheless, just one part of the whole. Lifelong learning sees all learning as a seamless continuum 'from cradle to grave.' High quality basic education for all, from a child's youngest days forward, is the essential foundation (Europäische Kommission, 2000, S. 7).

> So beschreibt auch das ELGPN die lebensbegleitende Beratung als kontinuierlichen Prozess, „der die Bürgerinnen und Bürger jeden Alters in jedem Lebensabschnitt befähigt, ihre Fähigkeiten, Kompetenzen und Interessen zu identifizieren, Bildungs-, Weiterbildungs- und Berufsentscheidungen zu treffen und ihren individuellen Werdegang in Ausbildung, Beruf und anderen Bereichen zu gestalten, in denen diese Fähigkeiten erlernt und/oder angewendet werden" (ELGPN, 2015, S. 5).

Insgesamt fällt jedoch auf, dass viele Dokumente dennoch auf eine bestimmte zeitliche, vorberufliche und berufliche Phase abheben, wohingegen die nachberufliche Phase kaum in den Blick genommen wird, was auch ähnlich im Adult Education Survey zu beobachten ist (Fokus auf 18- bis 64-Jährige bzw. Pensionsgrenze). Zwar wird die Bedeutung des Lernens während des ganzen Lebens in allen Dokumenten betont, andererseits das Lernen im höheren oder hohen Alter aber kaum thematisiert, beispielsweise, wie es sich mit Älteren verhält, die aufgrund geringer Rentenansprüche ggf. auch nach Rentenantritt weiterhin arbeiten müssen. Dieses Ergebnis erstaunt dahingehend, dass Lernen und Lernfähigkeit im hohen Alter weiterhin möglich sowie gesellschafts- und gesundheitsförderlich sind (Schmidt-Hertha, 2014). Darüber hinaus ist der „lebensbreite" Diskurs zu Beratung insofern einzuschränken, dass in vielen Dokumenten ein großer Berufs-/Arbeitsbezug explizit oder implizit vorherrscht.

> „The newly-coined term 'lifewide' learning enriches the picture by drawing attention to the spread of learning, which can take place across the full range of our lives at any one stage in our lives. The 'lifewide' dimension brings the complementarity of formal, non-formal and informal learning into sharper focus" (Europäische Kommission, 2000, S. 8).

Der mit dem einflussreichen EU-Memorandum damals neu eingeführte Begriff eines „lebensumspannenden Lernens" (lifewide education) scheint insgesamt in den Dokumenten nicht wirklich breit und nachhaltig rezipiert worden zu sein. Lebensumspannendes Lernen meint die räumliche Ausdehnung bzw. Sichtbarkeit des Lernens, das in allen Lebensbereichen und -phasen stattfinden kann, d.h. auch in nicht-beruflichen oder nicht-betrieblichen Bereichen. Im deutschen Verständnis handelt es sich hier um allgemeine Erwachsenen-/Weiterbildung wie z. B. Politische Bildung, Kulturelle Bildung oder Gesundheitsbildung.

In den analysierten internationalen Dokumenten existieren viele Begriffsverwendungen zur Beratung. Die Begriffe Lebenslange/lebensbegleitende/lebensumspannende Beratung bzw. Lifelong Guidance and Counselling (Amtsblatt der Europäischen Union, 2008; Europäische Union, 2000; ELGPN, 2015; Europäische Kommission, 2010, 2020) werden besonders häufig, v.a. im EU-Kontext, genutzt. Auf EU-Ebene scheint sich Lifelong Guidance begrifflich seit dem Memorandum weiterhin durchzusetzen. Dabei wird Beratung interdependenter mit Information, Orientierung, Unterstützung und Begleitung gesehen. So beruft sich die Europäische Kommission im Jahr 2020 auf die Definition von Lifelong Guidance in Anschluss an eine Entschließung des EU-Rates aus dem Jahr 2008:

> „a continuous process that enables citizens at any age and at any point in their lives to identify their capacities, competences and interests, to make educational, training and occupational decisions and to manage their individual life paths in learning, work and other settings in which those capacities and competences are learned and/ or used. Guidance covers a range of individual and collective activities relating to information-giving, counselling, competence assessment, support, and the teaching of decision making and career management skills" (Europäische Kommission, 2020, S. 4).

In manchen, vor allem neueren Dokumenten wird Lifelong Guidance gemeinsam mit dem Begriff „Career Guidance" (Council of the European Union, 2008;

OECD, 2004; UNESCO, 2019) bzw. "Career Guidance Counselling Services" (Schiersmann et al., 2012; Schiersmann et al., 2016) verwendet. Es besteht die Tendenz, dass sich das Verständnis von Beratung vor allem in jüngeren Publikationen wieder stark im beruflichen und arbeitsmarktbezogenen Kontext bzw. an beruflichen Übergängen bewegt. Die Europäische Kommission (2020) differenziert zwischen „Career Guidance" und „Lifelong Guidance" (LLG), indem sie Career Guidance als eine reaktive, auf Übergänge fokussierte Unterstützung beschreibt, während Lifelong Guidance eine proaktive, lebenslange Perspektive einnimmt, die Individuen kontinuierlich begleitet und ihnen Strategien, Kompetenzen und Fähigkeiten vermittelt, um Übergänge eigenständig zu bewältigen (vgl. ebd., S. 3f.). Hinzu kommt in diesem Dokument auch der Begriff „Career Coaching", wobei die Begriffe nicht eindeutig voneinander abgegrenzt werden:

> „Guidance in the workplace can benefit both individuals and employers, including through greater employee satisfaction and engagement. Career coaching can be a mechanism to help people who are doing well in their current employment [...]. Coaching can help to stimulate citizens to think holistically and differently about themselves, supporting fresh insights or perspectives" (ebd., S. 17f.).

In nationalen Dokumenten werden sehr unterschiedliche Begriffe genutzt. Folgende Begriffe konnten dabei identifiziert werden: 3B-Beratung „Beratung in Bildung, Beruf und Beschäftigung" (3-B-Beratung, BMBF, 2007; nfb, 2009), „Bildungs- und Berufsberatung" (dvb, 2017), und „Bildungsberatung" (BMBF, 2008) genutzt. Im Gegensatz zu den internationalen Dokumenten, in denen der lebensbreite Bezug von Beratung in den Begriffen erfasst wurde (Lifelong Guidance), findet sich dies in den nationalen Dokumenten seltener und wurde erst kürzlich wieder in der NWS verwendet: „Lebensbegleitende Weiterbildungsberatung" (BMAS & BMBF, 2019). Insbesondere in den analysierten Dokumenten von BMBF und BMAS und auf in der NWS fällt jedoch auf, dass Beratung sehr stark im Berufs- und Arbeitskontext beschrieben wird und nur marginal über diese Bereiche hinausgeht:

> „Vor dem Hintergrund des sich wandelnden Arbeitsmarktes bedarf es einer hochwertigen und anbieterneutralen Weiterbildungsberatung sowohl für Erwerbspersonen als auch für Unternehmen. Eine entsprechende Beratung kann mögliche Qualifizierungsbedarfe und Qualifizierungsoptionen für Unternehmen und für den Einzelnen aufzeigen und dazu beitragen, dass Ratsuchende auf einer gut vorbereiteten und informierten Basis Weiterbildungsentscheidungen, z. B. für berufliche Aufstiege oder Umstiege, eigenständig treffen können" (ebd., S. 10).

Werden die internationalen und nationalen Dokumente dahingehend verglichen, betonen internationale Akteure stärker das Potenzial einer lebenslangen bzw.

lebensweiten Beratung, die nicht nur berufs- sondern auch lebensweltlich ausgerichtet ist. Nationale Akteure hingegen fokussieren stärker auf die Förderung beruflicher Weiterbildungsangebote und die Sicherung der Arbeitsmarktfähigkeit, was angesichts eines sich wandelnden Arbeitsmarktes zwar notwendig erscheint, jedoch eine eher engere Perspektive darstellt. Eine Ausnahme bilden dabei die Perspektiven der deutschen Verbände, die ein umfassenderes Verständnis von Beratung aufgreifen (dvb, 2017).

Ein Begriff, der seit den 2010er Jahren und aktuell im Kontext der NWS wieder stärker in den Blick genommen wird, ist „Qualifizierungsberatung" für Unternehmen bzw. KMUs. Nicht unbedeutend scheint hier die Forschungsförderung des BMBF, die durch Förderlinien oder große Projekte wie denen des Forschungsinstitut Betriebliche Bildung (f-bb) Einfluss nimmt. Insgesamt werden in den nationalen Dokumenten leider selten explizite Begriffsdefinitionen angeführt, sodass sich hierzu keine Beschreibungen ausführen lassen. Auffallend ist in den nationalen Dokumenten aber, dass immer wieder die Rolle der Bundesagentur für Arbeit (BA) als ein zentraler Akteur diskutiert und oft hervorgehoben wird. Nach dem Ende des gesetzlichen Berufsberatungsmonopol in den 1990er Jahren sowie einer zwischenzeitlich anderen BA-Geschäftspolitik, was zu einem relativen Bedeutungsverlust der BA-Beratung führte, kann aktuell von einer Art Renaissance gesprochen werden. Die BA scheint gegenwärtig insbesondere durch die NWS wieder an Bedeutung zu gewinnen, was bspw. im Zwischenbericht von 2021 deutlich wird. Dabei wird der BA zum Teil eine zentrale Rolle in Netzwerken und der regionalen Koordination von Beratung zugewiesen. Außerhalb der NWS wird dies von Beratungsverbänden zum Teil kritisch gesehen und auf bereits etablierte Netzwerke sowie Praxen der Länder verwiesen.[4] Inwiefern es nach rund einer Dekade der Dezentralisierung (u. a. auch durch BMBF-Förderprogramme wie Lernende Regionen und Lernen vor Ort) nun wieder mehr zentrale Lösungen und zentrale Plattformen in der Beratung gesucht und gefördert werden, bleibt kritisch zu beobachten.

4.3 Themenschwerpunkte in den Dokumenten

Nachfolgend werden die identifizierten, zentralen Themen bzw. Herausforderungen von Beratung vorgestellt, die in den bildungspolitischen Dokumenten

4 Das nfb veröffentlichte hierzu im Jahr 2021 Stellungnahmen zur Umsetzung der NWS, in denen die Rolle der BA stellenweise kritisch diskutiert wird: https://www.forum-beratung.de/dokumentation/stellungnahmen/

häufig aufgegriffen wurden. Diese beziehen sich dabei über alle Dokumente hinweg in erster Linie auf den Ausbau und die Weiterentwicklung von Beratung bzw. Beratungsstrukturen. So wird in vielen Dokumenten argumentiert, dass es einer entsprechenden Beratungsinfrastruktur bedarf, die sich insbesondere aus den folgenden Aspekten zusammensetzt, die immer wieder als „Dauerbrenner" thematisiert werden: Transparenz und Niedrigschwelligkeit (Kap. 4.3.1) und Qualitätssicherung bzw. -entwicklung sowie Professionalisierung (Kap. 4.3.2) sowie Monitoring und Forschungsausbau (Kap. 4.3.3). Folgender, beispielhafter Vergleich zwischen dem EU-Memorandum aus dem Jahr 2000 und der NWS aus dem Jahr 2019 verdeutlichen die immer wiederkehrende Rezeption derselben Themen:

Bereits im Memorandum wird festgehalten, Beratung zu überdenken, um sicherzustellen, dass alle Menschen in ganz Europa und ihr Leben lang einfachen Zugang zu hochwertigen Informationen und Beratung über ihre Lernmöglichkeiten haben (vgl. Europäische Kommission, 2000, S. 16). Dafür sollen Beratungsangebote allen Menschen jederzeit zugänglich, an deren Bedürfnissen orientiert und lebensbreit ausgerichtet sowie miteinander sinnvoll, auch über informelle Kanäle vernetzt sein. Ein weiteres Anliegen liegt in dem Ausbau professioneller Beratungskompetenzen und der Sicherung der Qualität von Beratung in einem sich zunehmend privatisierenden Sektors. Bereits 2000 wird darüber hinaus auch der sinnvolle Umgang mit digitalen Beratungsmöglichkeiten thematisiert. (vgl. ebd., S. 16-18)

> Fast über 20 Jahre später greift auch die NWS auf nationaler Ebene diese Themen auf: „Insgesamt verfolgt die Nationale Weiterbildungsstrategie das Ziel, die bestehenden Beratungsangebote, insbesondere von Bund, Ländern, Kammern, Verbänden und Bildungswerken, zu einer flächendeckenden, qualitativ hochwertigen lebensbegleitenden Beratungsstruktur auszubauen und zu vernetzen" (BMAS & BMBF, 2019, S. 10).

Auch die NWS bezieht sich wie das Memorandum auf die Themen der Strukturbildung und fordert den Ausbau der Vernetzung zwischen regionaler, kommunaler und nationaler Ebene, die Erleichterung des niedrigschwelligen Zugangs zu Beratung und den reflektierten, professionellen Einsatz digitaler Beratungsmöglichkeiten (vgl. BMAS & BMBF 2021b, S. 44-55).

Im Zeitverlauf hinzugekommen sind die Themen Digitalisierung, die Qualifizierungs- und Organisationsberatung für Organisationen insbesondere für KMU und der Fokus auf niedrigschwellige Zugänge für benachteiligte Gruppen, wobei diese Themen nur in einzelnen Dokumenten auftauchen.

Insgesamt werden die in den Dokumenten formulierten Forderungen mit der Zeit konkreter und vielfältiger. Hier wird ein Unterschied zwischen genuin politischen und Verbandsdokumenten (z. B. nfb oder dvb) sichtbar. In Verbänden und Netzwerken (z. B. dvb, ELPGN und nfb) werden die Forderungen und Handlungsansätze zu den Themen zeitlich früher, umfangreicher und konkreter als bei anderen Akteuren wie der EU oder den Bundesministerien beschrieben. Diese benennen auf einer sehr normativen Ebene auch Optimierungsbedarfe, formulieren aber weniger konkrete Handlungsschritte aus. Erst die NWS greift in ihrem Dokument zu den eingesetzten Themenlaboren diese wieder differenzierter auf (BMAS & BMBF, 2021b).

4.3.1 Transparenz und Niedrigschwelligkeit

Die Niedrigschwelligkeit von Weiterbildungsberatung ist eine in vielen Dokumenten immer wieder betonte Forderung, um den Zugang zu Beratung und insbesondere für Personengruppen mit geringerer Weiterbildungsbeteiligung, wie Geringqualifizierte oder Migrantinnen und Migranten, zu erleichtern (BMAS & BMBF, 2021; nfb, 2019). Unter Niedrigschwelligkeit werden dabei Maßnahmen gefasst, die strukturelle, kulturelle und soziale Barrieren abbauen und die Nutzung von Beratungsangeboten breiter zugänglich machen sollen. Dabei wird jedoch betont, dass Niedrigschwelligkeit nicht allein durch das Vorhandensein von Beratungsangeboten gewährleistet wird. Vielmehr erfordert sie transparente Strukturen und eine gezielte Anpassung der Angebote an die Bedürfnisse der Zielgruppen.

In diesem Kontext wird auch die aufsuchende Beratung, die darauf abzielt, durch direkte Ansprache in der Lebenswelt von Personen, z. B. in Betrieben oder durch digitale Präsenz in sozialen Medien, den Zugang zur Beratung zu erleichtern. Die Europäische Kommission (2000, S. 18) fordert hierzu, dass Beratung „so nah wie möglich an den Lernenden stattfinden" sollte, um Barrieren zu minimieren und den Zugang zu gewährleisten. Dennoch sind niedrigschwellige Beratungsformen in vielen Regionen noch unzureichend entwickelt, was die Reichweite der Angebote und damit die Chancengleichheit einschränkt. Außerdem bringt der Ansatz methodische Herausforderungen, wie den Umgang mit heterogenen Zielgruppen und zusätzliche Ressourcen für die Erreichbarkeit in entlegenen Regionen, mit sich. Es zeigt sich zudem, dass die Nutzung von Beratungsdiensten häufig selektiv ist. So nehmen Frauen häufiger als Männer und Höherqualifizierte häufiger als Geringqualifizierte Beratung in Anspruch (vgl. Käpplinger, 2020, S. 19). Diese Selektivität zeigt, dass niedrigschwellige Ansätze gezielt auf weniger stark vertretene Gruppen ausgerichtet werden müssen. Schätzungen zufolge können jährlich 7,7 Millionen Erwerbstätige ihren Wunsch nach Weiterbildungsberatung nicht umsetzen (vgl. ebd.), was die Dringlichkeit unterstreicht, bestehende Barrieren zu identifizieren und abzubauen.

Neben der Niedrigschwelligkeit ist die Transparenz der Beratungsangebote eine weitere oft thematisierte Forderung in bildungspolitischen Dokumenten (BMBF, 2008; dvb, 2017; nfb, 2009). Dabei wird oft gefordert, dass Ratsuchenden ein besserer Überblick und eine zielgerichtete Auswahl an geeigneten Angeboten ermöglicht werden soll. Die große Vielfalt an Beratungsdiensten kann dazu führen, dass Personen Schwierigkeiten haben, passende Angebote zu finden (nfb, 2009). Zur Erhöhung der Transparenz wird national wie international die Förderung von Koordinierung und Zusammenarbeit zwischen Akteuren auf allen Ebenen gefordert (Amtsblatt der Europäischen Union, 2008, S. 10). Eine gut vernetzte Beratungslandschaft trägt nicht nur zur Orientierung der Ratsuchenden bei, sondern verbessert auch die Effizienz und Qualität der Beratungsleistungen durch den Austausch von Wissen und Ressourcen. Passgenaue Beratungszugänge sollen die Transparenz erhöhen und den Zugang zu Angeboten erleichtern (Amtsblatt der Europäischen Union, 2008, S. 5f.) Dabei spielen moderne Informations- und Kommunikationstechnologien (ICT) eine zentrale Rolle:

> „This implies a major shift towards user-oriented learning systems with permeable boundaries across sectors and levels. Enabling individuals to become active learners implies both improving existing practices and developing new and varied approaches to take advantage of the opportunities offered by ICT and by the full range of learning contexts“ (Europäische Kommission, 2000, S. 13).

Solche Technologien ermöglichen es, Beratung unabhängig von Ort und Zeit anzubieten und sollen so die Erreichbarkeit erhöhen: „Provide lifelong learning opportunities as close to learners as possible, in their own communities and supported through ICT-based facilities wherever appropriate" (ebd., S. 18). Die fortschreitende Digitalisierung eröffnet neue Möglichkeiten, stellt jedoch auch wachsende Anforderungen an die Beratung. Digitale Technologien bieten die Möglichkeit, Beratung orts- und zeitunabhängig anzubieten und dadurch die Reichweite zu erweitern. Im Jahr 2020 hebt die Europäische Kommission hervor, dass der „systematische Einsatz digitaler Technologien im Bereich Lebenslanger Beratung“ (ebd., S. 35) notwendig ist, um den Anforderungen einer zunehmend digitalisierten Gesellschaft gerecht zu werden (vgl. ebd.). Dies erfordere den gezielten Ausbau von Online-Beratungsangeboten, einschließlich Multi-Channel-Strategien, Video-, Chat- und KI-basierten Formaten sowie die Einbindung von Social Media und zentralisierten Informationsdiensten wie Bürgertelefonen.

4.3.2 Qualitätssicherung, -entwicklung und Professionalisierung

Die Sicherung der Qualität und die Professionalisierung stellen zentrale Themen in der Beratung dar und umfassen sowohl das Beratungspersonal als auch die Beratungslandschaft insgesamt. Dies zeigt sich über nahezu alle analysierten Dokumente hinweg. Um eine nachhaltige Qualitätssicherung zu gewährleisten, wird die Verankerung von Qualitätsmanagementsystemen (QMS) sowie die Einführung und Weiterentwicklung von Qualifikations- und Kompetenzrahmen als essenziell angesehen (vgl. BMBF, 2008, S. 5). Das Beratungspersonal sollte entsprechend akkreditiert und zugelassen sein, wie bereits das Nationale Forum Beratung im Jahr 2009 betonte. Im Kontext einer „kontinuierlichen Qualitätsentwicklung" (nfb, 2019) wird gefordert, dass sich diese Maßnahmen zudem an den sich wandelnden Beratungsbedarfen sowie den neuen Anforderungen der Digitalisierung orientieren. Insbesondere die Digitalisierung erfordert zusätzliche Kompetenzen des Beratungspersonals, da sich Beratungsformate signifikant weiterentwickelt haben. In diesem Zusammenhang wird auf Fortschritte seit 2009 hingewiesen, insbesondere durch das vom nfb und der Universität Heidelberg initiierte Konzept „BeQu", das als grundlegendes Instrument für die Qualitätssicherung in der Beratung dient. Auffallend ist außerdem, dass die Themen Professionalisierung und Qualität in der Beratung deutlich intensiver und öfter in Verbandsdokumenten thematisiert werden als in Publikationen des BMBF. Auch die NWS greift diese Themen nur marginal auf.

Auf europäischer Ebene verweisen die Dokumente ebenfalls auf die hohe Priorität von Qualitätssicherung und -entwicklung.

> Bereits im EU-Memorandum von 2000 formulierte die Europäische Kommission (2000, S. 18) die Frage: „How can quality of service be best assured in a mixed public and private market for guidance and counselling? Would it be appropriate to develop quality guidelines for guidance and counselling services, including through co-operation at European level?".

Diese Überlegungen thematisierten nicht nur die Forderung nach festgelegten Qualitätsstandards, sondern auch die Messung der Wirksamkeit von Beratungsdienstleistungen. Im Amtsblatt der Europäischen Union (2008) wird darüber hinaus die Professionalisierung des Beratungspersonals hervorgehoben, welche durch das NICE (Network for Innovation in Career Guidance and Counselling in Europe) unterstützt wird. Dieses Netzwerk veröffentlichte Handbücher, die zur Entwicklung von Kompetenzstandards und akademischen Ausbildungsprogrammen beitragen sollen, um diese europaweit zu standardisieren (Schiersmann et al., 2012, 2016). Im Jahr 2020 hob die Europäische Kommission die enge Verknüpfung zwischen Professionalität und Qualitätssicherung hervor und betonte, dass insbesondere Berufsverbände eine wichtige Rolle spielen. Es wurde festgestellt, dass die Qualitätssicherung der lebenslangen Lernberatung (LLG) in der Europäischen Union nach wie vor uneinheitlich und lückenhaft ist. Die Definition von Berufsprofilen oder Standards für die grundlegende Ausbildung von Beratenden wird dabei als ein zentraler Mechanismus angesehen, um die Qualität von Beratungsdiensten zu gewährleisten. Diese Analyse verdeutlicht die Bedeutung eines systematischen Ansatzes zur Sicherstellung der Beratungsqualität in einem europaweiten Kontext. (vgl. ebd., S. 42)

Zusammenfassend zeigt sich, dass sowohl auf nationaler als auch auf europäischer Ebene die Sicherung der Beratungsqualität und die Professionalisierung des Beratungspersonals seit über 20 Jahren als zentrale Themen im bildungspolitischen Diskurs gelten, um den wachsenden Anforderungen in einer dynamischen Beratungslandschaft gerecht zu werden.

4.3.3 Monitoring und Forschungsausbau

In vielen Dokumenten wird für die Weiterentwicklung des Beratungssystems ein umfassendes Beratungsmonitoring und der Ausbau der Forschung im Bereich Bildungs-, Berufs- und Beschäftigungsberatung gefordert (nfb, 2019). Grundlage hierfür seien laut BMBF (2008) und nfb (2009) strukturierte und verlässliche Daten, die insbesondere Innovationen in Beratungsansätzen, bildungsbereichsübergreifende Beratung, Finanzierungskonzepte sowie die Wirkung von Beratung auf Ökonomie und Gesellschaft abbilden können. Zusätzlich sei es entscheidend, die Effekte der Bildungsberatung auf die Beteiligung am Lernen im Lebenslauf systematisch zu analysieren (vgl. ebd.).

Das Bundesministerium für Bildung und Forschung (BMBF, 2008) sowie die Europäische Kommission (2020) fordern eine kohärente Datenbasis und einen standardisierten Austausch von Informationen. Diese Maßnahmen sind notwendig, um die Qualität und Wirksamkeit von Beratung evidenzbasiert zu steuern und kontinuierlich zu verbessern. Die Europäische Kommission betont, dass Monitoring-Standards ein essenzieller Bestandteil des Dialogs zwischen relevanten Stakeholdern auf nationaler und europäischer Ebene sein sollten.

Die Herausforderungen eines effektiven Monitorings würden dabei jedoch nicht allein in der Datenerhebung liegen, sondern auch in der Implementierung eines kontinuierlichen und systematischen Monitoring-Systems. Ein solches System sollte national wie europäisch vernetzt sein, um den Erfolg von Beratungsmaßnahmen nachhaltig sicherzustellen. Zur Verbesserung des Monitorings von Ergebnissen und Auswirkungen der Beratung sollen unter anderem neue Messmethoden für weiche Ergebnisse und zurückgelegte Entwicklungsschritte eingeführt werden. Zudem wird empfohlen, Mindeststandards für das Monitoring zu etablieren, um den Dialog zwischen Stakeholdern zu unterstützen. Weiterhin betont die Kommission, dass der effektive Austausch und die Kommunikation zwischen relevanten Akteuren auf EU-Ebene gewährleistet und ähnliche Ansätze auf nationaler, regionaler und sektoraler Ebene gefördert werden sollten.

Im Verlauf der letzten Jahre hat insbesondere der Ausbau der Forschung und des Monitorings in der Beratung an Bedeutung gewonnen, wenngleich die meisten Dokumente dies nur sehr normativ fordern, aber wenig konkretisiert ausführen. Eine Ausnahme bilden die Verbandsdokumente. In einem Positionspapier des nfb aus dem Jahr 2019 wird beispielsweise bemängelt, dass trotz der gestiegenen Bedeutung der Beratung in den letzten zwei Jahrzehnten sowie zahlreicher neuer Angebote, gefördert durch Bundes- und Landesprogramme sowie die Neuausrichtung der Weiterbildungsberatung durch die Bundesagentur für Arbeit, weiterhin ein erheblicher Mangel an Wissen über deren quantitative und qualitative Aspekte sowie über deren Ergebnisse und Wirkungen fehlt. Empirische Daten zur Weiterbildungsberatung in Deutschland stammen überwiegend aus EU-weiten Erhebungen wie dem AES oder aus partiellen Studien und Berichten, etwa den Analysen des DIE, den VHS-Statistiken, dem wb-Monitor des BIBB sowie dem Deutschen Weiterbildungsatlas. Diese Daten seien jedoch ein „Flickenteppich“ (ebd., S. 8) und nicht ausreichend, um der Politik steuerungsrelevante Informationen über die Effektivität und Effizienz der Weiterbildungsberatung bereitzustellen. Hierfür ist aus Sicht des nfb ein kontinuierliches und umfassendes Monitoring notwendig, das in die Berichterstattung im Nationalen Bildungsbericht der Bundesregierung integriert wird. (vgl. ebd., S. 8f.)

5 Fazit und Ausblick

Die Bedeutung von Weiterbildungsberatung hat in den letzten dreißig Jahren deutlich zugenommen und sie gilt als „Eckpfeiler“ (Gieseke, 2016, S. 31) bzw. „Supportstruktur“ (Nuissl, 2000; Schmidtke & Gugitscher, 2021) für Lebenslanges Lernen. Dabei existierte bislang keine Analyse darüber, inwiefern relevante bildungspolitische Akteure (Schrader, 2011) Beratung aufgreifen und thematisieren, was Gegenstand dieses Beitrags ist. Im Folgenden werden die zentralen Ergebnisse zusammengefasst und die Forschungsfrage, welche Gemeinsamkeiten und Unterschiede in Bezug auf die Bedeutung von Weiterbildungsberatung zwischen den zentralen nationalen wie auch internationalen bildungspolitischen Akteuren sichtbar werden, beantwortet und diskutiert. Abschließend werden weiterführende Forschungsmöglichkeiten aufgezeigt.

Vor dem inhaltlichen Fazit werden die Ergebnisse kurz in zeitlicher Perspektive und nach dem Abstraktionsgrad betrachtet. Dabei zeigt sich, dass in den Jahren ca. 2000-2010 viele Dokumente der zentralen bildungspolitischen Akteure auf inter- und nationaler Ebene, z. B. Europäische Kommission, OECD, BMBF, BMAS, Kultusministerkonferenz, veröffentlicht wurden. In der anschließenden Dekade von ca. 2010-2020 lässt die Publikationshäufigkeit nach und verlagert sich stärker auf Verbände und Netzwerke wie z. B. Cedefop, ELGPN, nfb, dvb. Auf nationaler bildungspolitischer Ebene wird Beratung mit der Nationalen Weiterbildungsstrategie (inkl. Themenlabore zur Beratung) jüngst in Dokumenten zum Lebenslangen Lernen wieder explizit berücksichtigt. Nach Abstraktionsgrad betrachtet, werden in den analysierten Dokumenten primär strategische Leitlinien und Grundverständnisse zur Beratung vorgestellt, die jedoch zumeist auf normativer Ebene verbleiben und seltener konkretisiert werden. So wird auf EU-Ebene die Verantwortung für die Umsetzung der Leitlinien den Mitgliedsstaaten überlassen. Die Europäische Union betont, dass die Prioritäten für Beratungspolitik im Rahmen nationaler Strategien konsolidiert und in die Praxis umgesetzt werden sollten, wobei europäische Instrumente und Werkzeuge zu nutzen sind (Amtsblatt der Europäischen Union, 2008, S. 2). Eine von der Europäischen Kommission in Auftrag gegebene Studie verdeutlicht, dass die politischen Interventionen zu Lifelong Guidance zwischen den Mitgliedsstaaten teils stark variieren (Barnes et al., 2020). Diese Vielfalt kann auch als Chance betrachtet werden, da sie eine breite Grundlage für den Erfahrungsaustausch und die Zusammenarbeit bietet (Rat der Europäischen Union, 2004, S. 3). Im Kontrast zu diesen in der Regel eher allgemein gehaltenen Perspektiven, diskutieren die Verbände das Thema Beratung deutlich konkreter.

5.1 Übergreifende Ergebnisse

Werden die Ergebnisse übergreifend in den Blick genommen, wird in Bezug auf unsere Frage nach der bildungspolitischen Bedeutung und den Verständnissen von Beratung für Lebenslanges Lernen sichtbar, dass Beratung auf programmatischer Ebene als unverzichtbarer Bestandteil Lebenslangen Lernens eingeordnet wird und die Relevanzzuschreibung hoch ist. Die Bedeutung der Beratung bewegt sich dabei in einem Spannungsfeld zwischen individuellen und öffentlichen Zielen. Einerseits dient sie dazu, individuelle Bildungswege zu fördern und zu unterstützen, andererseits erfüllt sie auch zentrale gesellschaftliche Funktionen, indem sie zur Stabilisierung des Arbeitsmarktes, zur Sicherung der Beschäftigungsfähigkeit und zur Bewältigung sozialer Transformationsprozesse beiträgt (vgl. Kap. 4.1).

Die *Relevanz* wird dabei oft mit den tiefgreifenden gesellschaftlichen Transformationsprozessen begründet, die mit vielförmigen und nicht-linearen Bildungsbiografien einhergeht.

> Gesellschaftstheoretisch betrachtet „stellt die Erfüllung der Forderung, lebenslang lernwillig und lernbereit zu sein und bei alledem die eigene Biographie auch noch wie eine niemals abschließbare „Großbaustelle" zu behandeln, eine Signatur der zweiten Moderne dar (Beck/Giddens/Lash 1996)" (Nittel & Schütz, 2010, S. 138).[5]

Die klassische Vorstellung einer linearen „Normalbiografie" weicht zunehmend flexiblen und individualisierten Lebensverläufen, die sich durch häufige Übergänge und kontinuierliche Qualifizierungen auszeichnen. Faktoren wie Globalisierung, Strukturwandel, digitale Transformation und demografische Veränderungen führen außerdem dazu, dass sich Arbeitsmärkte und Tätigkeitsanforderungen dynamisch wandeln. Dies erfordert von Individuen eine Anpassung durch Weiterbildung und den Erwerb neuer, insbesondere digitaler Kompetenzen. Auch werden angesichts des Fachkräftemangels qualifizierte Beschäftigte benötigt, um den Arbeitsmarkt stabil halten zu können.

Trotz der politischen und gesellschaftlichen Betonung der Bedeutung Lebenslangen Lernens wird die Verantwortung dafür häufig auf das Individuum übertragen. Erwachsene sollen ihre Bildungsbiografien eigenverantwortlich gestalten, was jedoch als Überforderung wahrgenommen werden kann, da dies eine hohe Eigeninitiative und entsprechende Kompetenzen voraussetzt (vgl. Käpplinger, 2020; Schneebeli, 2020). In den Dokumenten wird die Bedeutung von Beratung sichtbar, die Unterstützung bei der Navigation durch die zunehmend komplexen Bildungs- und Berufswelten bieten soll. Beratung dient dabei als Türöffner zur Erkundung von Entwicklungsmöglichkeiten und zum Zugang zu Lebenslangem Lernen und Weiterbildung.

Werden die Ergebnisse zu den *Beratungsverständnissen* übergreifend betrachtet (vgl. Kap. 4.2), zeigt sich, ein Wandel - weg von einem Beratungsverständnis, das sich an den Übergängen im Bildungs- und Berufssystem orientiert - hin zu einer Orientierung an der gesamten Biografie. Dieses Verständnis wurde insbesondere seit dem EU-Memorandum im Jahr 2000 mit dem Verständnis von Beratung „von der Wiege bis ins Grab" bzw. „Lifelong Guidance" international weiter gefestigt.

---

5 Die zweite Moderne nach Beck (1997) beschreibt eine Gesellschaft, die durch Komplexität, Unsicherheit und die Notwendigkeit des Reflektierens geprägt ist. Sie fordert Individuen heraus, aktiv und verantwortungsbewusst in einer Welt zu handeln, die von globalen Herausforderungen (Risikogesellschaft, Globalisierung etc.) und individuellen Freiheiten geprägt ist.

Auf nationaler Ebene sind die Verständnisse dagegen eher berufs- und arbeitsweltbezogen. Dies wurde auch in Bezug auf die NWS kritisiert, was aber in dem aktuellen Strategiepapier zur Fortführung und Weiterentwicklung der Strategie erweitert wurde: „Schwerpunkt der NWS bleibt die berufliche Weiterbildung. Zusätzlich wird die allgemeine Weiterbildung mit Blick auf Verbindungslinien zur beruflichen Weiterbildung in die NWS integriert“ (BMAS & BMBF, 2022, S. 11). Die aktuell im nationalen Diskurs häufig genutzte Definition von „Beratung in Bildung, Beruf und Beschäftigung“ scheint die beiden Formate der (Weiter-) Bildungsberatung und der Berufsberatung im Arbeitsmarkt zu vereinen (BIBB, 2019, S. 3).

Zentrale *Themen*, die in den Dokumenten oft als Herausforderungen an Beratungsstrukturen formuliert wurden, zeigen sich in den folgenden Bereichen (vgl. Kap. 4.3): Erstens ist die Forderung nach der Schaffung transparenter und leicht zugänglicher Beratungsstrukturen zentral, insbesondere für benachteiligte Gruppen. Niedrigschwellige Angebote sollen Barrieren abbauen, erfordern jedoch zusätzliche Ressourcen und gezielte Anpassungen an die Zielgruppen. Zweitens betonen viele Dokumente die Notwendigkeit standardisierter Qualitätskriterien und professioneller Kompetenzentwicklung der Beratenden, um Beratung wirksam und nachhaltig zu gestalten. Drittens wird die Entwicklung daten- bzw. evidenzbasierter Strategien und kontinuierlicher Monitoringprozesse als essenziell angesehen, um einerseits die Wirksamkeit von Beratungsangeboten messen und sicherstellen zu können und anderseits das System als Ganzes weiterentwickeln zu können.

Im Zeitverlauf hinzugekommen ist die Bedeutung digitaler Beratungsmöglichkeiten, insbesondere im Hinblick auf ihre Reichweite und Flexibilität. Gleichzeitig werden methodische Herausforderungen wie der Umgang mit digitalen Tools und Plattformen thematisiert. In den nationalen, aktuelleren Publikationen wird auf die Relevanz von Qualifizierungsberatung zur Unterstützung kleiner und mittlerer Unternehmen (KMUs) verwiesen, um betriebliche Lernprozesse und Transformationsbedarfe zu unterstützen (vgl. auch Freiling et al., 2024), was als Neuerung und Erweiterung des Beratungsgegenstandes auszuweisen ist. Das Adressatenverständnis erweitert sich damit von der Konzentration auf Subjekte hin zur Beratung auch von Organisationen.

Interessant ist mit Blick auf die meistgenannten Themen, dass sich die inhaltlichen Beschreibungen dieser kaum verändert haben. So werden die zumeist normativen Forderungen nach niedrigschwelligen, transparenten Beratungsstrukturen und der Entwicklung von Qualität und Professionalisierung schon über 20 Jahre sehr ähnlich formuliert, ohne dass tiefergehende inhaltliche bzw. strategische Erweiterungen sichtbar werden.

5.2 Unterschiede zwischen den Akteuren

Insgesamt zeigen die übergreifenden Ergebnisse, dass die zentrale bildungspolitische Relevanz von Beratung darin besteht, dass Lern- und Entwicklungsprozesse des Menschen über das gesamte Leben hinweg unterstützt und ermöglicht werden sollen, damit sich selbstbestimmte Individuen, die gleichzeitig in die Gesellschaft eingebunden sind, entfalten können. Unsere Ergebnisse verdeutlichen auch, dass sich die Bedeutungen und Ziele, die mit Lebenslangem Lernen und Beratung verbunden werden, zwischen den einzelnen Akteuren und Organisationen mit ihren jeweiligen Aufträgen und Schwerpunktsetzungen variieren, wie es analog von Kraus (2001, S. 111) für den Bereich Lebenslangen Lernens beschrieben wurde. So verbindet die EU mit Lebenslangem Lernen und Beratung vor allem das Ziel, die Beschäftigungsfähigkeit im globalen Wettbewerb und die demokratische Teilhabe innerhalb Europas zu erhalten und zu verbessern (vgl. ebd., S. 109). Auch die UNESCO sieht Lebenslanges Lernen als notwendig zum Erhalt und Fördern von Demokratie und Gerechtigkeit an, indem Bürgerinnen und Bürger ihr Leben durch Lernen und Bildung mündig gestalten sollen. Dies steht wiederum in Einklang mit ihrem Auftrag der internationalen Zusammenarbeit für die Sicherung von Frieden und menschlichen Wohlstands (vgl. ebd., S. 110). Die Ziele der OECD sind dagegen stärker wirtschaftlich orientiert. Dabei soll die Beratung Erwachsener dazu beitragen, neben Persönlichkeitsentwicklung insbesondere die Beschäftigungsfähigkeit aufrecht zu erhalten und dadurch das Wirtschaftswachstum der Mitgliedsstaaten voranzutreiben (vgl. ebd., S. 111).

Die ebenfalls in die Analyse einbezogenen Dokumente von politiknahen nationalen deutschen (nfb, dvb) und internationalen Verbänden und Netzwerken der EU zeigen, dass diese den bildungspolitischen Diskurs durch ihre Publikationen wie Positionspapiere und Handlungsempfehlungen berücksichtigen und aufnehmen. Die auf europäischer Ebene analysierten Dokumente zeigen eine inhaltliche Nähe zur EU, die aber auch gleichzeitig ebendiese Verbände und Netzwerke fördert, weshalb dieses Ergebnis plausibel erscheint. Beispielsweise hatte das ELGPN auf internationaler Ebene eine wichtige Rolle bei der Förderung lebenslanger Beratung als zentrales Instrument zur Umsetzung europäischer Ziele in den Bereichen Bildung, Beschäftigung und soziale Integration.[6] Es wurde von der Europäischen Kommission und den Mitgliedstaaten im Jahr 2007 gegründet, um die Entwicklung und Umsetzung von Strategien und Maßnahmen zur Lifelong Guidance in Europa zu fördern. Das Ziel war es, den Zugang zu

---

6 https://www.elgpn.eu/about-us

Bildungs- und Berufsberatung in allen Lebensphasen zu verbessern, um die individuelle Entscheidungsfindung zu unterstützen und die berufliche Mobilität zu fördern. Obwohl das Netzwerk offiziell 2015 endete, fungieren die Arbeiten und Publikationen als wichtige Grundlage für weitere Zusammenarbeit und Innovationen in der lebenslangen Beratung. Die Arbeit des Netzwerks wird heute durch andere europäische Initiativen und Projekte im Bereich Bildung und Beschäftigung weitergeführt, etwa durch das Europäische Zentrum für die Förderung der Berufsbildung (Cedefop)[7] und andere EU-finanzierte Programme wie Erasmus+. (vgl. auch Schiersmann, 2021, S. 19f.)

Ein wesentlicher Unterschied zwischen den Verbänden sowie Netzwerken und den politischen Akteuren wie der EU, OECD und UNESCO besteht darin, dass diese stärker auf die Umsetzungsebene abzielen und ihre Forderungen deutlich konkreter formulieren als das EU-Memorandum (2000) oder die Beschlussdokumente der Europäischen Kommission (z. B. Amtsblatt der Europäischen Union, 2008; Rat der Europäischen Union, 2004).

Ein weiteres Alleinstellungsmerkmal, das sich in deutschen Verbandsdokumenten gezeigt hat, ist die Berücksichtigung rechtlicher Aspekte. Beratung dient damit unter Berufung auf das Grundgesetz zur Berufsfreiheit zur Sicherung des Rechts auf Bildung (dvb, 2017; nfb, 2009) und soll die soziale Teilhabe, Berufsfreiheit, Potenzialerkennung, Auswahl von Karrierewegen sowie die Förderung der Entscheidungs- und Handlungskompetenz ermöglichen (dvb, 2017). Die Beratenden agieren dabei in Anwaltschaft für die Ratsuchenden. Von Interesse ist dabei die noch nicht beantwortete Frage, ob aus dem „Recht auf Beratung" möglicherweise auch eine implizite oder explizite Pflicht werden könnte. Beispielsweise bestehen gesetzliche Mitwirkungspflichten im Bereich der Bundesagentur für Arbeit, die teilweise eine Beratungspflicht implizieren. Insbesondere für Personen in Berufen, die sich grundlegend wandeln oder sogar verschwinden bleibt dies zu diskutieren. Das Spannungsfeld zwischen individueller Entscheidungsfreiheit und gesellschaftlichem Anpassungsdruck sollte bei solchen Entwicklungen kritisch beobachtet und analysiert werden. Aus beratungstheoretischer Perspektive ist bei einer verpflichtenden Beratung darauf zu verweisen, dass die Entscheidungsfreiheit gewahrt und sanktionsfrei bleibt. Besonders ist auch der wichtige Hinweis aus einem Dokument des nfb (2009), das die Notwendigkeit der Beratungsfähigkeit als Voraussetzung für Beratung thematisiert:

7 https://www.cedefop.europa.eu/de/about-cedefop/who-we-are

> „Damit Beratung auch als Motivation und Türöffner für aktives Lebenslanges Lernen dienen kann, muss die Beratungsfähigkeit, also die Fähigkeit, Beratung anzunehmen und zu nutzen, ebenso wie die berufsbiographische Gestaltungskompetenz („career management skills") bei den potentiell Ratsuchenden gefördert werden" (nfb, 2009, S. 4).

Beratung ist somit nicht allein eine Frage der Verfügbarkeit oder Qualität der Angebote, sondern auch der Fähigkeit der Ratsuchenden, diese effektiv zu nutzen. Dabei bleibt die Frage weiterführend zu untersuchen, wie „Beratungsfähigkeit" in der Gesellschaft gezielt gefördert werden kann und wie sozial (un-)gleich diese verteilt ist.

5.3 Ausblick

Die noch ausstehende Untersuchung der Umsetzung bildungspolitischer Programmatiken und Leitlinien zur Weiterbildungsberatung verweist auf den Bedarf an weiterer Forschung.

Dabei sollten die organisationalen Selbstverständnisse der bildungspolitischen Akteure noch ausschöpfender in die Analyse integriert werden, um die Ergebnisse weiter differenzieren und interpretieren zu können.

Darüber hinaus könnten weiterführende Studien die Frage thematisieren, inwiefern die analysierten Programmatiken und Leitlinien tatsächlich in konkrete Maßnahmen übersetzt wurden und welche intendierten und nicht-intendierten Wirkungen beobachtet werden können. Die Schwierigkeit, Wirkungen in diesem Bereich zu erheben, verweist jedoch auf eine grundlegende Herausforderung: die fehlende Datenbasis durch systematische Evaluation und das Monitoring von Weiterbildungsberatung. Die Implementierung eines kohärenten Monitoring-Ansatzes könnte nicht nur die Nachvollziehbarkeit der Maßnahmen verbessern, sondern auch als Grundlage für eine systematische Weiterentwicklung der Beratung dienen.

Vor dem Hintergrund der insgesamt hohen Bedeutungszuschreibung von Beratung seitens bildungspolitischer Akteure ist kritisch zu untersuchen, wie der Nutzen für unterschiedliche Zielgruppen sowie spezifische Lebenssituationen ist. Käpplinger (2019, S. 23f.) betont in diesem Kontext die Notwendigkeit, die Rolle von Beratung nicht zu überschätzen, insbesondere nicht als universelle Lösung in Veränderungsprozessen oder als Ersatz für tiefgreifende Lernprozesse. Obwohl Beratung als aufklärerisches Instrument zur Informationsvermittlung und Reflexion diene, sollte ihre Funktion differenziert betrachtet und auf realistische Ziele reduziert werden. Hierzu sollten ethische und funktionale Grenzen der Beratung klar definiert werden, um einer Überfrachtung mit unrealistischen Erwartungen und damit einhergehender Enttäuschungen entgegenzuwirken.

Literatur

Barnes, S.-A., Bimrose, J., Brown, A., Kettunen, J., & Vuorinen, R. (2020). *Lifelong guidance policy and practice in the EU: trends, challenges and opportunities*. Europäische Kommission [https://ec.europa.eu/social/main.jsp?catId=738&langId=en&pubId=8284&furtherPubs=yes]

Beck, U., Giddens, A., & Lash, S. (1996). *Reflexive Modernisierung: Eine Kontroverse*. Suhrkamp.

Beck, U. (1997). *Die Erfindung des Politischen: Zu einer Theorie reflexiver Modernisierung*. Suhrkamp.

Bundesministerium für Bildung und Forschung (BMBF) (2007). *Bestandsaufnahme in der Bildungs-, Berufs- und Beschäftigungsberatung und Entwicklung grundlegender Qualitätsstandards*. Abschlussbericht. Nationales Forum Beratung [https://www.forum-beratung.de/cms/upload/Wissenswertes/Forschung/Ramboll_Studie.pdf]

Bundesministerium für Bildung und Forschung (BMBF) (2008). *Empfehlungen des Innovationskreises Weiterbildung für eine Strategie zur Gestaltung des Lernens im Lebenslauf*. Nationales Forum Beratung [https://www.forum-beratung.de/cms/upload/Wissenswertes/Politische_Initiativen/Innovationskreis_Weiterbildung_Empfehlungen.PDF]

Bundesministerium für Arbeit und Soziales (BMAS), & Bundesministerium für Bildung und Forschung (BMBF) (2021a). *Wissen teilen. Zukunft gestalten. Zusammen wachsen: Nationale Weiterbildungsstrategie. Umsetzungspapier*. BMBF [https://www.bmbf.de/files/NWS_Strategiepapier_barrierefrei_DE.pdf]

Bundesministerium für Arbeit und Soziales (BMAS), & Bundesministerium für Bildung und Forschung (BMBF) (2021b). *Themenlabore: Begleitpublikation zum Umsetzungsbericht der Nationalen Weiterbildungsstrategie*. BMAS [https://www.bmas.de/SharedDocs/Downloads/DE/Publikationen/a805b-themenlabore-begleitpublikation-nationalen-weiterbildungsstrategie.pdf]

Bundesministerium für Arbeit und Soziales (BMAS), & Bundesministerium für Bildung und Forschung (BMBF) (2022). *Nationale Weiterbildungsstrategie: Fortführung und Weiterentwicklung*. BMAS [https://www.bmas.de/SharedDocs/Downloads/DE/Aus-Weiterbildung/nws-fortfuehrung-und-weiterentwicklung.pdf?__blob=publicationFile&v=3]

Cuvry, A. de, Kossack, P., & Zeuner, C. (2009). Strukturmodell für personenbezogene Bildungsberatung. In R. Arnold, W. Gieseke, & C. Zeuner (Hrsg.), *Bildungsberatung im Dialog, Bd. 3: Referenzmodelle* (S. 135–159). Schneider.

Dellori, C. (2016). *Die absolute Metapher „lebenslanges Lernen“: Eine Argumentationsanalyse*. Springer VS.

Dietz, C., Reuter, M., Klein, R., & Reutter, G. (2023). Habitussensible Beratung in unterprivilegierten Milieus. Länderbericht Deutschland. http://dx.doi.org/10.22029/jlupub-15908

Dohmen, G. (1996). *Das lebenslange Lernen: Leitlinien einer modernen Bildungspolitik*. Bundesministerium für Bildung, Wissenschaft, Forschung und Technologie.

Dörner, O., Iller, C., Schüßler, I., Felden, H. v., & Lerch, S. (2019). *Erwachsenenbildung und Lernen in Zeiten von Globalisierung, Transformation und Entgrenzung*. Barbara Budrich.

Elfert, M. (2018). *UNESCO's utopia of lifelong learning*. Routledge, Taylor & Francis Group.

Europäische Kommission (2000). *Memorandum über Lebenslanges Lernen*. SEK(2000) 1832. [https://arhiv.acs.si/dokumenti/Memorandum_on_Lifelong_Learning.pdf]

European Centre for the Development of Vocational Training, & Sultana, R. G. (Cedefop). (2004). *Strategien zur Bildungs- und Berufsberatung. Trends, Herausforderungen und Herangehensweisen in Europa; ein Synthesebericht des Cedefop (Cedefop panorama series, 102)*. Cedefop [https://www.cedefop.europa.eu/files/5152_de.pdf]

European Centre for the Development of Vocational Training (Cedefop) (2019). *Investing in Career Guidance. Inter-Agency Working Group on Career Guidance WGCG*. Cedefop [https://www.cedefop.europa.eu/en/publications/2230#group-details]

Felden, H. v. (2020). *Identifikation, Anpassung, Widerstand. Rezeptionen von Appellen des Lebenslangen Lernens*. Springer VS.

Freiling, T., Stanik, T., Moritz, R., Käpplinger, B., Dietz, C., & Reuter, M. (2024). *Qualifizierungsberatung von Betrieben in der Bundesagentur für Arbeit – Eine multiperspektivische, empirische Standortbestimmung*. wbv.

Gatzke, N. (2007). *Lebenslanges Lernen in einer alternden Gesellschaft*. Friedrich-Ebert-Stiftung [http://library.fes.de/pdf-files/stabsabteilung/05365.pdf]

Gieseke, W. (2016). Beratung über die Lebensspanne: Zwischen Steuerung, neuen Optionen und Erweiterung von Autonomiespielräumen – Wechselwirkungen. In W. Gieseke, & D. Nittel (Hrsg.), *Handbuch Pädagogische Beratung über die Lebensspanne* (S. 31–41). Beltz Juventa.

Gerlach, C. (2000). *Lebenslanges Lernen: Konzepte und Entwicklungen 1972-1997*. Böhlau.

Gieseke, W., & Nittel, D. (2016). *Pädagogische Beratung über die Lebensspanne*. Beltz Juventa.

Hof, C. (2022). *Lebenslanges Lernen – eine Einführung*. W. Kohlhammer.

Ioannidou, A. (2010). *Steuerung im transnationalen Bildungsraum: Internationales Bildungsmonitoring zum Lebenslangen Lernen*. Bertelsmann.

Jakobi, A. P. (2009). Die Bildungspolitik der OECD: Vom Erfolg eines scheinbar machtlosen Akteurs. *Zeitschrift für Pädagogik, 53*(2), 166–181.

Karnath, S., & Schröder, F. (2009). Qualitätssicherung und -entwicklung in der Bildungsberatung. In R. Arnold, W. Gieseke, & C. Zeuner (Hrsg.), *Bildungsberatung im Dialog, Bd. 2* (S. 123–147). Schneider Hohengehren.

Käpplinger, B. (2016). Gutscheinberatung – Regulative Beratung. In W. Gieseke, & D. Nittel (Hrsg.), *Handbuch Pädagogische Beratung über die Lebensspanne* (S. 259–266). Beltz Juventa.

Käpplinger, B. (2019). Beratung im Rampenlicht – Von Sisyphos zu Prometheus? In O. Dörner, C. Iller, I. Schüßler, C. Maier-Gutheil, & C. Schiersmann (Hrsg.), *Beratung im Kontext des Lebenslangen Lernens. Konzepte, Organisation, Politik, Spannungsfelder* (S. 17–32). Barbara Budrich.

Käpplinger, B. (2020). Krise der Erwachsenenbildung in einer Gesellschaft des langen Lebens? In B. Schmidt-Hertha, E. Haberzeth, & S. Hillmert (Hrsg.), *Lebenslang lernen können. Gesellschaftliche Transformationen als Herausforderung für Bildung und Weiterbildung* (S. 155–169). wbv.

Kell, A. (1996). Lebenslanges Lernen aus historischer Sicht. *Die Berufsbildende Schule, 48*(1), 48–56.

Kraus, K. (2001). *Lebenslanges Lernen – Karriere einer Leitidee*. Deutsches Institut für Erwachsenenbildung. Bertelsmann.

McCarthy, J. (2007). Catapulted to the Front: Career Guidance in European Union and International Policy Perspectives. *Report, 30*(1), 43–50.

Nittel, D., & Schütz, J. (2010). Die Verankerung des Lebenslangen Lernens im Berufsbewusstsein von Erwachsenenbildnern. *Hessische Blätter für Volksbildung, 2*(1), 136–146.

Nuissl, E. (2000). *Einführung in die Weiterbildung: Zugänge, Probleme und Handlungsfelder*. Luchterhand.

Organization for Economic Co-Operation and Development (OECD) (2004). *Career Guidance and Public Policy: Bridging the Gap*. OECD [https://www.oecd.org/en/publications/career-guidance-and-public-policy_9789264105669-en.html]

Organization for Economic Co-Operation and Development (OECD) (2021). *Getting Skills Right: Career Guidance for Adults in a Changing World of Work*. OECD Publishing.

Rat der Europäischen Union (2004). Entwurf einer Entschließung des Rates und der im Rat vereinigten Vertreter der Regierungen der Mitgliedstaaten über den Ausbau der Politiken, Systeme und Praktiken auf dem Gebiet der lebensbegleitenden Beratung in Europa. *Dokument 9286/4*. Nationales Forum Beratung [https://www.forum-beratung.de/cms/upload/Internationales/EU_Rat/EU_Ratsentschliessung_2004.PDF]

Rat der Europäischen Union (2006). Beschluss Nr. 1720/2006/EG des Europäischen Parlaments und des Rates vom 15. November 2006 über ein Aktionsprogramm im Bereich des lebenslangen Lernens. *Amtsblatt der europäischen Union*. [https://eur-lex.europa.eu/legal-content/DE/TXT/PDF/?uri=CELEX:32006D1720&from=FI]

Rothe, D. (2011). *Lebenslanges Lernen als Programm: Eine diskursive Formation in der Erwachsenenbildung*. Campus.

Schemmann, M. (2007). *Internationale Weiterbildungspolitik und Globalisierung: Orientierungen und Aktivitäten von OECD, EU, UNESCO und Weltbank*. Bertelsmann.

Schemmann, M. (2022). System und Politik der Erwachsenen- und Weiterbildung. In H. Reinders, D. Bergs-Winkels, A. Prochnow, & I. Post (Hrsg.), *Empirische Bildungsforschung: Eine elementare Einführung* (S. 1025–1042). VS. https://doi.org/10.1007/978-3-658-27277-7

Schiersmann, C. (2013). Ein Kompetenzprofil für Beratende: Resultat eines offenen Koordinierungsprozesses. In B. Käpplinger, S. Robak, & S. Schmidt-Lauff (Hrsg.), *Engagement für die Erwachsenenbildung* (S. 157–168). VS.

Schiersmann, C. (2021). *Beraten im Kontext lebenslangen Lernens*. wbv.

Schiersmann, C. (2022). Weiterbildungsberatung im Kontext der Nationalen Weiterbildungsstrategie. *Hessische Blätter für Volksbildung, 1*(1), 43–53.

Schiersmann, C., Bachmann, M., Dauner, A., & Weber, P. C. (2008). *Schlussbericht „Qualität und Professionalität in der Bildungs- und Berufsberatung“*. Ruprecht-Karls-Universität Heidelberg.

Schiersmann, C., Maier-Gutheil, C., & Weber, P. (2016). Beratungsforschung im Kontext von Bildung, Beruf und Beschäftigung. In R. Tippelt, & B. Schmidt-Hertha (Hrsg.), *Handbuch Bildungsforschung* (S. 1–22). VS. https://doi.org/10.1007/978-3-531-20002-6

Schmidt-Hertha, B. (2014). *Kompetenzerwerb und Lernen im Alter*. Bertelsmann.

Schmidt-Hertha, B., Haberzeth, E., & Hillmert, S. (2020). *Lebenslang lernen können: Gesellschaftliche Transformationen als Herausforderung für Bildung und Weiterbildung*. wbv.

Schmidtke, B., & Gugitscher, K. (2021). Bildungsberatung in der Erwachsenenbildung und ihre Wirkungen für das lebenslange Lernen. In R. Egger, & E. Härtel (Hrsg.), *Bildung für alle? Für ein offenes und chancengerechtes, effizientes und kooperatives System des lebenslangen Lernens in Österreich* (S. 111–130). VS.

Schneebeli, R. (2020). Weiterbildungsberatung – Anspruch und Wirkung. In B. Schmidt-Hertha, E. Haberzeth, & S. Hillmert (Hrsg.), *Lebenslang lernen können. Gesellschaftliche Transformationen als Herausforderung für Bildung und Weiterbildung* (S. 203–218). wbv.

Schrader, J. (2011). *Struktur und Wandel der Weiterbildung*. Bertelsmann.

Thiel, R. (2023). Bildungsberatung als Anhängsel des lebenslangen Lernens? Herausforderungen an die Akteure – Forderungen an die Politik. *Hessische Blätter für Volksbildung, 4*(1), 10–19.

Watts, A., & Sultana, R. (2003). *Laufbahnberatung in 37 Ländern: Unterschiede und Gemeinsamkeiten.* CEDEFOP [https://www.cedefop.europa.eu/files/Summary_of_findings_from_37_countries_DE.pdf]

Watts, A. G., Sultana, R. G., & McCarthy, J. (2010). The involvement of the European Union in career guidance policy: A brief history. *International Journal for Educational and Vocational Guidance, 10*(2), 89–107.

Wolff, S. (2004). Dokumenten- und Aktenanalyse. In U. Flick, E. von Kardoff, & I. Steinke (Hrsg.), *Qualitative Forschung. Ein Handbuch* (S. 502–513). Rowohlt.

Anhang

Tab. 2: Detailliertes Literaturverzeichnis des Samples

Amtsblatt der Europäischen Union (2008). *Entwurf einer Entschließung des Rates vom 21. November 2008 und der im Rat vereinigten Vertreter der Regierungen der Mitgliedstaaten zu einer besseren Integration lebensumspannender Beratung in die Strategien für lebenslanges Lernen.* http://www.iccdpp.org/wp-content/uploads/2014/03/CN-RES-2008-DE.pdf

Amtsblatt der Europäischen Union (2018). *Empfehlung des Rates vom 22. Mai 2018 zu Schlüsselkompetenzen für lebenslanges Lernen.* https://eur-lex.europa.eu/legal-content/DE/TXT/PDF/?uri=CELEX:32018H0604(01)&from=EN

Aurich, P., Berlinger, U., Christ, F., Korte, I., & Niedlich, F. (2007). *Bestandsaufnahme in der Bildungs-, Berufs- und Beschäftigungsberatung und Entwicklung grundlegender Qualitätsstandards: Abschlussbericht.* Bundesministerium für Bildung und Forschung (BMBF). Ramboll Management. https://www.bmbf.de/files/berufsbildungsforschung.pdf

Bundesministerium für Arbeit und Soziales (BMAS) & Bundesministerium für Bildung und Forschung (BMBF) (2019). *Wissen teilen. Zukunft gestalten. Zusammen wachsen: Nationale Weiterbildungsstrategie. Strategiepapier.* https://www.bmbf.de/files/NWS_Strategiepapier_barrierefrei_DE.pdf

Bundesministerium für Arbeit und Soziales (BMAS) & Bundesministerium für Bildung und Forschung (BMBF) (2021a). *Wissen teilen. Zukunft gestalten. Zusammen wachsen: Nationale Weiterbildungsstrategie. Umsetzungspapier.* https://www.bmbf.de/files/NWS_Strategiepapier_barrierefrei_DE.pdf

Bundesministerium für Arbeit und Soziales (BMAS) & Bundesministerium für Bildung und Forschung (BMBF) (2021b). *Themenlabore: Begleitpublikation zum Umsetzungsbericht der Nationalen Weiterbildungsstrategie.* https://www.bmas.de/SharedDocs/Downloads/DE/Publikationen/a805b-themenlabore-begleitpublikation-nationalen-weiterbildungsstrategie.pdf

Bundesministerium für Bildung und Forschung (BMBF) (2008a). *Empfehlungen des Innovationskreises Weiterbildung für eine Strategie zur Gestaltung des Lernens im Lebenslauf.* https://cms.zhb.tu-dortmund.de/zhb/hd/Medienpool/downloads/publikationen/empfehlungen_innovationskreis_weiterbildung.pdf

Bundesministerium für Bildung und Forschung (BMBF) (2008b). *Konzeption der Bundesregierung zum Lernen im Lebenslauf.* https://asemlllhub.org/wp-content/uploads/attachments/Konzeption_LernenImLebenslauf_Kabinett_FINAL_A.pdf

Commission of the European Communities (2000). *A Memorandum on Lifelong Learning.* Commission Staff Working Paper. https://arhiv.acs.si/dokumenti/Memorandum_on_Lifelong_Learning.pdf

Council of the European Union (2008). *Resolution of the Council and of the Representatives of the Governments of the Member States, meeting within the Council, on better integrating lifelong guidance into lifelong learning strategies. Dokument 15030/08.* https://data.consilium.europa.eu/doc/document/ST-15030-2008-INIT/en/pdf

Delors, J. (1996). *Learning: The Treasure Within. Report to UNESCO of the International Commission on Education for the Twenty-first Century.* UNESCO.

Deutscher Verband für Bildungs- und Berufsberatung e.V. (dvb) (2017). *Professionelle Bildungs- und Berufsberatung Positionen des dvb.* https://dvb-fachverband.de/wp-content/uploads/2020/07/dvb_Grundlagenpapier_2016.pdf

Durner, W., & Faßbender, K. (2007). *Rechtliche Stellungnahme zur gegenwärtigen und zur künftig möglichen Stellung der öffentlichen Berufsberatung in der Bundesrepublik Deutschland. Deutscher Verband für Bildungs- und Berufsberatung e.V. (dvb).* https://www.yumpu.com/de/document/view/20367508/rechtsgutachten-zur-berufsberatung-in-deutschland-dvb-

Ertelt, B.-J., Katsarov, J., Mulvey, R., Reid, H., Schiersmann, C., & Weber, P. (2012). *NICE Handbook for the Academic Training of Career Guidance and Counselling Professionals.* Heidelberg University. https://nice-network.eu/pub/

Europäisches Parlament und der Rat der Europäischen Union (2006). *Beschluss Nr. 1720/2006/EG des Europäischen Parlaments und des Rates vom 15. November 2006 über ein Aktionsprogramm im Bereich des lebenslangen Lernens. Amtsblatt der Europäischen Union.* https://eur-lex.europa.eu/legal-content/DE/TXT/PDF/?uri=CELEX:32006D1720&from=FI

European Centre for the Development of Vocational Training (Cedefop) (2019). *Investing in career guidance.* https://www.cedefop.europa.eu/files/2227_en.pdf

European Commission (2010). *EUROPE 2020: A European strategy for smart, sustainable, and inclusive growth.* Communication from the Commission. https://ec.europa.

eu/eu2020/pdf/COMPLET%20EN%20BARROSO%20%20%20007%20-%20Europe%202020%20-%20EN%20version.pdf

European Commission (2020). *Lifelong guidance policy and practice in the EU: trends, challenges and opportunities. Final report.* https://op.europa.eu/en/publication-detail/-/publication/4dfac3fa-7a0b-11ea-b75f-01aa75ed71a1

European Lifelong Guidance Policy Network (ELGPN) (2015). *Leitlinien für die Entwicklung politischer Strategien und Systeme lebensbegleitender Beratung: Ein Referenzrahmen für die Länder der europäischen Union und für die europäische Kommission.* https://www.forum-beratung.de/cms/upload/DE_ELGPN_tool_6_guidelines_web.pdf

Faure, E. (1972). *Learning to be: The world of education today and tomorrow* (2nd ed.). UNESCO. https://unesdoc.unesco.org/ark:/48223/pf0000001801

Kommission der Europäischen Gemeinschaften (2001). *Mitteilung der Kommission: Einen europäischen Raum des lebenslangen Lernens schaffen.* Brüssel. https://eur-lex.europa.eu/LexUriServ/LexUriServ.do?uri=COM:2001:0678:FIN:DE:PDF

Kultusministerkonferenz (KMK) (2001). *Vierte Empfehlung der Kultusministerkonferenz zur Weiterbildung: Beschluss der Kultusministerkonferenz vom 01.02.2001.* https://www.kmk.org/fileadmin/Dateien/veroeffentlichungen_beschluesse/2001/2001_02_01-4-Empfehlung-Weiterbildung.pdf

Nationales Forum Beratung in Bildung, Beruf und Beschäftigung (nfb) (2009). *Eckpunkte für ein zeitgemäßes und zukunftsfähiges Beratungsangebot in Deutschland: Ein Plädoyer für notwendige Reformen der Struktur und des Umfangs von Beratungsangeboten für Bildung, Beruf und Beschäftigung und zur Verbesserung des Zugangs und der Transparenz.* Berlin. http://www.forum-beratung.de/cms/upload/Startseite/nfb-Eckpunktepapier_Feb09_final.pdf

Nationales Forum Beratung in Bildung, Beruf und Beschäftigung (nfb) (2019). *Weiterbildungsberatung weiter:denken! Impulspapier des nfb-Vorstandes zur Zukunft der Weiterbildungsberatung.* Berlin. https://www.forum-beratung.de/cms/upload/Wissenswertes/Politische_Initiativen/weiterbildungsberatung_aktuell_lang_final_20_01_2020.pdf

Organisation for Economic Co-operation and Development (OECD) (2002). *OECD-Gutachten zur Berufsberatung – Deutschland.* http://doku.iab.de/ibv/2002/ibv3802_2677.pdf

Organisation for Economic Co-operation and Development (OECD) (2004a). *Career guidance and public policy: Bridging the gap*. https://www.oecd.org/education/innovation-education/34050171.pdf

Organisation for Economic Co-operation and Development (OECD) (2004b). *Career guidance: Handbook for policy makers*. https://www.oecd-ilibrary.org/docserver/9789264015210-en.pdf

Rat der Europäischen Union (2004). Entwurf einer Entschließung des Rates und der im Rat vereinigten Vertreter der Regierungen der Mitgliedstaaten über den Ausbau der Politiken, Systeme und Praktiken auf dem Gebiet der lebensbegleitenden Beratung in Europa. *Dokument 9286/4*. Brüssel. https://www.forum-beratung.de/cms/upload/Internationales/EU_Rat/EU_Ratsentschliessung_2004.PDF

Schiersmann, C., Weber, P., Einarsdóttir, S., Pouyaud, J., Lerkkanen, J., & Katsarov, J. W. (2016). *European competence standards for the academic training of career practitioners. NICE Handbook* (Bd. 2). Opladen: Barbara Budrich. https://library.oapen.org/bitstream/handle/20.500.12657/41888/9783847409250.pdf

Sultana, R. G. (2004). *Strategien zur Bildungs- und Berufsberatung: Trends, Herausforderungen und Herangehensweisen in Europa; ein Synthesebericht des Cedefop*. Luxemburg: Amt für Amtliche Veröffentlichungen der Europäischen Gemeinschaften (Cedefop panorama series, 102). https://www.cedefop.europa.eu/files/5152_de.pdf

UNESCO Institute for Lifelong Learning (2020). *Embracing a culture of lifelong learning: Contribution to the Futures of Education initiative. Report: A transdisciplinary expert consultation*. Hamburg. https://unesdoc.unesco.org/ark:/48223/pf0000374112

United Nations Educational, Scientific and Cultural Organization (UNESCO) (2020). *Global education monitoring report: Inclusion and education: All means all. Global monitoring report 2020*. https://unesdoc.unesco.org/ark:/48223/pf0000373718/PDF/373718eng.pdf.multi

Zelloth, H. (2009). *In demand: Career guidance in EU neighbouring countries*. Luxembourg: Publications Office. https://www.etf.europa.eu/sites/default/files/m/C12578310056925BC12576020050A7BC_NOTE7UELKN.pdf

Nina Lichte und Bernd Käpplinger

Relevanz von Telefonberatung in der Weiterbildung per Literatur- und Dokumentenanalyse

1 Bedeutung von Telefonberatung in der Weiterbildungsberatung

In der Corona-Pandemie war gemäß den Daten des Adult Education Surveys (AES) für Deutschland eine Bedeutungszunahme von telefonischer Beratung zu Weiterbildung empirisch zu beobachten (s. Abbildung 1).

Arten der Beratungskommunikation	2018	2020
Persönliches Gespräch	63	45
Telefonat	12	29
Austausch mit anderen Personen im Internet oder per E-Mail	20	33
Nutzung einer interaktiven IT-Anwendung	9	18
Bücher, Zeitschriften, Broschüren, Flyer, Programme von Weiterbildungsanbietern, Websites, TV-Sendungen	34	31
Nichts davon	6	9
Keine Angabe	1	2
Summe (Mehrfachnennungen möglich)	**143**	**167**

Abb. 1: Arten der Beratungskommunikation in den Jahren 2018 und 2020
Quelle: Bilger & Käpplinger, 2022, S. 29

Demnach nutzten 29 Prozent aller Ratsuchenden im Jahr 2020 Telefonberatung. Vor Corona waren es dagegen „nur“ 12 Prozent, was auch nicht wenig war. Die telefonische Weiterbildungsberatung wurde vor allem in den 2000er Jahren in Großbritannien bekannt (Käpplinger, 2009; Watts & Dent, 2002, 2006, 2008; Page et al., 2007; Tyers et al., 2003), was im Jahr 2015 auch die Einführung des deutschlandweiten Infotelefon Weiterbildungsberatung durch das Bundesministerium für Bildung und Forschung (BMBF) inspirierte. Dieses Angebot wurde im Jahr 2022 eingestellt. In Nordrhein-Westfalen gibt es dagegen bis heute das Infotelefon berufliche Weiterbildung[1]. Insgesamt gibt es eine Reihe an pädagogischen und erwachsenenpädagogischen Praktiken, welche telefonisch basiert, aber leider relativ wenig erforscht sind. Insbesondere in den letzten Jahren wird sich in der Forschung stark auf digitale Beratungskanäle fokussiert und telefonische Beratung vernachlässigt bzw. übersehen, dass beide Kanäle relativ parallel bzw. sequenziell genutzt werden können. So zeigt die vorherige Abbildung 1 für das Jahr 2020 mit ihrer Summe von 167 Prozent auf, dass viele Menschen mehr als eine Beratungskommunikationsart nutzen. Ein Forschungsdesiderat ist dabei, wie genau sich diese zunehmend verschränken. Suchen Menschen erst im Internet und gehen dann in die persönliche Beratung? Werden telefonische Hinweise durch Nachrecherchen im Internet ergänzt? Hier sind viele Kombinationen und Verschränkungen denkbar. Dem Bedeutungszuwachs von telefonischer Weiterbildungsberatung scheint eine sinkende empirische Auseinandersetzung gegenüberzustehen. Im Folgenden wird auf Basis einer umfassenden und systematischen Literaturanalyse daher der neuere Forschungsstand und die deutsch- und englischsprachige Literatur zu Telefonberatung erfasst und aufgearbeitet. Anhand der Literaturanalyse wird generell erörtert, wie telefonische Bildungsberatung einzuordnen ist.

2 Methodik der Literaturrecherche

Für die Literaturrecherche zur Erfassung der Telefonberatung in Deutschland sowie dem deutsch- und englischsprachigen Ausland wurden vier Recherchestränge verfolgt:

a) Eine Literaturdatenbankrecherche mit einem sensitiven Rechercheprinzip: Das bedeutet, dass möglichst viele Suchbegriffe und Fachdatenbanken einbezogen wurden, um möglichst die gesamte verfügbare Literatur zu diesem Thema zu finden. Dies führte selbstverständlich zu einem erheblichen Anteil nicht relevanter Ergebnisse, erhöht aber zugleich die Wahrscheinlichkeit, alle relevanten Treffer gefunden zu haben (vgl. Nordhausen & Hirt, 2019, S. 4f.).

1 Link: https://www.weiterbildungsberatung.nrw/beratung/infotelefon-berufliche-weiterbildung [Abrufdatum: 19.10.2024]

Brunton et al. bezeichnen dieses Rechercheprinzip als „exhaustive search strategy" (vgl. ebd., 2012, S. 110) und weisen darauf hin, dass eine Sichtung aller vorhandener Literatur zu einem Thema in der Praxis realistischerweise nicht erfolgen kann. Demzufolge sollte für diese Art der Recherche eine klare Definition der Suchkriterien bezogen auf die Art der Studien, Themenschwerpunkte und weiterer, eingrenzender Kriterien erfolgen, um den Suchvorgang zu erleichtern (vgl. ebd., S. 112f.). Im Falle der hier erfolgten Recherche galten die weiter unten aufgeführten Suchkriterien und Eingrenzungen.

b) Für die Recherche in den englischsprachigen Ländern wurden internationale wissenschaftliche Expertinnen und Experten sowie Kooperationspartnerinnen und Kooperationspartner (z. B. Tristram Hooley in Großbritannien, Rachel Bélisle in Kanada) kontaktiert und nach Literatur zum Thema Telefonberatung gefragt. Besonders bei einer international angelegten Recherche sind diese Informationen wertvoll, da die Expertinnen und Experten vor Ort einen besseren Überblick haben, was zu diesem Thema publiziert wurde oder welche Projekte möglicherweise dazu laufen.
c) Als dritten Strang kam für die Literaturrecherche das Schneeballsystem zum Einsatz. Bei bereits bekannter Literatur zum Thema Telefonberatung oder durch Strang 1 oder 2 gefundene Treffer, wurde das Literaturverzeichnis auf weitere Literaturhinweise geprüft. Außerdem wurde über die Websites bekannter Einrichtungen und Verbände nach Literaturhinweisen gesucht.
d) Gezielte Recherchen wurden zu bestimmten Themen angesetzt und bilden den vierten Strang der Literaturrecherche. Zu den Themen zählen: Infotelefon Weiterbildungsberatung, National Careers Service (NCS), Verbände im Bereich Beratung, Einrichtungen von Bildungsberatung und Ländersuchen. Der NCS startete in noch etwas anderer Form bereits im Jahr 1998 und zählt damit zu einem erprobten und modifizierten Instrument. Vorhandene Publikationen sollten daher in Synopse einfließen. Die Ländersuchen wurden angesetzt für das deutsch- und englischsprachige Ausland, zu denen es innerhalb der anderen Recherchestrategien zu keinen bzw. wenigen Ergebnissen führte, um eventuelle Angebote von telefonischer Bildungsberatung aufzuspüren, zu denen evtl. keine Publikationen vorliegen. Diese Recherchen wurden über Google, Websites bestimmter Einrichtungen, Verbände und länderspezifischen Datenbanken geführt.

Alle Stränge wurden parallel durchgeführt. Um die Handhabbarkeit der Literaturrecherche zu gewährleisten, wurden Kriterien zur Eingrenzung der Literatur festgelegt. So wurden einerseits nur „Veröffentlichungen aus deutsch- und englischsprachigen Ländern" und andererseits nur „Veröffentlichungen ab 2010" berücksichtigt. Die zeitliche Begrenzung liegt darin begründet, dass zu der Zeit vor

2010 bereits kurze Übersichtsartikel bestehen (Käpplinger, 2009). Im inhaltlichen Fokus der Recherche stand:

a) Telefonberatung in der Weiterbildung
b) Telefonberatung in anderen (pädagogischen) Bereichen
c) Branchenstandards und Qualität von Callcentern und Hotlines
d) Infotelefon Weiterbildungsberatung und National Careers Service (engl. Vorbild)

Aus diesen inhaltlichen Zielen wurden die Suchwörter für die Datenbankrecherche abgeleitet (siehe Tab. 1). Hierbei wurden verschiedene Themenkategorien gebildet. Dazu gehörten Begriffe zum Thema Telefonberatung, aber auch allgemeiner zum Thema Weiterbildung bzw. Erwachsenenbildung bezogen auf berufliche Entwicklung. Ebenso wurden Begrifflichkeiten zum Thema Callcenter, Hotlines und Telefonseelsorge aufgenommen. Die Suchwörter wurden auch in unterschiedlichen Kombinationen verwendet.

Tab. 1: Suchwörter für die Datenbankrecherche

Englische Suchbegriffe		Deutsche Suchbegriffe	Callcenter + Hotlines
Telefonberatung	Weiterbildung		
telephone advice	adult education	Telefonberatung	Callcenter …
telephone consultation	national careers service (Vorbild GB)	Weiterbildungs-telefon	… Vorteile / adventages
telephone consulting	professional training	Bildungsberatung	… Glossar/glossary
telephone counselling	continuing vocational training	Weiterbildungs-beratung	… Standards/ standards
telephone counseling	adult learning	Infotelefon (BMBF)	… Qualität/quality
telephone helplines	professional growth	Sorgentelefon	… Technik/ technique
telephone hotlines	further training	Beratungstelefon	Hotline …
telephone guidance		Beratungshotline	… Leitfaden / guideline
teleadvice		Bildungshotline	… Standards
help hotline		Telefonseelsorge	… Qualität/quality

Quelle: Eigene Darstellung

Gemäß dem sensitiven Rechercheprinzip wurde eine Vielzahl an Datenbanken durchsucht. Hierzu zählen: OPAC/Katalog der Justus-Liebig-Universität Gießen, Bundesinstitut für Berufsbildung (BIBB), Deutsches Institut für Erwachsenenbildung (DIE), Datenbank-Infosystem (DBIS), Gemeinsamer Verbundkatalog (GVK) des Gemeinsamen Bibliotheksverbunds (GBV), Fachportal Pädagogik, Education Resources Information Center (ERIC), Bielefeld Academic Search Engine (BASE), Social Science Open Access Repository (SSOAR), Google Scholar, International Journal for Educational and Vocational Guidance, Fachverlage.

Über die Datenbankrecherche wurde ein Rechercheprotokoll geführt (Auszug aus dem Protokoll siehe Tab. 2), in dem die verwendeten Datenbanken, Suchwörter, das Datum, die Anzahl gefundener Literatur und die Anzahl eventuell passender Literatur erfasst wurden.

Die Literaturhinweise der Expertinnen und Experten aus dem Ausland wurden nicht weiter dokumentiert, sondern nach inhaltlicher Prüfung direkt in die Synopse aufgenommen. Gleiches gilt für die Treffer aus dem Schneeballsystem. Die Ergebnisse der gezielten Recherchen hingegen wurden in einem extra Dokument festgehalten. Hier wurden nicht nur die Literaturhinweise erfasst, sondern alle abgefragten Verbände, Einrichtungen, Länder und ggf. weitere Hinweise, wie z. B. Besonderheiten des Beratungssystems oder subjektive Eindrücke.

Nach einer ersten kurzen Sichtung wurden zunächst alle passenden Treffer in eine Excel-Tabelle eingespeist. In einem zweiten Schritt wurden alle in der Excel-Tabelle erfassten Literaturhinweise gründlich gesichtet und auf ihre Relevanz hin überprüft. Die Einstufung erfolgte von „sehr relevant" (1) bis „etwas relevant" (3) und zusätzlich dem Ausschluss „gar nicht relevant" (-). Alle als relevant eingestuften Literaturhinweise wurden in die kommentierte Literatursynopse aufgenommen. Die Kennzeichnung der Relevanz diente dabei der Arbeitsorganisation, weshalb in der Literatursynopse keine Relevanzeinteilung sichtbar ist.

Zum Vorgehen bei der Recherche ist anzumerken, dass es in Deutschland und anderen Ländern trägerneutrale und kostenfreie Angebote zur Bildungsberatung für Erwachsene gibt. Dies gilt jedoch nicht für jedes Land. Ebenso verhält es sich mit Telefonberatung in anderen Bereichen (z. B. Verbraucherberatung, Psychotherapie-Informationsdienst). Die Kostenneutralität der Angebote spielte bei der Recherche keine Rolle. Die Literatur kann sich somit auf kostenfreie sowie auf zahlungspflichtige Telefonberatung beziehen. Der Großteil liegt allerdings im kostenfreien Spektrum.

Tab. 2: Auszug aus dem Rechercheprotokoll Datenbankrecherche

Datenbank	Suchstring	Datum	Gefunden – englisch	Gefunden – deutsch	Treffer – englisch	Treffer – deutsch	Anmerkungen
BASE	help hotlines advantages	29.07.2020	97	0	0	0	
BASE	telephone counselling	29.07.2020	4687	0	3	0	bis 100 geprüft
BIBB	Berufsberatung Telefon	14.07.2020	0	96	0	0	
BIBB	Bildungsberatung	14.08.2020	0	3859	0	8	bis 100 geprüft
DBIS	Telefonseelsorge	27.07.2020	0	0	0	0	Nicht Lit.suche, sondern DB
DIE	Telefonberatung	27.07.2020	0	0	0	0	
DIE	Bildungsberatung	27.07.2020	0	22	0	3	
ERIC	careers advice service	28.07.2020	56	0	1	0	ab 2011
ERIC	careers advice service telephone	28.07.2020	486	0	1	0	ab 2011, bis 100 geprüft
ERIC	counseling by telephone	24.08.2020	720	0	3	0	bis 100 geprüft
FIS Bildung	Bildungsberatung	14.08.2020	3246	3246	0	6	keine Abfrage je Sprache mögl.
FIS Bildung	Infotelefon	28.07.2020	0	0	0	0	
FIS Bildung	Weiterbildungstelefon	28.07.2020	0	1	0	0	Lit. v. a. vor 2010
GVK	Weiterbildungsberatung	16.08.2020	0	188	0	10	bis 100 geprüft, viele Doppelte

GVK	Bildungsberatung	16.08.2020	0	2998	0	4	bis 100 geprüft, viele Doppelte
OPAC – Studis	Telefonberatung	10.07.2020	0	13	0	4	
OPAC – Artikel	helplines professional training	14.07.2020	> 17000	0	1	0	bis 150 geprüft
OPAC – Artikel	call center standards (von 2010–2010)	05.08.2020	> 29000	0	5	0	bis 200 geprüft
Springer	career guidance telephone	25.08.2020	3906	0	2	0	bis 100 geprüft
Springer	Callcenter Standards	24.09.2020	0	360	0	0	keine sinnvollen Treffer
Google Scholar	Infotelefon Weiterbildung	28.07.2020	-	-	0	1	
Google Scholar	careers advice service	28.07.2020	-	-	0	0	
Google Scholar	telephone counselling	29.07.2020	-	-	3	0	bis S. 10 geprüft

Quelle: Eigene Darstellung

3 Ergebnisse der Literaturrecherche

In diesem Kapitel wird zunächst die Zahl der gefundenen Treffer, deren Verteilung auf die Recherchestränge und die Kategorisierung der Ergebnisse vorgestellt.

3.1 Trefferzahlen und Kategorisierung

Die Datenbankrecherche hat zu 56 Treffern englischer Literatur und zu 89 Treffern deutscher Literatur geführt. Die insgesamt 145 Treffer wurden in die Excel-Tabelle übernommen, wie auch die 34 Treffer der weiteren Recherchestränge (Schneeballsystem, Expertenhinweise, gezielte Recherchen). Insgesamt umfasst die Excel-Tabelle 179 Literaturhinweise. Diese wurden bzgl. der inhaltlichen Ziele auf ihre Relevanz hin überprüft. Die Relevanzprüfung führte zu dem Ergebnis, dass 62 Literaturhinweise für die kommentierte Literatursynopse übernommen wurden. In einem weiteren Sichtungsprozess wurde überprüft, ob die nun ausgewählten Literaturhinweise zu den anfangs festgelegten Zielen passen (s. auch Kapitel 2):

A) Telefonberatung in der Weiterbildung
B) Telefonberatung in anderen (pädagogischen) Bereichen
C) Branchenstandards und Qualität von Callcentern und Hotlines
D) Infotelefon Weiterbildungsberatung und National Careers Service (engl. Vorbild)

Das Clustern der erfassten Literaturhinweise hat von einer Vier- zu einer Fünfteilung geführt und eine etwas andere thematische Gliederung hervorgebracht. Die Kategorisierung der Literaturhinweise für die kommentierte Literatursynopse (siehe Anhang A) lautet nun wie folgt:

A) Telefonberatung in der Weiterbildung – Literatur aus Deutschland
B) Telefonberatung in der Weiterbildung – deutsch- und englischsprachiges Ausland
C) Telefonberatung in anderen (pädagogischen) Bereichen
D) Telefonberatung: Standards und Trainingskonzepte
E) Callcenter: Standards, Trainingskonzepte und Qualität

Die 62 übernommenen Literaturhinweise fallen zu 50 Prozent in Kategorie C. Dieser hohe Umfang ist ein Grund, weshalb Kategorie C für die Synopse thematisch weiter untergliedert wurde. In Kategorie C sammeln sich Publikationen aus den Bereichen Coaching (C.1) mit 6 Prozent, psychosoziale Beratung/Sozialberatung/Telefonseelsorge (C.2) mit 31 Prozent und Telehealth (C.3) mit 13 Prozent. Telehealth wird hier als ein Sammelbegriff für Publikationen genutzt, die aus dem medizinischen, therapeutischen und Pflegebereich stammen. Nach Kategorie C folgt Kategorie A mit 16 Prozent. Die Kategorien B und D folgen mit 10 und 11 Prozent und stellen die kleinsten Kategorien dar. Mit 13 Prozent liegt Kategorie E leicht darüber. Der mit Abstand größte Anteil gefundener Literatur zu Telefonberatung fällt damit nicht in den Bereich Weiterbildung (37 Prozent), sondern in andere (pädagogische) Bereiche (50 Prozent). Die Publikationen ließen sich größtenteils eindeutig den genannten Kategorien zuweisen. Nur bei wenigen Ausnahmen gab es Schnittmengen zwischen zwei der Kategorien. In so einem Fall wurde die Publikation der Kategorie zugeordnet, in welche der größere Teil des Inhalts fällt.

Mit Blick auf die Erscheinungsjahre der Publikationen lässt sich über die Jahre 2010 bis 2020 eine relativ stabile Basis mit vier bis acht Publikationen pro Jahr erkennen (vgl. Abbildung 2). Diese Basis wird von zwei Ausreißern durchbrochen.

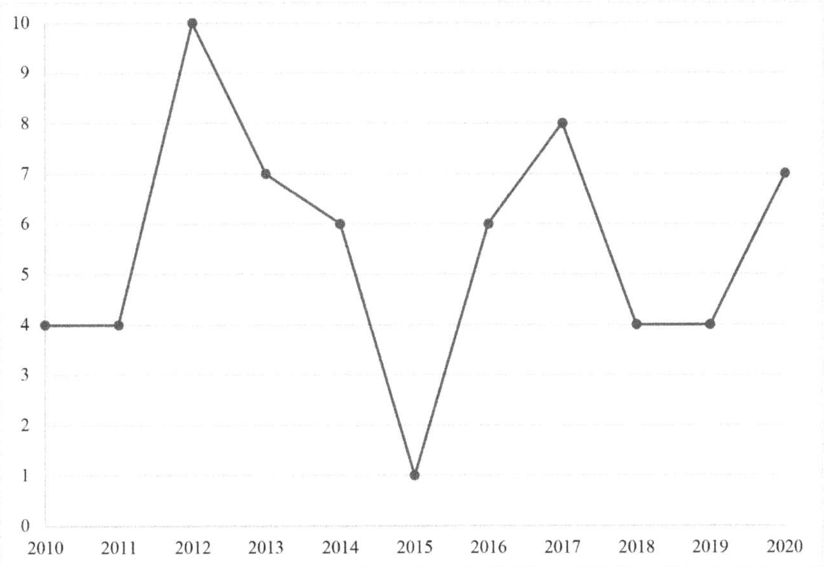

Abb. 2: Anzahl Publikationen zu Telefonberatung pro Jahr
Quelle: Eigene Darstellung

Das Jahr 2015 stellt einen Tiefpunkt mit nur einer Publikation dar. Diese stammt aus dem Bereich der psychosozialen Beratung. Das Jahr 2012 stellt mit 10 Publikationen das stärkste Jahr dar. Warum in diesem Jahr mehr Publikationen für den Bereich Telefonberatung hervorgebracht wurden als in den anderen

Jahren, lässt sich auf Basis der Recherche nicht erschließen. Genauso wenig, wie sich anhand der Recherche Rückschlüsse für das Jahr 2015 mit der geringen Publikationsdichte ergeben haben.

3.2 Inhaltliche Ergebnisse

Die breite Datenbankrecherche wurde im Oktober 2020 abgeschlossen. Anfang Dezember 2020 folgte eine kleine Nachrecherche, um evtl. neu erschienene Werke erfassen zu können. Die Literaturrecherche zeigt auf, dass im Zeitraum von 2010 bis 2020 weniger wissenschaftliche Literatur zum Thema *Telefonberatung in der Weiterbildung* (Kategorien A und B) zu finden ist als in früheren Jahren. In dem Zeitraum vor 2010 schien Telefonberatung vermehrt Teil wissenschaftlicher Betrachtung gewesen zu sein (vgl. z. B. McLeod, 2004; Käpplinger, 2009; Watts & Dent, 2002, 2006, 2008). In neueren Werken hingegen ist Telefonberatung kein Thema (mehr). So lässt sich z. B. in dem Sammelband „Handbuch Pädagogische Beratung über die Lebensspanne“ (Gieseke & Nittel, 2016) nur ein Artikel zu Onlineberatung und in dem Buch „Beratungswissen für die Erwachsenenbildung“ (Maier-Gutheil & Nierobisch, 2015) nur ein Abschnitt im Kapitel Beratungsformate zu Onlineberatung finden, nicht aber zu Telefonberatung. Auch in „Methoden und Techniken der Bildungsberatung“ (Schlüter & Kress, 2017) wird Telefonberatung nicht in den Blick genommen. Gleiches gilt für europaweite Publikationen (vgl. z. B. Barnes et al., 2020; Poschalko & Steiner, 2012).

Zum Thema *Qualität* (Kategorie D) weist der Bericht „Beratungsqualität in Bildung, Beruf und Beschäftigung – Qualitätsmerkmale guter Beratung“ (Nationales Forum Beratung & Forschungsgruppe Beratungsqualität am Institut für Bildungswissenschaft der Ruprecht-Karls-Universität Heidelberg, 2011) explizit darauf hin, dass die Qualitätsmerkmale für jedes Format (Beratung Einzelner, Gruppen-, Präsenz-, Online- oder Telefonberatung) herangezogen werden können, es aber notwendig sein kann, Anpassungs- und Übertragungsleistungen vorzunehmen. Interessant ist, dass die Abschlusspublikation „Professionell beraten: Qualitätsstandards für die Beratung in Bildung, Beruf und Beschäftigung“ (Katsarov et al., 2014) zu diesem Projekt keinen Hinweis mehr auf die Übertragbarkeit der Beratungsformate enthält (vgl. zum Thema Qualität auch Poschalko & Steiner, 2012).

Neben dem Thema Qualität lässt sich auch zum Thema *Aus- und Weiterbildung* (ebenfalls Kategorie D) kaum Literatur finden, die telefonische Beratung beinhalten. So sind auch die „Essentials einer Weiterbildung Beratung / Counseling“ (Deutsche Gesellschaft für Beratung, 2010), die als Mindeststandards für die Mitgliedsverbände und für andere Einrichtungen zur Orientierung gelten, nur auf Face-to-face-Beratung ausgelegt. Standards, Leitlinien oder Curricula, die auch den Aspekt der telefonischen Beratung in den Blick nehmen, wurden v. a. aus dem Bereich der sozialpsychologischen Beratung gefunden (vgl. z. B. Association of Christian Counsellors, 2016; Deutsche Hauptstelle für Suchtfragen, 2013). Nur ein Treffer hierzu kommt aus dem Bereich der Bildungsberatung (vgl. Dötzer, 2014).

Bezogen auf *Telefonberatung in anderen (pädagogischen) Bereichen* (Kategorie C) ergaben sich bei den Recherchen hingegen viele Treffer. Diese bezogen sich zu großen Teilen auf den Bereich der sozialpädagogischen und psychosozialen Beratung (vgl. z. B. Belzner, 2020; Kühne & Hintenberger, 2020; Stötemann, 2019) sowie auf den Bereich der Telemedizin. Im Bereich der sozialpädagogischen und psychosozialen Beratung nehmen Telefonseelsorge und ähnliche Angebote einen großen Anteil ein. In den Publikationen werden zwar häufig die Formate persönlich, Telefon und Online genannt, näher thematisiert wird dann allerdings fast ausschließlich die Onlineberatung bzw. Blended Counselling. Es entsteht der Eindruck, dass telefonische Beratung durch die schon seit Jahrzenten etablierten Hotlines in diesen Bereichen neben den persönlichen Beratungen als Bestand feststehen und wohl keiner wissenschaftlichen Untermauerung oder Legitimierung mehr bedürfen. Die Telefonseelsorge existiert beispielsweise seit bereits 60 Jahren. Im Bereich Telemedizin handelt es sich bei der gefundenen Literatur häufig um Akzeptanz- und Wirkungsforschungen (Bishop et al., 2013; Waldura et al., 2011), die größtenteils aus Amerika und Großbritannien stammen. In Deutschland ist dieser Bereich noch vergleichsweise klein, was wohl auf andere gesetzliche Regelungen, aber auch auf den Digitalisierungsstand zurückzuführen ist. (vgl. Hehner et al., 2018; Thiel et al., 2018) In die kommentierte Literatursynopse wurden allerdings nur empirische Studien aus dem Bereich der Telemedizin erfasst, die das Medium Telefon näher thematisieren. Einige Veröffentlichungen zu Telefonberatung lassen sich außerdem den Bereich Coaching zuordnen, vereinzelt auch der Rechtsberatung.

Die Recherche zu *Branchenstandards und Qualität in Callcenter* bzw. Customer Care Center (Kategorie E) hat sich als schwierig erwiesen. So gibt es beispielsweise viele empirische Studien zu Arbeitsbedingungen und Kundenzufriedenheit in indischen Callcentern (vgl. z. B. Ananthram, 2018; Deery, 2013), aber auch zu anderen asiatischen Ländern und Südafrika, in denen Callcenter einen großen Teil des Dienstleistungssektors stellen. Diese Studien fallen jedoch aufgrund der hier zu Grunde liegenden Kriterien nicht mit in die Auswahl der Literatursynopse, sofern sie nicht in besonderer Weise auf das Medium Telefon weiter eingehen. Aktuelle Literatur zu Branchenstandards findet sich hingegen nicht, allerdings lassen sich Glossare mit wichtigen Begriffen des Telefonmarketings relativ gut finden.

Wie bereits weiter oben kurz angedeutet liegt zum Thema *Onlineberatung* im Gegensatz zum Thema Telefonberatung ein sehr großes Literaturangebot vor. Daher wird an dieser Stelle näher auf diesen Aspekt eingegangen. Zu finden sind u. a. sogar Standards (vgl. Deutsche Gesellschaft für psychosoziale Onlineberatung, 2018) und Gütesiegel für Onlineinterventionen des Berufsverbands Deutscher Psychologinnen und Psychologen (siehe BDP, o. J.), die zu Telefonberatung zumindest nicht mit aktuellerem Datum vorliegen. Aufgrund des Ungleichgewichts zwischen Online- und Telefonberatung hat sich während der Literaturrecherche immer mehr der Eindruck einer Verdrängung der Telefonberatung durch Onlineberatung festgesetzt. Auch die Flut an Begrifflichkeiten, die zum Teil synonym verwendet werden, wie Onlineberatung, Online-Supervision, Online-Coaching, Beratung 2.0, e-Beratung, digitale Beratung, blended counselling, distance counselling, Mail-Beratung, Beratung mit neuen Medien oder internetgestützte Beratung verfestigt diesen Eindruck. So gibt es in der Literatur zwar Studien, die die Beratungsformate Präsenz und Online vergleichen bzw. die Unterschiede thematisieren, der Vergleich zu Telefonberatung wird hingegen kaum vollzogen. Auch hier wurde allerdings festgestellt, dass die meiste Literatur zu Onlineberatung nicht aus dem Bereich der Weiterbildung stammt, sondern v. a. aus dem Bereich der Sozialberatung und psychosozialen Beratung (vgl. z. B. Geißler & Metz, 2012; Reindl, 2018).

Die gezielte Recherche (vierter Strang der Literaturrecherche, s. Kapitel 2) zeigte auf, dass die Informationslage zum *National Careers Service (NCS)* im anglophonen Raum ab 2010 überschaubar ist. Dennoch konnten hier zwei umfassendere Studien gefunden werden. Die eine Studie befasst sich mit der Zufriedenheit und der beruflichen Entwicklung der Ratsuchenden (vgl. Klahr et al., 2018). Die zweite ist eine Wirtschaftlichkeitsstudie zur Beurteilung, ob der NCS positive Auswirkungen auf den Arbeitsmarkt und die Bildungsergebnisse der Ratsuchenden hat (vgl. Lane et al., 2017). Ein Strategiepapier (vgl. Chubb et al., 2012) legt den Fokus auf die geplante Entwicklung seit der Umstrukturierung des NCS und verdeutlicht die Notwendigkeit der Vernetzung für das Angebot. In einer weiteren Publikation, die die Entwicklung der telefonischen Bildungsberatung in den USA, UK, Australien, Kanada, Neuseeland, Südafrika und Europa in den Blick nimmt, wird der NCS ebenfalls erläutert und die Entstehungs- und Entwicklungsgeschichte aufgezeigt (vgl. Flederman & Watts, 2014). Das bereits 1998 noch unter dem Namen Learndirect gestartete Infotelefon diente demnach für andere internationale Bildungsberatungstelefone als Modell (vgl. ebd., S. 483). Nach mehreren Modellanpassungen und einer Umbenennung entstand der nationale Karriereservice für alle Altersgruppen, der NCS (vgl. ebd.). Das Infotelefon

Weiterbildungsberatung erscheint in dem genannten Beitrag, der internationale Bildungshotlines in den Blick nimmt nicht, da das Infotelefon in Deutschland zum Zeitpunkt der Veröffentlichung noch nicht gestartet war.

Wissenschaftliche Literatur konnte zum *Infotelefon Weiterbildungsberatung* nicht gefunden werden. Es liegen lediglich eine Präsentation des Deutschen Zentrums für Luft- und Raumfahrt (DLR) Projektträger (2015) vor, in der erste Eindrücke zum Testlauf beschrieben werden, sowie ein Infoflyer vom Bundesministerium für Bildung und Forschung (BMBF) (2020). Der vorherige Infoflyer von 2017 ist im Internet nicht mehr verfügbar. Die GEW hat in ihrer Reihe „Weiterbildung" in einem Infoblatt 2017 das Infotelefon Weiterbildungsberatung kurz beschrieben und darauf hingewiesen, dass sie eine Recherche beauftragt haben. Diese ist nicht öffentlich verfügbar, kann aber bei der GEW angefordert werden. Diese Recherche, ebenfalls von 2017, durchgeführt von Wilfried Rehfeld (2017) liegt vor. Weitere Publikationen oder Dokumente wurden zum Infotelefon Weiterbildungsberatung nicht gefunden. Dies ist für den Zeitraum ab 2017, seitdem es das Infotelefon gibt, eine überschaubare Informationslage in öffentlich zugänglichen Publikationen. Bekannt ist, dass an der Universität Koblenz-Landau am Institut für Pädagogik unter der Leitung von Prof. Dr. Henning Pätzold ein größeres Forschungsprojekt im Jahr 2020 bis 2023 läuft.

Gezielte Recherchen wurden auch zu *nationalen und internationalen Beratungsverbänden und Wohlfahrtsverbänden sowie Bildungsberatungseinrichtungen* durchgeführt. Die Websites der Verbände und Einrichtungen wurden aufgerufen und recherchiert, ob sie eine Telefonberatung anbieten und ob sie eigene Publikationen oder Publikationshinweise zum Thema Bildungsberatung anbieten. Die Recherche war nicht sehr ergiebig, daher handelt es sich um keine abgeschlossene Recherche. Der Recherchestand ist dokumentiert und kann fortgesetzt werden. Insgesamt ist bei der Sichtung der Websites ähnlich wie bei der Sichtung der Literatur der Eindruck entstanden, dass Onlineberatung das Medium Telefon abzulösen scheint. Dies liegt darin begründet, dass viele Websites größerer Einrichtungen und Verbände einen Wechsel hin zur Onlineberatung vorzunehmen scheinen (vgl. Tsinari, 2020). So bewerben beispielsweise die Caritas (Caritas Deutschland, 2020), die Bundeskonferenz für Erziehungsberatung e.V. (bke, o. J.) und pro famila (pro famila, o. J.) ihre Onlineangebote zur Beratung. Für telefonische Beratung bedarf es bei den meisten Einrichtungen und Verbänden zumindest mehrerer Klicks. Mit differenziertem Blick lässt sich jedoch feststellen, dass sich dies nicht im Bereich der Weiterbildungsberatung widerspiegelt, sondern v. a. im Bereich sozialpädagogischer und psychosozialer Beratung der Fall ist. Hier lassen erste Betrachtungen der Websites auch themen- und zielgruppenspezifische

Unterschiede vermuten. So ist z. B. eine Schuldnerberatung oftmals in Form persönlicher Beratung vorgegeben, da es häufig erforderlich ist, vorhandene Unterlagen der Ratsuchenden zu sichten. Bei der Pflegeberatung hingegen scheint die telefonische Beratung zu dominieren (vgl. z. B. Bundesweites Pflegenetzwerk (2024); Bundesministerium für Familie, Senioren, Frauen und Jugend (BMFSFJ) 2024). Ein Grund hierfür könnte sein, dass sie sich an ältere Personen richtet, denen es häufig leichter fällt mittels Telefons zu kommunizieren. Auch für die pflegenden Familienangehörigen ist das Telefon häufig eine gute Wahl, da sie sich zwischen Arbeit und Pflege kaum einen persönlichen Beratungstermin einrichten können und zudem direkt Antworten auf z.T. situationsbedingte Anfragen erhalten. Im Bereich der Weiterbildungsberatung ist - zumindest in den abgefragten Beratungsstellen - die Beratung per Telefon weiterhin üblich. Bei vielen Einrichtungen werden auf den Websites direkt Möglichkeiten zur telefonischen Beratung aufgezeigt (vgl. z. B. weiterbildung-mv.de, o. J.; IBB 2024; LN WBB, 2020). Zu beachten bleibt allerdings, dass sich möglicherweise aufgrund der Corona-Maßnahmen seit dem zweiten Quartal 2020 ein verzerrtes Bild ergibt. Aus der Recherche ist nicht ersichtlich, bei welchen Beratungseinrichtungen die telefonische Beratung schon vor Corona existierte, aufgrund von Corona eingerichtet wurde oder auch noch nach Corona bestehen bleibt.

Die Literaturrecherche über die vorab ausgewählten internationalen Datenbanken (vierter Strang der Literaturrecherche, s. Kapitel 2) hat v. a. Literatur aus den Vereinigten Staaten von Amerika und dem Vereinigten Königreich (England, Schottland, Wales, Nordirland gemeinsam) hervorgebracht. Vereinzelt gab es Treffer aus Asien, Kanada, Südafrika, Neuseeland, Schweiz, Österreich und Australien, aber kaum für den Bereich Weiterbildung. Daher wurden noch gezielte *Länderrecherchen* gestartet. Hierbei wurden die Suchwörter direkt mit einzelnen Ländernamen kombiniert (z. B. telephone career guidance canada). Die Recherche wurde sowohl direkt bei Google als auch bei jeweils recherchierten nationalen Datenbanken durchgeführt. Dabei wurde ersichtlich, dass das Beratungssystem der Vereinigten Staaten von Amerika und dem Vereinigten Königreich so strukturiert ist, dass Beratungen für Bildung, Beruf und Beschäftigung z. T. an die Sekundarausbildung gekoppelt sind. Beispielhaft kann hierfür die im Jahr 2014 von der britischen Regierung ins Leben gerufene „Careers & Enterprise Company" (CEC) genannt werden, die eine bessere Koordination zwischen Schule, College und anderweitig mit Karriereplanung beauftragten Trägern bei Kindern und Jugendlichen im Alter zwischen 12 und 18 Jahren ermöglichen soll (vgl. Department for Education, 2017, S. 5). Einige Treffer der Datenbankrecherche fielen daher durch das hier angelegte Analyseraster, da z. B. school counselors (AE) bzw. school counsellors

(BE) aufgrund des Schwerpunkts auf Weiterbildung als nicht relevant eingestuft wurden. Zudem brachten die gezielten Länderrecherchen einige Treffer hervor, bei denen es sich um Werbebroschüren privatwirtschaftlicher Unternehmen handelt. Auch diese wurden mangels relevanter Inhalte nicht aufgenommen. Weitere Treffer der englischsprachigen Länder lassen sich v. a. dem Bereich Telemedizin zuordnen.

4 Definitionen und Entwicklungstrends der Telefonberatung

Während der Sichtung der Literatur kamen viele Textauszüge zu Themen zum Vorschein, die nicht im Vordergrund der Analyse standen, die es aber lohnen, wiedergegeben zu werden. In diesem Kapitel werden daher, thematisch strukturiert, einige dieser Textpassagen vorgestellt. Dabei kommt nicht nur Literatur zum Thema Telefonberatung, sondern auch Literatur der Bildungsberatung, Onlineberatung etc. vor. Die Literaturhinweise, die nicht in die Synopse „Telefonberatung – Literatursynopse der Jahre 2010 bis 2020 für Deutschland sowie dem deutsch- und englischsprachigen Ausland" aufgenommen wurden, erscheinen abschließend im Literaturverzeichnis in diesem Dokument. Alle anderen Quellen von Verweisen sind der Synopse (siehe Anhang A) zu entnehmen.

Die folgenden Themen lauten:

- Wie ist Telefonberatung in der Literatur definiert?
- Was lässt sich zum Profil Ratsuchender und ihrer Wahl des Beratungsformats sagen?
- Wie gestaltet sich die Verteilung auf die einzelnen Beratungskanäle?
- Welche Vor- und Nachteile hat das Telefon gegenüber anderen Medien?
- Welche Aussagen lassen sich zur Zukunft bzw. zum Trend der Beratung finden?

4.1 Wie ist Telefonberatung in der Literatur definiert?

Für den Bereich der telefonischen Sozialberatung führen Hörmann et al. hierzu Folgendes an: „Das Telefon ist ein synchrones Medium mit mittlerer Reichhaltigkeit, d.h. es verfügt über viele positive Aspekte der Face-to-Face-Kommunikation, jedoch nicht über alle" (Hörmann et al., 2019, S. 19). Zwischen digitalen und analogen Medien nimmt es eine „Sonderrolle" (ebd.) ein.

Bezogen auf die telefonische Beratungspraxis führte das Bundesministerium für Bildung und Forschung aus: „Das Infotelefon Weiterbildungsberatung des BMBF bietet allen Ratsuchenden eine kostenlose und trägerneutrale Einstiegsberatung auf dem Weg zum passgenauen Angebot. Deutschlandweit unterstützt das (…) Infotelefon Weiterbildungsberatung Bürgerinnen und Bürger dabei, die für sie richtige Weiterbildung zu finden." (BMBF, 2019, S. 22) „Der bundesweite

Telefonservice arbeitet mit bestehenden Beratungsangeboten in den Ländern und Kommunen zusammen und kann Ratsuchende zum Teil direkt an diese Stellen weitervermitteln (…). Neben den Ländern sind auch die Bundesagentur für Arbeit und die Hotline ‚Arbeiten und Leben in Deutschland' des Bundesamts für Migration und Flüchtlinge (BAMF) Partner des ‚Infotelefons Weiterbildungsberatung'." (Ministerium für Wirtschaft, Arbeit und Tourismus Baden-Württemberg, o. J., o. S.) „Es besteht die Möglichkeit zur gemeinsamen Internetrecherche (Co-Browsing) mit den Beraterinnen und Beratern. Der Zugang ist barrierefrei. Gehörlose und Hörgeschädigte haben die Möglichkeit einer persönlichen Beratung am Gebärdentelefon." (BMBF, 2020, o. S.) „Gegenwärtig wird die bestehende Website www.der-weiterbildungsratgeber.de zu einem umfassenden Internetportal ausgebaut, das ab Mitte des Jahres den telefonischen Service ergänzen wird." (Ministerium für Wirtschaft, Arbeit und Tourismus Baden-Württemberg, o. J., o. S.)

In Großbritannien wurde der NCS wie folgt beschrieben: „In 1998 a major development took place in the UK, with the establishment of Learndirect – a helpline that initially focused particularly on helping adults to find out about learning opportunities. This involved two large callcenters in England, plus other arrangements in the rest of the UK, and was soon attracting massive volumes – over a million calls per year, covering a wide range of learning and career issues, requiring both information and guidance responses. This has been a significant model for other career helplines internationally. (…) The Learndirect service in England has undergone significant model adaptation and rebranding. It became known as the Careers Advice Service and was then incorporated first into the Next Step service for adults and subsequently into a new all-age National Careers Service. The latter service also includes the previously separate Connexions Direct helpline for young people aged 14–19. In the case of adults, referrals can be made to face-to-face services, either at the user's request or because the adviser has identified that the user may benefit from a face-to-face interaction." (Flederman & Watts, 2014, S. 483) „The National Careers Service ('the service') is delivered via a multi-channel approach: face-to-face, telephone, and online, both through its website and via social media. (…) As part of its 'inspiration' agenda, the National Careers Service is also actively engaged in building partnerships between schools, colleges and employers" (Klahr et al., 2018, S. 1). „Reasons for contacting the National Careers Service were focussed on progressing into employment. Fewer contacted the service to find out more about studying options and apprenticeships. Help with CV writing is the most common reason for using the face-to-face service, whilst the telephone information service is often used to obtain information on courses relating to either a current or future job. Website use is largely for obtaining information and advice about jobs or careers" (ebd., S. 17).

4.2 Was lässt sich zum Profil Ratsuchender und ihrer Wahl des Beratungsformats sagen?

Im Rahmen der Bildungsberatung haben Klahr et al. (2018, S. 10) festgestellt, dass „[o]nline users had a relatively young age profile, and as expected were often in work; this was also the preferred channel for those in learning. Therefore, the challenge of being an online source for all customer types that is engaging remains key. Face-to-face customers, as with previous years, were more likely to be older, unemployed and looking for work, and had lower level qualifications. Telephone customers, in contrast, were more likely to be in work and to have higher qualifications“. Für den Bereich der psychosozialen Beratung rechnet die Telefonseelsorge damit, „dass bei jüngeren Menschen die Anfragen am Telefon weiter abnehmen, die per Mail und Chat weiter steigen werden. Daher ist ein Ausbau der TelefonSeelsorge[2] im Internet unumgänglich“ (TelefonSeelsorge Duisburg Mühlheim Oberhausen, 2017, S. 7).

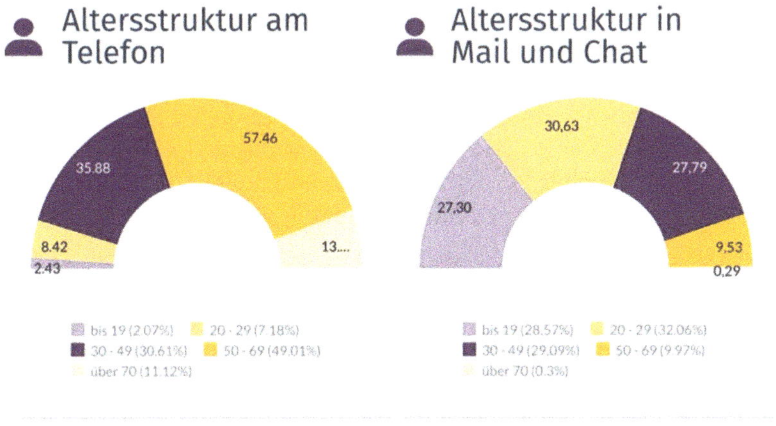

Abb. 3: Altersstruktur nach Kommunikationskanal, TelefonSeelsorge, Statistik 2019
Quelle: TelefonSeelsorge Dortmund (2024)

2 Die Schreibweise mit dem großgeschriebenen S in der Mitte des Wortes Telefonseelsorge beruht auf der Registrierung als Wortmarke (®) und bezieht sich unter Verwendung dieser Schreibweise auf die Stellen der TelefonSeelsorge Deutschland. Diese Schreibweise findet zum Teil Verwendung in den Zitaten. Ansonsten wird die übliche Rechtschreibung verwendet.

Die Altersstruktur aufgeschlüsselt nach Kommunikationskanal für die Telefonseelsorge Deutschland zeigt Abbildung 3 im Detail. In der Rechtsberatung kommt Balmer (2012, S. 80) zu der Schlussfolgerung, „Findings indicate that problems and clientgroups particularly associated with disadvantage and vulnerability tend towards face-to-face services, revealing a preference for this mode of delivery. (…) In addition, there is an overriding need to identify those population groups who may find it particularly difficult to switch to using telephone services and to understand the ways in which telephone advice presents particular access barriers". Die Zitate aus den drei unterschiedlichen Beratungsbereichen zeigen auf, dass sich Präferenzen für bestimmte Beratungsformate aus demografischen Merkmalen ableiten lassen. Mit den drei hier aufgezeigten Beratungsbereichen soll verdeutlicht werden, dass das jeweilige Thema bzw. der Beratungsanlass ebenfalls Einfluss auf die Wahl des Beratungsformats haben.

4.3 Wie gestaltet sich die Verteilung auf die einzelnen Beratungskanäle?

Bei einer Markterhebung aus dem Jahr 2015 kommt die Deutsche Gesellschaft für Karriereberatung (2016, S. 3) zu folgender Einschätzung: „Karriereberatung wird in unterschiedlichen Formaten durchgeführt. Es verwundert nicht, dass das mit Abstand am häufigsten genutzte Format das persönliche Gespräch (92 Prozent) ist. Es folgt die Beratung per Telefon (48 Prozent) und per Email (41 Prozent). Gleichfalls hat die Beratung per Videochat, zum Beispiel per Skype, Einzug gehalten." Anders stellt es sich bei der Telefonseelsorge dar. Hier ist auch im Jahr 2019 das Telefon gegenüber Mail und Chat das am häufigsten genutzte Medium (vgl. TelefonSeelsorge, 2020). Allerdings sind die Steigerungsraten beim Chat wesentlich höher als bei den anderen Kanälen, so dass zukünftig mit einer anderen Verteilung zu rechnen ist (vgl. ebd.). Für den Bereich der Bildungsberatung stellt Käpplinger (2020, S. 20f.) fest: „Auch in Bezug auf die Beratungsformen wird das Spektrum vielfältiger: Neben dem Face-to-face-Gespräch bieten sich digitale und telefonische Kanäle an. 2016 nutzten gemäß AES (Mehrfachnennungen im Folgenden möglich) 57 Prozent ein persönliches Gespräch vor Ort, 27 Prozent asynchrones Internet/E-Mail, 14 Prozent das Telefon und zehn Prozent synchrone Apps/Live-Chats".

4.4 Welche Vor- und Nachteile hat das Telefon gegenüber anderen Medien?

Im Bereich der sozialpsychologischen Beratung zählt der von Belzner (2012, S. 35) angeführte Vorteil als wesentlich: „Der Anrufende muss sich auch nicht als Person zeigen und sieht sein Gegenüber auch nicht. Das macht es einfacher, auch peinliche, schambesetzte Themen anzusprechen". Aber auch Goller et al. (2013, S. 2ff.) führen diesen Aspekt als Vorteil für den Bereich der Bildungsberatung an: „Das Telefon ermöglicht die Kommunikation ohne physische Präsenz der Telefonierenden. Diese Tatsache ist für viele Ratsuchende gleichbedeutend mit einer größeren Anonymität, was die Kontaktschwelle deutlich vermindert." Gleichzeitig stellen sie jedoch für den Beziehungsaufbau folgendes in Frage: „Ob durch diese Anonymität der Aufbau einer vertrauensvollen Beziehung erschwert oder begünstigt wird ist per se nicht zu bestimmen" (ebd.).

Diese physische Abwesenheit in der Telefonberatung führt zu der häufig genannten Sinneskanalreduktion. „Die Reduktion auf die Stimme wird zu Beginn der Ausbildung von zukünftigen Telefonseelsorgern in der Regel einfach als Erschwernis für den Kontakt gesehen. Recht bald wird aber deutlich, dass der Wegfall der anderen Wahrnehmungskanäle nicht nur ein Verlust sein muss. Man kann sich auf die Stimme und deren Botschaften konzentrieren und stellt fest, dass die Sprache und die Stimme auf beiden Seiten sehr wirksame Instrumente sind" (Belzner, 2012, S. 36). Ähnlich sehen das auch Asselmeyer und Delkeskamp (2012, S. 52f.): „Die Herausforderungen des Telefon-Coachings liegen für Coachs darin, den fehlenden Sichtkontakt durch die übrigen Wahrnehmungsmöglichkeiten auszugleichen. Dieser scheinbare Mangel hat den Vorteil, über den gesamten Zeitraum der Zusammenarbeit hinweg frei zu bleiben von unbewusst gefassten Urteilen, etwa durch das Erscheinungsbild des Klienten, und somit auch von unvermittelt sich einstellenden Übertragungen, die wahrnehmungslenkend und -fokussierend wirken können". Wenzel (2013, S. 229f.) weist darauf hin, dass v. a. in früheren Publikationen diese Sinneskanalreduktion tendenziell als defizitär eingestuft wurde.

Als Nachteil der Telefonberatung weisen Goller et al. (2013, S. 2ff.) auf technische Aspekte hin, z. B. durch Hintergrundgeräusche. Einige Autorinnen und Autoren sehen eine gewisse Unverbindlichkeit der Telefonberatung seitens der Ratsuchenden. „Da ein Telefonat zunächst eine wesentlich unverbindlichere Art der Kontaktaufnahme darstellt als ein persönliches Treffen, ist damit zu rechnen, dass die Ratsuchenden im Falle eines wenig erfolgsversprechenden Gesprächsverlaufs das Telefonat ungleich schneller und eventuell auch unvermittelter beenden als dies in einer face-to-face-Beratung der Fall wäre" (ebd., S. 4). Dies betrifft auch die kurzfristige Verschiebung oder Absage eines Telefontermins (Geißler & Metz, 2012, S. 21ff.).

Aus dem Coachingbereich fasst Engelhardt (2016, S. 38) die fünf wichtigsten Vorteile des Telefon-Coachings wie folgt zusammen:

- „Direkt und schnell. Unabhängig vom Ort ist die Unterstützung zeitnah möglich.
- Fokussiert und effektiv. Durch den Wegfall der Körpersprache im Gespräch werden auch heikle Themen leichter angesprochen.
- Effizienz und Kostenreduzierung. Kosten werden reduziert, weil keine Reisezeiten und -kosten anfallen.
- Einfach und bequem. Die Termine sind flexibel in den Alltag integrierbar.
- Förderung der Work-Life-Balance. Der Coach kann auch im HomeOffice arbeiten."

Für den Bereich der Bildungsberatung benennen Flederman und Watts (2014, S. 482) Vorteile speziell für die Gruppe der Jugendlichen: „Landlines and cell phones are known to be especially attractive to adolescents given their low cost, easy access, anonymity, control over the call, flexibility, safety, and user-friendliness".

Demgegenüber zeigt ein Autorenteam gerade das Telefon als Zugangsbarriere und die möglichen Kosten als Nachteil einer Beratung per Telefon auf. „This may, in part, be explained by disadvantaged clients being less likely to have a fixed line telephone and being increasingly reliant on pay as you go mobile phones which have higher charges than landlines for non-geographic numbers such as the 0845 prefix for the LSC funded CLA telephone advice line" (Balmer et al., 2012, S. 77). Diese Publikation bezieht sich allerdings auf die Rechtsberatung. Ähnliche Aspekte werden von Burton (2018, S. 195), ebenfalls aus dem Bereich der Rechtsberatung, als Nachteile einer telefonischen Beratung genannt: „The face-to-face interview benefits from features including the stronger emotional connection between lawyer and client, non-verbal communication, more expansive conversation and the greater ability to consult and confer over documents. Telephone-only advice may be suitable for some more capable clients and uncomplicated matters, but this qualitative research shows that vulnerable clients are more likely to be adversely affected by the potential disadvantages of telephone-only contact. Clients with more complex social needs or with more serious or urgent cases are better served by face-to-face advice".

Diesem Fazit können auch wieder positive Schlussfolgerungen anderer Publikationen gegenübergestellt werden. „Insgesamt erscheinen uns die Möglichkeiten und Chancen der telefonischen bzw. der Beratung per E-Mail, die Nachteile aufzuwiegen" (Goller et al., 2013, S. 2 ff.). „Zusammenfassend kann deshalb gesagt werden: Telefonberatung und -coaching ist ein eigenständiges Format, das den

Vergleich mit Präsenzformaten nicht zu scheuen braucht." (Geißler & Metz, 2012, S. 21 ff.)

Die Auszüge aus der Literatur zeigen deutlich auf, dass einige Aspekte in der Literatur zum Teil kontrovers bewertet werden. So gibt es Vorteile, die an anderer Stelle als Nachteile ausgewiesen werden und umgekehrt (z. B. Kanalreduktion, Anonymität). Eine einfache Gegenüberstellung von Vor- und Nachteilen zu Telefonberatung ist daher wenig zielführend. Auch gibt es Aspekte, die für manche Beratungseinrichtungen zutreffen, für andere aber nicht (z. B. Kostenreduktion). Dies gilt noch mehr mit Blick auf die Ratsuchenden. Alle genannten Vor- und Nachteile betreffen bestimmte Kontexte und Situationen. Wie sich diese für den eigenen Kontext und die eigene Situation darstellen, bleibt zu prüfen. Das geeignete Beratungsformat unterscheidet sich nach Beratungseinrichtung, Zielgruppe und Anliegen bzw. Fragestellung.

4.5 Welche Zukunftsaussichten bzw. Trends werden für den Bereich der Telefonberatung aufgezeigt?

Ein Weg zur Entscheidungsfindung eines geeigneten Beratungsformats ist es, alle Vor- und Nachteile unterschiedlicher Formate kontext- und situationsbezogen gegeneinander aufzuwiegen, wie im vorherigen Absatz aufgezeigt. Ein anderer Weg ist es, einen bestimmten Aspekt zu fokussieren, den das jeweilige Format erfüllen soll. Für den Aspekt der Niedrigschwelligkeit kommt Wenzel (2015) zu folgendem Schluss: „Allerdings wäre es zu kurz gegriffen, dabei eine feste Hierarchie der Niedrigschwelligkeit aufzustellen, wie das bisweilen gemacht wird. Zwar gibt es einige Menschen, für die die Hürden nach folgender Stufung erhöht werden: 1.) zeitversetzte schriftliche Beratung (Mail/Foren) 2.) zeitgleiche schriftliche Beratung (Chat) 3.) Telefonberatung 4.) Face-to-Face Beratung. Eine solche Stufung mag für viele Menschen gelten, jedoch längst nicht für alle". „Das bedeutet, dass Beratungsanbieter, die unterschiedliche Menschen erreichen möchten, auch verschiedene Kontaktangebote machen müssen, um nicht ganze Personengruppen auszugrenzen. (…) Dabei begünstigt die Vielzahl der Medien den gesellschaftlichen Differenzierungsprozess nachhaltig." (Wenzel, 2014, S. 91) Flederman und Watts (2014, S. 489) kommen zu gleichem Ergebnis: „The key criterion for service balance is to create multiple access points that mitigate particular barriers various people face. The balance might look very different in different contexts".

Aufgrund der veränderten Kommunikationsmuster der letzten Jahre sieht auch Reindl (2019, o. S.) das Erfordernis neuer Beratungsangebote: „Im Durchschnitt aller Altersgruppen betrug die Internet-Nutzungsdauer 2018 gut dreieinviertel Stunden täglich (196 Minuten), 47 Minuten mehr als im Jahr zuvor. Dabei verbringt vor allem die Gruppe der bis 50-Jährigen täglich mehr als vier Stunden im Netz. Mit der intensiven Nutzung des Internets geht auch eine Veränderung der Einstellung einher: Das Internet ist mittlerweile zum täglichen Begleiter für alle möglichen Fragen und Themen geworden – und dies in allen Altersgruppen. Insofern verwundert es nicht, wenn für viele Menschen die digital vermittelte mediale Kommunikation bereits so fest im Alltag verwoben ist, dass der Verzicht darauf in vielerlei Hinsicht einem gesellschaftlichen (Teil-)Ausschluss gleichkommen würde. (…) Überwindet man die Dichotomie zwischen Online- und Präsenzberatung, der je nach genutztem Medientypus (Körper, Telefon, digitale Endgeräte) unterschiedliche Realitätsgehalte zugeschrieben werden, wird der Blick auf das Thema ‚Blended Counseling' (übersetzt etwa: gemischte Beratung) frei, dem für die Weiterentwicklung von Beratung zentrale Bedeutung zukommt." In einem Artikel zum Thema „Bildungsberatung online" kommt Hintenberger (2016, S. 4) zu dem Fazit: „Eine Beratung ohne Einbezug Neuer Medien wird in Zukunft allerdings der Vergangenheit angehören".

Auch die Caritas blickt in die Zukunft und arbeitet an einem Relaunch der Caritas-Online-Beratung: „Die neue Plattform soll leichter zugänglich werden, stabiler laufen und intuitiver bedienbar sein. Vor allem aber soll sie Blended Counseling ermöglichen – ein Beratungskonzept, welches die Ratsuchenden in den Mittelpunkt stellt. So sollen Menschen in schwierigen Situationen zukünftig selbstbestimmt zwischen verschiedenen Beratungsmedien wie Mail, Chat, Telefon, Sprachnachricht und Face-to-Face-Beratung wählen können. Durch den crossmedialen, fließenden Wechsel zwischen den verschiedenen Beratungskanälen können Ratsuchende beispielsweise Anfahrtszeiten sparen, indem sie zwischen zwei persönlichen Beratungsterminen wichtige Dokumente verschlüsselt an die Beraterin senden." (Piétron & Becker, 2019, o. S.) Die Caritas geht sogar noch einen Schritt weiter und nimmt die Vernetzung in den Blick: „Zusätzlich soll bei komplexen Beratungsfällen die Zusammenarbeit zwischen verschiedenen Beratungsfeldern erleichtert werden. Ein Suchtberater soll etwa eine Schuldenexpertin zum Chat mit einem Ratsuchenden einladen können, um optimal auf den individuellen Beratungsbedarf eingehen zu können. Vernetzung ist das Stichwort, mit dem das Caritas-Beratungsnetz insgesamt aufgewertet werden soll" (ebd.). Reindl (2019, o. S.) erklärt hierzu: „Diese Form der Netzwerkstruktur geht weit über die häufig praktizierte Verweisungspraxis zwischen einzelnen Angeboten und Trägern hinaus und würde einen echten Mehrwert für Ratsuchende darstellen". Weiter weist er darauf hin (ebd.), dass bislang nur wenige Onlineberatungsangebote derzeit das Potenzial im Sinne einer netzwerkorientierten Beratung und Unterstützung vollständig ausnutzen. Ihm zufolge tendiert der augenblickliche Mainstream dahin, wohl nicht zuletzt aus Konkurrenzgründen, eine verbandsspezifische Institutionalisierung der Onlineberatung zu bevorzugen.

5 Fazit zur Literatur- und Dokumentenanalyse

Einleitend ein kleines Gedankenspiel von Fieseler und Hentschel (2011): Psychotherapie als auch Beratung hätten sich ganz anders entwickeln können. Beispielsweise hätten angesehene Ärztinnen und Ärzte sich im 18. Jahrhundert mit der Theorie der therapeutischen Wirksamkeit von Texten beschäftigen und schriftbasierte Psychotherapie erfinden können. Im 20. Jahrhundert hätte so eine Vielfalt an schriftbasierten Methoden entstehen können, die zum Ende des 20. Jahrhunderts von Fachleuten weiterentwickelt worden wäre. Dann hätten sich Beratungsformen wie die Beratung per Brief, mittels Karten am Schwarzen Brett oder Zettelbotschaften, die von Raum zu Raum unter eine verschlossene Tür durchgeschoben werden, entwickelt (vgl. ebd., S. 13). „Das Gespräch als Methode wäre wegen der Flüchtigkeit des Wortes, des hohen Aggressionspotenzials, der ständigen Störung durch Nonverbales und der großen Unverbindlichkeit im Vergleich zu schriftlichen Dokumenten als unseriöses Behandlungssetting in Verruf gekommen" (ebd.). Irgendwann, in den 1990er Jahren hätten dann vielleicht experimentierfreudige Wissenschaftlerinnen und Wissenschaftler oder Beratende die Idee entwickelt, mit den Ratsuchenden direkt zu sprechen. Dieses Format müsste, um Skeptikerinnen und Skeptiker überzeugen zu können, detailliert erforscht werden (vgl. ebd.).

Dieses Gedankenspiel zeigt auf, dass gängige Praxis entstehen kann, ohne alle alternativen Wege als nicht ergebnisführend widerlegt zu haben. Eine gewisse Offenheit gegenüber Neuem in Politik, Praxis und Wissenschaft ist daher förderlich und wünschenswert, um zur Weiterentwicklung im Bereich Beratung beizutragen. Dies fordert auch ein Gros der Wissenschaft und Praxis, wie aus der umfassenden Literaturrecherche zum Thema Telefonberatung ersichtlich wurde. So wird in vielen Beiträgen resümiert, dass es für heutige Beratungsangebote wichtig ist, unterschiedliche Beratungszugänge parallel anzubieten (vgl. z. B. Wenzel, 2015; Flederman & Watts, 2014, S. 489; Reindl, 2019; Piétron & Becker, 2019; Barnowsky, 2018). Blended Counceling, also eine Verknüpfung unterschiedlicher Zugänge zur Beratung, sollte daher von Beratungseinrichtungen nicht als eine Art Mode ausgesessen oder als eine Art überdimensionale Herausforderung gesehen, sondern als unumkehrbare Entwicklung und Chance verstanden werden. Einzelne Beratungskanäle gegeneinander aufzuwiegen oder zu eliminieren, ist nicht zukunftsweisend. Zukunftsweisend ist eine Vielfalt der Beratungskanäle. Die richtige Haltung bei der Konzipierung der Beratungsangebote ist somit ein „sowohl als auch" und nicht ein „entweder oder". Was während der Literaturrecherche zwar nur einmal zu finden war, aber vor dem Hintergrund der hier rezipierten Aussagen zur Zukunft der Beratung eine konsequente Logik aufweist,

ist der Aspekt der Vernetzung. So geht aus Beiträgen über die Caritas hervor, dass nicht nur die Ratsuchenden zukünftig selbstbestimmt zwischen verschiedenen Beratungskanälen wählen sollen, sondern dass auch die Beratungsarbeit zwischen verschiedenen Feldern erleichtert werden soll (vgl. Reindl, 2019). Neben einem „sowohl als auch" gilt damit als weiteres, zukunftsweisendes Stichwort das der „Vernetzung".

Die Forderung nach Blended Counseling bedeutet im Umkehrschluss, dass Telefonberatung nach wie vor ihre Berechtigung und Notwendigkeit hat und noch lange nicht ausgedient hat. Die dünne Publikationsdichte überrascht vor diesem Hintergrund. Auch Rietmann et al. (2019, S 11f.) stellen fest, dass die beratungstheoretische und -konzeptionelle Aufmerksamkeit der eigentlichen Bedeutung von Telefonberatung nicht gerecht wird. Gründe für diese Vernachlässigung des Themas Telefonberatung gegenüber dem Thema Onlineberatung, welches in der Literatur sehr breit vertreten ist (s. Kapitel 3.2), lassen sich zum jetzigen Zeitpunkt nur subjektiv herleiten. Rietmann et al. vermuten: „Im Unterschied zu der aufkommenden Onlineberatung war sie in ein höchst vertrautes und technisch ‚altes' aus dem 19. Jahrhundert stammendes Medium eingebunden, das in seinen kommunikativen Möglichkeiten und Grenzen bekannt war und weder kommunikative Innovationsbegeisterung noch beraterische Zukunftsfantasien auslösen konnte. Ganz anders die damalige allgemeine Sicht auf das sich quasi explosionsartig entwickelnde Internet mit seinen um die Jahrtausendwende diskutierten Versprechen auf eine völlig neue kommunikative vernetzte Zukunft" (ebd.). So kann es sein, dass Telefonberatung, die es seit nun mehr als 60 Jahren gibt, in den letzten Jahrzehnten als fester Bestand gewertet wird. Onlineberatung ist (noch) etwas Neues und wirkt dadurch vielleicht aus Sicht der Wissenschaft unerforschter und mit Blick auf die Leserschaft spannender. Abschließend bleibt festzustellen, dass diese Recherche eindeutig aufzeigt, dass eine wissenschaftliche Fundierung der Telefonberatung wünschenswert, notwendig und auch lohnenswert ist.

Literatur

Albrecht, R. (2017). Beratungskompetenz in der Sozialen Arbeit. Auf die Haltung kommt es an! *KONTEXT, 48*(1), 45–64. DGSF [https://dgsf.org/service/wissensportal/beratungskompetenz-in-der-sozialen-arbeit]

Ananthram, S., Teo, S., Conell, J., & Bish, A. (2018). Control and involvement HR practices in Indian call centres: still searching for answers. *Asia Pacific Journal of Human Resources, 56*, 196–215.

Arnold, R., & Mai, J. (2009). Bildungsberatung – historische Entwicklung und aktuelle Begriffsbestimmung. In R. Arnold, W. Gieseke, & C. Zeuner (Hrsg.), *Bil-*

dungsberatung im Dialog. Band 1: Theorie – Empirie – Reflexion (S. 213–226). Schneider.

Barnes, S.-A., Bimrose, J., Brown, A., Kettunen, J., & Vuorinen, R. (2020). Lifelong guidance policy and practice in the EU: trends, challenges and opportunities. Final Report. Publications Office of the European Union [https://agence.erasmusplus.fr/wp-content/uploads/2020/04/LLLGuidance.pdf]

Bilger, F., & Käpplinger, B. (2022). Veränderte Strukturen der Weiterbildungsberatung in der Corona-Krise. *dvb forum, 1*, 25–30.

Bundeskonferenz für Erziehungsberatung (bke) (o. J.). Elternberatung. bke [https://eltern.bke-beratung.de/views/home/index.html]

Bundesministerium für Bildung und Forschung (BMBF) (2020). Telefonische Beratung zu Fragen der Weiterbildung. *Informationsbroschüre.* BMBF [https://wf-obk.de/imperia/md/content/cms200wifoe/netzwerk_w/5/der_weiterbildungsratgeber.pdf]

Bundesministerium für Bildung und Forschung (BMBF) (2019). Marktplatzbroschüre. BMBF [https://www.empirische-bildungsforschung-bmbf.de/files/BMBF_Marktplatzbroschuere_280219.pdf]

Bundesministerium für Familie, Senioren, Frauen und Jugend (BMFSFJ) (2024). Zehn Jahre Pflegetelefon. BMFSFJ [https://www.bmfsfj.de/bmfsfj/themen/aeltere-menschen/hilfe-und-pflege/zehn-jahre-pflegetelefon#:~:text=Das%20Pflegetelefon%20ist%20von%20Montag,Uhr%20zu%20Pflegefragen%20angeschrieben%20werden.]

Brunton, G., Stansfield, C., & Thomas, J. (2012). Finding relevant studies. In D. Gough, S. Oliver, & J. Thomas (Hrsg.), *An introduction to systematic reviews* (S. 107–135). SAGE Publications Ltd.

Bundesweites Pflegenetzwerk (2024). Bundesweites Pflegetelefon. BWPN [https://www.bwpn.de/pflegenetzwerk/bundesweites-pflegetelefon/]

Caritas Deutschland (2020). *Hilfe und Beratung.* Caritas [https://www.caritas.de/hilfeundberatung/hilfeundberatung]

Cuvry de, A., Kossack, P., & Zeuner, C. (2009). Das Hamburger Strukturmodell zur Bildungsberatung. *Hessische Blätter für Volksbildung, 59*(1), 19–28.

Deery, S., Nath, V., & Walsh, J. (2013). Why do off-shored Indian call centre workers want to leave their jobs? *New Technology Work and Employment, 28*(3), 212–226.

Department for Education (2017). *Careers strategy: making the most of everyone's skills and talents.* [https://assets.publishing.service.gov.uk/government/uploads/system/uploads/attachment_data/file/664319/Careers_strategy.pdf]

Deppermann, A. (2008). *Gespräche analysieren. Eine Einführung.* Springer VS.

Deutsche Gesellschaft für Beratung (DGfB) (2010). Essentials einer Weiterbildung Beratung / Counseling. DGfB. DHfB [https://www.dachverband-beratung.de/dokumente/DGfB_Weiterbildungsstandards_2010-03.pdf]

Deutsches Zentrum für Luft- und Raumfahrt (DLR) Projektträger (2015). BMBF-Projekt: Weiterbildungsberatung: Servicetelefon und Internetportal. *Unveröffentlichte Präsentation.* [https://projekt.iwwb-files.de/Steuerungsgremium/Gremium2015/Kempmann_2015_03_18_IWWB.pdf]

Deutschsprachige Gesellschaft für psychosoziale Onlineberatung (DGOB) (2018). Die fachlichen und technischen Standards der DGOB. Reihe Vorstandsmaterialien. DGOB [https://dg-onlineberatung.de/wp-content/uploads/2018/10/DGOB-Standards-2018-1.pdf]

Dworschak, H., Hofer, G., Iller, C., Lehner, R., Schmidtke, B., & Wimplinger, J. (2016). Das Pilotprojekt „Bildungsberatungs-Radar". *Magazin erwachsenenbildung.at. Das Fachmedium für Forschung, Praxis und Diskurs.* Ausgabe 29. [https://www.erwachsenenbildung.at/magazin/16-29/meb16-29.pdf]

Enoch, C. (2011). *Dimensionen der Wissensvermittlung in Beratungsprozessen. Gesprächsanalysen der beruflichen Beratung.* Springer VS.

Fieseler, K., & Hentschel, K. (2011). Online systemisch beraten. *e-beratungsjournal.net, 7*(2). [https://www.e-beratungsjournal.net/ausgabe_0211/fieseler_hentschel.pdf]

Gieseke, W. (2013). Orientierungsberatung. In Agentur für Erwachsenen- und Weiterbildung (Hrsg.), *Bildungsberatung - Orientierung, Offenheit, Qualität. Die niedersächsischen Modellprojekte* (S. 15–35). W. Bertelsmann.

Gieseke, W., & Nittel, D. (Hrsg.) (2016). *Handbuch Pädagogische Beratung über die Lebensspanne.* Beltz Juventa.

Gieseke, W., & Opelt, K. (2004). *Weiterbildungsberatung II. Studienbrief EB 2001, 2. überarb. Aufl.* TU, Zentrum für Fernstudien und Universitäre Weiterbildung.

Hehner, S., Biesdorf, S., & Möller, M. (2018). *Digitalisierung im Gesundheitswesen: die Chancen für Deutschland.* Digital McKinsey. [https://www.mckinsey.de/~/media/mckinsey/locations/europe%20and%20middle%20east/deutschland/news/presse/2018/2018-09-25-digitalisierung%20im%20gesundheitswesen/langfassung%20digitalisierung%20im%20gesundheitswesen__neu.pdf]

Hintenberger, G. (2016). Bildungsberatung online. *Bildungsberatung im Fokus, 1*(2016), 2–4. [https://erwachsenenbildung.at/downloads/service/BBimFokus01_2016.pdf]

Hintenberger, G. (2009). Die webbasierte Mail-Beratung. In S. Kühne, & G. Hintenberger (Hrsg.), *Handbuch Online-Beratung. Psychosoziale Beratung im Internet* (S. 59–68). Vandenhoeck & Ruprecht.

Hitzler, R. (1994). Wissen und Wesen des Experten. Ein Annäherungsversuch – zur Einleitung. In R. Hitzler, A. Honer, & C. Maeder (Hrsg.), *Expertenwissen* (S. 13–30). Westdeutscher Verlag.

IBB Institut für Berufliche Bildung (IBB) (2024). *Weiterbildung in Leipzig*. IBB [https://www.ibb.com/weiterbildung-in-leipzig]

Jenschke, B., Schober, K., & Langner, J. (2014). *Lebensbegleitende Bildungs- und Berufsberatung in Deutschland. Strukturen und Angebote* (2. überarb. Aufl.). W. Bertelsmann.

Kallmeyer, W. (2000). Beraten und Betreuen. Zur gesprächsanalytischen Untersuchung von helfenden Interaktionen. *Zeitschrift für qualitative Bildungs-, Beratungs- und Sozialforschung (ZBBS), 1*(2), 227–252.

Käpplinger, B. (2020). Weiterbildungsberatung: Mantra oder manifester Bedarf? *Berufsbildung in Wissenschaft und Praxis (BWP, 1/2020), 17–21.* [https://www.bwp-zeitschrift.de/de/bwp.php/de/publication/download/16149]

Käpplinger, B. (2009). Telefonische Berufs- und Bildungsberatung in Großbritannien: Büchse der Pandora oder Ariadnefaden? *Berufsbildung in Wissenschaft und Praxis (BWP, 38)*(4), 23–26. [http://www.bibb.de/veroeffentlichungen/de/publication/download/id/1604]

Käpplinger, B., & Stanik, T. (2014). Gutscheinberatung als regulative Beratungsarbeit in der Weiterbildung: Verpasste Chancen für Beratung? In A. Schlüter (Hrsg.), *Beratungsfälle – Fallanalysen für die Lern- und Bildungsberatung* (S. 144–160). Barbara Budrich.

Katsarov, J., Schiersmann, C., Schmidtpott, S., Schober, K., & Weber, P. C. (2014). *Professionell beraten: Qualitätsstandards für die Beratung in Bildung, Beruf und Beschäftigung.* W. Bertelsmann. [https://www.forum-beratung.de/cms/upload/BQ/BeQu-Standards.pdf]

Knoblauch, H. (2001). Fokussierte Ethnographie. *Sozialer Sinn, 1*(2001), 123–141.

Künzel, K., & Böse, G. (1995). *Werbung für Weiterbildung. Motivationsstrategien für lebenslanges Lernen.* Luchterhand.

Landesnetzwerk Weiterbildungsberatung BW (LN WBB) (2020). *Beratungsangebot*. LN WBB [https://www.lnwbb.de/beratungsangebot/]

Maier-Gutheil, C., & Nierobisch, K. (2015). *Beratungswissen für die Erwachsenenbildung. Studientexte für Erwachsenenbildung.* wbv.

McLeod, J. (2004). Telefonberatung. In J. McLeod (Hrsg.), *Counselling - Eine Einführung in Beratung* (S. 401–403). Mohr Siebeck.

Ministerium für Wirtschaft, Arbeit und Tourismus Baden-Württemberg (o. J.). Weiterbildung in Baden-Württemberg. Servicetelefon zur Weiterbildung wird dauerhaftes Angebot. [https://www.fortbildung-bw.de/news/66571/Servicetelefon+zur+Weiterbildung+wird+dauerhaftes+Angebot/]

Nordhausen, T., & Hirt, J. (2019). One size does not fit all – systematische Literaturrecherche in Fachdatenbanken. Einführung in eine zehnteilige Reihe. *Klinische Pflegeforschung, 2019*(5), 5–6. https://doi.org/10.6094/KlinPfleg.5.2

Pachner, A., & Stanik, T. (2016). (Selbst-)Reflexionen von BildungsberaterInnen. *Magazin erwachsenenbildung.at. Das Fachmedium für Forschung, Praxis und Diskurs*, Ausgabe 29.

Page, R., Newton, B., Hunt, W., & Hillage, J. (2007). *An Evaluation of the Ufi/learndirect Telephone Guidance Trial.*

Piétron, D., & Becker, T. (2019). Online-Beratung 2.0 – der Mensch im Mittelpunkt. *neue caritas, 06/2019, Schwerpunkt Online-Beratung.* Caritas [https://www.caritas.de/neue-caritas/heftarchiv/jahrgang2019/artikel/online-beratung-2.0--der-mensch-im-mittelpunkt]

Poschalko, A., & Steiner, K. (2012). Qualität und Standards in der Berufsberatung im Fokus europäischer Projektinitiativen. *AMS Österreich.* [https://www.econstor.eu/dspace/bitstream/10419/102457/1/789268973.pdf]

pro familia (o. J.). *Mail-Beratung.* pro familia [https://www.profamilia.de/beratung/mail-beratung]

Reindl, R. (2019). Damit Beratung ankommt. *neue caritas, 06/2019, Schwerpunkt Online-Beratung.* Caritas [https://www.caritas.de/neue-caritas/heftarchiv/jahrgang2019/artikel/damit-beratung-ankommt]

Reindl, R. (2018). Zum Stand der Onlineberatung in Zeiten der Digitalisierung. *e-beratungsjournal.net, 14*(1), 16–26. [https://www.e-beratungsjournal.net/wp-content/uploads/2018/03/reindl.pdf]

Schiersmann, C., Petersen, C. M., & Weber, P. (2017). *Kompetenzerfassung im Beratungsfeld Bildung, Beruf und Beschäftigung. Instrumente zur Dokumentation, Bewertung und Reflexion der Kompetenzen von Beratenden.* wbv.

Schlüter, A., & Kress, K. (Hrsg.) (2017). *Methoden und Techniken der Bildungsberatung.* Budrich. https://doi.org/10.3224/84742003

Spradley, J. P. (1979). *The ethnographic interview.* Holt, Rinehart & Winston.

Stanik, T. (2015). *Beratung in der Weiterbildung als institutionelle Interaktion.* Peter Lang.

TelefonSeelsorge Dortmund (2020). Unsere Erhebung. TelefonSeelsorge Dortmund [https://www.telefonseelsorge-dortmund.de/unsere-statistiken/]

Thiel, R., Deimel, L., Schmidtmann, D., Piesche, K., Hüsing, T., Rennoch, J., Stroetmann, V., & Stroetmann, K. (2018). *SmartHealthSystems - Digitalisierungsstrategien im internationalen Vergleich.* Bertelsmann Stiftung [https://www.bertelsmann-stiftung.de/fileadmin/files/Projekte/Der_digitale_Patient/VV_SHS-Gesamtstudie_dt.pdf]

Tsinari, K. (2020). Qualität in der Beratung: Die Integration neuer Informations- und Kommunikationstechnologien im Bereich der lebensbegleitenden Beratung. In S. Dietel, & W. Gieseke (Hrsg.), *Positionieren in der Erwachsenenbildung/Weiterbildung vor dem Hintergrund einer deutsch-deutschen Biographie. Gedenkband für Dr. sc. Helga Stock* (S. 131–143). Dr. Kovac.

Tyers, C., Aston, J., Barkworth, R., Willison, R., & Taylor, R. (2003). *Evaluation of Adult Guidance Pilots.* Employment Studies [https://www.employment-studies.co.uk/system/files/resources/files/rr491.pdf]

Watts, A. G., & Dent, G. (2008). The evolution of a national distance guidance service: trends and challenges. *British Journal of Guidance & Counselling, 36*(4), 455–465.

Watts, A. G., & Dent, G. (2006). The 'P' word: productivity in the delivery of career guidance services. *British Journal of Guidance and Counselling, 34*(2), 177–189.

Watts, A. G., & Dent, G. (2002). Let your fingers do the walking: the use of telephone helplines in career information and guidance. *British Journal of Guidance and Counselling, 30*(1), 17–35.

weiterbildung-mv.de. (o. J.). *Weiterbildungsberatung MV.* Weiterbildung MV [https://www.weiterbildung-mv.de/weiterbildungsberatung.php]

Wenzel, J. (2014). Chancen und Risiken Neuer Medien in der Bildungsberatung. In A. Jitschin, A. Brechtel, & K. Dötzer (Hrsg.), *Perspektiven der Bildungsberatung* (S. 89–101). Vandenhoeck & Ruprecht. https://doi.org/10.13109/9783666403644.89

Anhang

JUSTUS-LIEBIG-UNIVERSITÄT GIESSEN

Fachbereich 03

Telefonberatung:
Literatur- und empiriebasierte Deskription
und Analyse

Anhang A zum Abschlussbericht

Gießen 2021

Bernd Käpplinger, Nina Lichte, Tim Stanik und Anika Denninger
mit Mitarbeit von Laura Boll und Sylvana Dietel
(Justus-Liebig-Universität Gießen – Professur für Weiterbildung)

GEFÖRDERT VOM

Bundesministerium
für Bildung
und Forschung

Anhang A: Literatursynopse

Im Rahmen des Projekts „Telefonberatung: Literatur- und empiriebasierte Deskription und Analyse“ wurde die vorliegende Literatursynopse zur Telefonberatung der Jahre 2010 bis 2020 für Deutschland sowie dem deutsch- und englischsprachigen Ausland von der Justus-Liebig-Universität Giessen, Fachbereich 03, Institut für Erziehungswissenschaft, Professur für Weiterbildung, Prof.

Dr. Bernd Käpplinger erstellt. Der Projektzeitraum erstreckt sich vom 01.07.2020 bis 31.12.2020 und wird vom Bundesministerium für Bildung und Forschung gefördert.

Die genutzten Literaturdatenbanken und verwendeten Recherchestrategien sind dem Bericht „Telefonberatung – Methoden- und Ergebnisbericht zur Literatursynopse 2010 bis 2020 für Deutschland sowie dem deutsch- und englischsprachigen Ausland" zu entnehmen. Dem Methoden- und Ergebnisbericht sind außerdem die Anzahl gesichteter Literatur, deren Verteilung je Jahr und Kategorie, Eindrücke aus der Recherche sowie Zitate zu bestimmten Themen hinsichtlich Telefonberatung zu entnehmen.

Die vorliegende Literatursynopse ist so aufgebaut, dass die Publikationen innerhalb der Kategorien nach den Autorinnen und Autoren alphabetisch aufgelistet sind. Als erstes finden sich jeweils die Quellenangaben. Für alle online verfügbaren Dokumente ist der Digital Object Identifier (DOI) oder, falls nicht vorhanden, der Uniform Resource Locator (URL) angegeben. Den Quellenangaben folgt, falls vorhanden, das Abstract. Die Abstracts wurden entweder aus der Publikation selbst oder von dem Verlag originalgetreu übernommen und werden daher in Anführungszeichen ausgewiesen. In kursiver Schrift schaltet sich dem Abstract eine Kommentierung des Projektteams nach. Die letzte Zeile je Literaturhinweis stellt die Kennzeichnung dar, mit welcher die uns vorliegenden und auf einem Datenträger gesicherten Publikationen identifiziert werden können. Die Literaturhinweise sind den folgenden fünf Themenkategorien zugeordnet:

A) Telefonberatung in der Weiterbildung – Literatur aus Deutschland
B) Telefonberatung in der Weiterbildung – deutsch- und englischsprachiges Ausland
C) Telefonberatung in anderen (pädagogischen) Bereichen
D) Telefonberatung: Standards + Trainingskonzepte
E) Callcenter: Standards + Trainingskonzepte + Qualität

A) Telefonberatung in der Weiterbildung – Literatur aus Deutschland

Bilger, Frauke, Behringer, Friederike, Kuper, Harm & Schrader, Josef (Hrsg.) (2017): Weiterbildungsverhalten in Deutschland 2016 – Ergebnisse des Adult Education Survey (AES). DIE Survey. Daten und Berichte zur Weiterbildung. Bielefeld: wbv. https://doi.org/10.3278/85/0016w

„Über 7.700 Personen zwischen 18 und 69 Jahren gaben 2016 in persönlichen Interviews Auskunft über ihr Weiterbildungsverhalten, im Rahmen einer Erhebung im Auftrag des Bundesministeriums für Bildung und Forschung (BMBF). Die Ergeb-

nisse der Befragung wurden nun ausführlich analysiert und kommentiert. Neben dem zentralen Thema Weiterbildungsbeteiligung informieren die repräsentativen Daten auch über Bildungsbeteiligung, informelles Lernen, Bildungsberatung und Fremdsprachenkompetenzen in Deutschland. Der Bericht ist ein zentrales Arbeitsinstrument für die Forschung zu Bildung und Lernen im Erwachsenenalter. Neben aktuellen, strukturierten und gewichteten Daten liefert er relevante Argumente für strategische Planungen und Aufgaben von Bildungspraxis und -politik."

Der Adult Education Survey für die Erwachsenenbildung (AES) ist eine regelmäßige Haushaltserhebung im Rahmen der EU-Statistiken zum lebenslangen Lernen. Diese Publikation stellt Informationen und Analysen der nationalen Erhebung Deutschlands bereit. In Teil D werden die Ergebnisse zur Bildungsberatung dargestellt. Den einzigen, für den Bereich Telefonberatung interessanten Auszug stellt Kapitel 18.6 dar, in welchem die genutzten Kanäle in Anspruch genommener Informations- und Beratungsangebote dargestellt werden.

Kapitel 18 vom Autorenteam Käpplinger/Bilger/Reuter ist als einzelner Beitrag in dieser Synopse ebenfalls aufgenommen.

A-1 – Bericht vorliegend

Deutsche Gesellschaft für Karriereberatung (DGfK) (Hrsg.) (2016): Karriereberatung in Deutschland - Einblicke in eine hochwertige Beratungsleistung – Markterhebung 2015. Frankfurt: DGfK. [https://www.dgfk.org/assets/downloads/pdf/Karriereberatung%20in%20Deutschland%202015%20-%20Markterhebung%20der%20DGfK.pdf, letzter Abruf am 24.11.2020]

Kein Abstract verfügbar.

Ein Bericht zu einer erstmalig durchgeführten Markterhebung der DGfK im Jahr 2015, die die Themen Beratende, Angebot, KlientInnen sowie Trends und Entwicklungen im Bereich der Karriereberatung beleuchtet. Interessant mit Blick auf Telefonberatung in der Weiterbildung ist die prozentuale Verteilung der genutzten Formate. Der sechsseitige Bericht ist übersichtlich und leicht verständlich.

A-2 – Bericht vorliegend

Dietel, Sylvana/ Käpplinger, Bernd/Klein, Rosemarie/Meller, Daniela/Wenzig-Lascheck, Anja (2010): Recherche relevanter Fragestellungen zur allgemeinen und beruflichen Weiterbildung. Projektbericht. Dortmund: Büro für berufliche Bildungsplanung. [https://www.bbb-dortmund.de/images/Telefonberatung_Studienergebnisse_2010.pdf, letzter Abruf am 26.11.2020]

Kein Abstract verfügbar.

Das Ziel der Studie war die Erarbeitung eines Entwurfs für ein Frage- bzw. Wissensmanagementtool für telefonische Bildungsberatung. Hierzu wurde eine Literaturanalyse, Internetrecherche, Befragung von und Interviews mit Beratungseinrichtungen und Beratenden durchgeführt. Vorgestellt werden die häufigsten Fragen bzw. Anliegen von Ratsuchenden (z. B. Finanzierung und Qualitätskriterien von Weiterbildungen). Für den Entwurf des Wissensmanagementtools hat das Autorenteam diese Fragen in zwei Dimensionen eingeteilt und so ein Vielfeldraster entstehen lassen, was zudem aufzeigt, welche Fragen für die Telefonberatung geeignet bzw. nicht geeignet sind. Die Lektüre ist leicht verständlich und bietet Anregungen.

A-3 – Bericht vorliegend

Ellwart, Kathrin (2019): Bildungsberatung für zukunftsfähige Kommunen: Best-Practice-Modelle und -Prozesse. Bielefeld: wbv. https://doi.org/10.3278/6004738w

„Bildungsberatung ist ein zentrales Instrument für Kommunen. Kathrin Ellwart hat ein Modell für eine koordinierte Bildungsberatung entwickelt, mit dem Kommunen ihre Aufgaben in Integrationsprozessen und beim Übergangsmanagement nachhaltig lösen können. An den drei Beispielkommunen Berlin, Freiburg und Lippe analysiert die Autorin die Gestaltung und Prozesse kommunal koordinierter Bildungsberatung. Aus den Ergebnissen entsteht ein partizipatives Referenz-Prozessmodell, mit dem Kommunen Bildungsberatung als integralen Bestandteil der Bildungslandschaft umsetzen und verstetigen können. Aufbauend auf dem aktuellen Forschungsstand definiert die Autorin Kommunen als zentrale Player und bezieht sämtliche kommunale Bildungs- und Lernbereiche in den Aufbau der Bildungsberatung ein. Sie identifiziert die Prozesse zum Aufbau einer kommunal koordinierten Bildungsberatung und beschreibt Arbeitsschritte, Akteur:innen und Organisationen, Ansprache- und Organisationsformate sowie Inhalte."

Für das Thema Telefonberatung ist insbesondere Kapitel 5 „Praxistipps ‚Gewusst wie'" interessant, welches sich an Bildungsverantwortliche und EntscheiderInnen auf kommunaler Ebene richtet. Auf zwei Seiten wird das „Lübecker Bildungstelefon" sowohl als Beispiel für ein Projekt als auch für ein Netzwerkinstrument erläutert. Hierzu wurde ein Sitzungsprotokoll der Einführung des Lübecker Bildungstelefons angefügt, welches den Netzwerkcharakter unterstreicht.

A-4 – Auszug vorliegend (Kapitel 5)

Gewerkschaft Erziehung und Wissenschaft (GEW) (Hrsg.) (2017): Weiterbildung. Infoblatt Dezember 2017. Frankfurt a. M: GEW. [https://www.gew.de/fileadmin/media/publikationen/hv/Weiterbildung/Infoblaetter_Weiterbildung/Infoblatt_Weiterbildung_Dezember_2017.pdf, letzter Abruf am 13.10.2020]

Kein Abstract verfügbar.

Das zweiseitige Infoblatt liefert u. a. eine Kurzbeschreibung des Infotelefons Weiterbildungsberatung. Neben Trägerschaft und Ziel wird auch darauf hingewiesen, dass bei einer durch die GEW beauftragten Recherche herausgekommen sei, dass der Beratungsschwerpunkt auf die Berufliche Bildung fehlen würde. Weitere Erkenntnisse sind dem Infoblatt nicht zu entnehmen.

An dieser Stelle wird darauf hingewiesen, dass die genannte Recherche ebenfalls in dieser Synopse erfasst ist (s. Rehfeld 2017).

A-5 – Infoblatt vorliegend

Goller, Antje/Hebart, Franziska/Lux, Sonja/Zienert, Martina (2013): Telefon- und Onlineberatung. In: Zentrum für Wissenschaftliche Weiterbildung Mainz (Hrsg.): Seminarordner Bildungsberatung & Kompetenzentwicklung. Reader, Zusatztext S. 1–30, [https://www.bildungsberatung-verbund.de/files/2020/04/Basistexte_Telefon-und-Online-Beratung.pdf, letzter Abruf am 25.11.2020]

Kein Abstract verfügbar.

Der Readerauszug ist verständlich geschrieben. Anhand bestimmter Kriterien, wie z. B. keine physische Präsenz, Struktur und technische Aspekte, werden die Besonderheiten der Telefonberatung im Vergleich zur Face-to-face-Beratung erläutert. Da zahlreiche Methoden mit Visualisierungen arbeiten, die beim Telefon nicht oder nur begrenzt eingesetzt werden können, liefert der Reader eine Methodenauswahl zur Kompensation. Abschließend werden hilfreiche, weiterführende Literaturtipps genannt. Die Literaturhinweise sind, der Entstehung des Readers geschuldet, v. a. bis zum Jahr 2010.

A-6 – Readerauszug vorliegend

Käpplinger, Bernd/Bilger, Frauke/Reuter, Martin (2017): Bildungsberatung und Transparenz des Bildungsangebots Erwachsener. In: Bilger, Frauke/Behringer, Friederike/Kuper, Harm/Schrader, Josef (Hrsg.): Weiterbildungsverhalten in Deutschland 2016 – Ergebnisse des Adult Education Survey (AES). Bielefeld: wbv, S. 255–264. https://doi.org/10.3278/85/0016w

Kein Abstract verfügbar.

Das Autorenteam steuert in der Publikation zur nationalen Erhebung des Adult Education Surveys Analysen und Informationen für die Bereiche Bildungsberatung und Bildungsangebote Erwachsener bei. In Kapitel 18.6 wird aufgezeigt, welche Kanäle der Beratung erfragt und genutzt wurden. Das Kapitel ist kurz und liefert gemäß dem Auftrag eines Ergebnisberichts keine weiteren, vertiefenden Analysen, weshalb sich die Informationen zur Telefonberatung auf die ausgewiesenen Zahlen beschränken.

A-7 – Bericht vorliegend

Nationales Forum Beratung in Bildung, Beruf und Beschäftigung (nfb) (Hrsg.) (2019): Weiterbildungsberatung weiter:denken! Impulspapier des nfb-Vorstandes zur Zukunft der Weiterbildungsberatung. Berlin: nfb. [https://www.forum-beratung.de/cms/upload/Wissenswertes/Politische_Initiativen/weiterbildungsberatung_aktuell_lang_final_20_01_2020.pdf, letzter Abruf am 30.10.2020]

Kein Abstract verfügbar.

Anhand von sieben Themenschwerpunkten nimmt dieses Diskussionspapier die Zukunft der Weiterbildungsberatung in den Blick. Bei zwei der Themen, Strukturveränderungen und Digitalisierung, weist das nfb darauf hin, dass eine Erweiterung des Beratungsangebots und die Einbeziehung neuer Beratungsformate dringend erforderlich sei. Hierbei wird auch die Telefonberatung genannt. Das Diskussionspapier geht entsprechend seiner Funktion nicht in die Tiefe, liefert aber Einblicke und Impulse zu Themen, die als zukunftsweisend zwischen nfb und Politik diskutiert werden könnten.

A-8 – Diskussionspapier vorliegend

Nationales Forum Beratung in Bildung, Beruf und Beschäftigung (nfb)/Forschungsgruppe Beratungsqualität am Institut für Bildungswissenschaft der Ruprecht-Karls-Universität Heidelberg (Hrsg.) (2011): Qualitätsmerkmale guter Beratung. Erste Ergebnisse aus dem Verbundprojekt: Koordinierungsprozess Qualitätsentwicklung in der Beratung für Bildung, Beruf und Beschäftigung. Berlin/Heidelberg: Autor. [https://www.forum-beratung.de/cms/upload/Veroeffentlichungen/Eigene_Veroeffentlichungen/qmm_guter_Beratung_2011.pdf, letzter Abruf am 13.10.2020]

Kein Abstract verfügbar.

Vorgestellt werden hier erste Ergebnisse aus dem Verbundprojekt Koordinierungsprozess Qualitätsentwicklung in der Beratung für Bildung, Beruf und Beschäftigung. Diese Publikation wird als Beispiel für Qualität in der Bildungsberatung mit aufgenommen, da hier explizit darauf verwiesen wird, dass die Qualitätsmerkmale für jedes Format (Beratung Einzelner, Gruppen-, Präsenz-, Online- oder Telefonberatung) herangezogen werden können, es aber notwendig sein kann, Anpassungs- und Übertragungsleistungen vorzunehmen. Interessant ist, dass die Abschlusspublikation „Professionell beraten: Qualitätsstandards für die Beratung in Bildung, Beruf und Beschäftigung“[1] zu diesem Projekt keinen Hinweis mehr auf die Übertragbarkeit der Beratungsformate enthält.

A-9 – Bericht vorliegend

Rehfeld, Wilfried (2017): Recherche: Infotelefon zur Weiterbildungsberatung beim Deutschen Institut für Luft- und Raumfahrt (DLR) im Auftrag des Bundesministeriums für Bildung und Forschung (BMBF). Unveröffentlichter Bericht.

Kein Abstract verfügbar.

Die beauftragte Recherche der GEW zur Einschätzung des Infotelefons Weiterbildungsberatung wird leicht verständlich und in knapper Form in einem unveröffentlichten Beitrag dargestellt. Themenschwerpunkte sind Ziele, Finanzierung, erste Erfahrungen sowie Qualifikation und Qualifizierung der

---

1 Katsarov, Johannes/Schiersmann, Christiane/Schmidtpott, Susanne/Schober, Karen/Weber, Peter C. (2014): Professionell beraten: Qualitätsstandards für die Beratung in Bildung, Beruf und Beschäftigung. Bielefeld: wbv. [https://www.forum-beratung.de/cms/upload/BQ/BeQu-Standards.pdf, letzter Abruf 05.11.2020]

Beratenden. Die zu Grunde liegenden Daten speisen sich aus zum Teil unveröffentlichten Dokumenten und Experteninterviews. Der Stand bezieht sich auf die Einführungsphase.

A-10 – Bericht vorhanden

B) Telefonberatung in der Weiterbildung – deutsch- und englischsprachiges Ausland

Bundesministerium für Bildung und Frauen (Hrsg.) (2014): Professionalität in der Bildungsberatung. Anforderungen und Entwicklungsfelder im Rahmen der Initiative „Bildungsberatung Österreich". Materialien zur Erwachsenenbildung, Nr. 1/2014. Wien: Bundesministerium für Bildung und Frauen. [http://www.forschungsnetzwerk.at/downloadpub/bmbf_materialien_eb_2014_1_bildungsberatung.pdf, letzter Abruf am 14.10.2020]

„Der Sammelband, erstellt vom Österreichischen Institut für Berufsbildungsforschung in Wien (öibf), geht der Frage nach, wodurch sich professionelle Arbeit in der Bildungs- und Berufsberatung auszeichnet, und behandelt die unterschiedlichen Dimensionen professionellen Handelns. Zwei Hauptziele werden verfolgt: Die Ergebnisse aus dem von ESF und BMUKK gemeinsam finanzierten Projekt „Bildungsberatung Österreich" (2011 – 2014) zu sichern und nachhaltig zugänglich zu machen. Ein Großteil der Beiträge wurde entsprechend von ProjektpartnerInnen verfasst, aber es sind bewusst auch Beiträge darüber hinausgehend aufgenommen worden. Zum anderen will der Band – mit Blick in die Zukunft – auf den strategischen Ebenen der Gesamtinitiative Anhaltspunkte bieten."

In dem Sammelband wird der Frage nachgegangen, wodurch sich professionelle Arbeit in der Bildungs- und Berufsberatungsarbeit auszeichnet. Einige Kapitel greifen eher überblickshaft das Thema Telefonberatung bzw. das Medium Telefon auf. Dies geschieht v. a. in Verbindung mit der Erreichbarkeit von Zielgruppen und Barrierefreiheit (s. Kapitel 4 und 5). Kapitel 6 widmet sich der Onlineberatung als Ergänzung zu den bestehenden Beratungsformaten Face-to-face, Telefon und E-Mail. Eine Übersicht von Beratungskontakten nach Beratungsformat mit Stand 2012 liefert Kapitel 10, in dem es um die Beratungsdokumentation geht. Insgesamt ist der Text leicht verständlich, bietet aber speziell zum Thema Telefonberatung nicht viele Informationen. Der Vollständigkeit halber soll der Sammelband jedoch nicht fehlen, liefert er doch einen Überblick zur österreichischen Bildungsberatung.

B-1 – Buch vorliegend

Chubb, Paul/Herrmann, Keith/ Hooley, Tristram/Jackson, Heather/ Watts, Tony (2012): National Careers Service: Strategic Options for Building a World Class Service. Careers Sector Stakeholders Alliance, Briefing Note 12. [https://careersalliance.files.wordpress.com/2014/02/briefing-note-12-ncs-strategic-options.pdf, letzter Abruf am 27.11.2020]

„The National Careers Service (NCS) was launched in April 2012, tasked with supporting and enabling the career choices of citizens in England. The NCS replaced Next Step, the former careers service for adults. The new Service has three channels (face-to-face, phone and web). Early announcements indicated that it was to be an all-age service. But at present for young people it has only a limited helpline and web service, with no local face-to-face provision (NCS providers can provide such services to young people, but not as the NCS).

The Careers Alliance and its member organisations welcome and support the NCS. We wish to play our part in helping the Service to develop and become more successful in assisting people in their lifelong learning and work pathways. This paper has been prepared in this spirit. We suggest that this paper be addressed by the National Careers Council and that the Skills Funding Agency and the Department for Business Innovation and Skills be invited to make a formal response to the issues outlined here. In particular, we recommend that the NCC should examine in-depth the feasibility and desirability of the strategic longer-term issues set out in Section 6 of this paper, leading to a public statement from the Government about the future vision and strategy for the NCS.

Thus the NCS has the potential to be not only a private good for its clients but also a public good, with its benefits being felt beyond its immediate client group. Looking ahead to the next stages of its development, the role of, and challenge for, the Service must be to balance the needs and interests (short- and longer term) of the individual with wider social and economic priorities. While there are inevitably requirements, in tight times for the public purse, to prioritise NCS services, it remains important that a universal Service exists to support the careers not only of those who are unemployed but also of those whose lives are changing (or could fruitfully change) in other ways.“

Dieses Papier der Careers Sector Stakeholders Alliance (CSSA) beschreibt den National Careers Service (NCS) und die Entwicklung seit dem Launch 2012 und macht deutlich, dass eine gemeinsame Arbeit an dem Angebot gewünscht wird. Hierzu sollen Vernetzungen zwischen dem NCS und weiteren Trägern, wie etwa dem Department for Business Innovation und Skills gebildet werden. Aufgrund der gewonnenen Erkenntnisse seit dem Start des Projekts werden in diesem Papier Anregungen gegeben, wie der Service insgesamt verbessert werden kann und welche Entwicklungsmöglichkeiten noch gegeben sind. Hierzu zählen u. a. eine bessere Ansprache von Jugendlichen und jungen Erwachsenen durch ein vielfältigeres Onlineangebot und mehr Telefonberatung sowie eine deutliche Positionierung des NCS als tragende Organisation für Berufsberatung und damit einhergehend mehr Werbung für das Angebot. Ebenso wird eine weitere Professionalisierung und Koordination der verschiedenen Angebote angeregt.

B-2 – Bericht vorhanden

Flederman, Patricia/Watts, Anthony G. (2014): Career Helplines: A Resource for Career Development. In: Arulmani, Gideon/Bakshi, Anuradha J./Leong, Frederick/Watts, Anthony G. (Hrsg.): Handbook of Career Development. International and Cultural Psychology. New York: Springer, S. 481–493. https://doi.org/10.1007/978-1-4614-9460-7_27

"In response to current global realities and the limitations of traditional career guidance to address labor market changes, inclusive social policies, and cultural diversity, new career guidance paradigms are needed in so-called developing and developed countries. Rapid technological changes over the last 10 years make the policy goal of career services for all more feasible by enabling affordable services to be accessed at a distance, through telephone, cell phone, and Internet channels. National multichannel career development helplines are a particularly strong example and are reviewed in this chapter. This new delivery mechanism has profound implications for inclusive career services that reflect a paradigmatic shift in career guidance policy and provision.

An integrated, multichannel career development helpline enables users to access career guidance as they choose, when they wish, through any channel they prefer. For example, a user can combine Internet search and the telephone, cell phone, email, SMS (short message service), VOIP (voice over Internet protocol such as Skype), webchat, Facebook, or Twitter. This furthers social equity goals of inclusion by mitigating the constraints of geography, time, travel costs, physical disability, and social isolation.

Seven countries have national multichannel helplines: Australia, Canada, Denmark, England, France, New Zealand, and South Africa. In addition, Austria and Germany are expected to launch their helplines shortly. The first distance helpline model evolved in England; other countries have adapted this model in response to their local context and policy mandates. The helplines have in common that they are mostly state-funded; are based on a new paradigm of distance delivery to expand inclusion while remaining affordable; employ the most appropriate technological solution; regard a distance service as a complement to other career development services; provide a mix of mediated and self-help options for the client; and need to be adapted to particular technological, demographic, and cultural contexts.

This distance model has proved resilient in both its applicability and adaptability to various contexts. In South Africa, for example, multichannel career development helpline services include not only telephone calls but also responding to "call me" SMS messages, Facebook queries, emails and letters, and weekly call-in radio programs in nine languages. A walk-in option is also provided.

Crosscutting issues include allocation of resources to career information provision and deeper career guidance counseling; whether to centralize or decentralize services in order to increase regional sensitivity; the place of face-to-face options within a distance service; all-age versus age-specific services; allocation of funding for marketing services; framing and targeting the service aligned to policy commitments; the balance of self-help and mediated options; cost-effectiveness; quality management approaches for consistent quality delivery; cultural adaptation; and staffing, credentials, and professional development infrastructure.

Decisions on distance service channel options and design will depend on country-specific realities, resource allocation, available technological infrastructure, and the needs and preferences of particular demographic groups within each country. Further research and theory are needed to explore and underpin effective career development through multichannel approaches in a wide variety of contexts and to ensure that ever-evolving technological options increase and enhance rather than narrow career development service delivery."

Die „Helplines" in England, Neuseeland und Kanada werden von den Anfängen bis zur Weiterentwicklung beschrieben. Aber auch Projekte in Australien, Dänemark, Frankreich und Südafrika werden kurz erläutert. Für Deutschland und Österreich werden die - zum Zeitpunkt des Erscheinens des Beitrags - Planungen und deren Fortschritte genannt. Rezipiert werden Forschungsergebnisse zwischen 1997 und 2012. Anhand bestimmter Kriterien wie Info vs. Beratung, zentral vs. dezentral, altersspezifisch vs. altersübergreifend werden in dem Artikel Gemeinsamkeiten und Unterschiede zwischen den Ländern ausgearbeitet. Damit liefert dieser Beitrag einen guten Einblick in den internationalen Stand (2014) und die Entwicklung der telefonischen Bildungsberatung.

B-3 – Kapitel vorliegend

Götz, Rudolf/Gugitscher, Karin/Hofer, Gerhard/Novacek, Bettina/Reiter, Katrin/Schlögl, Peter/Schwarzenberger-Papula, Silvia/Stangl, Thomas/ Vollmann, Manuela (Hrsg.) (2020): Bildungsberatung goes viral! In: Bildungsberatung im Fokus, 2020 (01), [https://erwachsenenbildung.at/downloads/themen/bildungsberatung/Bildungsberatung-im-Fokus-01-2020.pdf, letzter Abruf am 24.11.2020]

Kein Abstract verfügbar.

Das österreichische Medium „Bildungsberatung im Fokus" richtet sich an eine Fachöffentlichkeit im Feld der Bildungs- und Berufsberatung. Hier wird die gesamte aktuelle Ausgabe in das Verzeichnis übernommen, die sich mit der Digitalisierung beschäftigt. Telefonberatung steht hier zwar nicht im Vordergrund, aber die Leserschaft kann erfahren, welche Möglichkeiten die österreichische Bildungsberatung gefunden hat, um den coronabedingten Herausforderungen zu begegnen. Dazu gehört auch das Zusammenspiel der Telefon- und Onlineberatung.

B-4 – Artikel vorliegend

Klahr, Rebecca/White, Yasmin/Motha, Helen (2018): National Careers Service: Customer Satisfaction and Progression – Annual Report. London: Ipsos. [https://assets.publishing.service.gov.uk/government/uploads/system/uploads/attachment_data/file/809683/FINAL_NCS_Customer_Sat_and_Prog_Annual_Report_-Year_7_report_v2.pdf, letzter Abruf am 25.11.2020]

"This research looked at National Careers Service users' satisfaction and progression after their telephone call, meeting with an adviser or visit to the website. The survey took place between May 2017 and April 2018."

Der Bericht stellt eine Befragung zur Zufriedenheit und beruflichen Entwicklung der Ratsuchenden aus den Jahren 2017 bis 2018 vor. Neben der Erläuterung zum methodischen Vorgehen, werden die Ergebnisse jeweils nach dem genutzten Beratungsformat aufgeschlüsselt: Face-to-face, Telefon und Online. Damit liefert die Studie wertvolle Erkenntnisse u. a. darüber, welche Zielgruppen zu welchem Beratungsformat neigen. Der Bericht ist leicht verständlich, mit tabellarischen Darstellungen und Textauszügen der Interviews angereichert.

An dieser Stelle wird darauf hingewiesen, dass es auch aus dem Jahr 2014 einen weiteren Jahresbericht gibt. In dieser Literatursynopse wurde nur der aktuelle Bericht aus 2018 aufgenommen.

B-5 – Bericht vorliegend

Lane, Marguerita/Conlon, Gavan/Peycheva, Viktoriya/Mantovani, Iris/Chan, Shantayne (2017): An economic evaluation of the National Careers Service. Research report March 2017. London: Department for Education. [https://dera.ioe.ac.uk/28677/1/National_Careers_Service_economic_evaluation.pdf, letzter Abruf am 26.11.2020]

"Report on National Careers Service customers and whether the service helped them with employment or learning placements. Published 29 March 2017."

Eine umfassende Studie, durchgeführt von London Economics über den National Careers Service mit dem Ziel, die Auswirkungen auf den Arbeitsmarkt und die Bildungsergebnisse der Ratsuchenden zu beurteilen. Die Sprache ist gut verständlich, für fachfremde Personen aber nicht unbedingt der umfangreiche methodische Teil. Abgebildet wird z. B. die Zusammensetzung der KlientInnen seit 2010 und die Änderungen seit dem Rebranding 2012. Die drei angebotenen Formate Face-to-face, Telefon und Online spielen eine eher untergeordnete Rolle. Erkenntnisse, die sich direkt auf das Format der Telefonberatung beziehen, sind kaum zu finden.

B-6 – Studie vorliegend

Rosenfield, Maxine (2013): Telephone counselling: a handbook for practitioners. London: Palgrave.

Kein Abstract verfügbar.

Die Autorin Maxine Rosenfield gibt in diesem Werk Informationen und Handlungshinweise für die Arbeit im Bereich der Telefonberatung. Beginnend mit den notwendigen Skills für die Arbeit am Telefon, wird im nächsten Kapitel erörtert, was Telefonberatung beinhaltet und in welchen Zusammenhängen diese Art der Beratung genutzt wird. In den darauf folgenden Kapiteln wird auf die praktische Anwendung von Telefonberatung eingegangen. Etwa welche technischen Voraussetzungen nötig sind, welche Arbeitsschritte während, vor und nach einer Beratung am Telefon anfallen, oder auch wie Gesprächsverläufe durch die Beratenden gelenkt werden können. Das Buch schließt mit einem

Kapitel über Supervision und Coaching ab, wodurch noch weitere Anwendungsgebiete für die Arbeit mit dem Medium Telefon erschlossen werden. Den Lesenden wird insgesamt ein sehr anschaulicher, erster Einblick zum Thema Telefonberatung gegeben, wobei insbesondere der Praxisaspekt nicht vernachlässigt wird.

B-7 – Buch vorliegend

C) Telefonberatung in anderen (pädagogischen) Bereichen

Kategorie C „Telefonberatung in anderen (pädagogischen) Bereichen" mit insgesamt 31 Literaturhinweisen teilt sich in drei Unterkategorien auf. Die erste Unterkategorie (Kapitel C.1) umfasst alle Beiträge aus dem Feld des Coachings. Die zahlenmäßig umfassendste Unterkategorie stellt die zweite dar (Kapitel C.2). Dort sind Beiträge explizit aus dem Bereich der Telefonseelsorge, der psychosozialen Beratung und der Sozialberatung zusammengefasst. Eine weitere Unterkategorie (Kapitel C.3) bildet Literatur aus dem Bereich Telehealth ab. Hierunter fallen Beiträge aus dem Bereich Telemedizin, Pflege und Psychotherapie. Hierzu ist anzumerken, dass der Bereich Telehealth v. a. in England und den USA im Gegensatz zu Deutschland u. a. Ländern weit vorgeschritten ist. In dieser Literatursynopse findet sich ein Ausschnitt der Beiträge aus diesem Feld. Ausgewählt wurden Beiträge, bei denen das Medium Telefon thematisiert wird und nicht nur das Konzept oder die Effizienz der jeweiligen Behandlung an sich.

C.1) Coaching

Asselmeyer, Herbert/Delkeskamp, Juliane (2012): Coaching ohne Blickkontakt - Coaching für Führungskräfte als Begleitmaßnahme in einem berufsbegleitenden Weiterbildungsstudiengang. In: Geißler, Harald/Metz, Maren (Hrsg.): E-Coaching und Online-Beratung: Formate, Konzepte, Diskussionen. Wiesbaden: Springer VS, S. 41–55. https://doi.org/10.1007/978-3-531-19155-3_3

Kein Abstract verfügbar.

In einer 2010 und 2011 durchgeführten Studie wurde ein Telefoncoaching im Rahmen eines Weiterbildungsstudiums für Führungskräfte untersucht. Steht zwar das Konzept des Coachings an sich im Fokus des Beitrags, liefert das Autorenteam dennoch interessante Aspekte für den Bereich Telefonberatung.

So wird u. a. anhand von definierten Coachingschritten und Klärungszielen ein Methoden-Inventar in tabellarischer Darstellung geboten, welches die Methoden beinhaltet, die sich bei der Durchführung im telefonischen Kontakt bestätigt haben. Der Text ist gut verständlich, allerdings werden die Methoden an dieser Stelle nicht weiter erläutert, so dass es entweder Vorkenntnisse oder weiterer Lektüre bedarf.

C.1-1 – Beitrag vorliegend

Borlinghaus, Ralf (Hrsg.)/**Kaiser, Maren/Göller, Thomas/Dick, Stephan Josef/Bornath, Dorothee/Engelhardt, Sabine** (2010): Coaching 2.0 - Handbuch TeleCoaching. Die neue Dimension des Coachings. Kreuzlingen: BORA Text.

„Mit „Coaching 2.0 – Handbuch TeleCoaching" ist es den Autoren gelungen, ein umfassendes Standardwerk zu schaffen, an dem sich der Markt zukünftig orientieren wird - unverzichtbar für Coachs und Personalprofis, die durch innovative Methoden gewinnen wollen. Dieses Buch ist eine praxisnahe Anleitung, die einen Paradigmenwechseln darstellt und das bisherige Verständnis von Coaching revolutioniert. Diese erste Monographie zum Thema Coaching am Telefon gibt auf über 300 Seiten Antwort auf folgende Fragen: WAS ist TeleCoaching und wie unterscheidet es sich von der herkömmlichen Art zu coachen? WARUM sollten Sie das TeleCoaching für sich als Coach erschließen und welchen Wert hat es als Personalentwicklungsinstrument für Sie als Auftraggeber? WIE funktioniert TeleCoaching konkret, welche Voraussetzungen müssen Coach und Klient mitbringen und welche Aspekte gilt es beim TeleCoaching in der Praxis zu beachten? WELCHE Erfahrungen haben Auftraggeber und Klienten mit TeleCoaching inzwischen gemacht?"

Dieses Werk schafft einen guten ersten Gesamtüberblick zum Thema Telecoaching. Zu Beginn wird der Begriff Coaching erörtert. Dem folgt eine Betrachtung der Digitalisierung, um anschließend der der Frage nachzugehen, was Telecoaching ausmacht. Nachfolgend wird der Nutzen von Telecoaching thematisiert. In dem Kapitel werden Vorteile sowie Herausforderungen der Arbeit mit dem Medium Telefon aufgezeigt und die Perspektiven von Anbietenden und Kundschaft beleuchtet. Ebenfalls in diesem Kapitel ist ein Methodenteil, der sich näher mit dem Hören als Kommunikationsform befasst. Im dritten Kapitel steht das „Wie" im Fokus. Dabei wird die technische Infrastruktur sowie notwendige Qualifikationen für die Arbeit als Telecoach beschrieben. Das vorletzte Kapitel setzt sich aus Erfahrungsberichten von

KlientInnen und Anbietenden zusammen, was einen Einblick in die Praxis ermöglicht. Abschließend wird das Telecoaching Netzwerk (BORA) und dessen Leitlinien vorgestellt, zu dem die Autorengruppe gehört.

C.1-2 – Auszug aus dem Buch liegt vor (S. 1–195)

Engelhardt, Sabine (2016): Telefon-Coaching funktioniert. In: wirtschaft + weiterbildung, 2016 (02), S. 36–38. [https://sabine-engelhardt-coacht.de/wp-content/uploads/2016/10/Telefon-Coaching-Praxis-wirtschaft-weiterbildung-Sabine-Engelhardt1.pdf, letzter Abruf am 24.11.2020]

Kein Abstract verfügbar.

In dem kurzen Beitrag führt die Autorin gut verständlich entlang eines Beispiels Tipps für Coaches bzgl. Reaktionen und Verhalten am Telefon an. Auf den Punkt gebracht werden zudem Vorteile des Telefons, ohne jedoch näher erläutert zu werden. Als Artikel in der Zeitschrift „wirtschaft und weiterbildung" richtet sich der Beitrag v. a. an die Praxis des Coachings.

C.1-3 – Artikel vorliegend

Geißler, Harald/Metz, Maren (Hrsg.) (2012): E-Coaching und Online-Beratung: Formate, Konzepte, Diskussionen. Wiesbaden: VS Verlag für Sozialwissenschaften. https://doi.org/10.1007/978-3-531-19155-3

„Der Sammelband gibt einen systematischen Überblick über das Feld der neuen virtuellen Coaching- und Beratungs-Formate. Dafür werden die jeweiligen Besonderheiten der verschiedenen Formate und ihre unterschiedlichen Nutzungsmöglichkeiten herausgestellt und aufgezeigt, was den zum Teil höchst unterschiedlichen Formaten im Bereich von Business-Coachings und psychosozialer Beratung bzw. Psychotherapie gemeinsam ist und vor allem, was sie voneinander lernen können."

In dem Buch versammeln sich mehrere Beiträge zum Thema Nutzungsmöglichkeiten durch neue Medien, wobei ein Gros aus dem Coachingbereich stammt. Herausgestellt werden Besonderheiten bestimmter Beratungsformate oder unterschiedliche Nutzungsmöglichkeiten. Die Vielfalt der Themen reicht von „Implementierung von Virtuellem Coaching" über „Online-Portal für Paar und Partnerschaft" bis hin zu „Avatarbasierter Beratung". Zwei der Beiträge (Belzner und Asselmeyer/Delkeskamp) sind mit Blick auf Telefonberatung anregend, die ebenfalls in dieser Bibliografie erfasst sind.

C.1-4 – Buch vorliegend

C.2) Telefonseelsorge, psychosoziale Beratung und Sozialberatung

Balmer, Nigel J./Smith, Marisol/Denvir, Catrina/Patel, Ash (2012): Just a phone call away: is telephone advice enough? In: Journal of Social Welfare and Family Law, 34 (01), S. 63–85. https://doi.org/10.1080/09649069.2012.675465

"Over the last two decades the public sector has embraced new modes of service delivery, with a shift away from traditional face-to-face provision towards Internet and telephone based advice and information. While telephone provision has played an increasingly significant role in overall provision of legal advice in recent years, there has been limited empirical research which compares telephone to face-to-face services. Utilising administrative data from the Legal Services Commission (LSC) on legal aid services for housing problems, this paper explores the similarities and differences between the two delivery modes. We examine the client groups and matter types which tend toward particular channels of advice, the relationship between mode of advice and the outcome of cases for clients and the relationship between mode of advice and advice time. We find that there are significant differences in mode of advice among clients with particular demographic characteristics, with clients under the age of 18 and clients living with an illness or disability more likely to use face-to-face services. Our findings also suggest differences among the types of problems being addressed by telephone based services. On the surface there are small differences between modes of advice and the proportion of cases which lead to a substantive benefit outcome. However, once we disaggregate the data and investigate specific outcomes, there are pronounced differences in the outcomes achieved. Having controlled for key variables such as client demographics, case type and particularly stage reached, we find that telephone advice takes, on average, 14 minutes longer than face-to face advice (compared to an hour less when examining the raw data). The implications of these findings for the future development of telephone based services in light of current policy in legal services are discussed."

Der Artikel liefert eine Gegenüberstellung telefonischer und Face-to-face-Rechtsberatung. Die Ergebnisse beziehen sich auf soziodemografische Merkmale wie Altersgruppe, Ethnizität, Geschlecht und Gesundheitszustand sowie auf beratungsbezogene Variablen wie Themen, Nutzen und Dauer. Einige Ergebnisse können überraschen - so etwa, dass die zunächst im Schnitt kürzer scheinende telefonische Beratung unter Kontrolle von Schlüsselvariablen auf längere Beratungszeiten als die Face-to-face-Beratung kommt. Die Leserschaft erfährt in der Diskussion, welche Menschen warum zu der einen oder anderen Beratungsform tendieren. Die Beschreibung der Untersuchungsergebnisse ist textlich anspruchsvoll.

C.2-1 – Artikel vorliegend

Barnowsky, Astrid (2018): Die Zukunft der Telefonseelsorge. Wie nutzen Ratsuchende die neuen Medien? München: Studylab, S. 25–39.

„Das Telefon der TelefonSeelsorge [2] *ist de facto ein Netzwerk von 105 Telefonseelsorgestellen in ganz Deutschland, die unter den bundesweit einheitlichen gebührenfreien Sonderrufnummern 0800 111 0 111 und 0800 111 0 222 rund um die Uhr von jedem Ort und auch aus jedem Mobilfunknetz erreichbar sind. Und ausschließlich Einrichtungen, die in diesem Netzwerk arbeiten, tragen den geschützten Markennamen TelefonSeelsorge. Sie arbeiten mit einem bestimmten Ziel, mit einer bestimmten Organisationstruktur und in einer bestimmten Art und Weise."*

Eine für die Telefonseelsorge wichtige Veränderung geht mit dem Aufkommen der neuen Medien einher. Dieses kurze Buch nimmt sich dieser gesellschaftlichen Entwicklung an und erläutert Wandlungsprozesse auf medialer, sozialer sowie sozioökonomischer Ebene. Hierbei werden Kernpunkte sehr verständlich knapp benannt, so dass ein guter erster Einblick in die Thematik möglich ist. Ebenfalls im Fokus stehen die Ratsuchenden bzw. die Heterogenität eben dieser und das jeweilige Mediennutzungsverhalten. Außerdem wird Onlineberatung thematisiert, welche im Zuge der vermehrten Internetnutzung eine Ergänzung zum „klassischen" Telefonberatungsgespräch darstellen kann.

C.2-2 – Buch vorliegend

Bayer, Veronika/Stutz, Magdalena (2010): Face-to-face-, Telefon- und E-Mail-Beratung für weibliche Opfer häuslicher Gewalt - Eine qualitative Untersuchung der drei Beratungsformen. Empfohlene Bachelorarbeit der Hochschule Luzern – Soziale Arbeit, Studiengang Sozialarbeit. https://doi.org/10.5281/zenodo.886393

„In dieser Bachelor-Arbeit werden die face-to-face-, Telefon- und E-Mail-Beratung für weibliche Opfer häuslicher Gewalt untersucht. Die Forschung verfolgt das Ziel, die drei ambulanten Beratungsformen zu analysieren und deren Möglichkeiten und Grenzen herauszuarbeiten. Häusliche Gewalt ist ein tabuisiertes und weit verbreite-

2 Die Schreibweise mit dem großgeschriebenen S in der Mitte des Wortes Telefonseelsorge beruht auf der Registrierung als Wortmarke (®) und bezieht sich unter Verwendung dieser Schreibweise auf die Stellen der TelefonSeelsorge Deutschland (vgl. Evangelische Konferenz für TelefonSeelsorge und Offene Tür/Katholische Konferenz für TelefonSeelsorge und Offene Tür 2013: TelefonSeelsorge in Deutschland. Jahresbericht 2012, S. 7). Diese Schreibweise findet zum Teil Verwendung in den Zitaten. Ansonsten wird die übliche Rechtschreibung verwendet.

tes soziales Problem. Viele weibliche Opfer sind von grosser Scham, Isolierung, geringem Selbstwertgefühl und Traumatisierung betroffen. Für diese Frauen ist es zentral, dass sie spezifische, fachliche Beratung erhalten, welche den Prinzipien der Beratung für gewaltbetroffene Frauen unterliegt. Die Untersuchung geht von der Annahme aus, dass mit ambulanten Beratungsformen betroffene Frauen Unterstützung in der Bewältigung der erfahrenen Gewalt gegeben werden kann. Es wird angenommen, dass anonyme und niederschwellige Beratungsformen besonders für Frauen geeignet sind, die eine hohe Hemmschwelle haben. Die Ergebnisse geben ein umfassendes Bild über Inhalte, Klientinnen, Arbeitsweisen und die Vor- und Nachteile der drei Beratungsformen wieder. Es wird ersichtlich, dass mit der face-to-face-Beratung optimal auf die Situation von gewaltbetroffenen Frauen reagiert werden kann, der Zugang zur Beratung jedoch hochschwellig ist. Die Telefonberatung ist vor allem in Krisensituationen geeignet, da die Beratung unmittelbar erfolgen kann. Die Reduktion auf die verbale Kommunikation erschwert aber das Erfassen der Situation der Klientin. Die E-Mail-Beratung bietet vor allem isolierten Frauen einen guten Beratungszugang. Ihre beraterischen Möglichkeiten reichen jedoch nicht weit. Die Untersuchung verdeutlicht die Wichtigkeit von unterschiedlichen Beratungsformen im Bereich der häuslichen Gewalt."

Die von der Hochschule Luzern empfohlene Bachelorarbeit richtet sich an Personen aus der Sozialarbeit und an Fachpersonen, die sich mit Beratungsformaten auseinandersetzen. In der Forschungsarbeit wurden die drei Beratungsformen Face-to-face, Telefon und E-Mail untersucht. Im Fokus stand dabei, wie sich die drei Beratungsformen unterscheiden, was sie auszeichnet und wo ihre Möglichkeiten und Grenzen im Kontext der häuslichen Gewalt liegen. Ein Unterkapitel beschäftigt sich daher mit dem Thema Telefonberatung und führt Merkmale und Besonderheiten an. Der Text ist gut verständlich, die Arbeit klar aufgebaut.

C.2-3 – Bachelorarbeit vorliegend

Belzner, Ruth (2012): Das besondere Gespräch: Anonyme Seelsorge und Beratung am Telefon der TelefonSeelsorge. In: Geißler Harald/Metz, Maren (Hrsg.): E-Coaching und Online-Beratung. Wiesbaden: VS Verlag für Sozialwissenschaften, S. 25–39. https://doi.org/10.1007/978-3-531-19155-3_2

„Das Telefon der TelefonSeelsorge ist de facto ein Netzwerk von 105 Telefonseelsorgestellen in ganz Deutschland, die unter den bundesweit einheitlichen gebührenfreien Sonderrufnummern 0800 111 0 111 und 0800 111 0 222 rund um die Uhr von jedem Ort und auch aus jedem Mobilfunknetz erreichbar sind. Und ausschließlich

Einrichtungen, die in diesem Netzwerk arbeiten, tragen den geschützten Markennamen TelefonSeelsorge. Sie arbeiten mit einem bestimmten Ziel, mit einer bestimmten Organisationstruktur und in einer bestimmten Art und Weise."

Unter dem Markennamen „TelefonSeelsorge" erstreckt sich ein Netzwerk von 105 Telefonseelsorgestellen in Deutschland, die unter einer bundesweit einheitlichen, gebührenfreien Nummer rund um die Uhr erreichbar sind. Die Autorin erläutert in dem Beitrag gut nachvollziehbar die Hintergründe, die Organisation, das Selbstverständnis, die Praxis, die Anrufe und Mitarbeitenden, inkl. deren Ausbildung und Fortbildung. Für Telefonberatung in der Weiterbildung sind v. a. die Hinweise aus dem 5. Kapitel interessant, indem die besonderen Möglichkeiten und Grenzen des Formats Telefonberatung beschrieben werden. Damit erhält die Leserschaft neben einen guten Einblick in die Telefonseelsorge auch interessante Hinweise zur Beratungsform Telefon.

C.2-4 – Kapitel vorliegend

Belzner, Ruth (2020): TelefonSeelsorge: ihr Angebot, ihre Nutzer und die Anforderungen an die Mitarbeitenden. In: PiD - Psychotherapie im Dialog, 21 (01), S. 62–66. https://doi.org/10.1055/a-0968-2444

„Jeder Kontakt in der TelefonSeelsorge erhält seine Gestalt durch 3 komplexe Determinanten: die TelefonSeelsorge als Organisation mit ihrem Selbstverständnis, ihrer Struktur und mit den Möglichkeiten und Grenzen des genutzten Mediums (Telefon, Mail, Chat), die Ratsuchende bzw. den Ratsuchenden mit dem aktuellen Thema und Anliegen, mit ihrem bzw. seinem Kommunikationsstil und Erwartungen an die TelefonSeelsorge, und den Seelsorger bzw. die Seelsorgerin mit der ihm bzw. ihr eigenen Persönlichkeit und Identität."

Nachdem die Organisation der Telefonseelsorge beschrieben wird, erläutert die Autorin anhand statistischer Daten das Profil der Ratsuchenden sowie das der Mitarbeitenden. Dazu gehören z. B. der Zeitpunkt und die Dauer des Kontakts, die Themen und der Erwerbsstatus beider Parteien. Die Beschreibungen werden mit Beispielen aus den Telefongesprächen angereichert. Der Text gibt insgesamt einen guten Einblick in das Angebot, die Ratsuchenden und den Anforderungen an die Mitarbeitenden. Das Medium Telefon wird nicht thematisiert.

C.2-5 – Artikel vorliegend

Burton, Marie (2018): Justice on the line? A comparison of telephone and face-to-face advice in social welfare legal aid. In: Journal of Social Welfare and Family Law, 40 (02), S. 195–215. https://doi.org/10.1080/09649069.2018.1444444

„This paper investigates the impact on legal advice of the major shift to telephone-only services in social welfare legal aid, which took place in April 2013. An empirical study comparing telephone and face-to-face advice reveals that face-to-face contact has considerable advantages in the advice interview. Based on interviews and observations with housing law clients, their lawyers and advisers, the findings of this qualitative study demonstrate that clients and lawyers often find it easier to express themselves and understand each other face-to-face. The face-to-face interview benefits from features including the stronger emotional connection between lawyer and client, non-verbal communication, more expansive conversation and the greater ability to consult and confer over documents. Telephone-only advice may be suitable for some more capable clients and uncomplicated matters, but this qualitative research shows that vulnerable clients are more likely to be adversely affected by the potential disadvantages of telephone-only contact. Clients with more complex social needs or with more serious or urgent cases are better served by face-to-face advice. The findings of this research should inform the LASPO review and future priorities for legal aid funding.“

Auf Grundlage qualitativer Interviews und Beobachtungen im Bereich sozialer Wohnberatung vergleicht die Autorin die Formate Telefon und Face-to-face. Anhand von Kriterien wie Anonymität, Rolle von Dokumenten etc. stellt sie gut nachvollziehbar die Vor- und Nachteile heraus. Resümierend verweist sie anhand ihrer Ergebnisse darauf, dass eine ausschließliche Telefonberatung Gefahr läuft, benachteiligte Personen von einer effektiven Rechtsberatung auszuschließen. Der Text ist klar strukturiert und gut verständlich.

C.2-6 – Artikel vorliegend

Evangelische Konferenz für TelefonSeelsorge und Offene Tür/Katholische Konferenz für TelefonSeelsorge und Offene Tür (Hrsg.) (2016): 60 Jahre TelefonSeelsorge in Deutschland - Rückblick und Jahresbericht 2015. Berlin und Bonn. [https://www.telefonseelsorge.de/wp-content/uploads/2019/10/TS_Jubilaeumsbrosch%C3%BCre_2016_web.pdf, letzter Abruf am 05.11.2020]

Kein Abstract verfügbar.

Ein kurzer Abriss der über sechzig jährigen Geschichte der Telefonseelsorge von 1953 bis 2016 eröffnet den Bericht. Anschließend werden die genutzten Kanäle genannt, ebenfalls mit geschichtlichem Rückblick. So wird z. B. aufgezeigt, wie sich das Anrufverhalten im Laufe der Zeit verändert hat. Bei einer Anzahl von fast 1,9 Millionen Anrufen pro Jahr (Juli 2013 - Juni 2014) braucht es ein starkes Netzwerk. Dieses wird beschrieben, bevor es um Zahlen und Fakten geht, die einen interessanten Einblick in Themen, Mitarbeitendenprofile etc. liefern. Der Bericht schließt mit einem Blick in die Zukunft ab, in dem die Sicherung der Erreichbarkeit und die Sicherung der Finanzierung die zentralen Aspekte darstellen.

An dieser Stelle kann noch auf ältere Jahresberichte der Telefonseelsorge Deutschland hingewiesen werden[3], die in dieser kommentierten Darstellung nicht weiter aufgenommen wurden.

C.2-7 – Bericht vorliegend

Hörmann, Martina (2014): Die beraterische Nutzung von Telefon, E-Mail und SMS im Sozialdienst. In: ZESO - Zeitschrift für Sozialhilfe, 04 (14), S. 26–27. [https://www.blended-counseling.ch/wp-content/uploads/sites/56/2020/06/2014_ART-ZESO_H%C3%B6rmann_Blended_Counseling.pdf, letzter Abruf am 20.11.2020]

Kein Abstract verfügbar.

Dieser zweiseitige Beitrag beschreibt ein Projekt der Sozialen Dienste Winterthur und der Hochschule für soziale Arbeit FHNW. Dafür wurde das Konzept des Blended Counseling auf die Arbeit im sozialen Bereich übertragen. Unterschiede bei der Arbeit mit nur einem Medium sowie Vorteile der Nutzung mehrerer Kommunikationswege werden kurz benannt. Zusätzlich werden Leitlinien für die Praxis benannt, welche im Zuge der Forschung erstellt wurden und online abrufbar sind.

C.2-8 – Artikel vorliegend

Hörmann, Martina/Aeberhardt, Dania/Flammer, Patricia/Tanner, Alexandra/Tschopp, Dominik/Wenzel, Joachim (2019): Face-to-Face und mehr – neue

3 Die Jahresberichte sind zu finden unter: https://www.telefonseelsorge.de/unsere-jahresberichte/ (letzter Abruf am 05.11.2020)

Modelle für Mediennutzung in der Beratung. Schlussbericht zum Projekt. Olten: Fachhochschule Nordwestschweiz. https://doi.org/10.26041/fhnw-1648

„*Digitale Beratung hat sich in zahlreichen Feldern verbreitet, zumeist als eigenständiges Angebot neben (Präsenz-)Beratungen vor Ort. Noch relativ jung ist die Idee, die jeweiligen Vorteile verschiedener Kommunikationskanäle gezielt und systematisch miteinander zu koppeln zum Nutzen der Klientinnen und Klienten. Blended Counseling versucht – worauf der Name schon hinweist – den «Beratungsmix» zu systematisieren und konzeptionell zu fundieren. Der Fachdiskurs zu Blended Counseling steht noch am Anfang und in der Beratungspraxis finden sich dazu bisher kaum konzeptionelle Überlegungen. Die Vorteile der einzelnen Kommunikationskanäle in der Beratung gezielt zu verschränken, könnte aus mehreren Gründen innovativ und gewinnbringend sein. Zum einen setzen die Beratungsangebote am Kommunikationsverhalten von Klientinnen und Klienten an, sodass Beratungsprozesse sowohl flexibler als auch verbindlicher gestaltet werden können. Zum anderen zielt die Intensivierung des Beratungsprozesses auf eine Stabilisierung der Beratungsbeziehung und nach Abschluss der Beratung auf eine grössere Nachhaltigkeit. Mittelfristig sollen durch den Einbezug digitaler Kommunikationskanäle die vorhandenen Ressourcen noch besser genutzt werden. Zentrales Anliegen des F&E-Projektes war die Erarbeitung eines ersten Blended-Counseling-Modells in Kooperation mit Partnern aus der Praxis der Suchtberatung sowie die exemplarische Entwicklung, Erprobung und Evaluation von Blended Counseling-Szenarien.*“

Der Bericht liefert Einblick und Ergebnisse in ein Projekt zur Erarbeitung und Entwicklung von Blended Counceling-Szenarien für den Bereich Suchtberatung. In dem Entwicklungsprozess wurden mögliche Kombinationen unterschiedlicher Kanäle ausgelotet. Dabei spielte das Telefon z. T. eine große Rolle, weshalb der Bericht für den Bereich Telefonberatung einige interessante Aspekte aufweist. So wird beispielsweise erläutert, was unter Telefonberatung zu verstehen ist oder warum die KlientInnen in bestimmten Situationen das Telefon präfieren oder nicht präferieren. Ein umfangreicher Anhang bietet Beratungsstelleneinrichtungen Checklisten und Handlungsempfehlungen zur Implementierung von Blended Counseling.

C.2-9 – Bericht vorliegend

Hülskemper, Rita (2012): So lange ...? Aus- und Weiterbildung in der Telefonseelsorge Münster. In: Unsere Seelsorge (September 2012), S. 16–19. [https://www.telefonseelsorge-muenster.de/fileadmin/downloads/pdfs/Unsere_Seelsorge_2012/US0912_Aus-und_Weiterbildung.pdf, letzter Abruf am 22.10.2020]

Kein Abstract verfügbar.

Die vier Phasen der Ausbildung für die Mitarbeit in der Telefonseelsorge werden beschrieben. Dabei führt ein Beispiel einer Teilnehmerin als roter Faden durch den gesamten Prozess, welches die einzelnen Stationen leicht begreiflich macht und durch die dargestellten Emotionen und Aha-Effekte der Teilnehmerin einen tiefen Einblick auf das gewährt, was die Arbeit in der Telefonseelsorge bedeutet. Abschließend wird kurz beschrieben, wie sich die Weiterqualifizierung in der Telefonseelsorge gestaltet. Trotz der Kürze liefert der Artikel einerseits einen guten Einblick in die Telefonseelsorge und andererseits Anregungen für Telefonberatung in anderen Bereichen.

C.2-10 – Artikel vorliegend

Kilfedder, Catherine/Power, Kevin/Karatzias, Thanos/McCafferty, Aileen/Niven, Karen/Chouliara, Zoë/Galloway, Lisa/Sharp, Stephen (2010): A randomised trial of face-to-face counselling versus telephone counselling versus bibliotherapy for occupational stress. In: Psychology and Psychotherapy: Theory, Research and Practice, 83 (3), S. 223–242. https://doi.org/10.1348/147608309X476348

Kein Abstract verfügbar.

Begrifflich anspruchsvoll stellt diese randomisierte Studie die Ergebnisse eines Vergleichs zwischen drei Interventionsformen bei arbeitsbedingtem Stress vor. Zu den vorgestellten Messwerten zählen u. a. klinisches Befinden, wahrgenommene Belastung, Grad der Verbesserung sowohl aus Sicht der PatientInnen als auch aus Sicht der Beratenden. So erfährt die Leserschaft z. B. etwas über die Wirksamkeit der Interventionsformen. Die Vor- und Nachteile, die die Teilnehmenden im Zusammenhang mit der Intervention erkannten, werden leider nicht ausführlich erläutert.

C.2-11 – Artikel vorliegend

Kühne, Stefan/Hintenberger, Gerhard (2020): Onlineberatung und -therapie in Zeiten der Krise. Ein Überblick. In: e-beratungsjournal.net, 16 (1), S. 33–45. [https://www.e-beratungsjournal.net/wp-content/uploads/2020/03/kuehne_hintenberger.pdf, letzter Abruf 25.11.2020]

„Der Artikel bietet einen Überblick über die Möglichkeiten und Besonderheiten von Onlineberatung und -therapie. In Zeiten der Corona-Krise (Covid-19) und der

*damit verbundenen Notwendigkeit der physischen Distanz, sind Berater*innen aufgefordert, andere Wege des Kontakts mit Ratsuchenden und Klient*innen zu nutzen. Die Erkenntnisse aus mehr als 20 Jahren Onlineberatung sind für den Aufbau neuer Angebote mit digitalen Medien dabei eine wichtige Grundlage."*

Dieser Artikel liefert in gut verständlicher Sprache eine erste Orientierung zum Ein- oder Umstieg in Onlineberatung vor dem Hintergrund der Notwendigkeit durch die Corona-Krise. Thematisiert wird neben Mail, Chat, Video, Messenger und Apps auch das Telefon. Der Artikel geht nicht in die Tiefe, sondern greift Themen wie Ressourcen, Aus- und Weiterbildungsmöglichkeiten und Tools kurz auf, die durch nützliche Literaturhinweise, Links und Adressen ergänzt werden.

C.2-12 – Artikel vorliegend

Rek, Isabelle/Dinger, Ulrike (2016): Who sits behind the telephone? Interpersonal characteristics of volunteer counselors in telephone emergency services. In: Journal of Counseling Psychology, 63 (04), S. 429–442. https://doi.org/10.1037/cou0000157

„Objective: Telephone emergency services (TES) play an important role in suicide prevention across different health care systems around the world. However, little is known about the telephone counselors who often volunteer to provide free and confidential help for people in emotional crises. The current study aims to examine the interpersonal values of volunteer counselor trainees and further investigates their personality traits, life satisfaction and expectations regarding their future counseling style. Method: For the current study, 261 counselor trainees were recruited within the German nationwide organization TelefonSeelsorge at the beginning of their paraprofessional training. Interpersonal values were described according to the interpersonal circumplex (IPC) model with the structural summary method. Results: Compared to a matched nonclinical reference group, trainee counselors reported significantly higher interpersonal values for the scales Harmony (LM) and Helpful Influence (NO). A cluster analysis revealed 3 distinct groups of trainees, which can be described as predominantly submissive-altruistic, helpful-influential, and friendly-harmonious. The 3 groups further differed in the Big Five personality traits Extraversion, Neuroticism and Agreeableness, as well as in self-reported mentalization, attachment anxiety, and avoidance, but not in life satisfaction. Furthermore, the groups differed with regard to their expected future counseling style. Conclusion: The results contribute to an understanding of interpersonal goals and motives of volunteer counselor trainees in TES."

Die vorgestellte Studie nimmt nicht die Ratsuchenden, sondern ehrenamtlich Beratende in der Ausbildung in den Blick. Der Fokus der Untersuchung liegt auf zwischenmenschlichen Werten, Persönlichkeitsmerkmalen, der Lebenszufriedenheit und der Erwartung bzgl. ihres zukünftigen Beratungsstils. Dafür wurden Auszubildende der Telefonseelsorge mit einer Referenzgruppe verglichen. Zunächst liefert der Artikel den Forschungsstand zum Thema, dem folgt die Erläuterung der Methode und abschließend die Darstellung der Ergebnisse. Wird zwar das Medium Telefon nicht thematisiert, trägt sie aber zum Verständnis der Ziele und Motivation der Beratenden bei. Aus den Ergebnissen geht u. a. hervor, dass die Auszubildenden im Bereich Harmonie und Hilfsbereitschaft höhere Werte als die Referenzgruppe aufweisen. Der wissenschaftlich fundierte Beitrag richtet sich eher an die Fachgemeinschaft.

C.2-13 – Artikel vorliegend

Sötemann, Christian H. (2019): Telefonische Beratung in Krisensituationen. Hintergründe und Interventionen für Psychologen, Berater und Ehrenamtliche. essentials. Wiesbaden: Springer. https://doi.org/10.1007/978-3-658-24566-5

„Dieses essential bietet wichtige Hintergründe und Informationen, wie Psychologen, Berater und Ehrenamtliche am Telefon konstruktiv beraten können. Ressourcen- und lösungsorientierte Haltungen und Fragemöglichkeiten werden dabei ebenso behandelt wie der Umgang mit stark belasteten, oft traumatisierten Anrufenden. Für alle am Telefon Beratenden im psychosozialen Bereich werden wertvolle Hinweise gegeben, die sowohl der Vertiefung bestehender Kenntnisse als auch als Einführung in diese besondere Art der psychosozialen Beratung dienen."

Die Reihe essentials steht für die Wiedergabe aktuellen Wissens in konzentrierter Form. Das gilt auch für diese Publikation, die sogleich eine der einzigen aktuelleren Literatur ist, welche neben Grundlagen der Gesprächsführung am Telefon und Umgang mit besonderen Krisensituationen die Besonderheiten der Beratung am Telefon erfasst. Einleitend führt der Autor erkenntnistheoretische Überlegungen an, die er mit einer daran anschlussfähigen Grundhaltung für die Telefonberatung weiterführt. Im Vergleich zu aktuell vorhandener Literatur zu Telefonberatung daher trotz der Kürze und dem Fokus auf Krisenberatung zu empfehlen.

C.2-14 – Buch vorliegend

TelefonSeelsorge Duisburg Mühlheim Oberhausen (Hrsg.) (2020): Jahresbericht 2019. Duisburg. [https://www.telefonseelsorge-duisburg.de/data/ts2019.pdf, letzter Abruf am 23.11.2020]

Kein Abstract verfügbar.

Der Themenschwerpunkt dieses Jahresberichts liegt auf dem Thema Einstieg in den Chat. Daher finden sich neben einigen statistischen Auszügen, wie z. B. die Zahlen der genutzten Kanäle (Telefon, E-Mail) oder die häufigsten Themen, Beiträge zum Thema. Dazu gehören kurze Statements von Beratenden über ihre ersten Chatberatungserfahrungen. Neben dem Themenbezug wird von Kongressen und Fortbildungen berichtet. Abschließend finden sich Angaben und Berichte des Förderkreises TelefonSeelsorge DU-MH-OB. Demnach kam das neue Projekt, die Chatseelsorge, gut bei den Ratsuchenden an. 18.000 der Ratsuchenden wählten bereits den Zugang per Chat, dem gegenüber stehen 17.300 Telefonanrufe und 330 Mails.

An dieser Stelle wird darauf hingewiesen, dass es neben dem von Duisburg, Mühlheim, Oberhausen weitere regionale Jahresberichte gibt, die an dieser Stelle nicht aufgenommen wurden. Umfang und Qualität unterscheiden sich dabei.

C.2-15 – Bericht vorliegend

Thiery, Heinz (2011): Von der Telefonseelsorge zur Beratung im Netz. In: Wege zum Menschen, 63 (05), S. 421–437. https://doi.org/10.13109/weme.2011.63.5.421

„Zusammenfassung: Die rasche Entwicklung der Kommunikationsmedien beeinflusst auch die psychosoziale Beratung und ergänzt das interpersonale Setting durch medial gestützte Beratungsformen. Insbesondere die Beratung über das Internet erlangt als jüngster Zweig gesellschaftliche Bedeutung bei nahezu allen Zielgruppen. Der Artikel behandelt die Entwicklung, die Möglichkeiten und die Grenzen der Beratung über das Internet sowie deren Besonderheiten."

Beginnend mit einem näheren geschichtlichen Rückblick auf die Entwicklung der Telefonie und des Internets, verknüpft der Autor diese mit der Entwicklung der Telefonseelsorge. Interessant ist die Herangehensweise, wie er die Anforderungen beratungstauglicher Medien herleitet und das Internet damit einleitet. Auch das Kapitel zur Kanalreduktion bietet Impulse. Die zweite Hälfte des Artikels befasst sich mit dem Medienübergang. Ein ansprechender Artikel, der auch für die Telefonberatung Anregungen liefert.

C.2-16 – Artikel vorliegend

Wenzel, Joachim (2013): Wandel der Beratung durch Neue Medien. Göttingen: V & R unipress.

„Beratung geschieht immer häufiger mit Hilfe von Medien, sei es alternativ oder parallel zur Face-to-Face-Beratung. Die vorliegende qualitative Studie befasst sich mit diesen Entwicklungen in unterschiedlichen Beratungseinrichtungen. Untersucht wurden zu diesem Zweck psychosoziale Beratungsstellen, u. a. mit Angeboten der Paar-, Sexual-, Schuldner-, Drogen-, Kinder-, Jugend- und Erziehungsberatung. Die Veröffentlichung liefert zunächst einen Überblick zu den Beratungsinstitutionen, zur Medienentwicklung sowie den Beratungsmedien und zeigt den Stand der Forschung des noch neuen Feldes auf. Sowohl die sich ändernden Rahmenbedingungen von Beratung werden empirisch beleuchtet als auch beratungsfachliche Fragen zum Wandel durch die Neuen Medien. Veränderte Problemstellungen durch das Internet, aber auch die Erweiterung der Beratungsmethodik sowie der Wandel der Beraterrolle werden dargelegt. Abschließend werden Entwicklungsszenarien skizziert, die sich aus den erfassten Trends ergeben können."

Die Studie zielt darauf ab, die Veränderungen, die die Neuen Medien insgesamt für den Bereich psychosozialer Beratungsinstitutionen hervorbringen, zu beleuchten. Dafür wurden neun qualitative Interviews mit Beratenden aus fünf Einrichtungen geführt. Zwei der Einrichtungen nutzen u. a. das Telefon für ihre Beratungen. So lauten beispielsweise Fragen aus den Interviews: Nehmen Sie Veränderungen in der Art der Kommunikation Ihrer Klientel wahr? Haben Sie selbst Erfahrungen mit Medienwechsel (z. B. zwischen Telefon und Face-to-face / Mail und Telefon / Brief und …)? Die Ergebnisse der Studie zeigen auf, dass Beratung bereits parallel in unterschiedlichen Settings stattfindet. Daher ist diese Studie auch für den Bereich Telefonberatung erkenntnisbringend.

C.2-17 – Studie vorliegend

Wenzel, Joachim (2015): Mythos Unmittelbarkeit im Face-to-Face-Kontakt - Weiterentwicklung von Beratung und Therapie durch gezielte methodische Nutzung der Medien. In: e-beratungsjournal.net, 11 (1), S. 36–54. [https://www.e-beratungsjournal.net/ausgabe_0115/wenzel.pdf, letzter Abruf am 20.11.2020]

„Die ‚Unmittelbarkeit im Face-to-Face-Kontakt' ist ein weit verbreiteter Mythos. Diesem wird hier entgegnet, dass auch die Face-to-Face-Situation eine medienvermittelte ist und Kommunikation niemals unmittelbar erfolgt. Beratung und Therapie nutzen bereits unterschiedlichste Medientypen (Körper-Medien, Objekt-Medien und Elektronische Medien), wenngleich dies meist nicht unter dieser Perspektive

reflektiert wird. Die aktuellen Entwicklungen bei Elektronischen Medien und die damit einhergehenden Herausforderungen und Chancen werden aufgezeigt. Vor dem Hintergrund begrifflicher und entwicklungsgeschichtlicher Betrachtungen wird eine erweiterte Sicht auf Medien dargestellt und darauf aufbauend werden Ansätze für eine methodische Einbettung von unterschiedlichsten Medien in die Beratungsarbeit erörtert. Dabei wird maßgeblich Bezug genommen auf die Studie des Autors zum ‚Wandel der Beratung durch Neue Medien'."

Es geht hier nicht zentral um Beratung mittels Telefons. Vielmehr liefert der Artikel einen guten Überblick über die Veränderungen der Alltagskommunikation der letzten Jahre. Dabei werden nicht nur die neuen, sondern auch die herkömmlichen Medien betrachtet. Aufgezeichnet werden die Entwicklungen, Herausforderungen und Chancen. Die Datenbasis zieht der Autor v. a. aus den Ergebnissen seiner Studie „Wandel der Beratung durch neue Medien" (2013), die ebenfalls in dieser Literatursynopse erfasst ist.

C.2-18 – Artikel vorliegend

Wenzel, Joachim/Jaschke, Stephanie/Engelhardt, Emily (2020): Krisenberatung am Telefon und per Video in Zeiten von Corona. In: e-beratungsjournal.net, 16 (1), S. 46–66. [https://www.e-beratungsjournal.net/wp-content/uploads/2020/04/wenzel_et_al.pdf, letzter Abruf am 20.11.2020]

*„Der Beitrag ist erstmals als Handreichung der Fachgruppe „Onlineberatung und Medien" der Deutschen Gesellschaft für Systemische Therapie, Beratung und Familientherapie (DGSF) unter www.dgsf.org erschienen. Er richtet sich an Berater*innen, die während der akuten Ansteckungsgefahr während der Corona-Krise 2020 kaum noch Face-to-Face beraten können und übergangslos von Face-to-Face-Beratung zu Telefon- und/oder Videoberatung wechseln müssen. Besonderheiten der beiden letztgenannten Settings werden aufgezeigt. Dabei wird die herausfordernde Situation der Beratenden und der Klient*innen während der Krisenzeit aufgegriffen und angeregt, Selbstfürsorge zu betreiben sowie ressourcenorientiert mit den Herausforderungen umzugehen. Ein Schwerpunkt liegt auf Krisenintervention sowie dem Umgang mit suizidalen Krisen in der Telefon- und Videoberatung."*

Ausgangspunkt des Artikels ist die notwendige Vermeidung von Kontakt aufgrund der Corona-Krise. An die Beratenden gerichtet, die sich von Face-to-face- auf Telefon- und/oder Videoberatung umstellen müssen, werden in Kapitel 4.2 die Besonderheiten der beiden Settings aufgezeigt. Der Schwerpunkt liegt jedoch auf Krisenintervention, so dass mit Blick auf Telefonberatung nur der genannte Ausschnitt des Artikels von Interesse ist.

C.2-19 – Artikel vorliegend

C.3) Telehealth

Bishop, Anette/Gamlin, Jill/Hall, Jeanette/Hopper, Cherida/Foster, Nadine E. (2013): Physio Direct: supporting physiotherapists to deliver telephone assessment and advice services within the context of a randomised trial. In: Physiotherapy, 99 (02), S. 113–118. https://doi.org/10.1016/j.physio.2012.08.002

"Physiotherapy-led telephone assessment and advice services for patients with musculoskeletal problems have been developed in many services in the UK, but high quality trial data on clinical and cost effectiveness has been lacking. In order to address this 'The PhysioDirect trial' (ISRCTN55666618), was a pragmatic randomised trial of a PhysioDirect telephone assessment and advice service. This paper describes the PhysioDirect system used in the trial and how physiotherapists were trained and supported to use the system and deliver the PhysioDirect service. The PhysioDirect system used in the trial was developed in Huntingdon and now serves a population of 350,000 people. When initiating or providing physiotherapy-led telephone assessment and advice services training and support for physiotherapists delivering care in this way is essential. An enhanced skill set is required for telephone assessment and advice particularly in listening and communication skills. In addition to an initial training programme, even experienced physiotherapists benefit from a period of skill consolidation to become proficient and confident in assessing patients and delivering care using the telephone. A computer-based system assists the delivery of a physiotherapy-led musculoskeletal assessment and advice service."

Das PhysioDirect-System ist ein in England etabliertes, telefonisches Beurteilungs- und Beratungsprogramm. Anhand einer randomisierten Studie werden in diesem Beitrag die in Bezug auf Zuhören und Kommunikation erforderlichen Fähigkeiten thematisiert. Neben kurzen Infos zur Ausbildung ist auch die Beschreibung des ausgereiften, computergestützten Systems zur Unterstützung der Telefonberatung interessant. Das System dient der Erfassung von Daten und der Information. Diese Kombination ist auch aus Sicht telefonischer Beratung in der Weiterbildung interessant und kann ggf. neue Anregungen liefern.

C.3-1 – Artikel vorliegend

Böhme, Sylvia/Geiser, Christian/Mühlenhoff, Thomas/Holtmann, Jana/Renneberg, Babette (2012): Telephone Counseling for Patients with Chronic Heart Failure: Results of an Evaluation Study. In: International Journal of Behavioral Medicine, 19 (03), S. 288–297. https://doi.org/10.1007/s12529-011-9179-0

„Background The effectiveness of a secondary prevention program for patients suffering from chronic heart failure (CHF) was evaluated. Purpose The program aimed at improving participants' perceived health and actual physical symptoms. Insurants of a German health insurance company participated in a telephone counseling program with four modules focusing on dietary habits, physical activity, fluid intake, and medication compliance. Method Multilevel analyses were conducted to analyze changes in health related outcome variables over time in N=259 participants who completed the program in about 6 months. Results The results showed an improvement of perceived health status, physical symptoms, and somatic impairment."

In der Vielzahl amerikanischer und englischer Forschungsarbeiten aus dem Bereich Telemedizin, stellt dieser Artikel eine in Deutschland durchgeführte Studie vor. Hintergrund, Methode und Ergebnisse zu Akzeptanz und Wirksamkeit eines telefonischen Beratungsprogramms für Herzpatienten werden in dieser empirischen Studie beschrieben. Auf das Medium Telefon wird nicht weiter eingegangen. In der Ergebnisdiskussion weist das Autorenteam auf die mögliche Kostenersparnis durch Telefonberatung hin. Der Text stellt gewisse Ansprüche, was v. a. für das Methodik- und Ergebniskapitel gilt.

C.3-2 – Artikel vorliegend

Byaruhanga, Judith/Paul, Christine L./Wiggers, John/Byrnes, Emma/Mitchell, Aimee/Lecathelinais, Christophe/Tzelepis, Flora (2020): Connectivity of Real-Time Video Counselling Versus Telephone Counselling for Smoking Cessation in Rural and Remote Areas: An Exploratory Study. In: International Journal of Environmental Research and Public Health, 17 (8), S. 1–12. https://doi.org/10.3390/ijerph17082891

„This study compared the connectivity of video sessions to telephone sessions delivered to smokers in rural areas and whether remoteness and video app (video only) were associated with the connectivity of video or telephone sessions. Participants were recruited into a randomised trial where two arms offered smoking cessation counselling via: (a) real-time video communication software (201 participants) or (b) telephone (229 participants). Participants were offered up to six video or telephone sessions and the connectivity of each session was recorded. A total of 456 video sessions and 606 telephone sessions were completed. There

was adequate connectivity of the video intervention in terms of no echoing noise (97.8 %), no loss of internet connection during the session (88.6 %), no difficulty hearing the participant (88.4 %) and no difficulty seeing the participant (87.5 %). In more than 94 % of telephone sessions, there was no echoing noise, no difficulty hearing the participant and no loss of telephone line connection. Video sessions had significantly greater odds of experiencing connectivity difficulties than telephone sessions in relation to connecting to the participant at the start (odds ratio, OR = 5.13, 95 % confidence interval, CI 1.88–14.00), loss of connection during the session (OR = 11.84, 95 % CI 4.80–29.22) and hearing the participant (OR = 2.53, 95 % CI 1.41–4.55). There were no significant associations between remoteness and video app and connectivity difficulties in the video or telephone sessions. Real-time video sessions are a feasible option for smoking cessation providers to provide support in rural areas.“

Diese Studie zur Rauchentwöhnung untersucht mögliche Unterschiede zwischen Telefon- und Videotelefonieberatung in ländlichen Gegenden. Betrachtet werden insbesondere technische Faktoren, wie die Verbindungsqualität oder die Abbruchrate bei Beratungsgesprächen. Hierbei kommen die VerfasserInnen zu dem Ergebnis, dass Telefonberatung zwar weniger störanfällig ist, eine Face-to-face-Begleitung per Videotelefonie jedoch trotzdem in Gegenden ohne direkten Anschluss an ein persönliches Hilfsnetzwerk eine gute Ergänzung oder gar Alternative zu Telefonangeboten sein kann, um eine Rauchentwöhnung zu begleiten.

C.3-3 – Artikel vorliegend

Irvine, Annie/Drew, Paul/Bower, Peter/Brooks, Helen/Gellatly, Judith/Armitage, Christopher J./Barkham, Michael/McMillan, Dean/Bee, Penny (2020): Are there interactional differences between telephone and face-to-face psychological therapy? A systematic review of comparative studies. In: Journal of affective disorders, 265, S. 120–131. https://doi.org/10.1016/j.jad.2020.01.057

„Background: Despite comparable clinical outcomes, therapists and patients express reservations about the delivery of psychological therapy by telephone. These concerns centre around the quality of the therapeutic relationship and the ability to exercise professional skill and judgement in the absence of visual cues. However, the empirical evidence base for such perceptions has not been clearly established. Methods: We conducted a systematic review to establish what is known empirically about interactional differences between psychotherapeutic encounters conducted face-to-face vs. by telephone. Results: The review identified 15 studies that used si-

tuated, comparative approaches to exploring interactional aspects of telephone and face-to-face psychological therapy. These studies revealed evidence of little difference between modes in terms of therapeutic alliance, disclosure, empathy, attentiveness or participation. However, telephone therapy sessions were significantly shorter than those conducted face-to-face. Limitations: We identified only a small number of heterogeneous studies, many of which used non-randomised, opportunity samples and did not use validated measures to assess the constructs under investigation. Disparate therapeutic modalities were used across studies and samples included both clinically diagnosed and non-clinical populations. Conclusions: Available evidence suggests a lack of support for the viewpoint that the telephone has a detrimental effect on interactional aspects of psychological therapy. The challenge for clinical practice is to translate this evidence into a change in practitioner and patient attitudes and behaviours. In order to do so, it is important to understand and address the breadth of factors that underpin ongoing ambivalence towards the telephone mode, which pose a barrier to wider implementation."

Gibt es interaktionelle Unterschiede zwischen Telefon- und Face-to-face-Psychotherapie, wie oft behauptet? Und wie sehen diese aus? Das ist die Forschungsfrage, die im Fokus der durchgeführten Übersichtsarbeit steht. Der Artikel beschreibt leicht verständlich das Vorgehen des Autorenteams, die rezipierten Studien sowie die Ergebnisse. Die Studie wurde in England durchgeführt, wo ein Fünftel der öffentlich finanzierten Psychotherapie für Erwachsene telefonisch bereitgestellt wird.

C.3-4 – Artikel vorliegend

Lins, Sabine (2014): Die Wirksamkeit und das Erleben von Telefonberatung bei pflegenden Angehörigen von Menschen mit Demenz. Eine systematische Übersichtsarbeit quantitativer und qualitativer Studien. Dissertation, Medizinische Fakultät der Martin-Luther-Universität Halle-Wittenberg. [https://d-nb.info/1076270727/34, letzter Abruf 30.10.2020)

„Pflegende Angehörige von Menschen mit Demenz können unter depressiven Symptomen leiden. Die Ziele der systematischen Übersichtsarbeit waren: Zusammenfassung der quantitativen Studien zur Wirksamkeit der Telefonberatung (TB) für pflegende Angehörige von Menschen mit Demenz; 2. Zusammenfassung der qualitativen Studien über die Erfahrungen der pflegenden Angehörigen bzw. der Berater mit der TB; 3. Integration von 1. und 2., um verbesserungswürdige Aspekte der TB zu erkennen. Literatursuche (25.02.2013) und Datenanalyse fanden entsprechend der Cochrane-Richtlinien statt. Neun RCTs und zwei qualitative Studien wurden

eingeschlossen (alle moderate Qualität). Die Meta-Analyse zeigt eine Reduktion der depressiven Symptome durch TB. Die thematische Synthese ergab drei analytische Themen (Rahmenbedingungen, Emotionale Haltung des Beraters, Inhalte der Beratung) und 16 deskriptive Themen bezüglich der Bedürfnisse der pflegenden Angehörigen. Die Integration von 1. und 2. führt Verbesserungspotentiale auf. Die Ergebnisse müssen aufgrund der geringen Studienanzahl und der moderaten Studienqualität mit Vorsicht interpretiert werden.“

Die zum Thema Telefonberatung verfasste Dissertation aus dem Pflegebereich stellt eine Übersichtsarbeit dar, die die Wirksamkeit und das Erleben von Telefonberatung für pflegende Angehörige untersucht. Dafür nimmt sie verschiedene Studien in den Blick, um daraus verbesserungswürdige Aspekte für die Telefonberatung aufzuzeigen. Die einzelnen Kapitel sind relativ kurz und gut verständlich, geben aber auch kein weitergehendes Hintergrundwissen zum Thema. Zum Ende der Arbeit gibt die Autorin einen Überblick, wie ihre Ergebnisse genutzt werden können und stellt heraus, dass weitere Forschung in diesem Gebiet notwendig sei.

C.3-5 – Dissertation vorliegend

Morony, Suzanne/Weir, Kristie/Duncan, Gregory/ Biggs, Janice/Nutbeam, Don/ Mccaffery, Kirsten J. (2018): Enhancing communication skills for telehealth: development and implementation of a Teach-Back intervention for a national maternal and child health helpline in Australia. In: BMC Health Services Research, 18 (01), S. 1–9. https://doi.org/10.1186/s12913-018-2956-6

„Background: Telehealth professionals require advanced communication skills, in part to compensate for lack of visual cues. Teach-Back is a best practice communication technique that has been recommended but not previously evaluated for consumer telehealth. We aimed to implement Teach-Back at a national maternal and child health telephone helpline. We describe the intervention and report telenurse experiences learning to use Teach-Back. Methods: We identified barriers (time, knowledge, skills, beliefs) and enablers (self-reflection) to using Teach-Back, and developed a novel training program to address these, guided by the Theoretical Domains Framework. We engaged maternal and child health telenurses to participate in a "communication skills" study. The intervention had two key components: guided self-reflection and a Teach-Back skills workshop. For the duration of the 7-week study nurses completed brief online surveys following each call, reflecting on both the effectiveness of their communication and perceived caller understanding. At the end of each shift they reflected on what worked well. Teach-Back knowledge, skills, and beliefs were addressed in a 2-h workshop using videos, discussion,

and role play. We explored nurses' experiences of the intervention in focus groups and interviews; and analysed transcripts and comments from the self-reflection surveys using the Framework method. This study forms part of a larger evaluation conducted in 2016. Results: In total 16 nurses participated: 15 were trained in Teach-Back, and 13 participated in focus groups or interviews. All engaged with both self-reflection and Teach-Back, although to differing extents. Those who reported acquiring Teach-Back skills easily limited themselves to one or two Teach-Back phrases. Nurses reported that actively self-reflecting (including on what they did well) was useful both for developing Teach-Back skills and analysing effectiveness of the techniques. Most wanted more opportunity to learn how their colleagues manage Teach-Back in different situations, and more visual reminders to use Teach-Back. Conclusions: Our theory-informed intervention successfully enabled nurses to use Teach-Back. Guided self-reflection is a low-resource method aligned with nurse professional identity that can facilitate Teach-Back skills learning, and could also be applied to other advanced communication skills for telehealth. Listening to multiple workplace-specific examples of Teach-Back is recommended for future training."

Berichtet wird hier über die Entwicklung und Implementierung eines Programms zum Erlernen der Kommunikationstechnik „Teach-Back", auch als interaktive Kommunikationsschleife bezeichnet. Der kurze Trainingsworkshop wurde im Bereich der Telemedizin erprobt. Doch auch für andere Bereiche liefert die Methode interessante Aspekte, geht es schließlich darum, dass die Ratsuchenden mehr der Informationen und Anweisungen über Telefon behalten bzw. richtig interpretieren.

C.3-6 – Artikel vorliegend

Vaona, Alberto/Pappas, Yannis/Grewal, Rumant S./Ajaz, Mubasshir/Majeed, Azeem/Car, Josip (2017): Training interventions for improving telephone consultation skills in clinicians. Cochrane Database of Systematic Reviews, 2017 (1) S. 62–66. https://doi.org/10.1002/14651858.CD010034.pub2

„Background: Since 1879, the year of the first documented medical telephone consultation, the ability to consult by telephone has become an integral part of modern patient-centred healthcare systems. Nowadays, up to a quarter of all care consultations are conducted by telephone. Studies have quantified the impact of medical telephone consultation on clinicians' workload and detected the need for quality improvement. While doctors routinely receive training in communication and consultation skills, this does not necessarily include the specificities of telephone communication and consultation. Several studies assessed the short-term eGect of interventions aimed at improving clinicians' telephone consultation skills, but there is no systematic

review reporting patient-oriented outcomes or outcomes of interest to clinicians. Objectives: To assess the eGects of training interventions for clinicians' telephone consultation skills and patient outcomes. Search methods: We searched CENTRAL, MEDLINE, Embase, five other electronic databases and two trial registers up to 19 May 2016, and we handsearched references, checked citations and contacted study authors to identify additional studies and data. Selection criteria: We considered randomised controlled trials, non-randomised controlled trials, controlled before-aJer studies and interrupted time series studies evaluating training interventions compared with any control intervention, including no intervention, for improving clinicians' telephone consultation skills with patients and their impact on patient outcomes. Data collection and analysis: Two review authors independently selected studies for inclusion, extracted data and assessed the risk of bias of eligible studies using standard Cochrane and EPOC guidance and the certainty of evidence using GRADE. We contacted study authors where additional information was needed. We used standard methodological procedures expected by Cochrane for data analysis. Main results: We identified one very small controlled before-aJer study performed in 1989: this study used a validated tool to assess the eGects of a training intervention on paediatric residents' history-taking and case management skills. It reported no diGerence compared to no intervention, but authors did not report any quantitative analyses and could not supply additional data. We rated this study as being at high risk of bias. Based on GRADE, we assessed the certainty of the evidence as very low, and consequently it is uncertain whether this intervention improves clinicians' telephone skills. We did not find any study assessing the eGect of training interventions for improving clinicians' telephone communication skills on patient primary outcomes (health outcomes measured by validated tools or biomedical markers or patient behaviours, patient morbidity or mortality, patient satisfaction, urgency assessment accuracy or adverse events). Authors' conclusions: Telephone consultation skills are part of a wider set of remote consulting skills whose importance is growing as more and more medical care is delivered from a distance with the support of information technology. Nevertheless, no evidence specifically coming from telephone consultation studies is available, and the training of clinicians at the moment has to be guided by studies and models based on face-toface communication, which do not consider the diGerences between these two communicative dimensions. There is an urgent need for more research assessing the eGect of diGerent training interventions on clinicians' telephone consultation skills and their eGect on patient outcomes."

Ziel dieses Reviews ist es herauszufinden, ob es Studien gibt, die Bildungsmaßnahmen zur Weiterentwicklung und Verbesserung der telefonischen Beratungskompetenz von medizinischem Personal untersuchen. Das Ergebnis des Reviews ist ernüchternd, da keine empirischen Studien gefunden werden konnten, die Hinweise zur Ausgestaltung von Trainings zur telefonischen Beratungskompetenz liefern. Das Review zeigt somit auf, dass sogar für den relativ großen Bereich der Telemedizin noch keine fundierten Daten zur Qualifikation für telefonische Beratung vorliegen. Die Auswahl der Studien wird in dem Review begründet und die untersuchten Studien verständlich erläutert.

C.3-7 – Studie vorliegend

Waldura, Jessica F./Neff, Sarah/Goldschmidt, Ronald H. (2011): Teleconsultation for clinicians who provide human immunodeficiency virus care: experience of the national HIV telephone consultation service. In: Telemedicine and e-Health, 17 (06), S. 472–477. https://doi.org/10.1089/tmj.2010.0210

„Objective: To examine the infrastructure, successes, and challenges of a teleconsultation service for human immunodeficiency virus (HIV) clinicians. Materials and methods: The HIV Warmline is a telephone consultation service providing free, live HIV/AIDS management advice to U.S. clinicians. We present descriptive data about callers, patients, and consultation topics gathered by electronic query of the HIV Warmline database for 2009. Caller satisfaction survey results for 2009 are also presented. Results: The HIV Warmline has provided more than 37,000 consultations since its inception in 1992. The service provides consultations to clinicians from all 50 states, from a variety of professional backgrounds, and with a wide range of HIV experience levels. The majority of call topics concern antiretroviral therapy. Callers are generally pleased with the service, giving a mean Likert scale rating of 4.7 on satisfaction survey questions. Conclusion: The experience of the HIV Warmline can serve as a model for other programs planning to develop remote consultation systems. HIV teleconsultation has been relatively simple to implement and can be useful for many types of clinicians. HIV teleconsultation should continue to be evaluated as a way to improve HIV care, especially in areas without easy access to HIV expertise."

Mit dem Ziel für andere Telemedizineinrichtungen eine Anregung zu bieten, beschreibt dieser Artikel zunächst die Geschichte und die Funktionsweise der langjährig etablierten „HIV-Warmline“ aus den USA. Interessant sind dabei u. a. Informationen über die technische Infrastruktur oder die Verfahrensweise mit Überlaufanrufen, da diese Aspekte seltener in anderer Literatur thematisiert werden. In ihrer Analyse greift das Autorenteam auf vorhandene Daten zurück und stellt statistische Ergebnisse (Anzahl Anrufe, Anrufdauer,

Themen, Profil Anrufer etc.) und Ergebnisse zur Kundenzufriedenheit vor. Trotz der Kürze liefert der Artikel damit interessante Einblicke in den Bereich Telemedizin, wobei das Telefon insofern eine wichtige Rolle spielt, als dass es Ratsuchenden direkte Hilfe z. T. noch während der Besprechung mit den PatientInnen leistet.

C.3-8 – Artikel vorliegend

D) Telefonberatung: Standards und Trainingskonzepte

Association of Christian Counsellors (ACC) (Hrsg.) (2016): Standards - Essentials für ACC-zertifizierte Weiterbildungen mit dem Abschlusstitel ACC-akkreditierte christliche Beraterin/ACC-akkreditierter christlicher Berater. [https://www.acc-deutschland.org/hilfe/grundlagen/send/3-dokumente/4-acc-essentials.html, letzter Abruf 26.10.2020]

Kein Abstract verfügbar.

Diese Publikation stellt die Standards für die Beratungsausbildung und Seelsorgeschulungen des Dachverbands ACC-Deutschland mit seinen momentan 14 Ausbildungsinstitutionen vor. Auf Basis dieser Standards kann Qualität definiert und gesichert werden, trotz der unterschiedlich geprägten Ausbildungsorganisationen. Die Ausbildung bzw. ACC-Akkreditierung für seelsorgerliche BegleiterInnen umfasst mind. 200 Unterrichtsstunden, die als christliche Beratende mind. 520 Unterrichtsstunden. Die Standards orientieren sich an denen der Deutsche Gesellschaft für Beratung e. V. (DGfB), wobei es sich hier um psychosoziale Beratungen im Einflussbereich christlicher Gemeinden handelt. Den Standards ist zwar nicht direkt zu entnehmen, dass das Medium Telefon thematisiert wird, da es sich jedoch um Seelsorge handelt, die oftmals telefonisch stattfindet und in der Praxistheorie die Punkte „Wie“ und „Womit (Medien)“ integriert sind, ist davon auszugehen, dass das Thema Telefon in der Ausbildung aufgegriffen wird.

D-1 – Dokument vorliegend

Deutsche Hauptstelle für Suchtfragen e. V. (DHS) (Hrsg.) (2013): Manual für die Beratung am Telefon - Für Mitarbeiterinnen und Mitarbeiter der Sucht- und Drogennotrufe und der Einrichtungen der Suchtprävention und Suchthilfe und insbesondere der Sucht & Drogen Hotline. 2. überarbeitete Auflage.

Hamm: DHS. [https://www.dhs.de/fileadmin/user_upload/pdf/Broschueren/Manual_Sucht-und_Drogenhotline.pdf, letzter Abruf 26.10.2020]

Kein Abstract verfügbar.

Dieses Manual richtet sich in der Ansprache direkt an die PraktikerInnen in der Telefonberatung. Die Inhalte sind leicht verständlich und werden mit kurzen Beispielen verdeutlicht. Jedes Kapitel wird mit einer Inhaltsübersicht eingeleitet, aus der auch zu entnehmen ist, ob es sich um Basis- oder Profiwissen handelt und ein Training erforderlich ist. Im Anhang sind u. a. Grundregeln und Formulierungsbeispiele anschaulich dargestellt. Der inhaltliche Schwerpunkt liegt allerdings auf Suchtprävention und -hilfe.

D-2 – Manual vorliegend

Dötzer, Katharina (2014): Spannungsfeld Information versus Beratung - ein Schulungsleitfaden für die Mitarbeiter einer Telefon-Hotline. Göttingen: Vanderhoeck & Ruprecht. In: Jitschin, A./Brechtel, A./Dötzer, K. (Hrsg.): Perspektiven der Bildungsberatung, S. 170–190. https://doi.org/10.13109/9783666403644.170

Kein Abstract verfügbar.

Die Hotline einer Hochschule wird von institutioneller Seite her als Informationsangebot verortet. Anhand einer theoretischen Perspektive kommt die Autorin zu einem anderen Schluss, da die Kernaufgaben - die Weitergabe von Informationen und die Vermittlung von Handlungsanleitungen – dem Definitionsbereich der Bildungsberatung zuzuordnen sind. Sie weist darauf hin, dass dieses Spannungsverhältnis – theoretische Verortung und Selbstverständnis der Hochschule bzw. der Hotline – leicht zu Widersprüchen im Handeln der MitarbeiterInnen führen kann bzw. gewisse Schranken setzt. Die Autorin weist daraus folgernd auf einen wichtigen Aspekt hin: für die Schulung und Einarbeitung neuer MitarbeiterInnen ist es erforderlich, ein eigenes Selbstverständnis und Leitbild zu entwickeln. Folgend werden Merkmale und Qualitätsansprüche telefonischer Beratung erörtert. Ohne die inhaltliche Gestaltung der Schulung der Hotline überarbeiten zu wollen, liefert der Beitrag Anregungen zur Ergänzung kommunikativer Aspekte, auch mit dem Ziel, den Übergang von der Theorie in die Praxis flüssiger gestalten zu können. Hierfür stellt die Autorin wenige, aber ausgesuchte Übungen vor, wie Malen nach Anleitung und Fragetechniken, zu denen sie Empfehlungen gibt, an welcher Stelle des

Curriculums der Einsatz sinnvoll ist. Insgesamt ist der Beitrag gut strukturiert und verständlich. Er bezieht sich allerdings auf ein Curriculum, welches nicht öffentlich zur Verfügung steht.

D-3 – Kapitel vorliegend

Hörmann, Martina/Bestgen, Sarah/Heri, Matthias (2014): Leitlinien für den Umgang mit Telefonie, E-Mail und SMS im Beratungskontext der Sozialen Dienste Winterthur. Winterthur/Olten. [https://www.blended-counseling.ch/wp-content/uploads/sites/56/2020/06/2014_Leitlinien_Telefonie_Soziale_Dienste_WIN.pdf, letzter Abruf 26.10.2020]

Kein Abstract verfügbar.

Im Rahmen eines Projekts wurde analysiert, welche Kommunikationskanäle von Einrichtungen der Sozialberatung genutzt werden. Interessant ist v. a. die Aufschlüsselung der Mediennutzung nach Einrichtungen, aus der u. a. ersichtlich wird, dass bei einer Jugendberatungseinrichtung andere Kommunikationskanäle dominieren als bei anderen Einrichtungen. Reale Beispiele der unterschiedlichen Einrichtungen geben einen guten Einblick über Gründe und Bedingungen für die Wahl der Kommunikationskanäle. Abschließend werden Empfehlungen für den Umgang in herausfordernden Situationen aufgezeigt. Damit richtet sich der Bericht an PraktikerInnen im Bereich Sozialberatung. Die Ergebnisse werden in verständlicher Sprache dargestellt, Vertiefungen bieten die Leitlinien eher nicht.

An dieser Stelle verweisen wir auf einen weiteren, jedoch kürzeren Artikel zu diesem Thema: Hörmann, M. (2014). Die beraterische Nutzung von Telefon, E-Mail und SMS im Sozialdienst. In: ZESO - Zeitschrift für Sozialhilfe 04/14, S. 26–27.

D-4 – Dokument vorliegend

Seidlitz, Heiner/Theiss Dietmar (2013): Ressourcenorientierte Gesprächsführung am Telefon und bei niedrigschwelligen Kontakten. 3. durchges. u. erweiterte Aufl. Dortmund: Borgmann.

Kein Abstract verfügbar.

Seidlitz und Theiss bieten mit diesem Buch einen Gesamtüberblick zum Themenfeld der ressourcenorientierten Gesprächsführung in Bezug auf das

Medium Telefon und anderen niedrigschwelligen Kontakten. Hierbei stehen konkrete Hilfestellungen im Vordergrund, welche tiefergehend erläutert werden. In Kapitel 2 werden hierfür zunächst Methoden und zentrale Grundsätze für die systemisch-ressourcenorientierte Gesprächsführung beschrieben. In Kapitel 3 folgen dann Hinweise zu speziellen Merkmalen dieser Gesprächsführung. Im weiteren Verlauf des Buches folgen konkrete Handlungsempfehlungen für die Beratungssituation. Hierunter fallen u. a. Tipps zum Gesprächsstart, der Beziehungsgestaltung, der Auftragsklärung oder Strukturierung. Auch Kinder und Jugendliche werden explizit als Zielgruppe erwähnt und Besonderheiten im Umgang herausgestellt. Alle Themenfelder werden auf leicht verständliche Weise aufbereitet und beinhalten Übungen, Gruppenarbeiten oder Selbstreflexionsanregungen, die alleine oder beispielweise mit KollegInnen durchgeführt werden können, so dass das Gelesene direkt geübt werden kann. Zusätzlich werden die einzelnen Kapitel und Themenfelder mit Fallbeispielen unterlegt und zeigen so konkrete Gesprächssituationen auf, der Veranschaulichung dienen.

Es gibt bereits die 5. Aufl. unter gleichem Titel, Jahr der Veröffentlichung ist 2020.

D-5 – Buch vorliegend

Stokes, Anne (2016): Telephone and E-Counselling Training Curriculum. Lutterworth: British Association for Counselling and Psychotherapy (bacp). [https://www.bacp.co.uk/media/2046/bacp-telephone-ecounselling-training-curriculum.pdf, letzter Abruf 26.10.2020]

Kein Abstract verfügbar.

Der Rahmenlehrplan des bacp richtet sich an Qualifizierungsanbietende und soll als einheitlicher Mindeststandard für die Qualifizierung in Telefon- und E-Beratung von PraktikerInnen fungieren, die bereits eine Ausbildung in Beratung oder Psychotherapie absolviert haben. Der Leitfaden umfasst acht Module und beschreibt jeweils die Modulziele, die zu erreichenden Lernziele, den Aufbau und Inhalt des Moduls. Am Ende eines jeden Moduls werden Empfehlungen für ein Training gegeben, z. B. „Starte mit einem Input zur Übersicht des Kurses.", „Stelle die Entwicklung der Telefon- und E-Beratung kurz dar.", ohne jedoch entsprechende Inhalte mitzuliefern. Daher bietet dieser Leitfaden nur eine Orientierung für den Aufbau eines Kurses, die Inhalte müssen jedoch selbst zusammengestellt werden.

D-6 – Dokument vorliegend

E) Callcenter: Standards, Trainingskonzepte und Qualität

Bose, Ines/Bößhenz, Katja/Pietschmann, Judith/Rothe, Ingmar (2012): °hh hh° also von KUNdenfreundlich halt ich da nicht viel bei ihnen; Analyse und Optimierung von Callcenterkommunikation am Beispiel von telefonischen Reklamationsgesprächen. In: Gesprächsforschung – Online-Zeitschrift zur verbalen Interaktion, 2012 (13) , S. 143–195. [http://www.gespraechsforschung-online.de/fileadmin/dateien/heft2012/ag-bose.pdf, letzter Abruf 25.11.2020]

„Der Beitrag stellt einen Ausschnitt aus aktuellen Forschungen zur Analyse und Optimierung der mündlichen Kommunikation in Callcentern (Callcenterkommunikation) vor. Gegenstand sind sowohl die Beschreibung und Analyse von Gesprächsverläufen und den darin wiederkehrenden Problemen als auch die Entwicklung und Konzeptualisierung von wissenschaftlich gestützten Trainings zur Vermittlung von kommunikativer Kompetenz. So können systematisch Kriterien für das Gelingen und Scheitern erfolgreicher und effizienter Kundengespräche erfasst und daraus Handlungsempfehlungen abgeleitet werden."

Der Beitrag stellt einen Ausschnitt des Forschungsprojekts „Erforschung und Optimierung der Callcenterkommunikation" dar. Drei exemplarische Reklamationsgespräche einer Callcentermitarbeiterin werden analysiert und liefern einen spannenden Einblick in strukturelle Arbeitsbedingungen, individuelle Gesprächsstrategien und Verhaltensweisen, die zu einem problematischen Gesprächsverlauf beitragen. Typische und wiederkehrende Probleme aus den Gesprächen werden identifiziert und beschrieben, um daraus den Trainingsbedarf zu bestimmen. Abschließend werden Methoden und Techniken aufgezeigt, um die Defizite aus den Beispielen zu bearbeiten. Die Leserschaft erhält somit einen nachvollziehbaren Einblick in die Praxis und in Trainingskonzepte der professionellen Telefonie.

E-1 – Artikel vorliegend

Deutsches Institut für Normung (DIN) (Hrsg.) (2017): DIN EN ISO 18295-1: Kundenkontaktzentren –Teil 1: Anforderungen an Kundenkontaktzentren. Berlin: Beuth. [https://www.bacp.co.uk/media/2046/bacp-telephone-ecounselling-training-curriculum.pdf, letzter Abruf 26.10.2020]

„Dienstleistungsnormen sind ein bedeutendes Element eines exzellenten Dienstleistungsmanagements; sie helfen dabei, Erwartungen für Auftraggeber und Mitarbeiter klarzustellen, Leistungsmanagement zu ermöglichen sowie Auftraggeber- und

Kundenzufriedenheit zu unterstützen. ISO 18295-1 legt Anforderungen fest und gibt Richtlinien für firmeninterne (unternehmenseigene) Kontaktzentren und ausgelagerte Kontaktzentren (betrieben durch Dritte). Es ist vorgesehen, sie für jede Kundeninteraktion mit einem Kundenkontaktzentrum (CCC) zu verwenden. Die Umsetzung von ISO 18295, Teile 1 und 2 wird für den Kunden, den Auftraggeber, den Mitarbeiter und das CCC Wert schaffen, die Robustheit und Effizienz der Dienstleistung sowie das Auftraggeber/CCC-Verhältnis verbessern und es dem CCC daher ermöglichen, ein höheres Niveau des Kundenerlebnisses im Namen des Auftraggebers zu liefern.

ISO 18295-1 legt Dienstleistungsanforderungen für Kundenkontaktzentren (en: customer contact centers, CCC) fest. Sie legt ein Rahmenwerk für jedes CCC fest, mit dem Ziel, Auftraggeber und Kunden mit der Erbringung von Dienstleistungen, die deren Bedürfnisse kontinuierlich und proaktiv erfüllen oder übertreffen, zu unterstützen. ISO 18295-1 gilt sowohl für firmeninterne (unternehmenseigene) als auch für ausgelagerte (durch Dritte betriebene) CCCs jeglicher Größe, in allen Sektoren und allen Interaktionskanälen, einschließlich Inbound und Outbound. Sie legt bei Bedarf und soweit erforderlich Leistungsmetriken (KPIs) fest.

Dieses Dokument (EN ISO 18295-1:2017) wurde vom Komitee ISO/PC 273 „Customer contact centres" in Zusammenarbeit mit dem Komitee CEN/SS A99 „Services - Undetermined" erarbeitet, dessen Sekretariat vom CCMC gehalten wird. Das zuständige deutsche Gremium ist der NA 159-01-06 AA „Customer Contact Center" im DIN-Normenausschuss Dienstleistungen (NADL)."

Europäische Norm für Callcenter, in denen Standards u. a. für Anforderungen an Kundenbeziehungen, Personal und operative Prozesse festgelegt sind. Im Anhang werden Metriken aufgelistet, die einen guten Einblick in typische Callcenterkennzahlen geben, z. B. First Contact Resolution. Die Kennzahlen werden mit Definitionen, Formeln und Empfehlungen abgebildet.

E-2 – Dokument vorliegend

Gerpott, Torsten J./Paukert, Mathias (2012): Kundenzufriedenheit mit der Betreuung durch Call Center – Eine erklärende empirische Studie. In: der markt, 51 (04) S. 119–138. https://doi.org/10.1007/s12642-012-0082-2

„In vielen Branchen werden Kontakte von Unternehmen mit (Bestands-)Kunden fast ausschließlich über Call Center (CC) realisiert. Deshalb ist es wichtig, über ein empirisch fundiertes Verständnis von direkten und indirekten Einflussfakto-

ren der Zufriedenheit von Kunden mit der Betreuung durch CC zu verfügen. Der vorliegende Beitrag entwickelt Hypothesen zu direkten und indirekten Zusammenhängen von acht Merkmalen der Kundeninteraktion mit einem CC einerseits und der Betreuungszufriedenheit der Anrufer andererseits. Die Hypothesen werden für eine Stichprobe von 108 Mobilfunknetzbetreiberkunden in Deutschland überprüft, die das CC ihres Anbieters zu Beratungszwecken kontaktierten und schriftlich zu dem Telefonat befragt wurden. PLS-Analysen der Befragungsantworten zeigen, dass die Kundenzufriedenheit mit der CC-Betreuung am stärksten mit der Prozessqualität im Vorfeld des Dialogs mit dem CCAgenten und der sachlichen Lösungskompetenz, die bei dem Agenten wahrgenommen wird, verknüpft ist. Die dem Agenten zugeschriebene Interaktionskompetenz und die „harten" Kontaktmerkmale Gesprächs- oder Wartedauer tragen hingegen weniger zur Erklärung der Betreuungszufriedenheit der CC-Anrufer bei. Aus den Befunden werden Implikationen für das Management von CC und die betriebswirtschaftliche Forschung abgeleitet."

Diese Studie aus dem Callcenterbereich ist nicht direkt auf Telefonberatung in der Weiterbildung übertragbar, doch liefert sie interessante Aspekte zum Thema Kundenzufriedenheit. In dem Artikel wird anschaulich das Vorgehen von der Hypothesenableitung bis zum statistischen Analyseverfahren erläutert. Die Ergebnisse werden thematisch mit jeweils anderen Studien verglichen und liefern so einen fundierten Einblick in den Stand der Forschung. Die Studie richtet sich eher an eine wissenschaftliche Leserschaft.

E-3 – Artikel vorliegend

Graf, Klaus (o. J.): Call Center Glossar. O. O.: o. V. [http://www.time4sales.de/pre-live/glossar/Call%20Center%20Gesamtglossar2.pdf, letzter Abruf 25.11.2020]

Kein Abstract verfügbar.

Dieses Glossar stellt eine Auflistung aller wesentlichen Fachbegriffe aus dem Callcenterbereich dar. Das Verzeichnis ist alphabetisch angeordnet. Zu jedem Begriff findet sich eine kurze Erläuterung.

E-4 – Dokument vorliegend

Hirschfeld, Ursula/Neuber, Baldur (Hg.) (2012): Erforschung und Optimierung der Callcenterkommunikation. Berlin: Frank & Timme.

„Das Seminar für Sprechwissenschaft und Phonetik der Martin-Luther-Universität Halle-Wittenberg widmet sich seit 2006 intensiv der Erforschung professionell geführter Telefongespräche in Callcentern. Seither sind in verschiedenen Kooperationen zahlreiche Forschungsarbeiten entstanden, die von Untersuchungen zur Wirkung von Persönlichkeitseigenschaften von Callcenteragenten über die Analyse prosodischer Parameter in den Sprechausdrucksweisen von Callcentermitarbeitern bis hin zu innovativen IT-gestützten Ansätzen zur Bewertung der Gesprächsqualität in telefonischen Verkaufsgesprächen reichen."

Dieses Übersichtswerk aus dem Bereich der Sprechwissenschaft widmet sich verschiedenen Aspekten der Ausdrucksweise während eines telefonischen Verkaufsgesprächs. Die einzelnen Beiträge umfassen ein breites Themenspektrum, so etwa die Wahrnehmung und das Wirken von Persönlichkeitseigenschaften im Telefongespräch, die Art und Weise des Sprechenden und Ansätze zur IT-gestützten Bewertung von Gesprächsqualität. Der Forschungsschwerpunkt der Sprechwissenschaft bereichert das sonst häufig anders ausgerichtete Literaturangebot zur der Callcenterkommunikation.

E-5 – Buch nicht vorliegend

Rothe, Ingmar (2011): Am Leidfaden - Standardisierung im Callcenter. In: Bose, Ines/Neuber, Baldur: Interpersonelle Kommunikation: Analyse und Optimierung. Frankfurt: Peter Lang, S. 329–336.

Kein Abstract verfügbar.

Dieser Einzebeitrag aus dem Bereich der Sprachwissenschaft und Phonetik betrachtet die Kommunikation in Callcentern unter Zuhilfenahme von Leitfäden anhand einer ausgewählten Pilotstudie. Hierbei werden Aspekte der Sprechweise untersucht. Darunter zählen der Sprechausdruck, die Gesprächsorganisation und die Aufgabenbearbeitung während des Telefonats. Hierbei kommt die Autorin zu dem Schluss, dass Gesprächsleitfäden Gesprächsverläufe erschweren können. Dies liegt zum Teil an den vorherrschenden Verwendungsbedingungen, aber auch der Gestaltung eben dieser Leitfäden, sowie der Praktikabilität in der Praxis.

E-6 – Kapitel nicht vorliegend

Rothe, Ingmar (2017): Beratung im telefonischen Servicegespräch. In: Pick, Ina (Hrsg.): Beraten in Interaktion: eine gesprächslinguistische Typologie des Beratens. Frankfurt: Lang (Forum Angewandte Linguistik – F.A.L.), S. 399–426.

„Service hotlines hosted by call centers offer a wide range of customer services, e.g. technical support, product information, contract modifications, telesales etc. In general, these services are associated with advice-giving. By comparing two teleservice calls, it will be shown that advice-giving does not occur per se but needs to be co-constructed by caller and call taker in the course of the interaction. The analysis is based on naturally occurring data and integrates ethnographical knowledge from the author's experience as a training supervisor for service encounters."

Dieser Beitrag aus einem Sammelband zum Thema gesprächslinguistische Typologie des Beratens stellt zwei ausgewählte Fallbeispiele von Servicegesprächen gegenüber. Im Fokus steht die Frage, wie Beratungshandlungen von den Beteiligten hergestellt werden. Die Analyse wird mit Gesprächsauszügen untermauert und liefert einen guten Einblick in die Praxis. Der Leserschaft wird aufgezeigt, dass Beratungshandlungen von beiden Beteiligten mitgestaltet werden müssen und nicht per se entstehen. Der Beitrag schließt mit einem Überblick zu Merkmalen telefonischer Beratungen im Kundenservice ab, weshalb er - trotz der Zuordnung zu Callcentern - einen Erkenntnisgewinn für den Bereich Telefonberatung liefert.

E-7 – Kapitel vorliegend

----

van der Aa, Zanna/Bloemer, José/Henseler, Jörg/Roemer, Ellen (2013): Customer-Care-Center-Qualität: Messung und Nutzung. In: Marketing Revue St. Gallen, 30 (03), S. 16–24. https://doi.org/10.1365/s11621-013-0231-0

„Der Wandel der Inbound Center vom kostenorientierten Call Center zum beziehungsorientierten Customer Care Center erfordert neue Steuerungsgrößen. Eine Orientierung am hier vorgestellten, mehrdimensionalen Konstrukt „Customer-Care-Center-Qualität" kann helfen, eine Wertsteigerung für den Kunden und damit eine langfristige Kundenbindung zu erzielen."

Gut verständlich erläutert der Artikel den für viele Unternehmen notwendigen Wandel vom Callcenter zum Customer Care Center. Dieser Wandel erfordert neue Steuerungsgrößen, wozu auf ein mehrdimensionales Konstrukt der Customer Care Center-Qualität hingewiesen wird, mit welchem eine langfristige Kundenbindung erzielt werden kann. Jedes Unterkapitel wird mit einer Art Merkbox pointiert, in welcher die jeweilige Essenz zu finden ist.

E-8 – Dokument vorliegend

II. Empirische Explorationen zu Perspektiven der Bevölkerung

Tim Stanik und Anika Denninger

Anlässe und Prozessierung im Kontext telefonischer Weiterbildungsberatung

1 Einleitung

Weiterbildungsberatung wird vielfach eine große Bedeutung bei der Steigerung der Weiterbildungsbeteiligung zugeschrieben (u. a. Gieseke & Opelt, 2004; Käpplinger, 2009; Weiß, 2008). Neben Face-to-Face Beratungen, Mail- und Videoberatungen wird diese Form der Bildungsberatung auch als Telefonberatung angeboten. Im Sinne einer Exploration dieses Formats steht die Praxis eines spezifischen Telefonberatungsangebots im Fokus der nachfolgend dargelegten Analysen. Von Januar 2015 bis November 2022 förderte das Bundesministerium für Bildung und Forschung (BMBF) das sogenannte „Infotelefon Weiterbildungsberatung". Gemäß der Selbstdarstellung des Angebots sollte diese kostenlose Telefonhotline Bürgerinnen und Bürger als eine Art Erstanlaufstelle dabei unterstützen, eine individuell passende Weiterbildung zu finden und damit verbundene Finanzierungsfragen zu klären. Mit dem „Infotelefon Weiterbildungsberatung" wurde ähnlich wie bei der Telefonseelsorge ein besonders niederschwelliges Angebot geschaffen, da keine Terminvereinbarungen notwendig waren und die Kommunikation telefonisch, anonym erfolgen konnte. Aufgrund der weit verbreiteten Nutzung von Telefonen sowohl für private als auch für dienstliche Zwecke scheint das Format besonders geeignet zu sein, breite Adressat*innengruppen zu erreichen (Wenzel et al., 2020). Von Seiten der Anrufenden betrachtet, bietet Telefonberatung eine Vielzahl an Vorteile. Zu nennen sind beispielsweise die Standortunabhängigkeit, eine hohe zeitliche Flexibilität sowie erhöhte Privatsphäre (McLeod, 2004). Zudem haben die Anrufenden mehr Kontrolle über den Anfang und das Ende des Gesprächs als beispielsweise bei Face-to-Face-Beratungen und können Gespräche relativ leicht beenden, ohne den Druck sozialer Konventionen ausgesetzt zu sein. Neben dieser Niederschwelligkeit handelt es sich bei Telefonberatungen aufgrund der fehlenden Ko-Präsenz und damit nicht wahrzunehmenden Mimik und Gestik auch um ein kanalreduziertes Kommunikationsformat. Dies erfordert von den Beratenden u. a., ein besonders aufmerksames Zuhören, sich selbst deutlich und eindeutig ausdrücken zu müssen oder dass die erläuternden Beispiele besonders anschaulich und verständlich auf einer rein auditiven Ebene zu sein haben (Goller et al.,

o. J). In diesem Sinne können die Telefonberatungen für die Beratungsfachkräfte mitunter deutlich herausfordernder sein als Face-to-Face-Beratungen.

Zum Zeitpunkt des Untersuchungsbeginns gab es relativ wenige empirischen Forschungsaktivitäten zur theoretischen Grundlegung der Telefonberatung insbesondere im Feld von Beratung in Bildung, Beruf und Beschäftigung. Vorliegende mikroanalytische Untersuchungen von Bildungsberatungsprozessen in diesem Feld bezogen sich fast ausschließlich auf Face-to-Face-Beratungen. Hier wurden z. B. die Funktion der Wissensvermittlung (Enoch, 2011), die von Fragetechniken (Müller, 2005) oder die Beratungspraktiken in einzelnen Phasen der Gespräche (Pörtner, 2006; Gieseke & Stimm, 2016) rekonstruiert. Weitere Studien fokussierten Besonderheiten spezifischer Formate (z. B. Kurswahlberatungen (Stanik, 2014), Existenzgründungsberatungen (Maier-Gutheil, 2009), Gutscheinberatungen (Käpplinger & Stanik, 2014) oder betrachteten die Einflüsse der institutionellen Anbieter auf die Beratungsinteraktionen (Stanik, 2015). Analysen von Mail-Beratungsprozessen als medial vermittelte Beratungen zeigten zudem, dass hier die Beratungsanliegen der Ratsuchenden häufig nicht in ihrer Komplexität bearbeitet werden und die Ratsuchenden zu Face-to-Face-Beratungen veranlasst werden sollen (Stanik & Maier-Gutheil, 2018).

Ausgehend von diesen skizzierten Befunden waren für die Analyse der Weiterbildungsberatungen des Infotelefons folgende Fragestellungen leitend:

- Wie werden die Anliegen der Ratsuchenden durch die Beraterinnen ermittelt?
- Wie werden die Anliegen durch die Beraterinnen bearbeitet?
- Welche fallübergreifenden Merkmale kennzeichnen die Beratungen des Infotelefons?

In dem vorliegenden Artikel wird zunächst das Untersuchungsdesign der Studie behandelt, in dem das methodische Vorgehen beschrieben und das Sample dargelegt werden. Anschließend werden entlang von drei rekonstruierten Beratungsphasen das Vorgehen der Beraterinnen aufgezeigt. Der Artikel schließt mit einem Fazit, in dem zentrale Merkmale des untersuchten Angebots beschrieben und (ungenutzte) Potentiale kritisch reflektiert werden sollen.

2 Untersuchungsdesign

2.1 Methodisches Vorgehen

Zur Exploration der telefonischen Weiterbildungsberatung wurden ethnografische Erhebungen im Sommer 2020 durchgeführt. Dabei sind offene, nichtteilnehmende Beobachtungen (Flick, 2006, S. 205) im Sinne einer fokussierten Ethnografie durchgeführt worden (Knoblauch, 2001), die mit ethnografischen Interviews (Spradley, 1979) kombiniert worden sind: Im Rahmen eines Vorgesprächs mit Mitarbeitenden des untersuchten Weiterbildungsangebots wurde zunächst das Forschungsprojekt vorgestellt. Zwei Beraterinnen erklärten sich daraufhin dazu bereit, sich bei ihren telefonischen Weiterbildungsberatungen beobachten zu lassen[1]. In Interviews vor den Hospitationen sind leitfadengestützt u. a. Fragen zum beruflichen Hintergrund der Beraterinnen, zu typischen Gesprächsanliegen der Ratsuchenden, zu Herausforderungen oder zu den coronabedingten Einflüssen auf die Beratungen gestellt worden. Da es aufgrund der institutionellen Datenschutzbestimmungen lediglich möglich war, die Wortbeiträge der Beraterinnen, ihre parallelen Aktivitäten am PC, jedoch nicht die Beiträge der ratsuchenden Anruferinnen und Anrufer zu beobachten und zu protokollieren, wurde nach jedem Beratungs-Telefonat eine Fallnachbesprechung mit den Beraterinnen geführt. Hier haben die Beraterinnen das jeweilige Beratungsanliegen, den Ablauf der Beratung erneut dargelegt, und es sind Einschätzungen über die Fälle (typisch, untypisch, erfolgreich etc.) aus ihrer Perspektive besprochen worden. Insgesamt konnten mit diesem Vorgehen 14 telefonische Beratungen beobachtet, nachbesprochen und protokolliert werden, wobei acht Gespräche von der Beraterin B und sechs Gespräche von der Beraterin A geführt worden sind.

Für die Auswertung sind die protokollierten Beratungsfälle in einem ersten Schritt in Sinnabschnitte segmentiert worden (Deppermann, 2008). In einem zweiten Schritt wurden die Fälle in Anlehnung an das Verfahren der strukturalen Hermeneutik (Ausblendung des externen Kontextes, sequenzielles Vorgehen, Lesartenbildung mit Hilfe von Normalkontexten) analysiert worden (Wohlrab-Sahr, 2018).

Zur Absicherung der Interpretation sind diese Fallanalysen in einem Interpretationstandem diskutiert worden. Zusätzlich sind sechs Fälle, die hinreichend Merkmale des Korpus repräsentieren, durch das Projektteam in einer mehrstündigen Interpretationswerkstatt ausgewertet worden. Nach der Herausarbeitung der jeweiligen Fallspezifika sind diese komparativ analysiert worden, um übergreifende Merkmale des Infotelefons zur Weiterbildungsberatung zu ermitteln.

---

1 Die Forschenden nahmen nicht aktiv am Telefonberatungsgespräch teil, d.h. sie verzichten auf Interventionen während des Telefonberatungsgesprächs und versuchten, die Beratenden durch ihre Anwesenheit so wenig wie möglich zu beeinflussen.

2.2 Untersuchungssample

Das längste beobachtete Gespräch dauerte 21 Minuten und das kürzeste 3 Minuten. Im Mittel waren die Telefonate 11 Minuten lang. Acht der Ratsuchenden sind männlich und sechs weiblich.

Tab. 1: Fallübersicht

Fall	B	RS		Dauer (Min.)	Co-Browsing	Anliegen
		m/w	Alter			
1	B	m	30-40	5	nein	berufl. Umorientierung
2	B	w	20-30	3	nein	berufl. Umorientierung
3	B	m	20-30	12	ja	berufl. Umorientierung
4	B	m		12	nein	berufl. Umorientierung
5	B	w	ca. 40	14	ja	Finanzierung Weiterbildung
6	B	w	20-30	8	ja	berufl. Weiterentwicklung
7	B	m	30-40	10	ja	berufl. Umorientierung
8	B	m	30-40	16	ja	berufl. Weiterentwicklung/ Umorientierung
9	A	m		10	nein	Finanzierung Weiterbildung
10	A	m		21	nein	Finanzierung Weiterbildung
11	A	w		11	nein	Finanzierung Weiterbildung
12	A	w		4	nein	FSJ
13	A	w		21	nein	berufl. Umorientierung
14	A	m		7	nein	berufl. Umorientierung

Quelle: Eigene Darstellung

Die Anliegen der Ratsuchenden bezogen sich mehrheitlich auf berufliche Umorientierungen/Weiterentwicklungen (n=9), gefolgt von Fragen zu Finanzierungmöglichkeiten von Weiterbildungsmaßnahmen (n=4). Die Ratsuchende im Fall 12 war eine Mutter, die Informationen über ein freiwilliges soziales Jahr für ihren Sohn erhalten wollte. In fünf Fällen wurde durch die Beraterin B ein Co-Browsing-Prozess durchgeführt, d.h. hier wurde gemeinsam mit der ratsuchenden Person im Internet recherchiert.

3 Phasen und Praktiken telefonischer Weiterbildungsberatung

Im Folgenden werden auf der Basis der Analysen der Beobachtungsprotokolle und der ethnografischen Interviews zentrale Aspekte dieses telefonischen Weiterbildungsberatungsangebot dargelegt. Die Darstellung erfolgt entlang folgender drei Gesprächsphasen, die in allen Gesprächen herauszuarbeiten waren:

- Gesprächseinstiege und Klärung der Anliegen
- Bearbeitungen der Anliegen*
- Sicherungen der Gesprächsergebnisse und -abschlüsse

3.1 Gesprächseinstiege und Klärung der Anliegen

Den erfassten Gesprächen bei dem Infotelefon zur Weiterbildungsberatung gehen in neun der 14 Fälle nicht erfolgreiche Recherchen der Ratsuchenden im Internet oder Kontakte mit anderen Einrichtungen voraus. Das telefonische Weiterbildungsberatung ist in diesen Fällen weniger eine Erstanlaufstelle, sondern die Kontaktaufnahme ist mindestens der zweite Versuch der Anrufenden, Hilfe bzw. Informationen zu erhalten.

Die Ratsuchenden nennen zu Beginn der Anrufe mehr oder minder konkrete Fragen, wobei die dahinterstehenden Anliegen sowohl informative als auch situative Komplexitäten[2] aufweisen. Lediglich der Anrufer im Fall 13 hatte kein inhaltliches Anliegen, da er offensichtlich über alle benötigten Informationen bereits verfügte und sich diese und sein geplantes Vorgehen lediglich von der Beraterin bestätigen lassen wollte.

Fragen zu Finanzierungsmöglichkeiten von Weiterbildungsmaßnahmen (F5, F9, F10, F11) haben insofern einen eindeutig informativen Charakter, als die Entscheidung für eine konkrete Weiterbildungsmaßnahme von den Anrufenden bereits gefallen ist und sie lediglich Angaben zu spezifischen Fördermöglichkeiten erhalten (F5) oder sich generell nach Fördermöglichkeiten ihrer Weiterbildungen (F9, F10, F11) erkundigen wollen. Diese Anliegen werden von den Beraterinnen übernommen. Sind die von den Ratsuchenden genannten Anliegen weniger eindeutig, versuchen die Beraterinnen durch Nachfragen, Spiegeln oder Paraphrasieren der Eingangsschilderungen der Ratsuchenden zu Beginn der Gespräche möglichst ein präzises und im Kontext dieser Beratung als von ihnen als bearbeitbares eingeschätztes Anliegen zu ermitteln. Ursachen, Motive oder Ziele, die mit den Anliegen (Weiterbildung,

---

2 Während informative Beratungsanliegen dadurch gekennzeichnet sind, dass Ratsuchende bereits vor den Gesprächen klare Vorstellungen darüber haben, welche Weiterbildungsmaßnahmen sie aus welchen Motiven besuchen möchten, sprechen Ratsuchende in situativen Beratungen problematische Lebenssituationen an. Diese gehen zwar auch explizit mit Bedürfnissen nach Weiterbildungsmaßnahmen einher, wenngleich die Weiterbildungswünsche den Ratsuchenden noch unklar sind. Biografie orientierte Beratungen sind durch Lebenskrisen und Ängste der Ratsuchenden gekennzeichnet, wobei die widersprüchlichen Situationsbeschreibungen nicht ausreichen, um Weiterbildungsinteressen eindeutig spezifizieren und konkrete Weiterbildungsmaßnahmen ableiten zu können (Gieseke & Opelt, 2004, S. 34ff.).

berufliche Veränderung) verknüpft sind, werden zwar von einigen Ratsuchenden von sich aus angesprochen, jedoch von den Beraterinnen weder erfragt noch vertieft. Die durch dieses Vorgehen eingegrenzten Anliegen beziehen sich auf berufliche Umorientierungen (Fall 1, 2, 3, 4, 5, 7, 10, 14) oder auf berufliche Weiterentwicklungen (Fall 6) entweder aus einer Berufstätigkeit, einer Elternzeit oder aus einer Arbeitslosigkeit heraus. Diese Anliegen haben einen situativen Charakter, da die Ratsuchenden unzufrieden mit ihren aktuellen beruflichen Situationen (F1, F2, F3, F8), ihrer Arbeitslosigkeit sind (F4) oder von Arbeitslosigkeit bedroht werden (F13). Um die Fälle bearbeitbar zu machen, werden die Ratsuchenden von den Beraterinnen aufgefordert, einen möglichst präzisen Berufs- oder Weiterbildungswunsch sowie einen darauf bezogenen Informationsbedarf (Recherchemöglichkeiten nach Weiterbildungsmaßnahmen, Finanzierungsmöglichkeiten etc.) zu nennen. Hierdurch werden die eigentlich situativen Anliegen auf ihre informativen Anteile reduziert. So werden weder die Gründe, Motive für die beruflichen Veränderungs-, Entwicklungswünsche noch die vorgebrachten Weiterbildungsziele selbst zum Gegenstand der Beratungen gemacht. Dieses Vorgehen wird den Ratsuchenden mit dem institutionellen Auftrag und/oder mit dem Selbstverständnis des Angebots des Infotelefons zur Weiterbildung begründet:

- „Vielleicht erkläre ich Ihnen erstmal, was wir hier mit Ihnen machen können. Wir sind eine Erstberatungsstelle und können mit Ihnen über Finanzierungsmöglichkeiten von Weiterbildungen sprechen, ich kann Ihnen Weiterbildungsdatenbanken zeigen, kann Sie an andere Beratungsstellen vermitteln und wir können erste Wege besprechen“ (F3)
- „Ich kann Ihnen nur erste Informationen und Nummern von Weiterbildungsberatungsstellen nennen“ (F4)
- „Das ist für mich schwierig herauszufinden, was Sie beruflich machen wollen, ich kann Ihnen nur erste Informationen geben“ (F7)

Durch diese Eingrenzung sollen die Anliegen offensichtlich bearbeitbar gehalten werden, wenngleich hierdurch nur die vordergründigen, informativen Fragen bearbeitet werden. So will beispielsweise der Anrufer im Fall 3 mehr Zeit für seine Familie haben und strebt darum eine berufliche Veränderung an. Er will als Berufsschullehrer tätig werden und greift dabei biografische Interessen aus seiner Studienzeit (Tutorentätigkeit) auf und möchte seiner Neigung, mit Kindern zu arbeiten, nachgehen. Die hiermit verknüpften Themen und offenen Fragen, inwiefern z. B. der Lehrerberuf eine bessere Vereinbarkeit von Familie und Beruf überhaupt gewährleistet oder inwiefern eine universitäre Tutorentätigkeit mit der Tätigkeit als Berufsschullehrer überhaupt vergleichbar ist, werden von der Beraterin nicht zum Gegenstand des Gesprächs gemacht.

Dass dieses Vorgehen nicht immer zielführend für die Gespräche ist, zeigt exemplarisch der Fall 8. Hier wird der Ratsuchende zu Beginn des Gesprächs mehrfach aufgefordert, sein Anliegen zu nennen bzw. zu präzisieren:

> B: Hallo Herr XY. Was ist denn Ihr Anliegen?
> R:
> B: Grundsätzlich, welche Weiterbildung streben Sie an? Haben Sie einen Plan oder ist das noch vage?
> R:
> B: Und welche Frage haben Sie jetzt gezielt an mich? Suchen Sie einen Kurs, eine Finanzierung?
> [Fall 8]

Schließlich nennt der Ratsuchende mit Fortbildungsmöglichkeiten in seinem erlernten Beruf als Tischler ein zunächst scheinbar präzises Beratungsanliegen, dem sich die Beraterin im Anschluss annimmt, indem sie eine Recherche mit Hilfe von zwei Datenbanken durchführt. Es stellt sich in diesem Prozess jedoch heraus, dass der Ratsuchende keine Fortbildungsmöglichkeit sucht, sondern eine berufliche Veränderung anstrebt. Dieses modifizierte Anliegen, wird von der Beraterin jedoch mit folgender Begründung nicht weiter bearbeitet: „*Wir können hier nur gucken, was mit Ihrem Beruf zu tun hat. Berufliche Umorientierung ist ein Thema für eine persönliche Bildungsberatung*" (F8). Mit diesen Anliegen werden die Ratsuchenden nicht allein gelassen, sondern sie werden, wie in Abschnitt 2.2 dargelegt werden wird, inter-institutionell delegiert. Auf der einen Seite übernimmt das Infotelefon hiermit eine wichtige „Lotsenfunktion" (Stanik 2015, S. 345), wie sie für trägerübergreifende Weiterbildungsberatungsstellen üblich ist. Auf der anderen Seite zeigen sich insofern Ähnlichkeiten zu den Befunden der Analyse der Mail-Weiterbildungsberatungen, als auch hier, die Ratsuchenden an Face-to-Face-Beratungsangebote delegiert werden (Stanik & Maier-Gutheil 2018). Hiermit wird strenggenommen das von den ratsuchenden Personen gewählte Format einer niederschwelligen Telefonberatung nicht gewahrt.

Insgesamt fällt auf, dass Sichtweisen der Ratsuchenden auf ihre Anliegen nicht geklärt, gemeinsame Ermittlungen von Ursachen oder eine Erkundung der für die Anliegen relevanten Motive und Ziele nicht vorgenommen werden (Schiersmann et al., 2017). Die Ein- bzw. Begrenzung der Beratungsanliegen auf ihre informativen Anteile erweckt den Eindruck, dass hiermit die Fälle in einer bestimmten (vorgegebenen) Zeit bearbeitbar gemacht bzw. bearbeitbar gehalten werden sollen. Damit werden Potentiale des Angebots verschenkt. Wenn man einer dialogisch orientierten Klärung der Beratungsanliegen mehr Zeit einräumen würde, könnte man die Anrufenden gezielter institutionell delegieren. Außerdem wäre es im Zuge einer Bearbeitung der situativen Anliegen möglich, bei den Anrufenden Reflexionsprozesse anzuregen, sich Fragen zu erschließen, sich den Kontextfaktoren ihrer Weiterbildungen zu nähern, um möglicherweise vorbereiteter anschließende Beratungen bei kommunalen Bildungsberatungsstellen oder anderen Einrichtungen in Anspruch zu nehmen.

3.2 Bearbeitung der Anliegen

Auf Basis der 14 Fälle konnten zwei zentrale Vorgehensweisen identifiziert werden, mit denen die zuvor ermittelten und eingegrenzten Gesprächsanliegen der Ratsuchenden durch die Beraterinnen bearbeitet werden:

- eine a) institutionelle Wissensvermittlung und Delegation sowie
- eine Vermittlung von b) Weiterbildungs- oder von
- c) Recherchewissen.

a) Inter-institutionelle Wissensvermittlung und Delegation
Aufgrund der Eingrenzung der Anliegen der Ratsuchenden auf deren informative Aspekte, ist eine Wissensvermittlung durch die Beraterin als die zentrale, die Prozesse steuernde Intervention zu beobachten (Enoch, 2011). So werden jenen Anrufenden mit Fragen über Möglichkeiten der Weiterbildungsfinanzierung unterschiedliche Fördermöglichkeiten mit ihren Zugangsvoraussetzungen (Bildungsscheck der Länder, Bildungsprämie des Bundes, Sonderprogramme der Länder und des Bundes, der Bundesagentur für Arbeit) aufgezeigt und ihnen werden telefonische Kontaktmöglichkeiten zu diesen Programmen vermittelt. Dabei werden ähnlich wie in regulativen Beratungen (Käpplinger & Stanik, 2014) durch Nachfragen der Beraterinnen (Bundesland der Ratsuchenden, Einkommen, Abschluss der Weiterbildung, Beschäftigungsstatus) bereits auch erste formale Fördervoraussetzungen geprüft, um die Ratsuchenden an die entsprechenden Stellen der in Frage kommenden Förderprogramme zu verweisen. Besonders beachtlich scheint dabei der Fall 5, da sich die Ratsuchende hier nach den Fördervoraussetzungen der Bildungsprämie erkundigt, um eine Fortbildung als Lehrende für Integrationskurse zu finanzieren, die sie bei einem Goethe-Institut absolvieren will. Die Beraterin macht gleich zu Beginn der Beratung auf die Zuständigkeit und Fördermöglichkeiten des Bundesamts für Migration und Flüchtlinge aufmerksam und zeigt der Anruferin die ent-

sprechende Internetseite mit deren Hilfe sie sich informieren kann. Implizit löst die Beraterin damit einen trägerübergreifenden Beratungsauftrag[3] ein, da der Ratsuchenden neben dem favorisierten Anbieter (Goethe-Institut) einrichtungsunabhängige Informationsmöglichkeiten aufgezeigt werden. Da die Ratsuchende die formalen Fördervoraussetzungen der Bildungsprämie nicht erfüllt, gelingt es der Beraterin schließlich, eine alternative regionale Fördermöglichkeit in der Beratung zu ermitteln.

Anrufenden mit Wünschen nach beruflichen Veränderungen wird primär Wissen über institutionelle Zuständigkeiten ihrer berufsbezogenen Weiterbildungsziele vermittelt. Diese beziehen sich auf

- konkrete Berufsbilder (Zuständigkeit der Steuerberatungskammer) (F1)),
- Quereinstieg ins Lehramt oder als Erzieher*in (F3, F6) oder
- die Differenzierung der Zuständigkeiten der Handwerkskammern für handwerkliche und der Industrie- und Handelskammern für kaufmännische Berufe (F2, F7).

Auch in diesen Fällen werden die Anrufenden an die jeweiligen Institutionen verwiesen bzw. wird ihnen geraten, sich bei diesen Einrichtungen im Anschluss an das Telefonat zu erkundigen. Die arbeitslosen Ratsuchenden (F4, F14) werden auch auf die Zuständigkeit der Bundesagentur für Arbeit aufmerksam gemacht. Auch hier löst das Angebot die bereits angesprochene trägerübergreifende Lotsenfunktion ein.

Wie bereits skizziert, werden Ratsuchenden mit situativen Anliegen hinsichtlich beruflichen Neu-/Umorientierung an kommunale (Weiter-)Bildungsberatungsstellen delegiert. Da es sich hierbei nicht um eine formale Zuständigkeit handelt, muss diese von den Beraterinnen gegenüber den Anrufenden begründet werden. Außerdem muss erklärt werden, warum sich die Beraterinnen nicht selbst diesen Anliegen in den Telefonaten zuwenden. In diesem Zusammenhang wird das telefonische Beratungsangebot von den Beraterinnen im impliziten Kontrast zu den ‚persönlichen Beratungen' (F5, F8) der Bildungsberatungsstellen gesetzt, wobei auch darauf hingewiesen wird, dass diese Einrichtungen „*mit den regionalen Besonderheiten, dem Arbeitsmarkt, den Weiterbildungseinrichtungen besser vertraut sind*" (F3). Arbeitslosen Anrufenden wird erklärt, dass es sich bei diesem Beratungsangebot um „*trägerunabhängige Beratungen*" (F4) handelt, die in keiner

3 Im Kontext von Weiterbildungen kann zwischen trägergebundenen und -übergreifenden Beratungen differenziert werden. Erster werden von Weiterbildungseinrichtungen und beziehen sich auf das eigene Weiterbildungsangebot, während letztere u. a. kommunale Weiterbildungsberatungsstellen offerieren, um neutrale Hilfestellungen zu bieten (Stanik, 2015).

Verbindung zum Jobcenter stehen. Beachtlich ist in diesem Zusammenhang der Fall 4, in dem der Anrufer sich offensichtlich über das Vorgehen des Jobcenters beschwert und die Beraterin wie folgt reagiert:

B: Ich kann Ihnen erklären wie das Jobcenter so vorgeht. Sie können als Bäcker mit Ihrer Ausbildung

R:

B: Das Jobcenter finanziert Ihnen eine Umschulung nur dann, wenn Sie nicht mehr in Ihren Beruf zum Beispiel aus Krankheitsgründen nicht mehr arbeiten können. Sie können aber noch als Bäcker arbeiten oder?

[...]

B: Sollte die Finanzierung über das Jobcenter laufen, dann müssen Sie mit Ihrem Berater dort sprechen, ob man Ihnen einen Bildungsgutschein finanzieren würde, damit Sie dann während der Weiterbildung abgesichert sind.

[Fall 4]

Die Beraterin übernimmt hier eine vermittelnde Position, indem sie das Vorgehen des Jobcenters erläutert und empfiehlt, auch den Kontakt zum Jobcenter wieder aufzunehmen. In Anschluss an Becker-Mrotzek (2001) werden hier Aspekte einer behördlichen Beratung im weiteren Sinne deutlich, da den Anrufern behördliches Vorgehen und Entscheidung transparent gemacht werden.

b) Vermittlung von Weiterbildungswissen

Neben dem Wissen über Förderinstrumente und institutionelle Zuständigkeiten wird den Ratsuchenden auch punktuell Weiterbildungswissen vermittelt. So werden Anrufende beispielsweise auf die Unterscheidung zwischen Anpassung- und Aufstiegsweiterbildungen aufmerksam gemacht:

- „Eine Anpassungsfortbildung wäre auf den Bereich Hotel ausgerichtet. Eine Aufstiegsfortbildung kann auch andere Tätigkeitsfelder öffnen" (F13).

Bei Nachfragen zu Abschlüssen wird implizit zwischen non-formaler und formaler Weiterbildung differenziert: „*Hat dieser Kurs am Ende eine staatliche Prüfung oder ist allein das Zertifikat?*" (F10). Oder es werden unterschiedliche Möglichkeiten von betrieblichen und überbetrieblichen Umschulungen genannt: „*Eine Umschulung zu einem neuen Berufsabschluss ist über verschiedene*

Wege möglich. Erstens überbetrieblich von Kostenträgern finanziert oder zweitens betrieblich mit einem Ausbildungsvertrag und entsprechender Ausbildungsvergütung" (F14).

Im nachfolgenden Ausschnitt aus dem Fall 10 wird erklärt, dass die Aufnahme eines Studiums nicht immer das Abitur voraussetze, sondern ggf. auch mit einer abgeschlossenen Berufsausbildung möglich sei:

B: Das Aufstiegs-BAföG fördert Weiterbildungen die fachlich gezielt auf öffentlich-rechtliche Prüfungen vorbereiten. Es kommt für Ihre Weiterbildung daher aber leider nicht in Frage, da sie keine öffentlich-rechtliche Prüfung am Ende der Weiterbildung ablegen.
R:

B: Studieren kann man auch ohne Abitur. Was sind Sie denn von Beruf?
R:

B: Sie wollen sich also umorientieren?
R:

B: Sie können auch nach einer Ausbildung studieren, z.B. mit entsprechender Berufserfahrung.
Prinzipiell ist das ein offener Weg, man benötigt halt mehr Zeit.
R:

B: Zurück zu Ihrem eigentlichen Anliegen, der Finanzierung der Weiterbildung in Niedersachsen.

[Fall 10]

Beachtlich scheint an dieser Sequenz zudem, dass das Thema „Studium" offensichtlich erst durch die beiläufige Erwähnung des Aufstiegs-BAföG als ein Förderinstrument durch die Beraterin zum Gegenstand der Beratung wird. In der Folge dokumentiert sich u. E. ein ungenutztes Potential dieser Beratung. So spricht hier die ratsuchende Person wahrscheinlich an, dass sie kein Abitur habe und darum nicht studieren könne. Anstatt an dieser Stelle in einen ersten Reflexionsprozess hinsichtlich des Themas ‚Studium' einzusteigen, lenkt die Beraterin das Gespräch zurück auf das vermeintlich ‚eigentliche Anliegen' des Ratsuchenden – „die Finanzierung der Weiterbildung". Diese Stelle verdeutlicht nochmals, wie situative Beratungsanliegen weitgehend auf informative Beratungsanliegen reduziert werden.

c) Vermittlung von Recherchewissen

Von einer der Beraterin wird in fünf Fällen ein Co-Browsing-Prozess während der Telefonate durchgeführt, in denen den Anrufenden Internetseiten gezeigt und/oder in denen ihnen der Umgang mit Berufs- und Kursdatenbanken vorgeführt wird. Hierzu erhalten die Ratsuchenden die URL einer Webseite mit einem Zugangscode, damit sie auf ihrem Bildschirm den Desktop der Beraterin verfolgen können. Dies setzt voraus, dass die Ratsuchenden einen Zugang zum Internet und zu einem Device haben. Ist dies wie im Fall 4 und Fall 13 nicht gegeben, werden solche Recherchen trotzdem mit begleitenden Kommentierungen der Beraterinnen durchgeführt. Aus welchen Gründen in den anderen beobachteten Fällen des Korpus keine Co-Browsing-Prozesse durch die Beraterinnen initiiert worden sind, ist nicht ersichtlich. Auf Basis der Nachbesprechung der Fälle 1 und 7 lässt sich jedoch schließen, dass dies auf subjektive Entscheidungen der Beraterinnen beruhen. So begründet die Beraterin im Fall 7, keinen Co-Browsing-Prozess angestoßen zu haben, da der Anrufer zu schlecht Deutsch gesprochen habe und dies „nichts gebracht" hätte. Während die andere Beraterin in anderen Gesprächen die Internetseiten zum Quereinstieg zum Lehrerberuf (F3), zum Erzieherberuf (F6) oder die Informationsseite des Bundesamtes für Migration und Flüchtige über Integrationskurse (F5) aufruft, damit die Anrufenden sich die Seiten notieren können, geht sie im Fall 1 anders vor. In diesem Gespräch wird dem Ratsuchenden lediglich empfohlen, sich an die Steuerberatungskammer zu wenden. Im Nachgespräch gab die Beraterin an, dass sie diese ratsuchende Person als hinreichend kompetent eingeschätzt habe, die Kontaktdaten der Steuerberatungskammer selbst zu recherchieren.

Herauszuheben sind in diesem Kontext der Fall 8 und der Fall 13. Hier wird von beiden Beraterinnen eine exemplarische Recherche auf den Seiten der Agentur für Arbeit „Berufenet", „Kursnet" und/oder dem „InfoWeb Weiterbildung" durchgeführt. Während in Fall 8 ein Co-Browsing-Prozess zu beobachten ist, wird in Fall 13 die Recherche von der Beraterin für die Anruferin kommentiert. In beiden Fällen nutzen die Beraterinnen Suchwörter der Ratsuchenden oder grenzen die Suchen mit den Wohnorten der Anrufenden ein, um zu zeigen, wie die Datenbanken zu verwenden und Suchergebnisse eingrenzen lassen.

Durch die inter-institutionelle Wissensvermittlung und Delegation wird insgesamt die Lotsenfunktion des Beratungsangebots erneut deutlich. Während Weiterbildungsberatungen bildungspolitisch u. a. die Funktion zugeschrieben wird, Transparenz über das heterogene Anbietergefüge von Weiterbildungseinrichtungen herzustellen (Stanik, 2015), wird mit dem Angebot Transparenz über institutionelle Zuständigkeiten und die damit verknüpfte heterogene Struktur der lebensbegleitenden Bildungsberatung in Deutschland hergestellt (Jenschke et al., 2014). In diesem Kontext übernimmt die telefonische Weiterbildungsberatung auch eine wichtige Funktion zur Sichtbarkeit der kommunalen Bildungsberatungsstellen. So konnten laut des Adult Education Survey aus dem Jahr 2016 insgesamt 15 Prozent der erwachsenen Bevölkerung im Erwerbsalter ihren Wunsch nach Weiterbildungsberatung nicht umsetzen, was umgerechnet auf die Gesamtbevölkerung ca. 7,7 Millionen Menschen entspricht (Käpplinger, 2020).

Die Vermittlung von Weiterbildungs- und Recherchewissen stellt insofern ein wichtiges Angebot dar, als den Anrufenden relevantes Wissen zur Planung und Umsetzung ihrer Weiterbildungsziele vermittelt wird. Zudem wird mit dem Aufzeigen von Recherchemöglichkeiten eine zentrale Zielsetzung von Beratung – Hilfe zur Selbsthilfe – eingelöst. Auch wird damit das für Bildungsberatung geforderte „pädagogische Moment" eingelöst, da hiermit die Beratungen selbst zu Lernprozessen für die Anrufenden werden können (Cuvry et al., 2009). Um diesen Ansatz weiter zu stärken, wäre es notwendig, dass Datenbanken oder Internetseiten den Anrufenden nicht nur gezeigt, sondern wie in Fall 8 und Fall 13 eine gemeinsame Bearbeitung oder exemplarische Recherche unter Beteiligung der Ratsuchenden durchgeführt wird. Auch die Vermittlung von allgemeinen Weiterbildungswissen sollte dabei mehr Raum und eine stärkere didaktische Rahmung gegeben werden.

3.3 Sicherungen der Gesprächsergebnisse und -abschlüsse

Die Sicherungen der Gesprächsergebnisse erfolgen durch die Beraterinnen, indem sie die Ratsuchenden auffordern, sich an die zuständigen Einrichtungen zu wenden, die in den Gesprächen ermittelt werden konnten (F1, F2, F4, F5, F9) bzw. versucht eine der beiden Beraterin, die Anrufenden direkt weiter zu verbinden (F10, F11, F13).

Beachtlich scheinen in diesem Zusammenhang die beiden Anmerkungen der Beraterin in den folgenden Fällen:

> B: Aber informieren Sie sich erstmal auf der Seite zum Queranstieg und rufen dann dort an.
> [Fall 3]

> B: Schauen Sie sich erst die Seite an, lesen Sie die Informationen und rufen dann die Hotline an.
> [Fall 6]

In beiden Fällen werden die Anrufenden aufgefordert, nicht unmittelbar eine weitere telefonische Beratung in Anspruch zu nehmen, sondern sich zunächst mit Hilfe der gezeigten Webseiten zu informieren. Sie ermutigt die Ratsuchenden dadurch, selbstgesteuert ihr Anliegen weiter zu bearbeiten.

In einigen Fällen werden die Anrufenden auch darauf hingewiesen, sich auch erneut an die telefonische Weiterbildungsberatung wenden zu können (F1, F3, F5, F14), wenngleich diese Möglichkeit nur bei neuen Anliegen eröffnet und eine „bessere Beratung" bei den ermittelten Einrichtungen herausgestellt wird.

B: Sollten sich dann weitere Fragen ergeben, falls das mit dem Lehrer nichts wird, können Sie gerne nochmal anrufen oder Sie wenden sich an eine Bildungsberatungsstelle in Baden-Württemberg, die mit den regionalen Besonderheiten, dem Arbeitsmarkt, den Weiterbildungseinrichtungen besser vertraut sind. Ein regionaler Bezug ist bei sowas ja immer ganz wichtig.
[Fall 3]

Zusätzlich könnte die Beraterin in diesem Ausschnitt den Anrufenden hiermit auch motivieren wollen, sein Ziel der beruflichen Umorientierung auch dann weiter zu verfolgen, wenn sein aktueller Berufswunsch sich nicht realisieren lassen sollte.

Insgesamt fällt auf, dass die Beraterinnen weder gemeinsam mit den Ratsuchenden ein Resümee über die Verläufe und Ergebnisse der Gespräche ziehen noch gemeinsam die anstehenden Aktivitäten besprechen (Schiersmann et al., 2017). Stattdessen geben die Beraterinnen Hinweise und/oder Ratschläge, wie die Ratsuchenden aus ihrer Perspektive weiter vorgehen sollten. Es wird zudem der Eindruck erweckt, dass Ratsuchende vornehmlich sich nicht erneut beim Infotelefon zur Weiterbildungsberatung melden, sondern sich an die in den Gesprächen ermittelten Institutionen wenden sollten.

4 Fazit

In Anschluss an Arnold und Mai (2009) lässt sich das hier untersuchte telefonische Weiterbildungsberatungsangebot als ein spezifisches Format von Orientierungsberatung charakterisieren, das die anrufenden Ratsuchenden darin unterstützt, die für ihre beruflichen Ziele und die damit angestrebten oder anzustrebenden Weiterbildungsaktivitäten benötigten Informationen zu geben und/oder sie an dafür zuständigen Einrichtungen inter-institutionell zu delegieren.

Unter der Voraussetzung, dass die Herstellung einer vertrauensvollen und persönlichen Beziehung zwischen beratenden und ratsuchenden Personen gerade zu Beginn für erfolgreiche Beratungsprozesse insgesamt von hoher Bedeutung sind (Albrecht, 2017), lässt sich etwas plakativ festhalten, dass die Gespräche so persönlich wie nötig und so distanziert wie möglich durch die Beraterinnen prozessiert werden.

Dieses niederschwellige Angebot fungiert als eine Art „Einstiegstor“ (Gieseke, 2013, S. 21) in das institutionelle System der lebensbegleitenden Bildungsberatung, um den Anrufenden vornehmlich eine erste institutionelle Orientierung und Wissen zu vermitteln. Es werden nicht explizit reflexive Orientierungsprozesse durch die Beraterinnen angestoßen, mit denen sich Ratsuchende neue Möglichkeiten erschließen, in denen sie ihre bisherigen Orientierungen hinterfragen oder in denen Räume für Entscheidungsmoratorien geschaffen werden (vgl. ebd., S. 26f.).

Ausgehend von der Expertise der Beraterinnen, die in den Gesprächen deutlich geworden ist, lassen sich die Gespräche als Expertinnenberatungen charakterisieren. So verfügen die Beraterinnen zwar nicht über ein vertieftes Spezialistenwissen z. B. über regionale Weiterbildungsanbieter oder Berufsbilder, aber sie wissen, wer für welche Fragestellung zuständig ist oder wie man an entsprechende Wissensressourcen gelangen kann, um sich selbstgesteuert zu informieren (Hitzler, 1994; Stanik, 2015). Hierbei stellte die Möglichkeit, Co-Browsing-Prozesse durchzuführen und exemplarisch den Umgang mit Datenbanken der Weiterbildung zu zeigen, eine Besonderheit des Angebots dar. Die Erklärung der Datenbanken und der Umgang damit kann auch als eine Form von Lernberatung betrachtet werden, die das in Literatur geforderte pädagogische Moment von Bildungsberatung einzulösen vermag (Cuvry et al., 2009).

Es wird insgesamt deutlich, dass das untersuchte Angebot im heterogenen Gefüge der Bildungsberatungsanbieter, der regionalen Förder- und Informationsstrukturen einen wichtigen und niederschwelligen Beitrag zur institutionellen Orientierung der Bürgerinnen und Bürger leistete. Dennoch weisen die explorativen Fallbeobachtungen, die von den Beraterinnen selbst als typisch eingeschätzt worden sind, Diskrepanzen und (ungenutzte) Potentiale des Angebots auf. Gerade vor dem Hintergrund der inneren und äußeren Niederschwelligkeit (Knatz, 2009) von Telefonberatungen auf der einen Seite und der häufig noch nicht eindeutigen Berufs- und Weiterbildungsziele der Anrufenden auf der anderen Seite, sollten entsprechende Angebot stärker dazu genutzt werden, um gemeinsam mit Ratsuchenden in erste Reflexionsprozesse oder Kontextklärungen über die mit den Weiterbildungen verbundenen Ziele zu treten. Hiermit könnten neben einer inter-institutionellen Orientierung und Wissensvermittlung beispielsweise auch Neuorientierungen angestoßen, Lernbiografien, berufliche Entscheidungen reflektiert oder Distanzierungen zu situativen Problemlagen angeregt werden (Gieseke, 2013, S. 26).

Personen, die sich an berufsbezogener individueller Weiterbildung beteiligen, weisen zudem eine höhere Wahrscheinlichkeit für diskontinuierliche Erwerbsverläufe auf, sie partizipieren weniger häufig an betrieblichen Weiterbildungsbildungsmaßnahmen und ihre Nutzenerwartungen beziehen sich auf die Wiederaufnahme von Erwerbstätigkeit, auf Arbeitsmarktmobilität, auf berufliche Veränderung oder beruflichen Aufstieg (Kuper et al., 2017). In diesem Kontext könnten telefonische Weiterbildungsberatungen als niederschwelliges Beratungsangebot einen wichtigen Beitrag leisten, um diese Personengruppen in ihren Weiterbildungsaktivitäten zu unterstützen und/oder zu bestärken.

Literatur

Arnold, R., & Mai, J. (2009). Bildungsberatung – historische Entwicklung und aktuelle Begriffsbestimmung. In R. Arnold, W. Gieseke, & C. Zeuner (Hrsg.), *Bildungsberatung im Dialog. Band 1: Theorie - Empirie - Reflexion.* (S. 213–226). Schneider.

Becker-Mrotzek, M. (2001). Gespräche in Ämtern und Behörden. In K. Brinker, G. Antos, W. Heinemann, & S. V. Sager (Hrsg.), *Text- und Gesprächslinguistik. Linguistics of Text and Conversation. Ein internationales Handbuch zeitgenössischer Forschung. An International Handbook of Contemporary Research.* 2. Halbband (S. 1505-1525). De Gruyter.

Cuvry de, A., Kossack, P., & Zeuner, C. (2009). Das Hamburger Strukturmodell zur Bildungsberatung. *Hessische Blätter für Volksbildung,* 59 (1), 19-28.

Deppermann, A. (2008). Gespräche analysieren. Eine Einführung. Springer VS.

Enoch, C. (2011). Dimensionen der Wissensvermittlung in Beratungsprozessen. Gesprächsanalysen der beruflichen Beratung. Springer VS.

Flick, U. (2006). Qualitative Sozialforschung. Eine Einführung. Rowohlt.

Gieseke, W. (2013). Orientierungsberatung. In Agentur für Erwachsenen- und Weiterbildung (Hrsg.), *Bildungsberatung - Orientierung, Offenheit, Qualität. Die niedersächsischen Modellprojekte* (S. 15-35). W. Bertelsmann.

Gieseke, W., & Stimm, M. (2016). *Praktiken der professionellen Bildungsberatung. Innensichten auf die Entscheidungsfindung im Beratungsprozess.* Springer.

Gieseke, W., & Opelt. K. (2004). *Weiterbildungsberatung II. Studienbrief EB 2001, 2. überarb. Aufl.* TU Kaiserslautern, Zentrum für Fernstudien und Universitäre Weiterbildung.

Goller, A., Hebart, F., Lux, S., & Zienert, M. (o.J). *Reader des Moduls II „Telefon- und Telefon- und Onlineberatung“.*

Hitzler, R. (1994). Wissen und Wesen des Experten. Ein Annäherungsversuch – zur Einleitung. In R. Hitzler, A. Honer, & C. Maeder (Hrsg.): *Expertenwissen* (S. 13-30). Westdeutscher Verlag.

Jenschke, B., Schober, K., & Langner, J. (2014). *Lebensbegleitende Bildungs- und Berufsberatung in Deutschland. Strukturen und Angebote* (2., überarb. Aufl.). W. Bertelsmann.

Käpplinger, B. (2009). Zukunft der personenbezogenen Bildungsberatung – Vier mögliche Szenarien. In R. Arnold, W. Gieseke, & C. Zeuner (Hrsg.), *Bildungsberatung im Dialog. Band 1* (S. 227–247). Schneider.

Käpplinger, B. (2020). Weiterbildungsberatung: Mantra oder manifester Bedarf? *Berufsbildung in Wissenschaft und Praxis*, 49 (1), 17-21.

Käpplinger, B., & Stanik, T. (2014). Gutscheinberatung als regulative Beratungsarbeit in der Weiterbildung: Verpasste Chancen für Beratung? In A. Schlüter (Hrsg.), *Beratungsfälle – Fallanalysen für die Lern- und Bildungsberatung* (S. 144–160). Barbara Budrich.

Knatz, B. (2009). Die webbasierte Mail-Beratung. In S. Kühne, & G. Hintenberger, (Hrsg.), *Handbuch Online-Beratung. Psychosoziale Beratung im Internet* (S. 59-68). Vandenhoeck und Ruprecht.

Knoblauch, H. (2001). Fokussierte Ethnographie. In: *Sozialer Sinn*, 1, 123-141.

Kuper, H., Christ, J., & Schrader, J. (2017). Individuelle berufsbezogene Weiterbildung. In F. Bilger, F. Behringer, H. Kuper, & J. Schrader (Hrsg.), *Weiterbildungsverhalten in Deutschland 2016 Ergebnisse des Adult Education Survey (AES)* (S. 74-82). W. Bertelsmann.

Maier-Gutheil, C. (2009). *Zwischen Beratung und Begutachtung. Pädagogische Professionalität in der Existenzgründungsberatung.* Springer VS.

McLeod, J. (2004). Telefonberatung. In J. McLeod (Hrsg.): *Counselling – Eine Einführung in Beratung* (S. 401-403). Deutsche Gesellschaft für Verhaltenstherapie.

Müller, A. (2005). Weiterbildungsberatung. Qualitative Analyse von Interaktions- und Prozessverläufen situativer und biographieorientierter Weiterbildungsberatungsgespräche. Rhombos.

Pörtner, S. (2006). Anforderungsstruktur und Praktiken der Berufswahlberatung. Eine interaktionsanalytische Untersuchung von Berufsberatungsgesprächen. Universitätsbibliothek Johann Christian Senckenberg.

Schiersmann, C., Petersen, C. M., & Weber, P. (2017). *Kompetenzerfassung im Beratungsfeld Bildung, Beruf und Beschäftigung. Instrumente zur Dokumentation, Bewertung und Reflexion der Kompetenzen von Beratenden.* wbv.

Spradley J. P. (1979). *The ethnographic interview.* Holt, Rinehart & Winston.

Stanik, T. (2014). „Steht ja im Programm“ – Kurswahlberatung am Beispiel einer Englischeinstufungsberatung. In A. Schlüter (Hrsg.), *Beratungsfälle - Fallanalysen für die Lern- und Bildungsberatung* (S. 129-143). Barbara Budrich.

Stanik, T. (2015). Beratung in der Weiterbildung als institutionelle Interaktion. Peter Lang.

Stanik, T., & Maier-Gutheil, C. (2018). E-Mail-Weiterbildungsberatungen. Ergebnisse einer qualitativen Korrespondenzanalyse. *MedienPädagogik. Zeitschrift für Theorie und Praxis der Medienbildung*, 30, (73-93). https://doi.org/10.21240/mpaed/30/2018.03.02.X

Weiß, R. (2008). Weiterbildung: Beratung tut not. *BWP*, 37 (1), 3-4.

Wenzel, J., Jaschke, S. & Engelhardt, E. (2020). Krisenberatung am Telefon und per Video in Zeiten von Corona. *e-beratungsjournal.net, Fachzeitschrift für Onlineberatung und computervermittelter Kommunikation*, 16, 1.

Wohlrab-Sahr, M. (2018. Objektive Hermeneutik. In R. Bohnsack, W. Marotzki, & M. Meuser (Hrsg.), *Hauptbegriffe Qualitativer Sozialforschung (S. 170-174).* UTB.

Caroline Dietz, Martin Reuter, Claudia Pohlmann und Nina Lichte

Zur Gestaltung der Weiterbildungsberatung: Erfahrungen und Erwartungen aus Bevölkerungsperspektive

1 Einleitung

Gesellschaftliche Transformationsprozesse wirken sich auf individuelle Berufs- und Bildungsbiografien unmittelbar aus und bedingen Umbrüche und Anlässe zur Veränderung, denen lernend begegnet werden kann. Indem Beratung eine Orientierung im Weiterbildungssystem ermöglicht, kann sie als Supportstruktur die Bildungsteilhabe und -entscheidungen der Individuen unterstützen und deren Handlungsautonomie fördern (vgl. Schmidtke & Gugitscher, 2021, S. 115). Es ist ein Kernanliegen klassischer Beratungsansätze, dass dadurch die freie Entscheidungsfähigkeit der Subjekte gestärkt werden soll. Ethisch problematisch ist in diesem Kontext, wenn Beratung als „regulative Beratung" (Käpplinger, 2016) steuerungspolitisch eingesetzt werden soll, um bestimmte Entscheidungen anzubahnen. Schiersmann (2021, S. 23) rekurriert in diesem Kontext auf Ribolits grundlegende Beratungskritik:

> „Ribolits sieht in der Explosion von Beratung ein politisches Phänomen: Er konstatiert eine Pädagogisierung der Gesellschaft, die Menschen dazu bringen soll, „die ökonomische Logik derart zu verinnerlichen, dass sie die Zwänge des Kapitalismus nicht mehr als von Menschen auferlegt, sondern als naturgegeben begreifen" (Ribolits, 2007, S. 23).

Beratung ist in diesem Verständnis nicht (mehr) primär dem Subjekt verpflichtet, sondern eine „sanfte", gouvernementale Form der Menschenführung.

Innerhalb der Diskurse zum Lebenslangen Lernen wird verstärkt die Bedeutung der Weiterbildungsberatung hervorgehoben und diskutiert (Gieseke & Nittel, 2016). Die vielfältigen Strukturen der Weiterbildung erzeugen viele Anreize, aber auch eine Unübersichtlichkeit über Bildungsangebote und Fördermöglichkeiten, was die Suche nach passgenauen Angeboten sehr aufwändig gestalten kann (vgl. BMAS & BMBF, 2019, S. 6). Diese Unübersichtlichkeit wird von Bildungspolitik und Wissenschaft häufig als Begründungslogik für die Relevanz von Weiterbildungsberatung herangezogen und von Käpplinger (2020, S. 17) als „Intransparenzthese" bezeichnet.

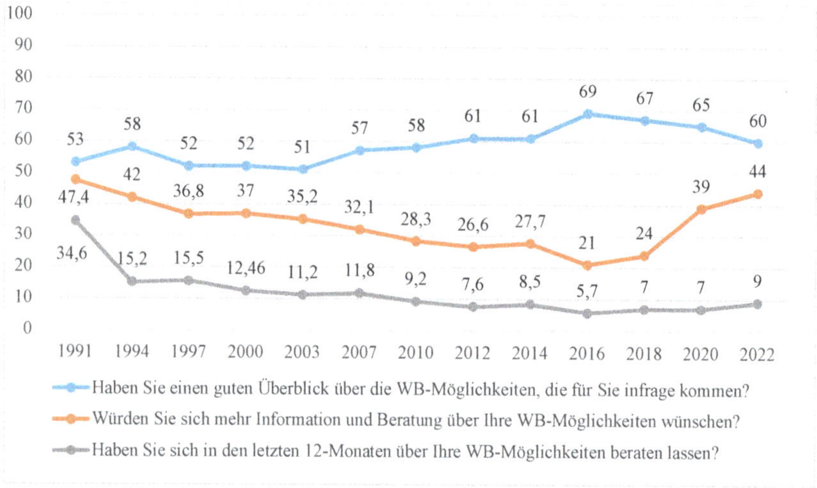

Abb. 1: Nutzungsdaten zur Weiterbildungsberatung in AES/BSW in Prozent (Basis: 18- bis 64-Jährige)
Quelle: Eigene ergänzte Darstellung in Anlehnung an Käpplinger, 2020, S. 18[1]

Hierzu liegen über den Adult Education Survey (AES) repräsentative Informationen zur Nutzung von Weiterbildungsberatung aus Perspektive der Bevölkerung im Alter von 18 bis 64 Jahren vor, die in Abbildung 1 im Längsschnitt dargestellt sind.

Zunächst ist festzuhalten, dass immerhin die Mehrheit der Bevölkerung in jedem Erhebungsjahr seit 1991 einen guten Überblick über die eigenen Weiterbildungsmöglichkeiten sieht. Die Intransparenzthese trifft insofern nicht zu, da bisher mehr als 50 Prozent einen guten Überblick sahen und 2016 sogar mit 69 Prozent ein Spitzenwert erreicht wurde. Allerdings bedeutet dies gleichzeitig auch, dass circa ein Drittel bis fast 50 Prozent der Bevölkerung einen nicht-guten Überblick bekunden. Zudem ist dieser Wert seit 2016 auf „nur" noch 60 Prozent im Jahr 2022 gesunken. Gleichzeitig ist seit 2016 auch der Wunsch nach Information und Beratung deutlich angestiegen. Lag der Wert im Jahr 2016 noch bei 21 Prozent, hat sich dieser im Jahr 2022 mit 44 Prozent mehr als verdoppelt. Erstaunlich ist dabei, dass nur 9 Prozent der Befragten in den letzten 12 Monaten

1 Die Daten für die Abbildung wurden aus verschiedenen BSW- und AES-Ergebnisberichten in Anlehnung an die Analyse von Käpplinger (2020) zusammengestellt und um die Jahre 2020 und 2022 erweitert.

eine Beratung über die eigenen Bildungs- oder Weiterbildungsmöglichkeiten wahrgenommen haben. Die geringe Nutzung von Beratungsmöglichkeiten hält sich zudem seit ca. 15 Jahren mit weniger als 10 Prozent konstant.

Bezugnehmend auf die eingangs formulierte „Intransparenzthese" könne der gestiegene Wunsch nach mehr Beratung mit den komplexen und dezentralen Weiterbildungsstrukturen in Deutschland erklärt werden, da angesichts des großen Angebots die Suche nach geeigneten Weiterbildungsmöglichkeiten schwerfalle (OECD, 2021). Gleichzeitig können die pluralen Strukturen aber auch positiv als „bedarfsgerechte Vielfalt" (Bilger & Koubek, 2024, S. 70) interpretiert werden, d.h., dass Erwachsenen z. B. je nach Lebensphase und Beratungsanliegen unterschiedliche Angebote zur Verfügung und Auswahl stehen, was auch der Vielfalt unserer Gesellschaft gerecht werde (Käpplinger, 2020; Schober & Lampe, 2022).

Dennoch stellt sich die Frage, wie die Diskrepanz zwischen Wunsch und Nutzung erklärt werden kann, also warum Beratung bislang so relativ wenig genutzt wird, obwohl in der Bevölkerung ein Bedarf nach einem Mehr an Informationen und Beratung zur Weiterbildung bekundet wird. Ein möglicher Grund für die geringe Teilnahme an Beratung könnte – in Analogie zu den Weiterbildungsstrukturen – in der Bekanntheit und Unübersichtlichkeit der Angebots- und Anbieterlandschaft von Weiterbildungsberatung liegen. Wissenschaft, Bildungspolitik und Beratungsverbände/-netzwerke wie der Deutsche Verband für Bildungs- und Berufsberatung e.V. (dvb) oder das Nationale Forum Beratung in Bildung, Beruf und Beschäftigung e.V. (nfb) verweisen seit über 20 Jahren in diversen Stellungnahmen und Positionspapieren auf die mangelnde Transparenz von Beratungsstrukturen und -angeboten für Ratsuchende (BMBF & BMAS, 2021; dvb, 2017; Käpplinger et al., 2023; nfb, 2009; Thiel, 2021). Außerdem sind viele Beratungsangebote durch Projektförderungen befristet, was eine gewisse Fragilität der Beratungsstrukturen mit sich bringt. Beispielsweise wurde das Infotelefon des BMBF als bundesweit erreichbare informative Beratung 2022 ersatzlos eingestellt. Dies ist kein Ausnahmefall, sondern immer wieder werden über Projekte und Programme des Bundes oder der Länder Beratungsstrukturen lediglich temporär, aber nicht nachhaltig aufgebaut. Weitere Beispiele, in denen institutionelle Strukturen für Bildungsberatung aufgebaut, aber häufig nicht verstetigt werden konnten, sind die Projekte „Lernende Regionen" (2001–2008) und „Lernen vor Ort" (2009–2012) (Gieseke & Pohlmann, 2016).

Insgesamt braucht es hierfür auch mehr empirische Evidenzen zu Weiterbildungsberatung. Es fehlt jedoch an repräsentativen Beratungsstatistiken oder einem kontinuierlichen und flächendeckenden Monitoring für diesen Bereich, was in zahlreichen Publikationen der letzten Jahre immer wieder bemängelt bzw.

gefordert wird (Bilger & Käpplinger, 2022; Craney & Schober, 2024; Käpplinger, 2020; Schober & Käpplinger, 2017). Die Informationen zu Weiterbildungsberatung im AES geben nur bedingt darüber Aufschluss, wie sich Erwachsene zu Weiterbildung beraten lassen wollen und warum bzw. inwiefern sie Beratungsangebote tatsächlich nutzen. In der Forschung zu Weiterbildungsberatung existieren darüber hinaus keine Befunde zu bisher bestehenden Erfahrungen, Bedarfen und Bedürfnissen aus Bevölkerungsperspektive, was als Forschungslücke identifiziert werden kann.

Im vorliegenden Forschungsprojekt wurde dieses Desiderat aufgegriffen, indem Perspektiven auf Weiterbildungsberatung bevölkerungsnah erschlossen wurden. Im Zentrum stand dabei die Erhebung von Erfahrungen, Erwartungen und Wünschen an Weiterbildungsberatung mit den folgenden leitenden Forschungsfragen:

- Welche Relevanz wird Weiterbildungsberatung zugeschrieben?
- Welche Erfahrungen bestehen mit Beratungsangeboten und -formaten?
- Welche Erwartungen richten Erwachsene an Weiterbildungsberatung?
- Welche Wünsche zur Gestaltung der Weiterbildungsberatung bestehen in der Bevölkerung?

Um diesen Fragen nachzugehen, wird im Folgenden Weiterbildungsberatung im Kontext Lebenslangen Lernens sowohl begrifflich als auch konzeptionell verortet (Kap. 2). Dabei wird auch der Forschungsstand zu Weiterbildungsberatung mit Fokus auf der Nutzung und Gestaltung dieser skizziert. Anschließend werden das methodische Design der Studie erläutert (Kap. 3) sowie die Ergebnisse präsentiert (Kap. 4). Der Beitrag schließt mit einer Diskussion und einem Ausblick (Kap. 5).

2 Bedeutung und Verständnis von Weiterbildungsberatung im Kontext Lebenslangen Lernens

Die Bedeutung der Weiterbildungsberatung steht in einem engen Zusammenhang mit den gesamtgesellschaftlichen Transformationsprozessen, die das Leben der Menschen in vielfältiger Weise beeinflussen (vgl. Schiersmann, 2021, S. 15). Durch Megatrends wie die Digitalisierung, Globalisierung oder Individualisierung verlieren traditionelle Lebensmodelle an Bedeutung und neue Formen der persönlichen Entfaltung im beruflichen und privaten Leben entstehen. Diese Veränderungen bringen neben Entfaltungsmöglichkeiten auch Unsicherheiten und Unvorhersehbarkeiten mit sich. Während der Lebenslauf nach dem 2. Weltkrieg bis in die zweite Hälfte des 20. Jahrhunderts häufig durch einen vermeintlich geradlinigen Bildungs- und Berufsweg (‚(männliche) Normalbiografie') geprägt war, ist er heute deutlich mehr durch Brüche, Umorientierungen und Neuanfänge gekennzeichnet (Beck, 1986).[2]

In diesem Kontext bietet die Weiterbildungsberatung eine wertvolle Unterstützung, indem sie Menschen bei der Orientierung, Reflexion und Entscheidungsfindung zu Lern- und Bildungsmöglichkeiten in verschiedenen Lebensphasen und -bereichen begleitet (vgl. ebd., S. 15f.). „Dies beginnt bei der Entscheidung über die Schullaufbahn, geht über die Wahl einer Berufsausbildung oder eines Studiums bis zur Teilnahme an Weiterbildung“ (Schiersmann, 2018, S. 1496).

Weiterbildungsberatung kann dazu beitragen, die Teilnahme an Lebenslangem Lernen und Weiterbildung zu erhöhen, indem Erwachsene beispielsweise darin unterstützt werden, noch unklare Bildungswünsche zu präzisieren, bisher erworbene Kompetenzen zu bilanzieren, zu ihren Bedürfnissen und Lebenssituationen passende Weiterbildungsmöglichkeiten zu finden und Informationen zu finanziellen Unterstützungsmöglichkeiten zu erhalten. So kommen multivariate Analysen im

> AES-Trendbericht (BMBF, 2024, S. 43) zum Ergebnis: „Besonders günstige Chancen mit Blick auf die Höhe der Average Marginal Effect (AME) hinsichtlich der Beteiligung an Weiterbildung finden sich unter Personen, die eine Beratung wahrgenommen haben (10 % höhere Chance als Personen ohne Beratung)“.

Darüber hinaus fördert die Weiterbildungsberatung gesellschaftliche Teilhabe und Selbstwirksamkeit, indem sie Menschen zur selbstbestimmten Erkundung neuer Bildungswege ermutigt (vgl. Gieseke & Nittel, 2016, S. 16). Sie versteht sich dabei nicht als Pflicht, sondern als unterstützendes Angebot bei individuellen Problemlösungen (vgl. ebd., S. 102; Schiersmann, 2018). Dabei steht die „Entwicklung des Individuums in Auseinandersetzung mit sich selbst und den strukturellen Handlungsbedingungen“ (Schmidtke & Gugitscher, 2021, S. 111; vgl. auch Cuvry, Kossack & Zeuner, 2009a, 2009b) im Mittelpunkt. Individuelle, pädagogische Beratung sollte dabei darauf abzielen, die persönlichen Fähigkeiten und Ressourcen

2 Es sei jedoch aus historischer Perspektive angemerkt, dass auch in der Vergangenheit erhebliche Transformationen von Wirtschaft und Gesellschaft im Kontext der Industrialisierung stattgefunden haben. Als Beispiel kann die deutsche Kohlekrise angeführt werden, die bereits Ende der 1950er Jahre einsetzte und zur sukzessiven Schließung von Zechen, Hochöfen und Stahlwerken sowie einer beruflichen Neuorientierung für Millionen Menschen führte. Nach 1990 gab es in Ostdeutschland ebenfalls massive Umbrüche und berufliche Diskontinuitäten. Für Frauen galt die sogenannte Normalbiografie oft umso weniger und frühe Formen der Weiterbildungsberatung richteten sich oft an sogenannte Berufsrückkehrerinnen, die durch dominant von Frauen getragenen Familienzeiten den beruflichen Anschluss verloren hatten.

des Menschen zu fördern. Aus anthropologischer und bildungstheoretischer Sicht soll Beratung dem Individuum dabei helfen, durch Unterstützung der eigenen Entscheidungskompetenz neue Möglichkeiten und Freiräume zur Lebensgestaltung zu erschließen (vgl. Gieseke, 2016, S. 33).

Es existieren verschiedene Definitionen und Verständnisse von Beratung im Kontext Lebenslangen Lernens. In Deutschland hat sich insbesondere die Bezeichnung der BBB-Beratung, der „Beratung in Bildung, Beruf und Beschäftigung" etabliert, die sich an der Definition der Europäischen Union orientiert. Diese betont die Bedeutung der Beratung für die Förderung der Selbstbestimmung und Eigenverantwortung der Individuen in allen Lebensphasen.

> „Vor dem Hintergrund des lebenslangen Lernens erstreckt sich Beratung auf eine Vielzahl von Tätigkeiten, die Bürger jeden Alters in jedem Lebensabschnitt dazu befähigen, sich Aufschluss über ihre Fähigkeiten, Kompetenzen und Interessen zu verschaffen, Bildungs-, Ausbildungs- und Berufsentscheidungen zu treffen sowie ihren persönlichen Werdegang bei der Ausbildung, im Beruf und in anderen Situationen, in denen diese Fähigkeiten und Kompetenzen erworben und/oder eingesetzt werden, selbst in die Hand zu nehmen" (Europäische Union, 2004, S. 2).

Gemäß diesem Verständnis umfasst die BBB-Beratung jegliche Formen von Bildungs- und Berufsberatung, die sich auf das gesamte Leben erstrecken, wie z. B. die Orientierungsberatung am Übergang Schule – Beruf oder die Karriere- oder Weiterbildungsberatung im Erwerbsleben. Mit diesem Verständnis ist auch die Abkehr von der klassischen Unterscheidung in Bildungsberatung einerseits und Berufs- bzw. Weiterbildungsberatung andererseits verbunden. Von unterschiedlichen Akteuren werden vielmehr Forderungen nach „integrativen, lebensbegleitenden, bereichs- und institutionenübergreifenden Beratungsleistungen" (Schober & Lampe, 2022, S. 6) geäußert, die sowohl das Privat- als auch das Arbeitsleben in den Blick nehmen. Lerch & Weitzel (2023) plädieren für ein subjektbezogenes Verständnis von Beratung, das Leben und Arbeiten in Beratungsangeboten zusammendenkt, um damit auch der Komplexität und Pluralität des Lebens gerecht werden zu können (vgl. ebd., S. 48). Die Autoren beziehen sich dabei auf Faulstichs Begriff der „lebensentfaltenden Bildung" (Faulstich, 2003), wonach Beratung über reine Wissensvermittlung hinausgehen und Individuen dazu ermächtigen sollte, ihr eigenes Leben aktiv zu gestalten und persönliche Handlungsmöglichkeiten zu erweitern (vgl. Lerch & Weitzel, 2023, S. 50). Weiterbildungsberatung kann somit über die reine Informationsvermittlung bzw. Orientierung in den unübersichtlichen Strukturen des Weiterbildungssystems hinausgehen. Sie ist vielmehr als Lern- bzw. Bildungsprozess zu verstehen, da sie sich auf die Auseinandersetzung des Individuums mit sich selbst und seiner Umwelt (z. B. sozialen, wirtschaftlichen und politischen Bedingungen) bezieht und auf die Förderung von Selbstbestimmung und Aufklärung abzielt (vgl. Maier-Gutheil & Nierobisch, 2015, S. 22f.). Wichtig ist dabei jedoch zu berücksichtigen, dass Beratungsanlässe, -verläufe und -bedarfe unterschiedlich komplex sein können. Gieseke und Opelt (2004) unterscheiden in ihrer Typologie der Weiterbildungsberatung zwischen informativen, situativen und biografieorientierten Beratungen. Während bei informativen Beratungen der Bedarf klar und spezifisch ist (z. B. durch Beratung Informationen zu finanziellen Fördermöglichkeiten für eine konkrete Weiterbildung zu erhalten), können die Bedarfe bei biografieorientierten Beratungen noch zieloffen, latent oder unklar sein. Hierfür erfordert es eine intensive Auseinandersetzung mit der eigenen Bildungsbiografie, der Lebenssituation und -zielen sowie potenziellen Entwicklungswegen.

So wie das Leben von Individuen von gesamtgesellschaftlichen Entwicklungen geprägt ist, ist auch die Weiterbildungsberatung nicht losgelöst von diesen Kontexten zu betrachten. Das systemische Verständnis von Beratung, wie es Schiersmann und Thiel (2018) in ihrem Kontextmodell der Beratung darstellen (s. Abbildung 2), bietet einen theoretischen Ansatz, der die Komplexität von Beratungsprozessen berücksichtigt. Demnach ist individuelle Weiterbildungsberatung immer auch in organisationale und gesellschaftliche Kontexte eingebettet. Diese Kontextbedingungen von Beratung beeinflussen dabei den Beratungsprozess und umgekehrt.

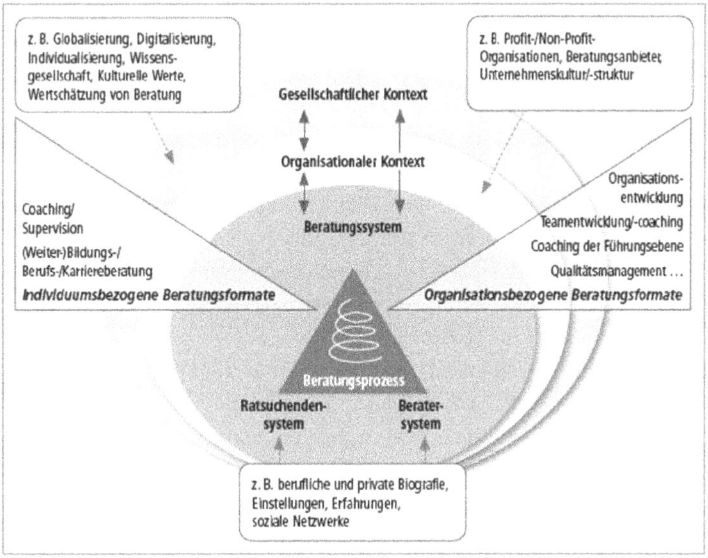

Abb. 2: Systemisches Kontextmodell von Beratung
Quelle: Schiersmann & Thiel, 2018, S. 34

Im Kern steht der Beratungsprozess als Interaktion zwischen Ratsuchenden und Beratenden, die jeweils ihre eigenen Ressourcen, wie z. B. berufliche und private Erfahrungen und Einstellungen, einbringen und den Prozess damit konstituieren. Zusätzlich bringen Beratende ihre professionellen, beruflichen Handlungskompetenzen ein, wobei die Beratung stets auf Augenhöhe erfolgen sollte. Wie im Modell deutlich wird, existieren sowohl auf das Individuum bezogene Beratungsformate wie die im vorliegenden Beitrag untersuchte Weiterbildungsberatung, als auch organisationsbezogene Beratungsformate. (vgl. Schiersmann, 2018, S. 1500) Im Kontext von Fragen zu Weiterbildung wird dabei aktuell der Qualifizierungsberatung für Unternehmen wieder mehr Relevanz zugeschrieben (vgl. BMBF & BMAS, 2019; Freiling et al., 2024).

Neben diesen, den Beratungsprozess unmittelbar beeinflussenden Gegebenheiten nimmt der organisationale Kontext Einfluss auf die Beratung. Besonders im Fokus stehen dabei die Beratungsanbieter mit ihrem jeweiligen Selbstverständnis, Rahmenbedingungen und Setting. Beispielsweise werden neben grundsätzlich freiwilligen auch regulativ wirkende Beratungen angeboten, z. B. wenn für die Inanspruchnahme bestimmter staatlicher Förderungen für Weiterbildung eine Beratung vorausgesetzt wird, was auf manche Ratsuchende abschreckend wirken kann (vgl. Schiersmann, 2021, S. 23; Käpplinger, 2016). Insgesamt sind Beratungsanbieter in den unterschiedlichsten Lebensphasen bzw. im gesamten Lebenslauf von Individuen vertreten und können als wichtiger Bestandteil des pädagogischen Systems Lebenslangen Lernens gesehen werden (Nittel, 2016, S. 27f.). Nittel (2016) spricht in diesem Zusammenhang auch von einem „dichten Geflecht von Einrichtungen mit einem Erziehungs- und/oder Bildungsauftrag, die ihren Zielgruppen pädagogische Beratungsoptionen offerieren“ (ebd., S. 27). Gemeint sind damit auch (Weiter-)Bildungseinrichtungen, deren Hauptaufgabe zwar nicht in Erziehung und Beratung liegt, aber Beratung wird im Angebotsspektrum mitangeboten. Dies können beispielsweise Volkshochschulen, Kammern, Arbeitsagenturen oder Gewerkschaften sein. Übersichten über die Vielfalt der Angebote und Anbieter von Beratung im Kontext Lebenslangen Lernens bzw. quer über die Lebensspanne finden sich beispielsweise bei Schiersmann (2018) oder Schober & Lampe (2022). Obwohl Weiterbildungsberatung dazu beitragen soll, dass Ratsuchende mehr Übersicht und Transparenz über Weiterbildungsmöglichkeiten erhalten, tragen die Anbietervielfalt und komplexen Strukturen paradoxerweise ebenfalls zu Unübersichtlichkeit bei und werden häufig wegen zersplitterter Zuständigkeiten, fehlendem flächendeckenden Ausbau oder projektbedingter Befristung von Angeboten kritisiert (vgl. Schiersmann, 2018, S. 1500).

Neben der Interaktionsebene aus Ratsuchenden- und Beratendensystem und der organisationalen Ebene mit den vielfältigen Beratungsanbietern, nimmt auch der gesellschaftliche Kontext Einfluss auf Beratungsprozesse. Dazu gehört beispielsweise die Situation auf dem Arbeitsmarkt, die wirtschaftliche Lage oder rechtliche Rahmenbedingungen. Auch gesamtgesellschaftliche Krisen wie der Klimawandel oder Kriege können dabei eine Rolle spielen (Bilger & Käpplinger, 2022). Diese Aspekte können sich sowohl auf die Nachfrage nach Beratung als auch die Art der angebotenen Beratungsleistungen auswirken, z. B. durch die Veränderung angebotener Formate wie Face-to-Face-Beratung in Präsenz hin zu digitalen Formaten oder hybriden Lösungen. Ein weiterer wichtiger Aspekt ist die gesellschaftliche Wahrnehmung und Wertschätzung von Beratung, also die Frage, ob Beratung eher als Reaktion auf persönliche Probleme oder als „reflexive Begleitung von Veränderungsprozessen" (Schiersmann, 2018, S. 1502), sprich einer selbstverständlichen Unterstützungsmöglichkeit in Zeiten des Wandels, wahrgenommen wird.

Insgesamt zeigt das Kontextmodell, dass Weiterbildungsberatung in einem komplexen Zusammenspiel von individuellen, organisationalen und gesellschaftlichen Rahmenbedingungen konstituiert ist. Fragen nach der (zukünftigen) Gestaltung von Weiterbildungsberatung, wie sie im vorliegenden Beitrag gestellt werden, sollten daher immer alle drei Ebenen miteinbeziehen.

Wird der Forschungsstand zu Strukturen der Weiterbildungsberatung betrachtet, verweisen Schiersmann, Maier-Gutheil & Weber (2018) darauf, dass dieser insbesondere in Bezug auf die Beteiligung und den Zugang zu Beratung, die Anbieterlandschaft und der Nutzung von Formaten (mit Fokus auf Online-Beratung) weiter ausgebaut werden sollte (vgl. ebd., S. 16). Wie bereits eingangs beschrieben, werden repräsentative Daten zu Strukturen der Weiterbildungsberatung bislang nur partiell im AES erhoben, wobei die Daten sich primär auf Nutzungszahlen beziehen. Bezüglich der gewählten Beratungsformate scheint die Präferenz zur Präsenzberatung in der Bevölkerung zu dominieren (vgl. BMBF, 2024, S. 72). So haben gemäß den Ergebnissen des AES 2022 über drei Viertel (76 %) aller Personen, die eine Weiterbildungsberatung in den letzten zwölf Monaten wahrgenommen haben, ein persönliches Beratungsformat gewählt. 22 Prozent haben sich dagegen für eine Beratung ohne direkten menschlichen Kontakt entschieden, z. B. in Form von Chat-Bots oder virtuellen Assistenten. Bedauerlicherweise wurde die Nutzung von weiteren Online-Formaten mit persönlichem Kontakt, z. B. videobasierte oder E-Mailberatung sowie die telefonische Beratung im AES 2022 nicht berichtet. Bilger und Käpplinger (2022) haben auf Basis eigener Analysen der AES-Daten aus den Jahren 2018 und 2020 die Nutzung unterschiedlicher Beratungsformate vergleichend untersucht. So konnte zwischen 2018 und 2020 ein Anstieg bei den Formaten der Telefonberatung (12 % in 2018, 29 % in 2020) und Online-Beratungsformaten wie Video- oder E-Mailberatung (20 % in 2018, 33 % in 2020) verzeichnet werden. Auch wenn die Nutzung dieser Formate zu steigen scheint (womöglich zu den Erhebungszeiträumen auch pandemiebedingt durch Kontaktverbote), dominiert in den Analysen von Bilger und Käpplinger weiterhin das persönliche Gespräch in Präsenz (45 % in 2020).

Hinsichtlich der präferierten Beratungsanbieter wurden die meisten Beratungen im AES 2022 bei den Arbeitsagenturen (30 %) durchgeführt. An zweiter Stelle folgt der eigene Arbeitgeber (24 %), gefolgt von Bildungseinrichtungen (18 %) und Weiterbildungseinrichtungen (11 %) sowie anderen Einrichtungen (12 %). Erstaunlich ist die zu beobachtende Verschiebung hinsichtlich der Beratung beim eigenen Arbeitgeber, der im Jahr 2018 nur bei 18 % lag und im Jahr 2022 der zweithäufigste, präferierte Beratungsanbieter ist, wobei keine empirischen Erkenntnisse zu Begründungen dieser Verschiebungen vorliegen, was als Desiderat ausgewiesen werden kann.

Die meisten Befragten sind laut AES-Ergebnissen im Jahr 2022 mit der wahrgenommenen Beratung eher oder sehr zufrieden (82 %). Auch die Beratungsanbieter (85 %) und die Kompetenzen der Beratenden (83 %) wurden ähnlich gut bewertet (vgl. Bilger & Koubek, 2024, S. 73).

Mit Blick auf die in der Einleitung und im Kapitel 2 skizzierten Daten zur Weiterbildungsberatung im AES wird insgesamt deutlich, dass bisher zwar Eckdaten zum Nutzungsverhalten in der Bevölkerung erhoben werden, diese aber noch keinen Aufschluss darüber geben, warum beispielsweise der Bedarf nach Beratung steigt, die tatsächliche Inanspruchnahme von Beratung sich aber seit über 20 Jahren konstant auf einem niedrigen Niveau von unter 10 Prozent bewegt (s. Abbildung 1). Folglich fehlt es an empirisch fundierten Begründungen zum individuellen Nutzungsverhalten (z. B. zu Anbieterpräferenzen, der Nutzung von (Online-)Formaten, der Bedeutung von Beratung aus der Perspektive der Individuen sowie der Bekanntheit von Angeboten). Diese Desiderate wurden mit Blick auf die Frage nach bevölkerungsnahen Perspektiven zur Gestaltung von Weiterbildungsberatung im vorliegenden Projekt aufgegriffen.

3 Forschungsmethodisches Vorgehen: Gruppendiskussionen mit der Bevölkerung

Um die Vielfalt der Weiterbildungsberatung aus der Bevölkerungsperspektive zu erforschen, wurde ein qualitativer Zugang über leitfadengestützte Gruppendiskussionen, sogenannte Fokusgruppen (engl. focus groups, Chioncel et al., 2003), gewählt (Schäffer, 2012). Zentral war dabei die offene Erhebung von Wünschen und Erwartungen, Erfahrungen, Möglichkeiten, Potenzialen und Grenzen rund um die Weiterbildungsberatung und deren Gestaltung.

Methodisch werden die Begriffe Gruppendiskussion und Fokusgruppe häufig synonym verwendet (Lamnek & Krell, 2016; Vogel, 2014). Gruppendiskussionen zielen neben der Informationsgewinnung zu einem definierten Thema auf die partizipative Erhebung von Erfahrungen und Einstellungen in einer offenen, informellen Atmosphäre mit mehreren Befragten ab (vgl. Vogel, 2014, S. 581). „Dabei geht es nicht (nur) um einen Austausch von Argumenten, sondern es wird auch erzählt, erinnert oder gegenseitig ergänzt“ (ebd.). Das Erhebungsverfahren lässt sich in Anlehnung an Schäffer (2012) zwischen Gespräch und Gruppeninterview einordnen (vgl. ebd., S. 350). Die Kommunikationsprozesse werden von den Forschenden initiiert und je nach Erkenntnisinteresse moderierend (z. B. durch Leitfragen) begleitet, gezielt gesteuert oder zurückhaltend beobachtet (vgl. ebd.).

Flick (2012) unterscheidet Gruppendiskussionen und Fokusgruppen dahingehend, dass Gruppendiskussionen vor allem auf die Rekonstruktion von Gesprächsverläufen und Gruppendynamiken abzielen, während in Fokusgruppen festgelegte Themen bearbeitet werden und die diskutierten Inhalte im Zentrum der Analyse stehen (ebd., S. 250f.; Bär et al., 2020, S. 210; Schäffer, 2012, S. 350). Entsprechend sind Forschende in Fokusgruppen aktiver und stärker mitsteuernd in die Gesprächsführung eingebunden, indem sie beispielsweise Leitfragen stellen und die Gruppe im Sinne der zu diskutierenden Themen moderieren (vgl. Schäffer, 2012, S. 350). Ein Vorteil von Fokusgruppen besteht darin, dass „sie in relativ kurzer Zeit unterschiedliche Perspektiven erheben und dabei Einblicke in die Lebenswelt der Teilnehmenden ermöglichen“ (Bär et al., 2020, S. 214).

Die im Forschungsprojekt durchgeführten Gruppendiskussionen mit Personen aus der Bevölkerung können ebenfalls den Fokusgruppen zugeordnet werden, da zielgerichtet über das Thema der Weiterbildungsberatung unter Nutzung von Leitfragen gesprochen und diskutiert wurde. Im Gegensatz zu klassischen Gruppendiskussionen, die Gesprächsdynamiken in die Analyse mit einbeziehen, lag hier der Fokus auf der Analyse inhaltlicher Aspekte wie Erfahrungen, Erwartungen und Wünsche an Weiterbildungsberatung. Entsprechend werden Fokusgruppen auch als eine spezifische Form der Gruppendiskussion verortet (Schäffer, 2012).

Im Rahmen der Samplebildung wurden gezielt verschiedene Fokusgruppen adressiert, welche die Heterogenität der Gesellschaft berücksichtigen und entsprechend den Lebenswirklichkeiten der Befragten unterschiedliche Perspektiven auf Weiterbildungsberatung abbilden (Bremer et al., 2015). Der Rückgriff auf zumeist reale Gruppen, die vor dem Erhebungszeitpunkt schon bestehen bzw. Personen, die sich untereinander bereits kennen, erwies sich insofern als vorteilhaftes Vorgehen, wenngleich in einer Fokusgruppe in München auch Einzelpersonen rekrutiert wurden. Die Rekrutierung bzw. Zusammensetzung von Gruppen kann sich als aufwändig gestalten, da terminliche Abstimmungen komplexer als bei Einzelinterviews sind und geeignete und befragungsbereite Personen gefunden werden müssen (vgl. Schäffer, 2012, S. 355). Außerdem kann es vorteilhaft sein, wenn sich die Gruppenmitglieder bereits kennen, da die Schwelle, miteinander in Kontakt zu treten und sich in vorgegebener Zeit zu einem Thema auszutauschen, geringer sein kann (vgl. ebd.).

Um einen Zugang zu unterschiedlichen Gruppen zu ermöglichen, wurden so auch (Weiter-)Bildungsanbieter aus verschiedenen Kontexten ausgewählt, von denen erwartet wird, dass spezifische Gruppen in diesen Kontexten anzutreffen sind. Bremer (2010) weist darauf hin, dass Weiterbildungseinrichtungen unterschiedliche Schwerpunkte hinsichtlich der vertretenen Milieus aufweisen können. Personen mit ähnlichem Habitus, beispielsweise mit geteilten Normen und Wertvorstellungen in Bezug auf Bildung, Arbeit und Leben, finden sich demnach in ähnlichen Weiterbildungseinrichtungen zusammen.

> „So weisen die (klein-)bürgerlichen Milieus oft eine besondere Affinität zur Volkshochschule auf. Das dürfte auch für die kirchliche Erwachsenenbildung gelten. Teilnehmende der politischen und konfessionellen Akademien sowie große Teile der urbanen Bildungsvereine und -institutionen werden stärker von akademischen Milieus frequentiert" (ebd.).

Um einen Zugang zu unterschiedlichen Gruppen bzw. Lebenswelten zu ermöglichen, wurden zunächst in einer Recherche bundesweit (Weiter-)Bildungseinrichtungen in ländlichen und urbanen Räumen identifiziert. Anschließend wurden die Verantwortlichen der Einrichtungen, darunter Einrichtungs- bzw. Fachbereichs- sowie Kursleitungen, kontaktiert. Diese ermöglichten schließlich den Zugang zu den befragten Gruppen.[3] Außerdem wurde eine Gruppe über Kantar im Kontext von Befragungen zu Nicht-Weiterbildungsthemen rekrutiert, sodass die Gruppen sich unterschiedlich und vielfältig zusammensetzten. Insgesamt konnten über diese Zugänge acht Fokusgruppen mit ca. 5-10 Personen pro Gruppe deutschlandweit befragt werden (s. Abbildung 3).

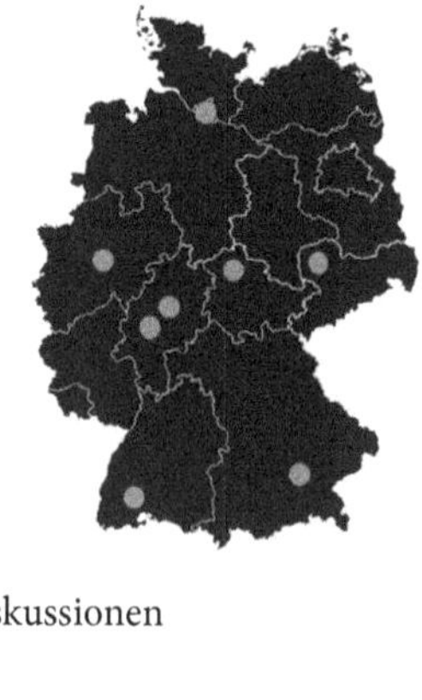

Abb. 3: Standorte Gruppendiskussionen
Quelle: Eigene Darstellung

3 Wir möchten uns bei allen vermittelnden Institutionen bzw. Personen für die Ermöglichung und Unterstützung ganz herzlich bedanken!

Der (Bildungs-)Kontext, in dem die Gruppen befragt wurden, waren in drei Fällen VHS-Kurse (A, F, G), in zwei Fällen berufsbezogene fachspezifische Weiterbildungen (B, C), in einem Fall eine Qualifizierungsmaßnahme zur Berufsorientierung der Bundesagentur für Arbeit (E), in einem weiteren Fall die ehrenamtliche Tätigkeit in einem alternativen Verein (H) und schließlich wurde eine Gruppe per Zufallsauswahl in Kooperation mit Kantar zusammengesetzt (D). Eine genaue Beschreibung zur Zusammensetzung der einzelnen Gruppen findet sich in Kapitel 4.1.

Abb. 4: Grafik zu Weiterbildungsberatung
Quelle: Eigene Darstellung in Anlehnung an Käpplinger, 2020, S. 20

Die Gruppendiskussionen erfolgten moderiert durch zwei Interviewende und wurden mithilfe eines Leitfadens (siehe Anhang A und B) (teil-)strukturiert. Nach einer kurzen Vorstellungsrunde erfolgte der Einstieg in die Diskussion durch einen offenen Erfahrungsaustausch zum Thema Weiterbildungsberatung. Da vorab die Annahme bestand, dass wenige Personen über konkrete Vorstellungen zu Weiterbildungsberatung verfügen (s. Kapitel 2), wurde als Erzählstimulus eine Grafik zum Thema ausgeteilt, welche in Abbildung 4 dargestellt ist.

Über die Grafik kamen die Gruppen ins Gespräch über individuelle Erfahrungen, Erwartungen, Beratungsformate, Anbieter etc. Weitere, an den Erfahrungsaustausch anschließende Fragen bzw. Diskussionspunkte waren Beratungsanlässe und -themen, Bedarfe von Beratung sowie Zugänge zu Beratungsangeboten, die ebenfalls dem Leitfaden im Anhang zu entnehmen sind. Um bestehende Erwartungen an Angebote zu Weiterbildungsberatung partizipativ zu erforschen, wurde außerdem in Anlehnung an die Methode der Produktkliniken (Hippel, 2008; Tippelt et al., 2008) ein bestehendes Weiterbildungsberatungsangebot anhand von zur Verfügung gestelltem Informationsmaterial bewertet bzw. diskutiert (siehe Anhang C).[4] Das ausgehändigte Material bezog sich auf das zum Zeitpunkt der Gruppendiskussionen noch existierende Infotelefon zu Weiterbildung des Bundesministeriums für Bildung und Forschung. Über die Diskussion eines realen, telefonischen Angebotes konnten Präferenzen hinsichtlich der Formate von Beratung und der Ansprache/Bewerbung solcher Angebote diskutiert werden. Die Gruppendiskussionen wurden durch eine Frage zur Zukunft der Weiterbildungsberatung und diesbezüglichen Wünschen abgerundet.

Methodisch einschränkend gilt zu bedenken, dass die zahlreichen Gruppendiskussionen breit gestreut waren, aber natürlich keinen Anspruch auf Repräsentativität erheben können. Es wäre sicherlich interessant, mit einer ähnlichen Fragestellung noch mehr Gruppendiskussionen zu führen und durch andere Forschungsgruppen moderieren zu lassen, um etwaige Einflüsse durch die Interviewenden auszugleichen.

Die Durchführung der Gruppendiskussionen erstreckte sich auf den Zeitraum von September 2022 bis Dezember 2023 und wurde audiobasiert aufgezeichnet. Die Auswertung erfolgte inhaltsanalytisch-fokussiert (Kuckartz & Rädiker, 2022). Auf eine vollständige Transkription der Gruppendiskussionen wurde verzichtet, da das Forschungsinteresse sich auf die inhaltlich-thematischen Aspekte des Materials bezog (vgl. Tippelt et al. 2008, S. 20). Für die Analyse der Daten wurden zusammenfassende Gesprächsprotokolle verfasst, für die unter Berücksichtigung des Erkenntnisinteresses und dem Interviewleitfaden Analysekategorien gebildet wurden, anhand derer sich die Auswertung

---

4 Die Methode der Produktklinik stammt aus der Marktforschung und wird im Weiterbildungsbereich v.a. eingesetzt, um bestehende Bildungsangebote partizipativ mit den Adressatinnen und Adressaten zu entwickeln. „Im Weiterbildungsbereich geht es also darum, vorgestellte Veranstaltungen bzw. Veranstaltungsformen und -konzepte aus individueller Sicht zu bewerten und im Hinblick auf Verbesserungsmöglichkeiten zu diskutieren" (Hippel, 2008, S. 43).

strukturierte. Die Analysekategorien beziehen sich inhaltlich auf die folgenden Themen:

- Beratungserfahrungen und -erwartungen in Bezug auf:
  - Themen/Anlässe
  - Formate
  - Anbieter
  - Zugänge
- Zukünftige Wünsche an Beratung

Die Aussagen der einzelnen Befragten wurden pro Gruppe inhaltlich zusammengefasst und wenn möglich den sechs Analysekategorien/Themenkomplexen des Leitfadens zugeordnet. Aus den Ergebnissen wurden (Zukunfts-)Perspektiven für die Gestaltung und Weiterentwicklung von Weiterbildungsberatung abgeleitet. Darüber hinaus sind die qualitativen Ergebnisse in die Operationalisierung der quantitativen Bevölkerungsbefragung bzw. in die Konstruktion der Szenarien/Vignetten miteingeflossen (siehe Arndt et al. in diesem Band). Mit Blick auf die Weiterentwicklung und den Transfer der Ergebnisse wurden diese abschließend in Form eines Online-Workshops am 25.01.2024 mit unterschiedlichen Akteuren aus der Beratungspraxis (ca. 80 Personen) diskutiert.

4 Ergebnisse: Erfahrungen, Erwartungen und Perspektiven der Bevölkerung auf Weiterbildungsberatung

Das Erkenntnisinteresse der Gruppendiskussionen fokussierte die bisherigen Erfahrungen, die bereits mit Beratung gemacht wurden, sowie diesbezügliche Erwartungen an entsprechende Angebote und Strukturen aus Bevölkerungsperspektive. Entsprechend gliedert sich die Ergebnisdarstellung entlang der folgenden Aspekte bzw. Kategorien, die in allen Gruppen vorrangig Gesprächsgegenstand waren: Sinn und Notwendigkeit von Beratung (Kapitel 4.2), bisherige Beratungserfahrungen (Kapitel 4.3) sowie Präferenzen und Wünsche an die Gestaltung von Beratung (Kapitel 4.4). Der Ergebnisdarstellung geht eine Beschreibung der Gruppen entlang soziodemographischer Merkmale voran (Kapitel 4.1).

4.1 Gruppenbeschreibungen

Nach *soziodemografischen Merkmalen* wie Geschlecht, Alter, Migrationshintergrund, Wohnort (Stadt-Land, Ost-West), Bildungsstand und Erwerbsstatus, setzten sich die Gruppen wie folgt zusammen:

In allen Gruppen waren Männer und Frauen vertreten, d.h. es gab eine *gemischte Geschlechterstruktur.*

Die *Altersstruktur* variierte von 20 bis 70 Jahren, wobei die Altersunterschiede innerhalb der Gruppen groß waren (bis zu 30 Jahren). Die „jüngste" Gruppe setzte sich aus Personen im Alter von 20 bis 50 Jahren (B) zusammen. Es gab „mittelalte" Gruppen mit einer Spanne von 45 bis 65 Jahren (C), 49 bis 68 Jahren (H) und 56 bis 68 Jahren (F) sowie eine Gruppe mit Ruheständlerinnen und Ruheständlern im Alter von 63 bis 70 Jahren (A). Bei den anderen Gruppen (E, G) waren die Altersunterschiede innerhalb der Gruppe noch größer.

Es wurde eine Gruppe (H) mit *Migrationshintergrund* (erste Generation) einbezogen. Auch in den anderen Gruppen befanden sich Personen mit Migrationshintergrund, wobei dies nicht explizit erhoben wurde.

Bezüglich der *Wohnorte* wurden sowohl ländlich geprägte Regionen - wie Lich (A), Wernau (F), Sondershausen (G) - als auch Großstädte - wie Dresden (B), Hamburg (C), München (D) und Essen (H) – sowie mittelgroße Städte (Gießen (E)) in die Untersuchung einbezogen, wobei nicht immer eindeutig bestimmt werden konnte, ob der Ort, an dem die Gruppendiskussion stattfand, auch der Wohnort der Befragten war. Damit wurden sowohl die alten Bundesländer (A, C, D, E, F, H) als auch die neuen Bundesländer (B, G) berücksichtigt - wobei auch hier nicht eindeutig bestimmtbar war, wer durch Zu- oder Wegzug wie sozialisiert wurde. Es wurde des Weiteren eine gute Verteilung zwischen Nord- und Süddeutschland erreicht.

Der *Bildungsstand* variierte in den Gruppen vom Hauptschulabschluss bis zur Promotion.

Bezüglich der *aktuellen Lebensphase/des Erwerbsstatus* befanden sich die meisten Personen in der Phase der Erwerbstätigkeit (B, C, H, teilweise auch in G), wobei davon auszugehen ist, dass unterschiedliche Berufsgruppen vertreten waren (dazu liegen jedoch zu wenige Angaben vor). In den Gruppen, die an einer beruflichen Weiterbildung teilnahmen, sind zum einen Erzieherinnen und Erzieher (B), zum anderen Personen, die selbst beratend/coachend tätig sind (C), vertreten. In einer Gruppe (A) sind alle Personen im Ruhestand (teilweise auch in G).

Die untersuchten Gruppen repräsentieren somit unterschiedliche Lebenswirklichkeiten und damit unterschiedliche Perspektiven auf Beratung, z. B. die Perspektive erwerbstätiger Personen (B, C, D, H, teilweise auch in G), arbeitssuchender Personen (Gruppe E), Personen in der nachberuflichen Lebensphase (Gruppe A), Personen mit Migrationshintergrund (Gruppe H), Personen, die selbst in Beratungskontexten (Coaching, Personalberatung) beruflich tätig sind (Gruppe C) und Personen, die in der DDR aufgewachsen sind (Gruppe G).

4.2 Sinn und Notwendigkeit von Beratung (Beratungsbedarfe)

Der Sinn und die Notwendigkeit von Beratung sowie damit verbundene Beratungsbedarfe wurden von den befragten Personen überwiegend mit *berufsbezogenen Übergangs- und Krisensituationen, Migrationsbewegungen* sowie *gesellschaftlichen Transformationsprozessen* in Verbindung gebracht.

4.2.1 Übergänge im Lebensverlauf

Insbesondere am *Übergang Schule-Beruf* sahen die Befragten hohe Beratungsbedarfe. In den untersuchten Gruppen gab es unter den Befragten zwar keine „akut Betroffenen", also Jugendliche, die sich zur beruflichen Orientierung am Übergang Schule-Beruf äußerten, aber viele Befragte begleiteten und begleiten ihre Kinder und Enkelkinder in der Berufsorientierungsphase und sammelten dementsprechend stellvertretend Erfahrungen, über die sie sich in den Gruppendiskussionen austauschten. Die Befragten sahen im Vergleich zu der Zeit, in der sie sich selbst in dieser Übergangsphase befanden, heute ein größeres Angebot zur Berufsorientierung am Übergang Schule-Beruf, aber insbesondere an den Gymnasien sei dieses auch gegenwärtig noch ausbaufähig. Zudem reflektierten die Befragten ihre eigene Bildungs- und Berufsbiographie und bewerteten rückblickend ihre eigenen Berufswahlentscheidungen als wenig selbstbestimmt und reflektiert:

> „Ich hab´ so das Typische gemacht, nach der Schule erstmal Bau und dann Armee." (D, 08:58)

> „Hab' dann eine Lehre gemacht zur Kauffrau im Einzelhandel. Ja, einfach weil es damals hieß, es gab keine Lehrstellen und du musst was verdienen, das ist besser." (D, 12:15)

Die exemplarisch ausgewählten Interviewzitate zeigen, dass die Befragten sich bei der ersten Berufswahl primär an familiären und gesellschaftlichen Erwartungen orientiert haben. Es fehlten Beratungs- und Berufsorientierungsangebote, die zur Erkundung der eigenen Interessen, Kompetenzen und Wünsche anregten und den Berufsfindungsprozess pädagogisch professionell begleiteten. Die Berufswahl an der sogenannten ersten Schwelle wurde als weichenstellend bewertet, da sie weitreichende Konsequenzen für die weitere Bildungs- und Berufsbiographie hat. So bilanzierte z. B. eine Person, die zum Zeitpunkt der Untersuchung arbeitssuchend war und an einer Qualifizierungsmaßnahme der Bundesagentur für Arbeit teilnahm:

> „Wäre oder hätte ich früher eine gescheite Beratung gehabt, auch berufsspezifisch, wo es hingehen könnte, würde ich vielleicht hier [in der Qualifizierungsmaßnahme] gar nicht sitzen." (GI, 33:40)

Dieses Zitat verweist auf die hohe Bedeutungszuschreibung sowie den Sinn und die Notwendigkeit von Berufsorientierungsberatung am Übergang Schule-Beruf.

Interessant im Kontext schulischer Berufsorientierung und Beratung sind die Erzählungen zu den Beratungserfahrungen der Gruppe G, die in der DDR sozialisiert wurden. Die Personen berichteten, dass es zu DDR-Zeiten in der Schule berufstheoretischen Unterricht und einen dreistündigen, wöchentlichen Einsatz in einem Unternehmen gab. So hatten die Schülerinnen und Schüler bereits vor Berufseintritt einen guten Einblick in die möglichen Berufsfelder, fühlten sich gut informiert und auf die Berufswelt vorbereitet:

> „Da brauchten wir keine Beratung. Wir wussten, dass wir das machen wollten." (So, 05:38)

Dabei darf jedoch nicht vergessen werden, dass die Berufswahl und -ausbildung in der DDR nicht völlig frei war und u. a. von der politischen Loyalität abhing.

Bildung und Lernen sowie berufliche (Um-)Orientierung wurden von den meisten Befragten als lebensbegleitende Entwicklungsaufgaben angesehen. Nicht die sogenannte männliche Normalbiographie, sondern pluralisierte und individualisierte *Lebensverläufe mit berufsbiographischen Umbrüchen* wurden als Regel bzw. Normalfall betrachtet, wie die folgenden Zitate der Gruppe C, deren Mitglieder selbst in Beratungskontexten professionell tätig sind, zum Ausdruck bringen:

> „Aber eben auch zu berücksichtigen, dass ein Leben eben einfach Brüche haben kann. Dass man mit 30 oder 35 plötzlich sagt: ‚Ok, will ich das?'. Und dass man eventuell in eine andere Richtung geht. (…) Man ändert sich einfach im Laufe des Lebens." (HH, 34:03)

> „Diese Unterstützung bei der Selbsterkenntnis, um dann eben auch einen Weg für sich zu finden, finde ich eigentlich in jedem Alter wichtig." (HH, 29:00)

Die Mehrzahl der befragten Personen in den Gruppen hatte selbst berufsbiografische Umbrüche erlebt.

Dazu zählten u. a. Ausbildungs- und Studienabbrüche, Elternzeiten, Pflegezeiten, berufliche Umorientierungen aufgrund von Krankheit, Unfall, Trennung oder Umzug. Zur Krisenbewältigung wurden nicht immer institutionalisierte bzw. professionelle Beratungsangebote in Anspruch genommen bzw. gewünscht, sondern vielfach wurden diese Übergänge und Krisen in Gesprächen mit der Familie und Freunden bearbeitet (z. B. in Gruppe B und zum Teil auch in Gruppe D).

Besonders hervorzuheben, da in der Forschung bisher zu wenig beachtet, sind die von der Gruppe A und F vorgetragenen *Beratungsbedarfe in der späteren Erwerbsarbeitsphase bzw. am Übergang Beruf-Ruhestand*. So berichteten einige der älteren Befragten, dass nicht selten gesundheitliche Gründe im späteren Berufsleben zu einer beruflichen Umorientierung zwingen können. In diesem Fall kann Beratung älteren Menschen adäquate Alternativen aufzeigen.

Weiterhin wurde der Eintritt in den Ruhestand als Veränderungsimpuls erwähnt, der mit neuen Herausforderungen verbunden sei. Viele ältere Menschen seien in dieser Lebensphase noch willens und fähig sich gesellschaftlich einzubringen, z. B. durch ehrenamtliches Engagement. In diesem Zusammenhang entwickelte die Gruppe F die Idee, Jungseniorinnen und Jungsenioren bei der Beratung der jüngeren Generation einzubinden (s. hierzu Kapitel 4.4.3). Hier werden Beratungsangebote gewünscht, die beim Übergang in den Ruhestand begleiten, neue Perspektiven aufzeigen und somit zur Stärkung der Solidargemeinschaft beitragen. Der Ruhestand bietet die Möglichkeit, seinen privaten Interessen intensiver nachgehen zu können, wie beispielsweise dem Reisen. Dabei können neue Lernanlässe entstehen, wie das Lernen einer neuen Sprache (z. B. in Gruppe A, Englisch für Auslandsreisen), wofür Kursberatung hilfreich sein kann, um entsprechend dem eigenen Sprachniveau einen geeigneten Kurs zu finden.

4.2.2 Migration

Auch Migrationsbewegungen gehen mit Beratungsbedarfen einher. Besonders die Gruppe G, aber auch andere (gemischte) Gruppen wie Gruppe D, gaben aufschlussreiche Einblicke in die migrantische Lebenswirklichkeit, die zum einen auf den eigenen Migrationserfahrungen, zum anderen auf der ehrenamtlichen Tätigkeit der Befragten in einem alternativen Verein basieren.

Ihre eigene Bildungs- und Berufsbiographie reflektierend erzählten die befragten Personen, wie die Migration aus der Türkei, dem Iran bzw. dem Irak nach Deutschland zu großen Brüchen in der eigenen Bildungs- und Berufsbiografie führte. Die in den Herkunftsländern erworbenen Qualifikationen, wie Studienabschlüsse, wurden in Deutschland nicht bzw. erst nach einigen Jahren anerkannt. Die Aufnahme einer Erwerbstätigkeit gelang nur über Umwege durch Weiterbildungen und Praktika.

In der Vereinsarbeit engagieren sich die Befragten ehrenamtlich und arbeiten u. a. mit Migrantinnen und Migranten, sodass sie einen Einblick in die aktuellen Problemlagen erhielten:

> „Ich kenne ein paar Migranten, die brauchen Informationen, aber haben keinen Zugang zu diesen Organisationen und so." (E, 20:05)

> „Die haben keine Informationen, so die gehen in die falsche Richtung. Manchmal verpassen sie drei oder vier Jahre." (E, 20:31)

Zwar gebe es für diese Gruppe diverse Beratungsangebote, allerdings sei die Vielfalt und Heterogenität der Anbieter für viele Menschen zu unübersichtlich:

> „Aber jetzt, das ist zu viel. Viel zu viel. Das ist wie ein Dschungel." (E, 29:24)

Die Gruppe verwies auf die spezifischen Beratungsbedarfe von Menschen, die neu nach Deutschland gekommen sind. So sei es wichtig zwischen Menschen mit Migrationshintergrund, die das deutsche Schulsystem durchlaufen haben und Menschen, die neu nach Deutschland eingewandert sind, zu differenzieren. Die Menschen, die bereits in Deutschland zur Schule gegangen sind, haben die deutsche Sprache erlernt, einen Überblick über das Bildungssystem, den Arbeitsmarkt und die Beratungsstellen gewonnen. Die Menschen, die hingegen neu in Deutschland ankommen, würden eine umfassendere Beratung und Begleitung brauchen, wie man in Deutschland leben könne, wie das Bildungssystem und der Arbeitsmarkt funktionieren und wo es Unterstützungs- und Beratungsangebote gebe.

> „Aber die anderen haben große Probleme. Wenn die hier kommen, erstmal so, die sind ganz blind." (E, 58:15)

Auch sei der Spracherwerb entscheidend. In diesem Zusammenhang erinnerte eine Person an die Geschichte der Gastarbeiterinnen und Gastarbeiter, die nach Deutschland kamen und sofort arbeiteten, auch ohne deutsche Sprachkenntnisse. Die Integrationsprobleme wurden erst in den 1990er Jahren sichtbar, als Menschen aus dieser Gruppe arbeitslos wurden, keine deutschen Sprachkenntnisse besaßen und vor großen Herausforderungen im Umgang mit den Behörden standen.

Außerdem müsse man akzeptieren, dass man bei der Migration etwas verliere, aber eben auch etwas gewinne. Migration bedeute, noch einmal von vorne anzufangen. Hatte man in seinem Herkunftsland vielleicht einen guten Job und ein gutes Gehalt, müsse man in dem Einwanderungsland und der neuen Heimat wieder von vorne anfangen:

> „Migration ist ein Schock." (E, 01:31:39)

Um diesen Schock und die Krise zu verarbeiten, benötigen die Menschen Zeit und Ruhe, zum Teil auch psychologische Unterstützung, um überhaupt lern- und arbeitsfähig zu werden. Dies, so die Befragten, seien zumindest die Erfahrungen aus der ehrenamtlichen Tätigkeit im alternativen Verein.

4.2.3 Gesellschaftliche Transformationsprozesse

Neben den institutionellen und individuellen Übergangssituationen an verschiedenen Stellen im Lebensverlauf diagnostizierten die Befragten auch Beratungsbedarfe im Zusammenhang mit gesellschaftlichen Entwicklungen.

So führe die digitale Transformation zu weitreichenden Veränderungen in der Gesellschaft im Allgemeinen und in der Arbeitswelt im Besonderen. Exemplarisch sei die Diskussion der Gruppe F zu den Auswirkungen von Künstlicher Intelligenz und Fake News in unterschiedlichen gesellschaftlichen Bereichen, wie dem Journalismus, angeführt. Damit verbunden seien neue Unsicherheiten und das Gefühl, man könne nichts mehr glauben, würde in der Gesellschaft immer mehr zunehmen. Beratung könne dabei helfen, mit diesen neuen Unsicherheiten umzugehen.

Zugleich sei Beratung selbst von digitalen Transformationsprozessen „betroffen" (s. hierzu weiterführend Kapitel 4.4.2) und es stelle sich die Frage nach der Seriosität, auch in Bereichen der Bildung und Beratung:

> „Wer ist für mich ein seriöser Beratungspartner?" (WE, 52:33)

Professionelle, seriöse und vertrauensvolle Beratungsanbieter müssen klar erkennbar sein, z. B. durch die Vergabe von Siegeln.

Als weiterer gesellschaftlicher Transformationsprozess lässt sich der *politische und wirtschaftliche Systemwechsel in den Jahren 1989/1990* einordnen, bei dem Ostdeutschland an die BRD angegliedert wurde. Hierzu gewährte die Gruppe G, die in der DDR gelebt und gearbeitet hatte, interessante Einblicke. So konstatierten die Befragten rückblickend einen erheblichen Beratungsbedarf im Zusammenhang mit der gesellschaftlichen und wirtschaftlichen Transformation, die das gesamte Bildungssystem und den Arbeitsmarkt betraf:

> „Enormen Beratungsbedarf eigentlich mit der Wende." (SO, 23:00)

> „Wer sollte dich beraten? Es gab ja keinen." (SO, 23:35)

Der Systemwechsel ging mit enormen biographischen Umbrüchen und Verunsicherungen einher, die bis heute nachwirken (und bearbeite werden müssten).

4.2.4 *Auswahl von Weiterbildungsveranstaltungen: Kurse und Finanzierung*

Erstaunlicherweise wurden Beratungsbedarfe und -anlässe im Kontext von Weiterbildungsentscheidungen nur am Rande in den Gruppen diskutiert.

An einer Stelle wurde die Notwendigkeit von Beratung bei der Auswahl passender Sprachkurse erwähnt (Gruppe G), wobei die Möglichkeit der Sprachkursberatung an der VHS nicht bekannt war:

> „Also, ich muss sagen, ich wusste erstmal gar nicht, dass es überhaupt eine Beratung gibt. Weil, ich hab' auch ein bisschen rumgeeiert, ‚Wo gehst du denn dann rein, in welchen Kurs?'. Ich hab' das gelesen, online, und denk ‚häh, was bist'n jetzt?'." (So, 11:56)

An anderer Stelle wurde die Rolle von Beratung bei der Klärung finanzieller Fragen zur Teilnahme an einer Weiterbildungsveranstaltung angesprochen:

> „Ich muss immer schauen, ob ich mir die Weiterbildung überhaupt leisten kann." (L, 49:42)

Beratung kann in diesen Fällen bei der Recherche von Weiterbildungsangeboten in unterschiedlichen Preissegmenten unterstützen.

Von diesen vereinzelten Beispielen abgesehen, scheint das vielfältige Angebot der Weiterbildungsberatung bei den befragten Personen nicht bekannt zu sein.

4.3 Erfahrungen und Kenntnisse der institutionellen Anbieter- und Angebotsstrukturen der Beratung

Die *institutionellen Strukturen der Beratungs- (und Weiterbildungs)landschaft* waren den Befragten unter Bezugnahme der in den Gruppendiskussionen ausgehändigten Grafik (siehe Anhang C) überwiegend wenig bekannt. Wer häufiger berufliche Umbrüche hatte bzw. häufiger an Weiterbildungen teilnahm, hatte zumeist auch mehr Erfahrungen mit Beratungsanbietern gesammelt. Da Beratungsbedarfe primär mit beruflichen Krisen- und Übergangssituationen verbunden wurden (s. Kapitel 4.2.1) und der Großteil der Befragten erwerbstätig (und zufrieden) war, wurden bisher und aktuell keine persönlichen Beratungsbedarfe gesehen bzw. griffen die Befragten zur Bewältigung von Krisen- und Übergangssituationen in der Vergangenheit auf andere (familiäre oder kollegiale) Ressourcen zurück.

> „Man muss ja wahrscheinlich in eine Situation kommen, wo es einem schlecht geht, entweder an der Arbeit oder dann eben Arbeitslosigkeit, bevor man dann guckt, irgendwie Beratung oder was man dann braucht am Ende." (GI, 48:13)

> „Bei mir war es auf jeden Fall so, dass ich da, wo ich bin und dann das, was ich gemacht hab, eigentlich sehr gut gefühlt hat und da keine Belange aufkamen nach dem Motto ‚Oh, ich würd' jetzt gerne mal – was weiß ich – die Mondfahrerei erfahren, weil ich gern mal Astronaut werden will.' o. ä." (GI, 49:12)

Die Vielfalt der Beratungsanbieter und -angebote wurde von den Befragten wertgeschätzt, allerdings sei die Beratungslandschaft auch sehr heterogen und unübersichtlich:

> „Man muss erstmal wissen, welche Angebote es gibt und danach kramen und wenn einer Fulltime arbeitet, dann kramt man abends nicht mehr, also das ist schon auch schwierig." (L, 50:30)

> „Das ist wie so ein Dschungel." (SO, 01:09:10)

Es besteht der Wunsch nach *Transparenz* und proaktiver Ansprache/Information:

> „Also für mich ist das eben, dass es transparenter sein soll. Und dass die Liste, die wir hier haben, wo man sich überall informieren kann, dass das halt alle Menschen kriegen,

> die sich für Weiterbildungsangebote interessieren. Dass man wirklich weiß, wo kann man sich hinwenden und wer wirklich zuständig ist.“ (M, B2, 47:34)

Lediglich einige Befragte konnten von Beratungen bei unterschiedlichen Anbietern berichten, z. B. bei Wohlfahrtsverbänden, Fachschulen, Volkshochschulen, Gewerkschaft, Berufsorientierungs- und Studienberatung, Arbeitgeber. Die Erfahrungen mit diesen Institutionen bzw. dortigen Beratungsstellen waren überwiegend positiv. Die bekanntesten Einrichtungen für Berufsberatung waren die *Bundesagentur für Arbeit und die Jobcenter.* Die eigenen Erfahrungen der Befragten bzw. die durch Familienangehörige waren fast ausschließlich der Übergangsphase von der Schule ins Berufsleben zuzuordnen. Die Einschätzung der Beratung durch die Bundesagentur für Arbeit bzw. durch die Jobcenter fiel mit wenigen Ausnahmen über alle Gruppen hinweg tendenziell negativ aus, exemplarisch:

> „Unsere Erfahrung ist wirklich so, dass man von der Agentur sagen muss, dass man da eigentlich so eine abzuarbeitende Nummer ist. Dass man da entsprechenderweise die Vorschläge bekommt, die standardmäßig auf das Profil passen könnten, ob das jetzt zum Menschen passt oder ob das jetzt der Wunsch ist von demjenigen, ist da völlig relativ egal.“ (GI, 17:37)

> „Das war einfach nur so auf dieser Sachebene, es gibt den, den und den Job. Aber dieses ‚Passt das überhaupt zu mir, zu meiner Persönlichkeit?‘, war nicht vorhanden.“ (HH, 21:55)

> „Was die Agentur nicht leisten kann, ist dieses Persönliche. Die haben ihre Zeiten, die haben ihre Termine, die haben ihre Zielsetzung. Punkt.“ (GI, 51:35)

Das als standardisiert wahrgenommene Beratungsangebot der Bundesagentur für Arbeit greife zu kurz und sei nicht zeitgemäß. Zudem hänge der Bundesagentur für Arbeit ein negatives Image an, weshalb das freiwillige Aufsuchen für viele Menschen nicht in Frage kommen würde. Dennoch wurde die Bundesagentur für Arbeit von allen Gruppen als wichtige Institution in der Beratungslandschaft gesehen. Sie sei in der Fläche vertreten und allen bekannt. Positive Entwicklungen wurden in den letzten Jahren bemerkt, diese seien jedoch noch nicht ausreichend. Daher bedürfe das Angebot einer Modernisierung bzw. einer individuellen Ausrichtung auf die Personen und nicht organisationale Zielsetzungen.

Die überwiegend negativen Erfahrungen bildeten den Gegenhorizont zu den formulierten Präferenzen und Wünschen an Beratung. Beispielsweise wünschen sich die Befragten in Abgrenzung zu einem standardisierten Beratungsgespräch eine individuelle Beratung, die an den Wünschen, Interessen und Kompetenzen der ratsuchenden Person orientiert ist.

4.4 Präferenzen und Wünsche an Beratung

Analytisch lassen sich die artikulierten Präferenzen und Wünsche an Beratung auf den folgenden Ebenen verorten: Beratungsverständnis, Beratungsformate und Organisationsformen von Beratung.

4.4.1 Beratungsverständnis und -konzept

In allen Gruppen wurde der Wunsch nach einer *personenorientierten, unabhängigen und professionellen Beratung* geäußert. Exemplarisch steht das folgende Zitat aus der Gruppendiskussion A:

> „Wichtig ist eine Beratung, die auf die Ratsuchenden eingehen kann, die die Wünsche der Ratsuchenden berücksichtigt. Konkret auf den einzelnen zugeschnitten. Da brauch man aber auch einen großen Fundus an Wissen." (L, 1:17:49)

Weiterhin wurde der Wunsch nach einem *ganzheitlichen Beratungsansatz* in mehreren Gruppen artikuliert. Exemplarisch dafür steht die Gruppe E, die aufgrund der Erwerbslosigkeit Erfahrungen mit der Bundesagentur für Arbeit und dem Jobcenter sammelte, und sich in Abgrenzung zum dortigen, standardisierten Vorgehen einen ganzheitlichen Beratungsansatz wünschte, bei dem das Individuum im Mittelpunkt stehe und in dem es Zeit und Raum gebe sich beruflich neu zu orientieren:

> „Unfassbar wichtig ist so eine Beratung, so eine berufliche Beratung auf der einen Seite, das alles eingebettet ist in so ein, ja, Lebensmodell möchte ich es mal nennen, ganz hochtrabend. Das ist der Weg." (GI, 43:52)

Auch die Gruppe C, deren Mitglieder selbst im Bereich Coaching/Personalberatung beruflich tätig sind, unterstrichen ebenfalls die Bedeutung einer ganzheitlichen Betrachtungsweise mit einer langfristigen Perspektive:

> „Die Ziele von Beratung sollten meines Erachtens sein, dass man wirklich auf den Menschen schaut, auf den Menschen als Ganzes, um hier eben auch herauszufinden, was macht den Menschen Langzeit glücklich." (HH, 33:45)

Gruppe C wünschte sich weiterhin eine Abkehr von der Defizitorientierung hin zu einer *Potentialorientierung* in der Beratung:

> „Vorgesetzte sind dazu angehalten, ihre Mitarbeiter nach ihren Stärken einzusetzen. Klingt sehr trivial, aber revolutioniert eigentlich die Weiterbildungsszene. Weil, üblich ist, ‚der kriegt ja keinen Satz zu Stande, schick den mal zum Rhetorikseminar'. Und es ist genau umgekehrt. ‚Man, kann der gut reden, schick den mal zum Rhetorikseminar.' Und diese Denke ist zwar als Lippenbekenntnis da, findet aber so nicht statt." (HH, 27:46)

Eine etwas anders gelagerte Perspektive brachte die Gruppe G ein, deren Mitglieder in der DDR sozialisiert wurden: Auch die Gruppe G wünscht sich eine neutrale und individuelle Beratung, zugleich wird aber auch die Orientierung *an den Bedarfen des Arbeitsmarktes* betont. Beratung darf, kann und soll auch marktregulierend fungieren, z. B. um dem Fachkräftemangel entgegenzuwirken. Dazu könnten vom Fachkräftemangel bedrohte oder betroffene Berufe beworben werden. In der Übergangsphase Schule-Beruf soll die Berufsorientierungsberatung *prozessbegleitend* angelegt sein und den Einblick in verschiedene Berufsfelder sowie den Erwerb praktischer Erfahrungen unterstützen, vergleichbar wie das zu DDR-Zeiten der Fall war.

Einen langfristig angelegten, prozessbegleitenden Beratungsansatz wünschte sich auch die Gruppe H für Migrantinnen und Migranten, die neu in Deutschland ankommen. Aufgrund der spezifischen Bedürfnislage (s. Kapitel 4.2.2) wünschte sich die Gruppe H *zielgruppenspezifische, aufsuchende Beratungsangebote*, in denen die spezifischen Bedürfnisse und Bedarfe der Migrantinnen und Migranten berücksichtigt werden. Angebote zur Bildungs- und Berufsberatung sollten dann mit psychologischer Unterstützung, Sprachförderung sowie Bildungsangeboten zur Einführung in das deutsche Bildungs- und Berufssystem kombiniert werden.

4.4.2 Beratungsformate

Als Beratungsformate wurden persönliche Beratung (Face-to-Face) im Einzel- und Gruppenformat, telefonische Beratung und digitale Beratung diskutiert. Unter das Format der digitalen Beratung lassen sich Videoberatung, Online-Beratung via Chat und E-Mail, ChatBots und KI-gestützte Beratungsformate sowie Online-Plattformen fassen. Allerdings wurde in den Gruppendiskussionen nicht immer differenziert, welches digitale Format jeweils gemeint war.

Über alle Gruppen hinweg wurde eine deutliche Präferenz für das *persönliche Beratungsformat (Face-to-Face)* geäußert:

> „Persönliche, individuelle Weiterbildungsberatung am Telefon ist zu unpersönlich. Ich brauch dafür ein Gegenüber, dem ich ins Gesicht gucken kann. Mit dem ich…wie hier, mich auf einer Ebene unterhalten kann." (L, 1:01:50)

> „Aber diese Beratung müsste sehr persönlich sein und die muss eben von Vertrauen geprägt sein." (WE, 52:12)

Mit Face-to-Face-Beratung wurde der persönliche Kontakt, das Herstellen einer Beziehung und das Aufbauen von Vertrauen verbunden. Beratung sei mehr als nur Informationsvermittlung, insbesondere wenn es um bildungs- und berufsbiographische Orientierungs-, Suchbewegungs- und Reflexionsprozesse gehe, welche die gesamte Person betreffen.

Als ein weiteres Face-to-Face-Beratungsformat wurde die Gruppenberatung genannt und wertgeschätzt (Gruppe B, hier konkret: Beratungstag zu einem Erasmus-Programm an einer Universität):

> „So eine Form von Beratung finde ich toll, wenn man sich mit anderen Leuten austauschen und vernetzen kann." (D, 49:49).

Ein Befragter aus der Gruppe D berichtete von seinen Coachingerfahrungen mit digitalen und persönlichen Anteilen. Aufgrund der Corona-Pandemie wurde das Coaching zunächst online durchgeführt, die späteren Termine fanden dann in Präsenz statt. Rückblickend resümiert die Person:

> „Das ist einfach eine ganz andere Stimmung, wenn es wirklich im Raum ist. Man sieht sich, man sieht auch die Gestik. Das Persönliche war eigentlich viel besser." (M, B1, 26:06)

Andere Beratungsformate, wie *telefonische oder digitale Beratung*, wurden als Ergänzungsangebote gewünscht, je nach Anliegen und Zielgruppe. Potentiale für telefonische und digitale Beratungsangebote wurden für informative Beratungsanliegen gesehen, für Kontaktaufnahmen („als Türöffner", Gruppe D), zur Abklärung des Beratungsanliegens sowie für jüngere Zielgruppen. Dabei wurde der Wunsch nach flexiblen Telefonzeiten, Terminvergaben und Rückrufmöglichkeiten geäußert.

Befragte aus der Gruppe F schlugen mit Blick auf die jüngeren Generationen vor, Social-Media-Beratung und die Influencer-Kultur aufzugreifen. Als Vorteile der telefonischen und der Online-Beratungsformate wurden die zeitliche Flexibilität, die Ersparnis von Fahrtwegen und die Möglichkeit der Anonymität gesehen. Andererseits sei bei einer digitalen Beratung z. B. schwer zu erkennen, ob es sich um KI-Inhalte handele oder nicht – wobei an dieser Stelle offenbleibt, was die Befragten genau unter digitalen Beratungsformaten verstehen.

In den Gruppen B und D wurde über die Möglichkeiten von *Online-Plattformen* diskutiert.

Eine Befragte der Gruppe B wünschte sich einen niedrigschwelligen internetbasierten Zugang zu Weiterbildungsdatenbanken, der es auch nicht-technikversierten Personen zum Beispiel mithilfe eines Wegweisers ermögliche, im Bereich Weiterbildungen fündig zu werden:

> „Es muss in irgendeiner Form präsenter und auch gut strukturiert sein, dass auch ich mich da irgendeinem Bereich nähern kann." (D, 01:23:28)

Die in der Gruppendiskussion D geäußerte Idee des Interviewers, eine betreute, kuratierte Plattform mit geprüften Inhalten zu haben, bei der der Zugang über verschiedene Kanäle wie zum Beispiel Videos, Chat und Telefon möglich wäre, wurde befürwortet.

4.4.3 Organisationsform

Bei der Frage, wie Beratung organisiert sein sollte, variierten die Vorstellungen von einer zentral organisierten Beratungsstelle auf der einen Seite, bis hin zu pluralen, regional verankerten Beratungsstellen auf der anderen Seite. Als Mittelweg lässt sich das Modell einer zentralen Beratungsstelle mit einem Verweissystem an spezialisierte Fachberatungsstellen identifizieren.

Angesichts der dschungelartigen Vielfalt und des geringen Bekanntheitsgrads der Beratungsanbieter gab es Stimmen, die sich eine *zentrale Anlaufstelle*, die für alle Beratungsanliegen zuständig ist, wünschten:

> „Ich fände das super, wenn es eine zentrale Stelle gibt, die das dann kanalisiert." (M, B2, 10:13)

> Frag-Mutti.de für Bildung. (M, B2, 48:57)

Auf der anderen Seite wurden Bedenken gegen eine zentral organisierte Beratung geäußert. So wurde in der Zentralisierung die Gefahr einer Instrumentalisierung und eines Missbrauchs gesehen:

> „Das wär' toll, eine einzige Stelle zu haben. Das wär' natürlich auch extrem gefährlich, wenn diese Stelle von der Partei der einfachen Regel bedient wird." (WE, 01:08:06)

> „Wo kommen die Infos für diese Beratung her? Wer steuert das? Sind wir wieder bei dem Punkt vorher. Brandgefährlich. Und da habe ich ein bisschen Angst davor. Wem kann man was glauben?" (WE, 01:08:21)

Weiterhin wurde hinterfragt, ob eine zentrale Beratungsstelle der Pluralität der Beratungs- und Bildungsanliegen überhaupt gerecht werden kann. Dementsprechend wurde von einigen Befragten in Abgrenzung zur zentralen Beratungsorganisation eine Organisationsform *regionaler, zielgruppen- und fachspezifischer Beratungsstellen* favorisiert:

> „Weiterbildungsanliegen sind sehr speziell, das kann man nicht alles zentralisieren, da müsste ich spezielle, konkrete Ansprechpartner haben dafür." (L, 1:13:50)

Wenn sich Angebote regional ausdifferenzieren und pluralisieren, ist aus Sicht der Befragten eine gute Kommunikation und Kooperation entscheidend, damit alle auf dem gleichen Wissensstand sind. Andernfalls, so der Einwand, bestehe das Risiko der Desinformation:

> „Beratung kann nur dann wirklich funktionieren, wenn alle auch auf dem gleichen Informationsstand sind. Nicht dass ich dann bei drei Stellen anrufe und dann krieg ich von jedem was anderes gesagt, weil die intern nicht abgestimmt sind. Weil, je mehr Stellen es gibt, desto mehr Gefahr der unterschiedlichen Informationserreichung." (L, 1:12:44)

Als Mittelweg zwischen zentral und regional organisierten Beratungsstellen schlugen die Befragten der Gruppe A vor, eine zentrale Anlaufstelle für alle Beratungsanliegen zu implementieren, die je nach Bedarf an spezialisierte Fachberatungsstellen verweist und somit eine Art Lotsenfunktion übernimmt.

> „Es kommt darauf an, was es für ein Inhalt ist. Wenn ich ne allgemeine Beratung, also ne Information zu irgendetwas haben möchte, dann kann ich mir das auch von ner zentralen Stelle holen. Aber wenn ich was Konkretes wissen möchte, wie es in meiner Gegend ist, dann brauch ich was Regionales." (L, 1:10:00)

Wichtig seien darüber hinaus *niedrigschwellige Beratungsangebote, z. B. durch aufsuchende Beratungsformate* an zentralen öffentlichen Orten (Rathäuser, Bürgerbüros):

> „Ich wünsche mir eine Beratung, die ganz nah am Menschen ist, am besten in jeder Stadt/in jeder Kommune und vor allem ne Beratung, die sich mit den Bildungsfernen beschäftigt. Weil bildungsnahe Menschen finden Bildungsangebote, bildungsferne Menschen sind abgekoppelt und da muss man ansetzen. Mit einer konkreten Beratung vor Ort. Soziale Kontakte pflegen." (L, 1:19:32)

In diesem Kontext wurde auch die Bundesagentur für Arbeit als zentrale Anlaufstelle kontrovers diskutiert. Auf der einen Seite könne man an bereits bestehende Strukturen, die der Bevölkerung bekannt seien, anknüpfen:

> „Und die Idee, die schon existiert, das ans Arbeitsamt dranzuhängen, ist schon die richtige, weil das Arbeitsamt ist jedem ein Begriff. Ja, dass man da etwas stärker ausbaut als das, was bisher vorhanden ist, ist denke ich schon ne' Idee. Denn was Neues zu erschaffen, bis das bekannt ist, dass das existiert, ist denke ich ganz schwierig. Aber an etwas Vorhandenes andocken geht dann schon eher." (L, 1:11:14)

Auf der anderen Seite böte eine neue Anlaufstelle die Chance, der Beratung ein neues positives Image zu verleihen. Angesichts knapper Personalressourcen brachte die Gruppe F die Idee ein, dass die erste Anlaufstelle von Jungseniorinnen und Jungsenioren betreut werden könnte. Sollten die Beratungsanliegen über das Alltagswissen hinausgehen, werde man von dort weitervermittelt. Wichtig sei in jedem Fall also die Organisation in einem Netzwerk.

5 Zusammenfassung und Diskussion der Ergebnisse

Abschließend werden die Ergebnisse aus den acht Gruppendiskussionen zusammengefasst und diskutiert, in den Diskurs eingeordnet und Forschungsbedarfe aufgezeigt. Aus wissenschaftlicher Perspektive ist dabei auch interessant, welche Themen in den Gruppendiskussionen nicht angesprochen oder kaum thematisiert wurden.

Der Sinn und die Notwendigkeit von Beratung über die ganze Lebenspanne standen für die befragten Gruppen außer Frage. Angesichts pluralisierter und individualisierter Lebensverläufe wurden Lernen und berufliche Orientierung als lebensbegleitende Entwicklungsaufgaben angesehen, bei denen Beratung eine unterstützende Rolle einnehmen kann. Beratungsbedarfe wurden überwiegend mit berufsbezogenen Übergängen im Lebensverlauf, insbesondere am Übergang Schule-Beruf, mit Krisensituationen und beruflichen Orientierungs- und Suchbewegungsprozessen in Verbindung gebracht (s. Kapitel 4.2.1), aber auch mit gesellschaftlichen Transformationsprozessen bzw. Megatrends, wie der Digitalisierung und der Migration (s. Kapitel 4.2.2 und 4.2.3). Nur am Rande wurde Beratung im Zusammenhang mit der Auswahl von Weiterbildungsanbietern oder -angeboten bzw. mit Weiterbildungsentscheidungen assoziiert (s. Kapitel 4.2.4). Hier wählten die Befragten andere Zugangswege zu Weiterbildung, z. B. durch eigenständige Recherche, über „Gatekeeper", z. B. durch Arbeitgeberinnen und Arbeitgeber (s. Kapitel 2), den Arbeitskolleginnen und Arbeitskollegen, dem Familien- und Freundeskreis, der Bundesagentur für Arbeit oder einer Weiterbildungseinrichtung, insbesondere der Volkshochschule. Hier wäre in weiteren Forschungsarbeiten interessant zu erfahren, wie wirksam solche anderen Zugangswege zu Weiterbildung im Vergleich zu einem Zugang via Weiterbildungsberatung sind.

Nicht thematisiert wurde in den Gruppendiskussionen die Beratung im Kontext allgemeiner Erwachsenenbildung, z. B. politischer, kultureller oder gesundheitlicher Erwachsenbildung. Auch Beratungsbedarfe am Übergang an der sogenannten zweiten Schwelle nach der Ausbildung/dem Studium in den Beruf wurden nicht diskutiert.

Pointiert zusammengefasst assoziierten die Befragten mit Beratung eher die Berufsberatung (und nicht die Weiterbildungsberatung). Beratung im Erwachsenenalter scheint insgesamt wenig bekannt zu sein bzw. wenig genutzt zu werden. Die aktuelle bildungspolitische Fokussierung auf beruflich-betriebliche Weiterbildung korrespondiert hier mit der Bevölkerungsperspektive bzw. hat sich vielleicht schon in dieser Art und Weise verengend ausgewirkt. Hier ist es notwendig, Impulse zu geben, die den Blick jenseits eines verengten Weiterbildungsverständnisses (wieder) zu weiten. Bildungswissenschaftlich ist dies auf jeden Fall zu empfehlen, da dies der Persönlichkeitsentwicklung zuträglich ist und selbst das Betrieblich-Berufliche u. a. von einer Förderung von Kreativität oder auch Work-Life-Balance über die Erwachsenenbildung profitiert.

Obwohl alle Befragten Beratung als sinnvoll und notwendig erachteten und obwohl fast alle Befragten selbst berufsbiographische Umbruchsituationen durchlebt haben, haben sie wenige bis keine Beratungsangebote im Erwachsenenalter in Anspruch genommen (s. Kapitel 4.3). Dieser Befund deckt sich mit den eingangs dargestellten statistischen Ergebnissen des AES (s. Kapitel 1). Basierend auf den qualitativen Auswertungen der Gruppendiskussionen können drei Erklärungsansätze für die Diskrepanz zwischen Beratungsbedarf/-bedürfnis und Nutzung aufgestellt werden:

(1) Doppelte Intransparenz: Ein Erklärungsansatz für die Diskrepanz zwischen den aufgezeigten Informationsbedürfnissen bei geringer Nutzung von Beratungsangeboten könnte sein, dass die vorhandenen Beratungsangebote für Weiterbildung in der Bevölkerung zu wenig bekannt sind. Die Menschen entscheiden sich nicht gegen Beratung, sondern ihnen scheint schlichtweg zu wenig bekannt zu sein, dass es Beratungsangebote zu Weiterbildungsfragen gibt. Insofern ließe sich von einer doppelten Intransparenzthese sprechen: Zum einen besteht Intransparenz bezüglich der Weiterbildungslandschaft, zum anderen besteht Intransparenz bezüglich der Beratungslandschaft.

(2) Unbewusste Beratungsbedarfe: Aus Sicht der Befragten erfordert nicht jede Krise bzw. jede Übergangssituation zwingend eine professionelle Beratung, sondern kann auch selbstreflexiv bzw. im persönlichen sozialen Netzwerk (mit Familie, Freundinnen und Freunden, Kolleginnen und Kollegen) bearbeitet werden. Notwendig wird Beratung u. a. dann, wenn das persönliche Beziehungsnetz nicht ausreicht oder vielleicht sogar kontraproduktiv ist, beispielsweise wenn Fehlinformationen kursieren oder persönliche Weiterentwicklung milieubedingt erschwert werden. So wird beispielsweise das Berufswahlverhalten von Jugendlichen nach wie vor durch die sozialen Determinanten Geschlecht, soziale Herkunft und Migrationshintergrund beeinflusst (vgl. Brändle & Grundmann, 2020). Professionelle Beratungsangebote können am Subjekt orientierte neue Perspektiven eröffnen, Horizonte erweitern und somit der gender- und milieuspezifischen Berufswahl entgegensteuern. Analog zur Unterscheidung von Bildungsbedarfen und -bedürfnissen nach Schlutz (2006) kann unterstellt werden, dass (objektive) Beratungsbedarfe vorliegen, die (noch) nicht als (subjektives) Beratungsbedürfnis wahrgenommen und artikuliert werden und sich in Nachfrage manifestieren. Beratung könnte hier eine aufklärerische Wirkung haben, weil Bedürfnisse und

Interessen oft mit Wissen verbunden sind. Was man aber nicht kennt und weiß, kann man kaum als eigenes Bedürfnis oder Interesse erwägen.

(3) Negative Erfahrungen: Schließlich lässt sich die geringe Inanspruchnahme von Beratungsangeboten auf negative Erfahrungen, primär mit der Berufsberatung der Bundesagentur für Arbeit, deren negativem Image sowie den geringen Bekanntheitsgrad der Beratung im Allgemeinen zurückführen. (s. Kapitel 4.3). Hier gab es an mehreren Stellen in den Fokusgruppen ausführliche und eindrückliche Schilderungen, wie eine Weiterbildungsberatung nicht gestaltet sein sollte. Dies scheint auch nachhaltig das Image der Bundesagentur bei den von uns befragten Personen zu prägen, was sich auch im quantitativen Teil des Forschungsprojektes als Ergebnis fand (siehe Arndt et al. in diesem Band).

Zusammenfassend lässt sich festhalten, dass in der Bevölkerung der Wunsch nach mehr Transparenz und Navigation in der Beratungslandschaft besteht. Die vielfältigen, pluralen Beratungsanbieter und -angebote werden wertgeschätzt, sie sollten aber wesentlich bekannter und niedrigschwellig zugänglich sein.

In diesem Zusammenhang von Sichtbarkeit, Bekanntheitsgrad und Zugang wurden verschiedene Organisationsformen von Beratung diskutiert (s. Kapitel 4.4.3). Damit gerieten die institutionellen und gesellschaftlichen Kontexte der Beratung, wie eingangs in Abbildung 2 dargestellt, in den Gruppendiskussionen in den Blick.

Die Organisationsform der zentralen Beratungsstelle mit Lotsenfunktion zu regional verankerten Fachberatungsstellen, wie sie von den Befragten gewünscht wird, wurde im Kontext des Projekts „Lernende Regionen" bereits praktisch erprobt und im wissenschaftlichen Diskurs als „Hausarztmodell" beschrieben (Gieseke & Pohlmann, 2016). Die zentrale Beratungsstelle fungiert dabei wie eine Hausarztpraxis, die eine erste Anlaufstelle für alle Anliegen ist. Sie ist niedrigschwellig erreichbar und in der Region gut vernetzt. In einem Erstgespräch wird das Beratungsanliegen erfasst und bedarfsspezifisch an entsprechende Fachberatungsstellen verwiesen. Der zentralen Beratungsstelle kommt dann die Aufgabe zu, die vielfältigen Beratungsanbieter und -angebote zu bündeln und die Ratsuchenden durch den Beratungsdschungel zu lotsen.

Einen weiteren Vorschlag zur Navigation durch die Beratungslandschaft hat Käpplinger (2019) mit den „Häusern für Beratung" unterbreitet, wo verschiedene Beratungsanbieter räumlich zusammengeführt und so auch Übergänge zwischen verschiedenen Anbietern erleichtert werden. Auch dieser Vorschlag trägt dem Umstand Rechnung, dass vielfältige, milieuspezifische Beratungsbedürfnisse auch vielfältige, differenzierte Beratungsangebote und -anbieter mit großer Sichtbarkeit benötigen.

Die geäußerten Wünsche zum Beratungsverständnis (s. Kapitel 4.4.1) entsprechen den Prinzipien professioneller Beratung in Bildung, Beruf und Beschäftigung, wie sie auch von verschiedenen Beratungsverbänden vertreten werden (Jenschke & Schober, 2016): Orientierung an den Ratsuchenden, Unabhängigkeit/Trägerneutralität, Professionalität. Das Prinzip der Freiwilligkeit (also die Frage, ob Beratung freiwillig und/oder auch verpflichtend stattfinden sollte), welches ebenfalls von den Beraterverbänden als Grundprinzip professioneller Beratung gefordert wird, wurde in den Gruppendiskussionen hingegen nicht explizit thematisiert.

Stattdessen wurden Ganzheitlichkeit und Potentialorientierung (statt Defizitorientierung) von den Befragten genannt, was für den Wunsch lebensentfaltender Beratung sprechen würde (s. Kapitel 2). Diese Wünsche entsprechen einem klientenzentrierten und ressourcenorientierten Beratungsansatz und bilden einen Gegenhorizont zu den erlebten Beratungserfahrungen bei der Bundesagentur für Arbeit, deren Berufsberatung als zu standardisiert bzw. zu wenig personenorientiert wahrgenommen wurde.

Für spezifische Beratungsanliegen bzw. Zielgruppen (Migrantinnen und Migranten, Jugendliche am Übergang Schule-Beruf) wurde zudem eine langfristig angelegte Begleitung gewünscht - hier verschwimmen stellenweise die Grenzen von Beratung zum Coaching bzw. zur sozialpädagogischen und psychologischen Begleitung.

Die Präferenz für ein bestimmtes Beratungsformat wurde von den Befragten mit dem Beratungsanliegen in Verbindung gebracht (s. Kapitel 4.4.2). Mit der informativen, der situativen und der biographieorientierten Beratung haben Gieseke & Opelt (2004) drei Beratungstypen unterschiedlicher Reichweite und Tiefe beschrieben, die zur Interpretation der Gruppendiskussionsergebnisse herangezogen werden können (s. Kapitel 2): Informative Beratungsanliegen, d.h. wenn Ausgangslage und Zielstellung bekannt sind und lediglich Informationen zum Bildungsweg fehlen, können aus der Perspektive der Befragten auch telefonisch oder digital geklärt werden, da hier die Sachebene im Vordergrund steht. Als Vorteile der telefonischen und digitalen Beratungsformate wurden die zeitliche Flexibilität, die Ortsunabhängigkeit und zum Teil auch die Anonymität angesehen. Sind jedoch die Ausgangslage und/oder die Zielstellung unklar, brauchen die Ratsuchenden ein Gegenüber, mit dem sie eine Beziehung eingehen und Vertrauen aufbauen können, um situative und biographieorientierte Beratungsanliegen im persönlichen Beratungsgespräch zu ergründen und (biographische) Reflexionsprozesse anzustoßen.

Insgesamt überwiegt in den Gruppendiskussionen eine Präferenz für die Face-to-Face-Beratung in Präsenz, was ebenfalls zu den in Kapitel 2 vorgestellten AES-Daten zu Formaten passt. Einigkeit besteht gleichzeitig aber auch darin, dass digitale und telefonische Formate ergänzend oder der Face-to-Face-Beratung vorgeschaltet sinnvoll sein könnten, z. B. als Türöffner, zur ersten Kontaktaufnahme bzw. um das Beratungsanliegen zu erfassen.

Aus den vorliegenden Ergebnissen können weitere Forschungsbedarfe sowie Empfehlungen für Wissenschaft, Politik und Praxis abgeleitet werden. Bezüglich des Beratungsverständnisses wird deutlich, dass die Weiterbildungsberatung, wie sie in Teilen des erwachsenenpädagogischen Diskurses behandelt wird, noch nicht oder nicht mehr im Bewusstsein der Bevölkerung verankert zu sein scheint. Mit Beratung verbinden die Befragten bis jetzt primär Berufs(orientierungs)beratung. Ein Desiderat besteht daran anknüpfend in der Frage danach, was Menschen zu einer Inanspruchnahme von Weiterbildungsberatung bewegt und über welche Wege sie auf Beratungsangebote aufmerksam geworden sind. Um Weiterbildungsberatung in einem lebensbreiten Verständnis im öffentlichen Bewusstsein zu verankern und sichtbar zu machen, bedarf es ganz erheblich mehr an Öffentlichkeitsarbeit und Aufklärung. Für eine solche öffentliche Präsenz ist es neben öffentlichen Investitionen in Werbekampagnen sowie einem im Vergleich zu Jugendlichen äquivalenten Ausbau von Beratungsangeboten für Erwachsene u. a. notwendig, dass die Beratungsstellen gut miteinander und mit anderen (Bildungs-)Einrichtungen vernetzt sind und kooperieren (vgl. Gieseke, 2016, S. 32).

Die differenten Ergebnisse der Gruppendiskussion G machen darauf aufmerksam, die ostdeutschen Lebensverhältnisse für Beratungskontexte stärker in den Blick zu nehmen - auch oder erst recht über 30 Jahre nach der Vereinigung: Zum einen beträfe dies eine Aufarbeitung der gesellschaftlichen Transformationsprozesse und deren enormen Konsequenzen für die Bildungs- und Berufsbiografien der in der ehemaligen DDR lebenden Menschen, die häufig mit Abwertungen, Umbrüchen und Verunsicherungen einhergingen und sich auch auf Folgegenerationen auswirken. Zum anderen gibt es immer noch Debatten über die Gleichwertigkeit der Lebensverhältnisse und die angemessene Repräsentation Ostdeutschlands in den Führungsetagen von Wirtschaft, Wissenschaft, Politik und Verwaltung. Weiterhin erscheint es für Wissenschaft und Praxis lohnend, die Berufsorientierungskonzepte der DDR ideologisch kritisch zu reflektieren, aber auch vorurteilsfrei aufzuarbeiten und in den Diskurs einzubeziehen.

Auch die Beratungsbedarfe der älteren Erwachsenen könnten angesichts des demographischen Wandelns, des Fachkräftemangels und der Verlängerung der Erwerbsarbeitszeit stärker in den Blick genommen werden, z. B. wenn aufgrund gesundheitlicher Einschränkungen der Beruf nicht mehr oder nur eingeschränkt ausgeübt werden kann oder wenn Menschen sich in der nachberuflichen Lebensphase ehrenamtlich engagieren möchten oder ggf. auch zunehmend eine bezahlte Nebenerwerbstätigkeit angesichts schmaler Renten suchen.

Noch unbeleuchtet sind die Beratungserfahrungen, Wünsche und Präferenzen von jungen Erwachsenen, die sich in Übergangssituationen an der ersten Schwelle (Schule-Berufsbildung) und an der zweiten Schwelle (Berufsbildung-Erwerbstätigkeit) befinden. Hier könnten Anschlussforschungen die vorliegenden empirischen Befunde aus den Fokusgruppen ergänzen. Weiterhin wäre es relevant, die Perspektive weiterbildungsabstinenter Personen zu erheben, die z. B. über Straßenbefragungen oder digitale Plattformen für eine Gruppendiskussion rekrutiert werden könnten. Diese argumentieren möglicherweise anders als die Personen, die zum Zeitpunkt der Befragung an einer Weiterbildung teilgenommen haben. Und schließlich sind im Sinne einer zeitgemäßen Beratung auch Potentiale und Grenzen digitaler Beratungsformate zu erforschen, auch in Kombination mit anderen Zugängen bzw. Beratungsformaten.

Literatur

Beck, U. (1986). *Risikogesellschaft. Auf dem Weg in eine andere Moderne.* Suhrkamp.

Bilger, F., & Käpplinger, B. (2022). Veränderte Strukturen der Weiterbildungsberatung in der Corona-Krise. *dvb forum, 61*(1), 25–29.

Bilger, F., & Koubek, E. (2024, 17. Juli). Weiterbildungsverhalten in Deutschland 2022. Ergebnisse des Adult Education Survey — AES-Trendbericht. Bundesministerium für Bildung und Forschung. [https://www.bmbf.de/SharedDocs/Publikationen/de/bmbf/1/26667_AES-Trendbericht_2022.pdf?__blob=publicationFile&v=4]

Bundesministerium für Arbeit und Soziales (BMAS), Bundesministerium für Bildung und Forschung (BMBF). (2019). *Wissen teilen. Zukunft gestalten. Zusammen wachsen. Nationale Weiterbildungsstrategie.* Bundesministerium für Bildung und Forschung [https://www.bmbf.de/files/NWS_Strategiepapier_barrierefrei_DE.pdf]

Bundesministerium für Arbeit und Soziales (BMAS), Bundesministerium für Bildung und Forschung (BMBF). (2021). *Nationale Weiterbildungsstrategie. Umsetzungsbericht.* Bundesministerium für Arbeit und Soziales [https://www.bmas.de/SharedDocs/Downloads/DE/Publikationen/a805-umsetzungsbericht-nationale-weiterbildungsstrategie.pdf?__blob=publicationFile&v=5]

Bundesministerium für Bildung und Forschung (BMBF). (2024). *Weiterbildungsverhalten in Deutschland 2022 – Ergebnisse des Adult Education Survey –*

AES-Trendbericht. BMBF [https://www.bmbf.de/SharedDocs/Publikationen/DE/1/26667_AES-Trendbericht_2022.pdf?__blob=publicationFile&v=4]

Bär, G., Kasberg, A., Geers, S., & Clar, S. (2020). Fokusgruppen in der partizipativen Forschung. In S. Hartung, P. Wihofszky, & M. T. Wright (Hrsg.), *Partizipative Forschung. Ein Forschungsansatz für Gesundheit und seine Methoden* (S. 207–232). VS.

Bremer, H. (2010). Zielgruppen in der Praxis. Erwachsenenbildung im Gefüge sozialer Milieus. *Magazin erwachsenenbildung.at, 10*, 2–11.

Chioncel, N. E., Van Der Veen, R. G. W., Wildemeersch, D., & Jarvis, P. (2003). The validity and reliability of focus groups as a research method in adult education. *International Journal of Lifelong Education, 22*(5), 495–517. https://doi.org/10.1080/0260137032000102850

Craney, O., & Schober, K. (2024). Konzeptionelle Überlegungen zu einem nationalen Monitoring- und Berichtssystem in der BBB-Beratung. *nfb-Newsletter 1/2024 (Juli 2024).* Nationales Forum Beratung [https://www.forum-beratung.de/wp-content/uploads/2024/08/Konzeptionelle-Ueberlegungen-Monitoring-BBB-Beratung_OC-KS.pdf]

Europäische Union (2004). Entschließung des Rates und der im Rat vereinigten Vertreter der Regierungen der Mitgliedstaaten über den Ausbau der Politiken, Systeme und Praktiken auf dem Gebiet der lebensbegleitenden Beratung in Europa, Doc 9286/04, 18.05.2004.

Faulstich, P. (2003). *Weiterbildung: Begründungen Lebensentfaltender Bildung.* Oldenbourg.

Flick, U. (2012). *Qualitative Sozialforschung. Eine Einführung* (5. Aufl.). Rowohlt.

Freiling, T., Stanik, T., Moritz, R., Käpplinger, B., Dietz, C., & Reuter, M. (2024). *Qualifizierungsberatung von Betrieben in der Bundesagentur für Arbeit – Eine multiperspektivische, empirische Standortbestimmung. wbv.*

Gieseke, W. (2016). Beratung über die Lebensspanne: Zwischen Steuerung, neuen Optionen und Erweiterung von Autonomiespielräumen – Wechselwirkungen. In W. Gieseke & D. Nittel (Hrsg.), *Handbuch Pädagogische Beratung über die Lebensspanne* (S. 31–41). Beltz Juventa.

Gieseke, W., & Pohlmann, C. (2016). Institutionelle Strukturen der Beratung. In W. Gieseke & D. Nittel (Hrsg.), *Handbuch Pädagogische Beratung über die Lebensspanne* (S. 412–424). Beltz Juventa.

Gieseke, W., & Opelt, K. (2004). *Weiterbildungsberatung II. Studienbrief EB 2001* (2. überarb. Aufl.). TU Kaiserslautern, Zentrum für Fernstudien und Universitäre Weiterbildung.

Gieseke, W., & Nittel, D. (Hrsg.). (2016). *Handbuch Pädagogische Beratung über die Lebensspanne.* Beltz Juventa.

Hippel, A. von (2008). Die Produktklinik - eine Methode zur nachfrageorientierten Planung von Angeboten wissenschaftlicher Weiterbildung. *Zeitschrift für Weiterbildungsforschung, 31*(1), 42–51.

Jenschke, B., & Schober, K. (2016). Berufsverbände und ihre Konzepte zur Professionalisierung des Beratungsfeldes. In W. Gieseke & D. Nittel (Hrsg.), *Handbuch Pädagogische Beratung über die Lebensspanne* (S. 851–861). Beltz Juventa.

Käpplinger, B. (2016). Gutscheinberatung – Regulative Beratung. In W. Gieseke & D. Nittel (Hrsg.), *Handbuch Pädagogische Beratung über die Lebensspanne* (S. 259–266). Beltz Juventa.

Käpplinger, B. (2019). Häuser der Beratung. *dvb forum, 58*(3), 4–9.

Käpplinger, B. (2020). Weiterbildungsberatung: Mantra oder manifester Bedarf? *Berufsbildung in Wissenschaft und Praxis – bwp, 1*, 17–21.

Karnath, S., & Schröder, F. (2009). Qualitätssicherung und -entwicklung in der Bildungsberatung. In R. Arnold, W. Gieseke, & C. Zeuner (Hrsg.), *Bildungsberatung im Dialog, 2* (S. 123–147). Schneider Hohengehren.

Kuckartz, U., & Rädiker, S. (2022). *Qualitative Inhaltsanalyse: Methoden, Praxis, Computerunterstützung* (5. Aufl.). Beltz Juventa.

Lamnek, S., & Krell, C. (2016). *Qualitative Sozialforschung* (6. Aufl.). Beltz.

Lerch, S., & Weitzel, H. (2024). Beratung für lebensentfaltende Bildung. *Zeitschrift für Weiterbildungsforschung, 47*, 47–62.

McCarthy, J. (2007). Catapulted to the Front: Career Guidance in European Union and International Policy Perspectives. *Report, 30*(1), 43–50.

Nationales Forum Beratung in Bildung, Beruf und Beschäftigung e.V. (nfb) (2020). *Weiterbildungsberatung weiter:denken! Impulspapier des nfb-Vorstandes zur Zukunft der Weiterbildungsberatung.* Nationales Forum Beratung [https://www.forum-beratung.de/cms/upload/Wissenswertes/Politische_Initiativen/weiterbildungsberatung_aktuell_lang_final_20_01_2020.pdf]

Nittel, D. (2016). Der erziehungs- und bildungs-wissenschaftliche Zugang zur Handlungsform „Beratung". In W. Gieseke & D. Nittel (Hrsg.), *Handbuch Pädagogische Beratung über die Lebensspanne* (S. 20–30). Beltz Juventa.

Organisation for Economic Co-operation and Development (OECD) (2004). *Career Guidance and Public Policy - Bridging the Gap.* OECD [http://www.oecd.org/dataoecd/33/45/34050171.pdf]

Organisation for Economic Co-operation and Development (OECD) (2021). *Continuing Education and Training in Germany.* OECD Publishing. https://doi.org/10.1787/a203b814-de

Schäffer, B. (2012). Gruppendiskussionsverfahren und Focus Groups. Geschichte, aktueller Stand und Perspektiven. In B. Schäffer & O. Dörner (Hrsg.),

Handbuch Qualitative Erwachsenen- und Weiterbildungsforschung (S. 347–362). Barbara Budrich.

Schiersmann, C. (2018). Beratung im Kontext von Weiterbildung. In R. Tippelt & A. von Hippel (Hrsg.), *Handbuch Erwachsenenbildung/Weiterbildung* (S. 1495–1512). Springer VS.

Schiersmann, C. (2021). *Beraten im Kontext Lebenslangen Lernens.* wbv.

Schiersmann, C., Maier-Gutheit, C., & Weber, P. (2018). Beratungsforschung im Kontext von Bildung, Beruf und Beschäftigung. In R. Tippelt & B. Schmidt-Hertha (Hrsg.), *Handbuch Bildungsforschung* (S. 117–187). Springer.

Schiersmann, C., & Thiel, H.-U. (2018). *Organisationsentwicklung. Prinzipien und Strategien von Veränderungsprozessen* (5. Aufl.). Springer VS.

Schmidtke, B., & Gugitscher, K. (2021). Bildungsberatung in der Erwachsenenbildung und ihre Wirkungen für das lebenslange Lernen. In R. Egger & E. Härtel (Hrsg.), *Bildung für alle? Für ein offenes und chancengerechtes, effizientes und kooperatives System des lebenslangen Lernens in Österreich* (S. 111–130). VS.

Schober, K., & Käpplinger, B. (2017). „You get what you measure?". In K. Schober & J. Langner (Hrsg.), *Wirksamkeit der Beratung in Bildung, Beruf und Beschäftigung* (S. 47–62). Bertelsmann.

Schober, K., & Lampe, B. (2022). *Lebensbegleitende Bildungs- und Berufsberatung in Deutschland. Strukturen und Angebote – Daten und Fakten* (3. überarb. Aufl.). Nationales Forum Beratung (nfb). Nationales Forum Beratung [https://www.forum-beratung.de/wp-content/uploads/2022/06/2022_Lebensbegleitende_Bildungs-_und_Berufsberatung_in_Deutschland.pdf]

Thiel, R. (2021). Zur Entwicklung von Lifelong Guidance in Deutschland. In M. Scharpf & A. Frey (Hrsg.), *Vom Individuum her denken. Berufs- und Bildungsberatung in Wissenschaft und Praxis* (S. 263–274). wbv.

Tippelt, R., Reich, J., Hippel, A. von, Barz, H., & Baum, D. (2008). *Weiterbildung und soziale Milieus in Deutschland Band 3: Milieumarketing implementieren.* Bertelsmann.

Vogel, S. (2014). Gruppendiskussion. In N. Baur & J. Blasius (Hrsg.), *Handbuch Methoden der empirischen Sozialforschung* (S. 581–586). Springer VS.

Anhang

Anhang A: Interview-Leitfaden für die erste Staffel Gruppendiskussionen

Einleitende Aspekte

– Informelle Begrüßung: Datenschutz und Aufwandsentschädigungen
– Vorstellung Interviewer und Projekt
– Vorstellungsrunde
– Gemeinsames Gespräch
    – über Ihre Wünsche, Erfahrungen und Erwartungen an Weiterbildungsberatung
    – über Praxisbeispiele zu Weiterbildungsberatung
– Abschluss

Vorstellungsrunde
Erzählimpuls: Damit wir uns gegenseitig besser kennenlernen, würden wir Sie gerne bitten, sich kurz vorzustellen (z. B. Alter, Beruf, womit beschäftigen Sie sich gerne in Ihrer Freizeit?). Wir haben für Sie außerdem Karten mit Zitaten ausgelegt. Schauen Sie sich die Zitate an und wählen Sie ein Zitat aus, das Sie ganz allgemein mit Beratung verbinden. Nach Zitatauswahl: Dann kann ich gerne mit der Vorstellung beginnen, ich bin XY… Nach der Vorstellungsrunde: Vielen Dank für Ihre Offenheit und die vielen spannenden Einblicke, die wir jetzt im Folgenden vertiefen wollen.

Vertiefung und Differenzierung der Beratungserfahrungen
Erzählimpuls: Wie vielschichtig Beratung sein kann, ist bereits in der Erläuterung der Zitate sichtbar geworden. Dies zeigt sich auch bei den möglichen Orten oder Bildungs-/Weiterbildungsbietern, bei denen man sich zu Fragen der Bildung oder Weiterbildung beraten lassen kann. Zur Veranschaulichung haben wir hier die Grafik mitgebracht. Wir würden Sie jetzt bitten, dass Sie sich diese gemeinsam anschauen und ganz offen darüber ins Gespräch bzw. eine Diskussion kommen.

<table>
<tr><td>Inhaltliche Aspekte:</td><td>Mögliche Vertiefungsfragen:</td></tr>
<tr><td>Erfahrungen

Erwartungen

Beratungsformate</td><td>Welche persönlichen Erfahrungen haben Sie bereits mit Beratung gemacht?
Wie hätten Sie sich die Beratung besser vorgestellt, die Sie bereits besucht haben? Hätten Sie dazu Wünsche oder Erwartungen an die Beratung?
Welche Beratungsformate kennen und würden Sie nutzen?
Würden Sie eine Präsenz-Beratung (Face-to-Face) einer digitalen Beratung vorziehen und wenn ja, warum?</td></tr>
<tr><td colspan="2">Vertiefung und Differenzierung des Themas</td></tr>
<tr><td colspan="2">Überleitung: Nachdem Sie nun die Grafik ausführlich besprochen haben, möchten wir im Folgenden einzelne Aspekte des Themas weiter vertiefen. Beginnen möchten wir dabei mit der Frage:

Leitfrage: Was sind für Sie mögliche Anlässe, um sich beraten oder informieren zu lassen?
Oder, was müsste passieren, damit Sie sich beraten oder informieren lassen?</td></tr>
<tr><td>Inhaltliche Aspekte:</td><td>Mögliche Vertiefungsfragen:</td></tr>
<tr><td>Anlässe, z. B.

– beruflicher Wiedereinstieg
– Um-/Neuorientierung
– Nachholen von Bildung
– berufliche Entwicklung
– Berufswahl und Ausbildung
– Beschäftigungseinstieg
– Bildung oder Weiterbildung ohne direkten Berufsbezug</td><td>Jetzt haben Sie schon viel über Anlässe gesprochen, gäbe es auch
(Varianten 1-3 hier einsetzen)
zu denen Sie sich gerne beraten oder informieren lassen möchten?

Variante 1: individuelle berufsbezogene Anlässe
– Arbeitsplatz oder neuen Job finden
– höheres Gehalt bekommen
– neue berufliche Aufgaben übernehmen

Variante 2: nicht-berufsbezogene Anlässe
– Wissen in Themengebieten, die persönlich interessieren, auffrischen oder zu erweitern
– mehr soziale Kontakte zu haben
– neue berufliche Aufgaben zu übernehmen</td></tr>
</table>

<table>
<tr><td>Bedarfe
Auch latente Beratungsbedarfe</td><td>Variante 3: informelle Anlässe (wie z. B. Wissen oder Fähigkeiten zu einem Thema zu erweitern, das Sie interessiert, oder-zu erfahren, wie man gesünder leben kann oder wie man eine ehrenamtliche Tätigkeit ausführen kann)
Wie hat es sich entwickelt, dass Sie für sich selbst festgestellt haben, dass Sie eine Beratung in Anspruch nehmen möchten?
Wenn Sie an Ihre Beratungserfahrungen denken, hatten Sie ein konkretes oder eher diffuses Anliegen?</td></tr>
<tr><td>Themen und Inhalte von Beratung, z. B.
– Bilanzierung bildungs- und berufsbezogener Aktivitäten
– Beratung zu Bildungsmöglichkeiten
– Unterstützung bei der Umsetzung von Bildungs- und Berufszielen
– Erarbeitung beruflicher Ziele und Perspektiven
– Beratung zu geeigneten Bildungsangeboten und beruflichen Anschlussmöglichkeiten
– Erstellung einer individuellen Kompetenzerfassung
– Orientierung zu anschließenden Beratungsangeboten/Netzwerkpartnerinnen und -partnern etc.</td><td>Gäbe es aktuell Inhalte oder Themen, zu denen Sie sich gerne informieren oder beraten lassen würden?</td></tr>
<tr><td colspan="2">Überleitung: Jetzt haben wir ja viel über Erfahrungen, Anlässe und Anbieter gesprochen. Nun möchten wir gerne noch auf die Bekanntheit von Beratungsmöglichkeiten zu sprechen kommen.
Leitfrage: Würden Sie gerne mehr über Beratungsmöglichkeiten und -stellen wissen und ggf. informiert werden, und wenn ja, wie?</td></tr>
<tr><td>Inhaltliche Aspekte:</td><td>Mögliche Vertiefungsfragen:</td></tr>
<tr><td>Zugänge zu Beratung, z. B.
– persönliches Umfeld
– Jobcenter
– eigene Recherche (Internet)
– Spontanbesuch
– Agentur für Arbeit</td><td></td></tr>
</table>

– Werbung/Öffentlichkeitsarbeit – Sozialarbeiterinnen und Sozialarbeiter – Informationsveranstaltung/Workshop	
Transparenz über Beratungsmöglichkeiten und -stellen	

Produktklinik
Erzählimpuls: Nachdem wir jetzt viel über Ihre Erfahrungen und Wünsche gesprochen und diskutiert haben, möchten wir im Folgenden ein konkretes Praxisbeispiel von Beratungsangeboten betrachten. Hierzu haben wir Ihnen folgendes mitgebracht: *Offener Einstieg:* Wir würden Sie nun bitten, sich diese anzuschauen und sich darüber auszutauschen, wie Sie diese Angebote bewerten würden, beispielsweise in Bezug auf Begriffe, Sprache, Bilder, Inhalte etc. 1) Gespräch/Diskussion 2) (kritischer) Nachfragenteil: Wie wirkt das Angebot? In Bezug auf Begriffe, Sprache, Bilder, Problemlagen, Lebensweltbezug, Attraktivität des Angebots, Format, Zeit, Inhalte, Anbieter etc. – Welche Art von Beratung würden Sie sich bei dem Angebot wünschen? Würden Sie erwarten, dass Sie eher Informationen mitgeteilt bekommen, oder auch in Ihrer Orientierung unterstützt werden? – Regionalität: Welche Vor- und Nachteile versprechen Sie sich von der Regionalität bzw. Überregionalität des Angebots? 3) Fazit/Zusammenfassung

Abschluss
Überleitung: Vielen Dank, dass Sie sich so offen mit den Praxisbeispielen auseinandergesetzt haben. Wir sind damit auch schon fast am Ende unseres Gesprächs angelangt und möchten zum Abschluss einen Blick in die Zukunft werfen. Utopiefrage: Vor dem Hintergrund, was Sie so gehört und gemeinsam diskutiert haben, wie könnte Beratung in Zukunft aussehen? Was wünschen Sie sich, was sollte unbedingt vorhanden sein? (Was ist aus dem Besprochenen für Sie besonders wichtig und was sollte unbedingt verändert werden?)

Abschluss: Jetzt haben Sie viel berichtet und diskutiert. Gibt es etwas, das bisher noch nicht zur Sprache gekommen ist, was Ihnen aber wichtig ist? Wir bedanken uns ganz herzlich für Ihre Teilnahme an der Gruppendiskussion und das offene und konstruktive Gespräch mit Ihnen.

Anhang B: Interview-Leitfaden für die zweite Staffel Gruppendiskussionen

Einleitende Aspekte

– Informelle Begrüßung: Datenschutz und Aufwandsentschädigungen
– Vorstellung Interviewer und Projekt
– Vorstellungsrunde
– Gemeinsames Gespräch
    – über Ihre Wünsche, Erfahrungen und Erwartungen an Weiterbildungsberatung
    – über Praxisbeispiele zu Weiterbildungsberatung
– Abschluss

Vorstellungsrunde
Erzählimpuls: Damit wir uns gegenseitig besser kennenlernen, würden wir Sie gerne bitten, sich kurz vorzustellen (z. B. Alter, Bildungsabschluss, Beruf, womit beschäftigen Sie sich gerne in Ihrer Freizeit?). Wir haben für Sie außerdem Karten mit Zitaten ausgelegt. Schauen Sie sich die Zitate an und wählen Sie ein Zitat aus, das Sie ganz allgemein mit Beratung verbinden. **Nach Zitatauswahl:** Dann kann ich gerne mit der Vorstellung beginnen, ich bin XY… **Nach der Vorstellungsrunde:** Vielen Dank für Ihre Offenheit und die vielen spannenden Einblicke, die wir jetzt im Folgenden vertiefen wollen.

Vertiefung und Differenzierung der Beratungserfahrungen
Erzählimpuls: Wie vielschichtig Beratung sein kann, ist bereits in der Erläuterung der Zitate sichtbar geworden. Ein Ziel von Weiterbildungsberatung ist es, Menschen bei Entscheidungen zu unterstützen. Beispielsweise bei Fragen wie, „Möchte oder sollte ich eine Weiterbildung besuchen, welche könnte für mich geeignet sein, welche Fördermöglichkeiten gibt es dafür usw. Hier würde uns interessieren, inwiefern Sie folgender Aussage zustimmen würden? „Um zu wissen, welche Weiterbildung für mich in Frage käme, bräuchte ich eine Beratung".
➔ Beratungsverständnis aufgreifen /berufs- nicht berufsbezogen Der Vielfalt der Anliegen und Wünsche der Menschen entsprechen auch die verschiedenen Anbieter von Weiterbildungsberatung, bei denen man sich zu Fragen der Bildung oder Weiterbildung beraten lassen kann. Zur Veranschaulichung haben wir hier diese **Grafik** mitgebracht. Wir würden Sie jetzt bitten, dass Sie sich diese anschauen und ganz offen darüber ins Gespräch bzw. eine Diskussion kommen.

Inhaltliche Aspekte:	**Mögliche Vertiefungsfragen:**
Erfahrungen/ **Erwartungen**	Welche persönlichen Erfahrungen haben Sie bereits mit Beratung gemacht? Wie hätten Sie sich die Beratung besser vorgestellt, die Sie bereits besucht haben? Hätten Sie dazu Wünsche oder Erwartungen an die Beratung?
Beratungsformate	Welche Beratungsformate kennen und würden Sie nutzen? Würden Sie eine Präsenz-Beratung (Face-to- Face) einer digitalen Beratung vorziehen und wenn ja, warum?

<table>
<tr><th colspan="2">Vertiefung und Differenzierung des Themas</th></tr>
<tr><td colspan="2">Überleitung: Nachdem Sie nun die Grafik ausführlich besprochen haben, möchten wir im Folgenden einzelne Aspekte des Themas weiter vertiefen. Beginnen möchten wir dabei mit der Frage:

Leitfrage: Was sind für Sie mögliche Anlässe, um sich beraten oder informieren zu lassen? Oder, was müsste passieren, damit Sie sich beraten oder informieren lassen?</td></tr>
<tr><td>Inhaltliche Aspekte:</td><td>Mögliche Vertiefungsfragen:</td></tr>
<tr><td>Anlässe, z. B.
– beruflicher Wiedereinstieg
– Um-/Neuorientierung
– Nachholen von Bildung
– berufliche Entwicklung
– Berufswahl und Ausbildung
– Beschäftigungseinstieg
– Bildung oder Weiterbildung ohne direkten Berufsbezug</td><td>Jetzt haben Sie schon viel über Anlässe gesprochen, gäbe es auch
(Varianten 1-3 hier einsetzen)
zu denen Sie sich gerne beraten oder informieren lassen möchten?

Variante 1: individuelle berufsbezogene Anlässe
– Arbeitsplatz oder neuen Job finden
– höheres Gehalt bekommen
– neue berufliche Aufgaben übernehmen

Variante 2: nicht-berufsbezogene Anlässe
– Wissen in Themengebieten, die persönlich interessieren, auffrischen oder zu erweitern
– mehr soziale Kontakte zu haben
– neue berufliche Aufgaben zu übernehmen

Variante 3: informelle Anlässe (wie z. B. Wissen oder Fähigkeiten zu einem Thema zu erweitern, das Sie interessiert, oder-zu erfahren, wie man gesünder leben kann oder wie man eine
ehrenamtliche Tätigkeit ausführen kann)</td></tr>
<tr><td>Bedarfe
Auch latente Beratungsbedarfe</td><td>Wie hat es sich entwickelt, dass Sie für sich selbst festgestellt haben, dass Sie eine Beratung in Anspruch nehmen möchten?
Wenn Sie an Ihre Beratungserfahrungen denken, hatten Sie ein konkretes oder eher diffuses Anliegen?</td></tr>
</table>

<table>
<tr><td>Themen und Inhalte von Beratung, z. B.
– Bilanzierung bildungs- und berufsbezogener Aktivitäten
– Beratung zu Bildungsmöglichkeiten
– Unterstützung bei der Umsetzung von Bildungs- und Berufszielen
– Erarbeitung beruflicher Ziele und Perspektiven
– Beratung zu geeigneten Bildungsangeboten und beruflichen Anschlussmöglichkeiten
– Erstellung einer individuellen Kompetenzerfassung
– Orientierung zu anschließenden Beratungsangeboten/Netzwerkpartnerinnen und -partnern etc.</td><td>Gäbe es aktuell Inhalte oder Themen, zu denen Sie sich gerne informieren oder beraten lassen würden?</td></tr>
<tr><td colspan="2">Überleitung: Jetzt haben wir ja viel über Erfahrungen, Anlässe und Anbieter gesprochen. Nun möchten wir gerne noch auf die Bekanntheit von Beratungsmöglichkeiten zu sprechen kommen.

Leitfrage: Würden Sie gerne mehr über <u>Beratungsmöglichkeiten</u> und -stellen wissen und ggf. informiert werden, und wenn ja, wie?</td></tr>
<tr><td>Inhaltliche Aspekte:</td><td>Mögliche Vertiefungsfragen:</td></tr>
<tr><td>Zugänge zu Beratung, z. B.
– persönliches Umfeld
– Jobcenter
– eigene Recherche (Internet)
– Spontanbesuch
– Agentur für Arbeit
– Werbung/Öffentlichkeitsarbeit
– Sozialarbeiterinnen und Sozialarbeiter
– Informationsveranstaltung/Workshop</td><td></td></tr>
<tr><td>Transparenz über Beratungsmöglichkeiten und -stellen</td><td></td></tr>
</table>

Produktklinik
Erzählimpuls: Nachdem wir jetzt viel über Ihre Erfahrungen und Wünsche gesprochen und diskutiert haben, möchten wir im Folgenden ein konkretes Praxisbeispiele von Beratungsangeboten betrachten. Hierzu haben wir Ihnen folgendes mitgebracht. 1) **Offener Einstieg:** Wir würden Sie nun bitten, sich diese anzuschauen und sich darüber auszutauschen, wie Sie diese Angebote bewerten würden, beispielsweise in Bezug auf Begriffe, Sprache, Bilder, Inhalte etc. 2) **Gespräch/Diskussion** 3) **(kritischer) Nachfragenteil:** Wie wirkt das Angebot? In Bezug auf Begriffe, Sprache, Bilder, Problemlagen, Lebensweltbezug, Attraktivität des Angebots, Format, Zeit, Inhalte, Anbieter etc. 4) **Welche Art von Beratung** würden Sie sich bei dem Angebot wünschen? Würden Sie erwarten, dass Sie eher Informationen mitgeteilt bekommen, oder auch in Ihrer Orientierung unterstützt werden? 5) **Regionalität:** Welche Vor- und Nachteile versprechen Sie sich von der Regionalität bzw. Überregionalität des Angebots? 6) **Fazit/Zusammenfassung**
Abschluss
Überleitung: Vielen Dank, dass Sie sich so offen mit den Praxisbeispielen auseinandergesetzt haben. Wir sind damit auch schon fast am Ende unseres Gesprächs angelangt und möchten zum Abschluss einen Blick in die Zukunft werfen. **Utopiefrage:** Vor dem Hintergrund, was Sie so gehört und gemeinsam diskutiert haben, wie könnte Beratung in Zukunft aussehen? Was wünschen Sie sich, was sollte unbedingt vorhanden sein? (Was ist aus dem Besprochenen für Sie besonders wichtig und was sollte unbedingt verändert werden?) **Abschluss:** Jetzt haben Sie viel berichtet und diskutiert. Gibt es etwas, das bisher noch nicht zur Sprache gekommen ist, was Ihnen aber wichtig ist? Wir bedanken uns ganz herzlich für Ihre Teilnahme an der Gruppendiskussion und das offene und konstruktive Gespräch mit Ihnen.

Anhang C: Ausgehändigte Materialien an die Befragten in den Gruppendiskussionen inkl. Produktklinik

Abb. 5: Plakat zum Informieren über Beratungsstellen in Deutschland
Quelle: Eigene Darstellung in Anlehnung an Käpplinger 2020, S. 20

Material zum Info-Telefon für die Produktklinik

Abb. 6: Homepage-Ausschnitt BMBF-Infotelefon und Weiterbildungsratgeber (Landingpage)
Quelle: BMBF, Website mittlerweile nicht mehr verfügbar

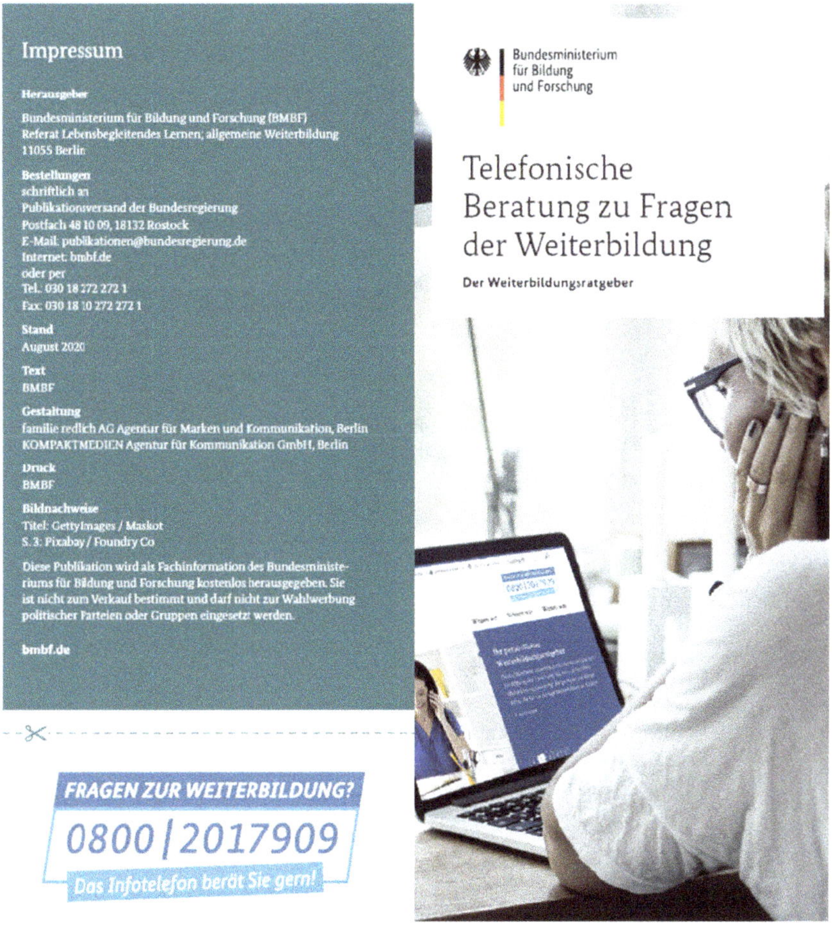

Abb. 7: Flyer des BMBF-Infotelefons und dem Weiterbildungsratgeber, S. 1
Quelle: BMBF, Website mittlerweile nicht mehr verfügbar

Abb. 8: Flyer des BMBF-Infotelefons und dem Weiterbildungsratgeber, S. 2
Quelle: BMBF, Website mittlerweile nicht mehr verfügbar

Frank Arndt, Frauke Bilger, Eva Koubek und Bernd Käpplinger

Durchführung einer Online-Erhebung im Rahmen der Studie „Weiterbildungsberatung und Lebensbegleitendes Lernen"

1 Vorbemerkung

Die Justus-Liebig-Universität vergab im Februar 2023 im Rahmen der Studie „Weiterbildungsberatung und Lebensbegleitendes Lernen" den Zuschlag zur Durchführung der Online-Erhebung dieser Befragung, einschließlich einer Mehrebenenanalyse an Verian (ehemals: Kantar Public)[1]. Im Einvernehmen mit der JLU wurde die Online-Erhebung im Rahmen des *PAYBACK*-Panels erhoben.

In Kapitel 2 wird über das Design und die Durchführung der Online-Erhebung informiert, in Kapitel 3 werden erste deskriptive Ergebnisse vorgestellt und in Kapitel 4 wird das Vorgehen bei der Mehrebenenanalyse erklärt sowie deren Ergebnisse bereitgestellt.

2 Methodische Informationen zur Durchführung der Erhebung

2.1 Design und Durchführung der Online-Erhebung

Methodische Eckpunkte

Die Grundgesamtheit der Studie ist die deutschsprachige Wohnbevölkerung Deutschlands im Erwachsenenalter (18 bis 69 Jahre). Laut Bevölkerungsfortschreibung (Stand 31. Dezember 2020) umfasst dies 55,9 Millionen Personen.

Es wurde vereinbart, dass für die Erhebung insgesamt 1.500 Personen befragt werden sollen, und zwar in dem Zeitraum 27. März 2023 bis 21. April 2023. Die Incentivierung der Teilnahme erfolgte mit PAYBACK-Punkten.

---

1 Im November 2023 wurde Kantar Public zu Verian umfirmiert. Die Durchführung der Studie lief somit noch unter dem Namen „Kantar Public".

Durchführung mit PAYBACK-Panel

Die Online-Erhebung wurde im Rahmen des PAYBACK-Panels durchgeführt. PAYBACK deckt mit etwa 31 Millionen Kunden und Kundinnen des Bonusprogramms etwa die Hälfte aller Haushalte und somit aller sozialen Schichten in Deutschland ab.

Auf Basis dieses Kundenstamms hat PAYBACK ein Panel aufgebaut und bietet die Möglichkeit an, dieses für Befragungen zu nutzen. Panel-Teilnehmende werden hierfür ausschließlich aktiv offline rekrutiert. Eine selbst-Rekrutierung, wie bei anderen Online-Access-Panels ist nicht möglich. Hiermit können professionelle Online-Panellisten und Panellistinnen sowohl für das Panel als auch für die Umfragen ausgeschlossen werden.

Das Panel hat aktuell 170.000 aktive Teilnehmende, welche sich hinsichtlich soziodemografischer Merkmale nicht von den Nicht-Besitzerinnen und Besitzern unterscheiden. Einzig gegenüber dem Thema Datenschutz sind sie aufgeschlossener.

Für die Umfragen, so auf für die vorliegende, wird aus diesem Pool von 170.000 Panellisten eine Stichprobe gezogen. Die Teilnehmenden werden über eine E-Mail aktiv zu der Umfrage eingeladen. Das Thema der jeweiligen Befragung wird in dieser Einladungs-E-Mail nicht genannt, sondern erst wenn die Befragung gestartet ist. Hiermit versucht man zu verhindern, dass Teilnehmende aufgrund eines Themas nicht oder erst recht an einer Befragung teilnehmen und hierdurch Ergebnisse verzerrt werden könnten (Vermeidung Stichprobenselektivität)[2].

2.2 Fragenprogramm

Die Befragungsinstrumente werden in **Abbildung 1.** zusammenfassend beschrieben und in Anhang A bereitgestellt. Dort wurden zudem die Namen der *Variablen* im Datensatz sowie deren *Ausprägungen* dokumentiert. Die möglichen Szenarien, die im Rahmen des Vignettenmoduls eingespielt werden, sind ebenfalls in Anhang A gelistet.

Nach Abstimmung der Befragungsinstrumente wurden diese am 13. März 2023 zur Programmierung freigegeben. Zur Testung des Fragenprogramms erhielt die JLU am 21. März 2023 einen Test-Link. Das Fragenprogramm wurde am 24. März 2023 in Abstimmung mit der JLU für den Feldeinsatz bereitgestellt.

---

2 https://marktforschungsanbieter.de/files/profiles/1811/1309601526562530.pdf

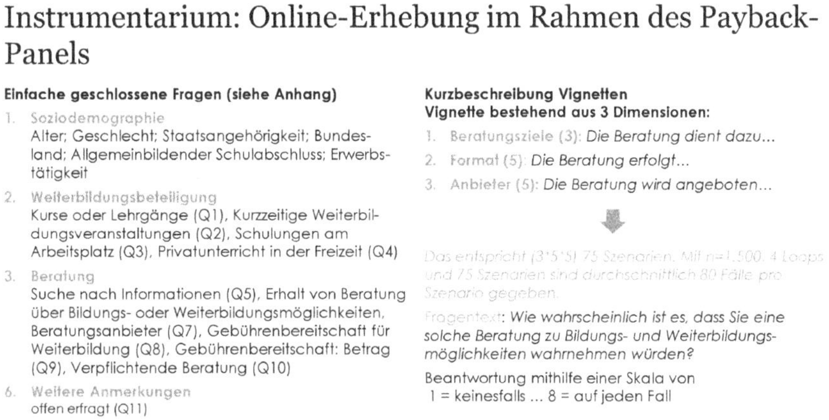

Abb. 1: Instrumentarium Online-Erhebung im Rahmen des Payback-Panels

Quelle: eigene Darstellung

2.3 Stichprobe

Für die Erhebung der 1.500 Nettointerviews wurde aus dem PAYBACK-Panel nach den folgenden Merkmalen, deren Verteilung in der Grundgesamtheit bekannt sind, eine Quotenstichprobe gezogen:

- Richtung
- Nielsengebiete
- Geschlecht
- Alter
- (Schul-)Bildung

Die jeweiligen Quotenränder wurden entsprechend der Abbildung 2 vorgegeben.

Quotierungsvorgaben der Stichprobe

Regionale Aspekte und personenbezogene Merkmale

Richtung (4 Gruppen)	Anteilswerte in %
Norden (SH,HH,NI,HB)	16
Mitte (NW,HE,RP,SL)	35
Süden (BY,BW)	29
Osten (BE, BB, MV,SN,ST,TH)	19
Gesamt	100

Nielsengebiete	Anteilswerte in %
Nielsen 10 (Bula 1+2+3+4)	16
Nielsen 20 (Bula 5)	22
Nielsen 31 (Bula 6+7+10)	14
Nielsen 32 (Bula 8)	13
Nielsen 40 (Bula 9)	16
Nielsen 50 (Bula 11)	5
Nielsen 60 (Bula 13+12+15)	7
Nielsen 70 (Bula 14+16)	7
Gesamt	100

Geschlecht (2 Gruppen)	Anteilswerte in %
Männlich	50
Weiblich	50
Gesamt	100

Alter (3 Gruppen)	Anteilswerte in %
18 bis 34 Jahre	20
35 bis 54 Jahre	37
55 bis 69 Jahre	43
Gesamt	100

(Schul-)Bildung (3 Gruppen)	Anteilswerte in %
niedrig (kein Abschluss/Hauptschule & Rest)	28
mittel (Realschulabschluss)	33
hoch (Fachhochschulreife/Abitur)	38
Gesamt	100

Abb. 2: Quotierungsvorgaben der Stichprobe
Quelle: eigene Darstellung

2.4 Durchführung der Erhebung

Die Online-Erhebung wurde in der Feldzeit vom 27. März bis 08. April 2023 durchgeführt. Die Erhebung begann demnach planungsgemäß in der 13. Kalenderwoche und konnte bereits nach zwei Wochen Feldzeit und somit deutlich früher als ursprünglich geplant, realisiert und vor Beginn der Osterferienzeit abgeschlossen werden.

Es wurden insgesamt 3.447 Adressen eingesetzt. Davon konnten schließlich 1.624 Interviews vollständig realisiert werden. Insgesamt entspricht dies einer Rücklaufquote von 47,8 Prozent. Die Interviews dauerten im Durchschnitt 6:37 Minuten.

Nicht alle begonnen Interviews wurden vollständig abgeschlossen. Insgesamt 64 Interviews wurden begonnen, nicht aber beendet. Diese sind nicht im Datensatz enthalten. Abbildung 3 zeigt für die unvollständigen Interviews, an welchen Stellen im Interview wie viele Interviews abgebrochen wurden. Die häufigsten Abbrüche (n=24) erfolgten dabei bei der Bearbeitung der Vignettenmodule.

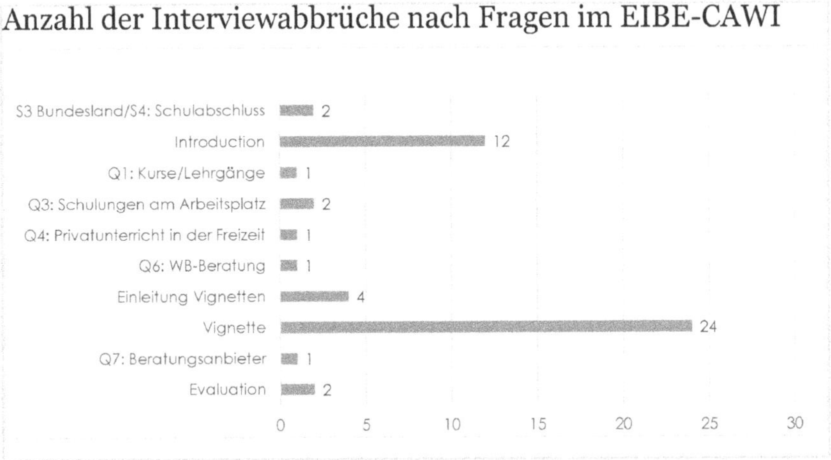

Abb. 3: Anzahl der Abbrüche nach Erhebungsinstrument
Quelle: eigene Darstellung

2.5 Datenaufbereitung und Gewichtung

Die Strukturen der Online-Erhebung werden in Tabelle 1 gezeigt. In den ersten beiden Spalten werden dabei die Sollstrukturen in der Bevölkerung ausgewiesen (N und Anteilswerte in Prozent), in der dritten Spalte die Vorgaben der Quotierung der Stichprobe und in den letzten vier Spalten die realisierten Strukturen der Nettostichprobe (ungewichtet und ungewichtet, jeweils als Absolutwert [n] und als Anteilswert in Prozent). Die Quotenvorgaben haben dazu geführt, dass die Strukturanpassung der Nettostichprobe nur in geringem Maße vorgenommen werden musste.

Eine Ausnahme zeigte sich bei der Sichtung des Merkmals Erwerbssituation (*erwerb*). Trotzdem die Quotierung das Merkmal *altgr* einbezog (s. Kapitel 2.3), geben in der ungewichteten Stichprobe 20 Prozent der Zielpersonen an, „*Rentner/ Rentnerin oder Pensionär/ Pensionärin*“ zu sein. Vor diesem Hintergrund wurde das Merkmal zur Erwerbssituation in die Gewichtung einbezogen. Wie Tab. 2 zeigt, konnte der Anteilswert auf diese Weise in den gewichteten Nettodaten angepasst werden.

Tab. 1: Stichprobenstrukturen

Basis: 18- bis 69-Jährige		Sollstrukturen		Quotierung	Nettostichprobe			
					ungewichtet		gewichtet	
		n in Tausend	Anteils-werte in %	Anteils-werte in %	n	Anteils-werte in %	n	Anteils-werte in %
Bundesland	FS							
1 Schleswig-Holstein		1.931.745	3,5		59	3,6	56	3,5
2 Hamburg		1.283.139	2,3		51	3,1	49	3,0
3 Niedersachsen		5.348.191	9,6		124	7,6	129	7,9
4 Bremen		455.395	0,8		26	1,6	25	1,6
5 Nordrhein-Westfalen		12.068.283	21,6		345	21,2	357	22,0
6 Hessen		4.248.079	7,6		122	7,5	122	7,5
7 Rheinland-Pfalz		2.765.901	4,9		86	5,3	85	5,3
8 Baden-Württemberg		7.527.798	13,5	nein	216	13,3	211	13,0
9 Bayern		8.959.802	16,0		261	16,1	260	16,0
10 Saarland		661.103	1,2		18	1,1	20	1,2
11 Berlin		2.531.797	4,5		77	4,7	81	5,0
12 Brandenburg		1.669.430	3,0		43	2,6	38	2,3
13 Mecklenburg-Vorpommern		1.068.983	1,9		28	1,7	29	1,8
14 Sachsen		2.595.829	4,6		59	3,6	60	3,7
15 Sachsen-Anhalt		1.412.563	2,5		53	3,3	47	2,9
16 Thüringen		1.377.258	2,5		56	3,4	54	3,3
Gesamt		**55.905.296**	**100,0**		**1.624**	**100,0**	**1.624**	**100,0**
Richtung	FS							
Norden (SH,HH,NI,HB)		9.018.470	16,1	16,1	260	16,0	260	16,0
Mitte (NW,HE,RP,SL)		19.743.366	35,3	35,3	571	35,2	585	36,0
Süden (BY,BW)		16.487.600	29,5	29,4	477	29,4	471	29,0
Osten (BE, BB, MV,SN,ST,TH)		10.655.860	19,1	19,1	316	19,5	309	19,0
Gesamt		**55.905.296**	**100,0**	**100,0**	**1.624**	**100,0**	**1.624**	**100,0**
Region	FS							
1 West		45.249.436	80,9	80,9	1.308	80,5	1.315	81,0
2 Ost		10.655.860	19,1	19,1	316	19,5	309	19,0
Gesamt		**55.905.296**	**100,0**	**100,0**	**1.624**	**100,0**	**1.624**	**100,0**
Nielsengebiete	FS							
Nielsen 10 (Bula 1+2+3+4)		9.018.470	16,1	16,1	260	16,0	260	16,0
Nielsen 20 (Bula 5)		12.068.283	21,6	21,6	345	21,2	357	22,0
Nielsen 31 (Bula 6+7+10)		7.675.083	13,7	13,7	226	13,9	227	14,0
Nielsen 32 (Bula 8)		7.527.798	13,5	13,5	216	13,3	211	13,0
Nielsen 40 (Bula 9)		8.959.802	16,0	16,0	261	16,1	260	16,0
Nielsen 50 (Bula 11)		2.531.797	4,5	4,5	77	4,7	81	5,0
Nielsen 60 (Bula 13+12+15)		4.150.976	7,4	7,5	124	7,6	114	7,0
Nielsen 70 (Bula 14+16)		3.973.087	7,1	7,2	115	7,1	114	7,0
Gesamt		**55.905.296**	**100,0**	**100,0**	**1.624**	**100,0**	**1.624**	**100,0**
Geschlecht	FS							
männlich		28.203.919	50,4	50,5	822	50,6	811	49,9
weiblich		27.701.377	49,6	49,5	800	49,3	811	49,9
divers			0,0		2	0,1	2	0,1
Gesamt		**55.905.296**	**100,0**	**100,0**	**1.624**	**100,0**	**1.624**	**100,0**
Alter	FS							
18-24 Jahre		6.093.183	10,9	19,8	141	8,7	179	11,0
25-34 Jahre		10.446.333	18,7		199	12,3	146	9,0
35-44 Jahre		10.467.493	18,7	37,4	292	18,0	309	19,0
45-54 Jahre		11.089.516	19,8		314	19,3	292	18,0
55-64 Jahre		12.840.841	23,0	42,9	383	23,6	390	24,0
65-69 Jahre		4.967.930	8,9		295	18,2	309	19,0
Gesamt		**55.905.296**	**100,0**	**100,0**	**1.624**	**100,0**	**1.624**	**100,0**
(Schul-)Bildung	MZ							
niedrig (kein Abschluss/Hauptschule & Rest)		14.401.000	25,9	28,5	460	28,3	459	28,3
mittel (Realschulabschluss)		18.378.700	33,0	32,7	514	31,7	541	33,3
hoch (Fachhochschulreife/Abitur)		22.912.300	41,1	38,4	650	40,0	623	38,4
keine Angabe			0,0	0,5 -			-	
Gesamt		**55.692.000**	**100,0**	**100,0**	**1.624**	**100,0**	**1.624**	**100,0**
Nationalität	FS							
deutsch		47.494.699	85,0	85,5	1.410	86,8	1.397	86,0
nicht deutsch		8.410.594	15,0	14,5	214	13,2	227	14,0
Keine Angabe		0	0,0	0,0 -			-	
Gesamt		**55.905.293**	**100,0**	**100,0**	**1.624**	**100,0**	**1.624**	**100,0**
Erwerbsumfang (MZ)/vollzeit	MZ							
Vollzeit		29.111	51,4%		841	51,8%	900	55,4%
Teilzeit		11.731	20,7%	nein	229	14,1%	282	17,4%
nicht erwerbstätig		15.829	27,9%		554	34,1%	442	27,2%
Gesamt		**56.671**	**100,0%**		**1.624**	**100,0%**	**1.624**	**100,0%**

[1)] Die Sollstrukturen sind entnommen aus der Bevölkerungsfortschreibung (FS) 31.12.2021 bzw. Mikrozensus (MZ) 2022

Tab. 2: Häufigkeit nach dem Merkmal zur Erwerbssituation (gewichtet)

ZP: alle 18- bis 69-Jährigen (gewichtet) Gültig	Häufigkeit	Prozent	Gültige Prozente	Kumulierte Prozente
1 Vollerwerbstätig	900	55,4	55,4	55,4
2 Teilzeiterwerbstätig (auch Mini-Jobs)	282	17,4	17,4	72,8
3 Auszubildende/ Auszubilndender	33	2	2	74,8
4 In einem Ein-Euro-Job tätig	4	0,2	0,2	75
5 Arbeitslos (ohne Ein-Euro-Job)	29	1,8	1,8	76,8
6 In Altersteilzeit (egal, welche Phase)	11	0,7	0,7	77,5
7 Rentner/ Rentnerin oder Pensionär/ Pensionärin	195	12	12	89,5
8 Schüler/ Schülerin	12	0,8	0,8	90,2
9 Student/ Studentin	65	4	4	94,2
10 Hausfrau/Hausmann	52	3,2	3,2	97,5
11 Freiwilliges Soziales oder Ökologisches Jahr / Bundesfreiwilligendienst	2	0,1	0,1	97,6
12 Sonstiges	39	2,4	2,4	100
Gesamt	1.624	100	100	

© Verian 2024

Die Gewichtung umfasst demnach die in Abbildung 4 rechts aufgeführten Merkmale mit den entsprechend dort genannten (zusammengefassten) Ausprägungen.

Für eine einfache Projektion auf die Grundgesamtheit wurde zudem ein Hochrechnungsfaktor berechnet. Im Wesentlichen handelt es sich dabei um die mit einem weiteren Faktor multiplizierten Gewichtungsfaktoren. Auf diese Weise sind die insgesamt 1.624 realisierten Interviews faktoriell auf die Grundgesamt (N=55.905.296 laut Bevölkerungsfortschreibung) der 18- bis 69-jährigen Wohnbevölkerung in Deutschland projizierbar.

Datenaufbereitung und Gewichtung

Datenaufbereitung

- Prüfung gültiger Werte
- Filterprüfung
- *Labeling* der Variablen
- Bildung von Zusatzvariablen
- Zuspielen von PAYBACK-Hintergrundinformationen: z.B. Haushaltseinkommen

Passung	Randeffektivität	Randname (Zellen: Ausprägungen)
100,00%	99,9%	Nationalität (2 Zellen: Deutsch, Nicht-Deutsch)
99,99%	96,2%	Erwerbstätigkeit (3 Zellen: Erwerbstätige [vollzeit, teilzeit und Ein-Euro-Job], in Rente, verbleibende Nichterwerbstätig)
100,00%	99,9%	Schulbildung (3 Zellen: niedrig, mittel hoch)
100,00%	99,9%	Nielsengebiet [1)] (8 Zellen: Quotierung)
100,00%	98,3%	Altersgruppen (6 Zellen: 18-24, 25-34, 35-44, 45-54, 55-64, 65-69)
100,00%	100,0%	Geschlecht (3 Zellen: männlich, weiblich, divers[2)])

[1)] Weil die Quotierungsvariable region weniger genau ist als die Variable Nielsen und beide Merkmale Zusammenfassungen der Bundesland-Variablen sind, wurde für die Gewichtung ausschließlich die etwas genauere Variable nielsen herangezogen.
[2)] Die Ausprägung divers wurde der Vollständigkeit halber ub der Modell aufgenommen, allerdings ohne Zielwert.

- Faktoren zwischen 0,201 und 3,229
- Effektivität: 85,9%

Abb. 4: Datenaufbereitung und Gewichtung
Quelle: eigene Darstellung

Die Daten wurden so aufbereitet und schließlich um die Gewichtungs- und Hochrechnungsfaktoren ergänzt.

3 Zentrale Ergebnisse der Erhebung (Deskription)

Eine einfache tabellarische Auswertung der in der Online-Erhebung erhobenen Fragen Q1 bis Q10 findet sich im Anhang B. Dabei enthält der erste der beiden Tabellensätze eine getrennte Betrachtung nach den Merkmalen deutsche Staatsangehörigkeit (ja/nein), Ost- und West-Deutschland sowie Geschlecht und der zweite nach den Merkmalen Altersgruppen, Erwerbssituation und dem Antwortverhalten im Vignettenmodul.

3.1 Weiterbildungsbeteiligung

Im Rahmen der Online-Erhebung gaben 64 Prozent der 18- bis 69-Jährigen an, an Weiterbildung, gemessen mit den Instrumenten des deutschen AES (genauer s. AES-2020-Trendbericht[3]), teilgenommen zu haben (s. Tabelle 3). Dieser Wert liegt deutlich über dem des AES 2020 (57 %). Die Gründe hierfür dürften vor allem folgende sein:

3 https://www.bmbf.de/SharedDocs/Publikationen/de/bmbf/1/31690_AES-Trendbericht_2020.html

- Beim AES handelt es sich um eine Erhebung im sequenziellen *mixed-mode design* (CAPI und CAWI)[4] und nicht um eine reine Online-Befragung.
- Der AES basiert auf einer geklumpten Zufallsstichprobe (Gemeindestichprobe) und nicht auf einer Quotenstichprobe.
- Der AES weist einen höheren Stichprobenumfang auf (AES 2020: n=5.818) als die gegebene Stichprobe (n=1.624) (BMBF, 2022, S. 8).

Die beiden letztgenannten Punkte verweisen auf die höhere Genauigkeit des AES im Vergleich zur gegebenen Online-Erhebung, in der zudem grundsätzlich befragungsbereite Personen in die Befragung einbezogen werden. Dass die Quote der Teilnahme an Weiterbildung abhängig vom Erhebungsmodus ist, zeigte sich auch im AES 2020. Dabei fallen die Quoten in CAWI mit 60 Prozent etwas höher aus. Vor diesem Hintergrund liegt die Quote der Teilnahme an Weiterbildung mit 64 Prozent im erwartbaren Bereich. Auch die Quoten der Antworten auf die vier Fragen nach den Formen von Weiterbildung, die nicht überschneidungsfrei sind, fallen hier höher aus. Gleichwohl sind sie in ihrer Struktur etwa mit denen des AES vergleichbar.

Tab. 3: Teilnahme an Weiterbildung

Basis: 18- bis 69-Jährige	AES 2020 – insgesamt gewichtet (n=5.818)	AES 2020 (CAWI-first, gewichtet (n=2.748)	Online-Erhebung 2023 gewichtet (n=1.624)
Teilnahme an Kursen oder Lehrgängen (AES: F080; Weiterbildungsberatung: Q1)	32,7	35,9	43,0
Teilnahme an kurzzeitigen Bildungsveranstaltungen (AES: F082; Weiterbildungsberatung: Q2)	32,9	38,6	45,2
Teilnahme an Schulungen am Arbeitsplatz (AES: F084; Weiterbildungsberatung: Q3)	24,2	25,7	38,3
Teilnahme an Privatunterricht in der Freizeit (AES: F086; Weiterbildungsberatung: Q4)	11,0	11,9	14,0

4 CAWI: Computer Assisted Web Interview; CAPI: Computer Assisted Personal Interview

Tab. 3: Fortsetzung

Basis: 18- bis 69-Jährige	AES 2020 – insgesamt gewichtet (n=5.818)	AES 2020 (CAWI-first, gewichtet (n=2.748)	Online-Erhebung 2023 gewichtet (n=1.624)
Teilnahme an non-formaler Bildung (Weiterbildung); mindestens eine Teilnahme an den zuvor genannten vier Kategorien	56,9	59,8	64,3

© Verian 2024

Tabelle 4 zeigt die Quoten der Teilnahme an Weiterbildung getrennt nach verschiedenen Merkmalen. Die Strukturen erweisen sich analog zum AES 2020:

- Die Quote der Teilnahme an Weiterbildung liegt in Ostdeutschland bei 63 Prozent und in Westdeutschland bei 65 Prozent. Fallzahlbedingt sind die Quoten nicht signifikant verschieden, weisen aber tendenziell in eine ähnliche Richtung wie beim AES 2020.
- Frauen beteiligen sich etwa so häufig an Weiterbildung (64 %) wie Männer (65 %).
- Mit zunehmendem Alter sinkt die Quote der Teilnahme an Weiterbildung.
- Mit zunehmendem Bildungsniveau steigt die Quote der Teilnahme an Weiterbildung

Anders als im AES 2020 zeigen sich die Quoten der Teilnahme an Weiterbildung getrennt nach dem dichotomen Merkmal „deutsche Staatsangehörigkeit: ja/nein“. Personen ohne deutsche Staatsangehörigkeit weisen in der Online-Erhebung eine Quote der Teilnahme von 68 Prozent auf, solche mit deutscher Staatsangehörigkeit von 64 Prozent. Dabei sind die Quoten fallzahlbedingt nicht signifikant verschieden. Im AES 2020 war ein entgegengesetztes und deutlich differenzierteres Bild zu erkennen (BMBF, 2022, S. 41). Ob und inwieweit im PAYBACK-Panel eine besser integrierte Gruppe der Personen ohne deutsche Staatsangehörigkeit gegeben ist, muss an dieser Stelle offenbleiben.

Tab. 4: Quoten der Teilnahme an Weiterbildung nach verschiedenen Merkmalen

Basis: 18- bis 69-Jährige	n (ungewichtet)	Quote der Teilnahme in %
Quote der Teilnahme an NFE insgesamt		
Alle 18- bis 69-Jährigen	1.624	64
Ost-West-Vergleich		
West	1308	65
Ost	316	63
Richtung		
Norden (SH, HH, NI, HB)	260	65
Mitte (NW, HE, RP, SL)	571	63
Süden (BY, BW)	477	65
Osten (BE, BB, MV, SN, ST, TH)	316	63
Geschlecht		
Männer	822	65
Frauen	800	64
Altersgruppen		
18- bis 34-Jährige	340	78
35- bis 54-Jährige	606	73
55- bis 69-Jährige	677	50
Schulischer Bildungshintergrund		
Niedrig	460	44
Mittel	514	64
Hoch	650	79
Erwerbssituation		
Erwerbstätige	1.074	73
Arbeitslose	28	*wird nicht ausgewiesen*
Auszubildende, Studierende, Schüler und Schülerinnen	102	82
In Rente	334	25
Sonstige	86	-31
Deutsche Staatsangehörigkeit		
Ja	1.410	64
Nein	214	68

© Verian 2024

3.2 Transparenz und Beratung

Im Rahmen der Online-Erhebung gaben unter den 18- bis 69-Jährigen gut ein Drittel (35 %, Tabelle 5) an, in den letzten zwölf Monaten nach (Weiter-)Bildungsmöglichkeiten gesucht zu haben. Der Anteilswert des AES 2020 liegt in vergleichbarer Größenordnung (38 %) (BMBF, 2022, S. 72).

Der Anteilswert derjenigen, die in den letzten zwölf Monaten an einer Beratung teilgenommen haben, liegt in der Online-Erhebung bei zwölf Prozent, also über der im AES 2020 ermittelten Größenordnung (7 %) (BMBF, 2022, S. 72).

Tab. 5: Transparenz und Beratung

Basis: 18- bis 69-Jährige	Quote der Teilnahme in Prozent
Q5: Suche nach Informationen über Bildungs- oder Weiterbildungsmöglichkeiten	**$n_{ungew.}$=1.624**
Ja	35
Nein	65
Gesamt	100
Q6: Beratung über Bildungs- oder Weiterbildungsmöglichkeiten in den letzten 12 Monaten	**$n_{ungew.}$=1.624**
Ja	12
Nein	88
Gesamt	100
Q8: Bereitschaft für Beratung Gebühr zu bezahlen	**$n_{ungew.}$=1.624**
Ja	28
Nein	72
Gesamt	100
Q10: Verpflichtende Beratung	**$n_{ungew.}$=1.624**
Ja	42
Nein	58
Gesamt	100

© Verian 2024

Die Beratungen fanden getrennt nach Anbietern (durchschnittlich 1,6 Nennungen pro Person) am häufigsten beim eigenen Arbeitgeber oder Betrieb statt (43 %), gefolgt von Bildungseinrichtungen (25 %), Weiterbildungseinrichtungen (23 %) und der Arbeitsagentur (18 %, Tabelle 6).

Tab. 6: Anbieter der Beratung (Mehrfachnennungen, n_{ungew}=187)

		Antworten		
		N	Prozent	Prozent der Fälle
Q7a	Q7_1 Bildungseinrichtung (allgemeinbildende Schule, Berufsschule, Hochschule)	47	15,8 %	25,1 %
	Q7_2 Weiterbildungseinrichtung (Volksschule, private Weiterbildungseinrichtung)	42	14,1 %	22,5 %
	Q7_3 Arbeitsagentur / Jobcenter / ARGE	34	11,4 %	18,2 %
	Q7_4 Arbeitgeber / Betrieb, Arbeitgeberorganisation	81	27,2 %	43,3 %
	Q7_5 Arbeitnehmervertretung, z.B. Gewerkschaft, Betriebsrat	20	6,7 %	10,7 %
	Q7_6 Kammer, Berufsverband	22	7,4 %	11,8 %
	Q7_7 Spezielle, unabhängige Beratungseinrichtung/-organisation, die Informationen oder Beratung über Weiterbildungsmöglichkeiten anbietet (kommunale oder regionale Beratungsstellen)	31	10,4 %	16,6 %
	Q7_8 Am Infotelefon Weiterbildungsberatung	5	1,7 %	2,7 %
	Q7_9 Nichts davon	15	5,0 %	8,0 %
	Q7_99 Keine Angabe	1	0,3 %	0,5 %
Gesamt		298	100,0 %	159,4 %

© Verian 2024

28 Prozent der 18- bis 69-Jährigen geben die Bereitschaft an, für eine Beratung eine Gebühr zu bezahlen. Dabei liegt ein signifikanter Unterschied in der Zahlungsbereitschaft (Q7) zwischen Personen mit (40 %) und ohne Beratung (26 %) in den letzten zwölf Monaten vor. Für eine 30-minütige Beratung über Bildungs- und

Weiterbildungsmöglichkeiten würden unter denjenigen mit Zahlungsbereitschaft knapp ein Fünftel bis unter 20 € zahlen (19 %, Tabelle 7), weitere 52 Prozent 20 € bis 49 €. Im Durchschnitt sind diese 18- bis 69-Jährigen bereit 48 € zu zahlen.

Tab. 7: Höhe der Gebühr für (Weiter-)Bildungsberatung

Basis: 18- bis 69-Jährige mit Bereitschaft für eine Beratung eine Gebühr zu zahlen	Anteilswerte in Prozent
Q9: Welchen Betrag würden Sie für eine 30-minütige Beratung über Bildungs- und Weiterbildungsmöglichkeiten bezahlen?	**$n_{ungew.}$ = 448**
unter 20€	19
20€ bis unter 50€	52
50€ bis unter 100€	24
100€ oder mehr	4
Keine Angabe	1
Gesamt	100

© Verian 2024

Bezieht man diejenigen, die keine Bereitschaft zeigen Geld für eine Beratung zu zahlen, ein (und setzt dabei die Gebühr auf 0 €), sind die 18- bis 69-Jährigen bereit durchschnittlich 13 € für eine halbstündige Beratung aufzuwenden.

Der Frage (*Q10*), ob man einer Einführung einer verpflichtenden Beratung über (Weiter-)Bildungsmöglichkeiten für Erwerbstätige, die im Abstand von drei Jahren durchgeführt werden solle, stimmen zwei Fünftel der 18- bis 69-Jährigen (42 %) zu. Getrennt nach Erwerbssituation liegt dabei der höchste Anteilswert der Zustimmung unter den Rentnern und Rentnerinnen (45 %), gefolgt von den Erwerbstätigen (42 %). Die verbleibenden Personen weisen eine Zustimmungsrate von 35 Prozent auf.

In der letzten Frage der Online-Erhebung (*Q11*) wurde den Zielpersonen die Möglichkeit gegeben, schriftlich auf die Frage „Gibt es noch etwas in Bezug zu Bildungs- und Weiterbildungsmöglichkeiten, was Ihnen wichtig ist und Sie uns mitteilen können?“ zu antworten. 84 Prozent nutzten diese Möglichkeit nicht und weitere zwei Prozent lehnten die Möglichkeit mit der Begründung nicht mehr zu arbeiten, in Rente oder zu alt zu sein, ab.

Gleichwohl ergriffen immerhin gut ein Achtel (14 %) die Möglichkeit einer Mitteilung.

Wenngleich zunehmend häufiger darauf hingewiesen wird, dass Weiterbildung von gesellschaftlichem Belang ist und nicht nur dazu dient, *employability* zu sichern, sondern auch die gesellschaftliche Teilhabe, ist verblüffend, wie sehr sich hier ältere Personen, die nicht (mehr) arbeiten von Weiterbildung und einer gegebenenfalls vorangeschalteten Beratung distanzieren. Besonders stark zeigt sich das in den offenen Nennungen. Möglicherweise wird in dieser Generation noch die ältere Bedeutung von Weiterbildung als berufliches Lernen, verwendet und schließt Erwachsenenbildung als nicht-beruflichem Lernen davon entsprechend aus.

4 Mehrebenenanalyse (Vignettenmodul)

Für das Vignettenmodul wurde eine Mehrebenenanalyse gerechnet. In einem ersten Schritt betrachten wir in diesem Kapitel die einzelnen Vignettenbewertungen, die pro Befragungsperson vier Mal vorkommt (Kapitel 4.1). In Kapitel 4.2 wird anhand von Charts beschrieben, wie die Datenaufbereitung für die Vignettenanalyse erfolgte. Kapitel 4.3 beschreibt die verschiedenen Schritte der Analyse und in Kapitel 4.4 werden schließlich die Ergebnisse vorgestellt. Dabei wurden über die Modelle 1 bis 6 auf Basis aller Vignettenbewertungen, deren Ergebnisse am Ende dieses Kapitels in Tabelle 9 gezeigt werden, weitere Analysen für Untergruppen berechnet.

- Modell 7a: Antworten von Erwerbstätigen und
- Modell 7b: Antworten von Nichterwerbstätigen
- Modell 8a: Antworten von 18- bis 54-jährigen Personen
- Modell 8b: Antworten von 55- bis 69-jährigen Personen
- Modell 9a: Antworten von Personen, die entweder nach Bildungsangeboten gesucht oder eine Beratung wahrgenommen haben
- Modell 9b: Antworten von Personen, die weder Bildungsangebote gesucht noch eine Beratung wahrgenommen haben.

4.1 Ranking der einzelnen Szenarien

Pro Person wurden vier Vignettenszenarien zur Bewertung ausgesetzt (Skala: Keinesfalls 1 – 2 – 3 – 4 – 5 – 6 – 7 – 8 auf jeden Fall). Der Wert *9* für keine Angabe wurde zwar programmiert, aber in keinem Fall genutzt. Für die Bewertung der Szenarien liegen demnach theoretisch (1.624*4) 6.496 Bewertungen vor. Wie weiter unten gezeigt wird (s. Kapitel 4.2), gibt es einzelne Personen, die alle zur Bewertung ausgesetzten Szenarien mit *1* beantwortet haben, hierunter überwiegend Rentner und Rentnerinnen.

Eine erste Analyse auf Personenebene nach den Mittelwerten der Vignetten zeigt für alle vorgestellten Szenarien mittlere Bewertungen zwischen 2,9 und 5,2 (theoretischer Mittelwert: 4,5, Tabelle 8). Bei einem Ranking der Personen, die nicht durchgängig bei allen vier Bewertungsmöglichkeiten *1* angaben (2. Spalte) kann gezeigt werden, dass eine Beratung dann vorteilhaft zu sein scheint, wenn sie beim eigenen Arbeitgeber stattfindet, wie die acht Szenarien mit den höchsten Mittelwerten zeigen.

Tab. 8: Mittelwerte der Vignetten auf Personenebene [1)]

ZP: 18- bis 69-Jährige (gew.)	alle	ohne ausschließlich 1-er	LFD	Nr. Beratungsziele	BERATUNGS-ZIELE (3)	Nr. Format (5)	FORMAT (5)	Nr. Anbieter	ANBIETER (5)
Vignetten_26	4,58	5,23	19	2	die persönliche, aktu	1	vor Ort in einer Berat	1	bei dem eigenen Art
Vignetten_16	4,26	5,2	8	1	Informationen (Anbie	4	digital, per E-Mail-Au	1	bei dem eigenen Art
Vignetten_41	4,64	5,17	36	2	die persönliche, aktu	4	digital, per E-Mail-Au	1	bei dem eigenen Art
Vignetten_1	4,4	5,11	1	1	Informationen (Anbie	1	vor Ort in einer Berat	1	bei dem eigenen Art
Vignetten_56	4,34	5,04	52	3	ausgehend vom eige	2	vor Ort in einer Berat	1	bei dem eigenen Art
Vignetten_11	4,39	5,04	3	1	Informationen (Anbie	3	telefonisch	1	bei dem eigenen Art
Vignetten_46	4,51	5	41	2	die persönliche, aktu	5	digital, per Videoaus	1	bei dem eigenen Art
Vignetten_6	4,41	4,96	56	1	Informationen (Anbie	2	vor Ort in einer Berat	1	bei dem eigenen Art
Vignetten_17	4,35	4,89	9	1	Informationen (Anbie	4	digital, per E-Mail-Au	2	bei der Arbeitsagent
Vignetten_31	4,53	4,89	25	2	die persönliche, aktu	2	vor Ort in einer Berat	1	bei dem eigenen Art
Vignetten_21	4,15	4,88	14	1	Informationen (Anbie	5	digital, per Videoaus	1	bei dem eigenen Art
Vignetten_51	4,26	4,87	47	3	ausgehend vom eige	1	vor Ort in einer Berat	1	bei dem eigenen Art
Vignetten_19	4,3	4,83	11	1	Informationen (Anbie	4	digital, per E-Mail-Au	4	bei einer unabhängig
Vignetten_36	4,27	4,76	30	2	die persönliche, aktu	3	telefonisch	1	bei dem eigenen Art
Vignetten_69	4,01	4,75	66	3	ausgehend vom eige	4	digital, per E-Mail-Au	4	bei einer unabhängig
Vignetten_66	4,35	4,7	63	3	ausgehend vom eige	4	digital, per E-Mail-Au	1	bei dem eigenen Art
Vignetten_42	4,24	4,68	37	2	die persönliche, aktu	4	digital, per E-Mail-Au	2	bei der Arbeitsagent
Vignetten_28	4,12	4,67	21	2	die persönliche, aktu	1	vor Ort in einer Berat	3	bei einem Weiterbild
Vignetten_34	4,08	4,67	28	2	die persönliche, aktu	2	vor Ort in einer Berat	4	bei einer unabhängig
Vignetten_43	4,37	4,67	38	2	die persönliche, aktu	4	digital, per E-Mail-Au	3	bei einem Weiterbild
Vignetten_23	4,29	4,67	16	1	Informationen (Anbie	5	digital, per Videoaus	3	bei einem Weiterbild
Vignetten_4	4,36	4,65	34	1	Informationen (Anbie	1	vor Ort in einer Berat	4	bei einer unabhängig
Vignetten_61	4,13	4,62	58	3	ausgehend vom eige	3	telefonisch	1	bei dem eigenen Art
Vignetten_54	4,22	4,59	50	3	ausgehend vom eige	1	vor Ort in einer Berat	4	bei einer unabhängig
Vignetten_18	3,93	4,56	10	1	Informationen (Anbie	4	digital, per E-Mail-Au	3	bei einem Weiterbild
Vignetten_3	4,06	4,55	23	1	Informationen (Anbie	1	vor Ort in einer Berat	3	bei einem Weiterbild
Vignetten_73	4,08	4,53	71	3	ausgehend vom eige	5	digital, per Videoaus	3	bei einem Weiterbild
Vignetten_68	4,19	4,52	65	3	ausgehend vom eige	4	digital, per E-Mail-Au	3	bei einem Weiterbild
Vignetten_58	4,01	4,51	54	3	ausgehend vom eige	2	vor Ort in einer Berat	3	bei einem Weiterbild
Vignetten_59	4	4,47	55	3	ausgehend vom eige	2	vor Ort in einer Berat	4	bei einer unabhängig
Vignetten_50	4,1	4,46	46	2	die persönliche, aktu	5	digital, per Videoaus	5	bei einer Gewerksch
Vignetten_53	3,55	4,42	49	3	ausgehend vom eige	1	vor Ort in einer Berat	3	bei einem Weiterbild
Vignetten_20	3,94	4,36	13	1	Informationen (Anbie	4	digital, per E-Mail-Au	5	bei einer Gewerksch
Vignetten_45	3,7	4,36	40	2	die persönliche, aktu	4	digital, per E-Mail-Au	5	bei einer Gewerksch
Vignetten_30	3,99	4,34	24	2	die persönliche, aktu	1	vor Ort in einer Berat	5	bei einer Gewerksch
Vignetten_75	3,76	4,33	73	3	ausgehend vom eige	5	digital, per Videoaus	5	bei einer Gewerksch
Vignetten_71	3,83	4,32	69	3	ausgehend vom eige	5	digital, per Videoaus	1	bei dem eigenen Art
Vignetten_29	3,84	4,29	22	2	die persönliche, aktu	1	vor Ort in einer Berat	4	bei einer unabhängig
Vignetten_49	3,76	4,29	44	2	die persönliche, aktu	5	digital, per Videoaus	4	bei einer unabhängig
Vignetten_44	3,98	4,28	39	2	die persönliche, aktu	4	digital, per E-Mail-Au	4	bei einer unabhängig
Vignetten_5	3,84	4,25	45	1	Informationen (Anbie	1	vor Ort in einer Berat	5	bei einer Gewerksch
Vignetten_22	3,91	4,25	15	1	Informationen (Anbie	5	digital, per Videoaus	2	bei der Arbeitsagent
Vignetten_33	3,8	4,21	27	2	die persönliche, aktu	2	vor Ort in einer Berat	3	bei einem Weiterbild
Vignetten_39	3,76	4,18	33	2	die persönliche, aktu	3	telefonisch	4	bei einer unabhängig
Vignetten_47	3,64	4,15	42	2	die persönliche, aktu	5	digital, per Videoaus	2	bei der Arbeitsagent
Vignetten_13	3,66	4,14	5	1	Informationen (Anbie	3	telefonisch	3	bei einem Weiterbild
Vignetten_48	3,88	4,14	43	2	die persönliche, aktu	5	digital, per Videoaus	3	bei einem Weiterbild
Vignetten_14	3,63	4,14	6	1	Informationen (Anbie	3	telefonisch	4	bei einer unabhängig
Vignetten_27	3,58	4,13	20	2	die persönliche, aktu	1	vor Ort in einer Berat	2	bei der Arbeitsagent
Vignetten_32	3,64	4,09	26	2	die persönliche, aktu	2	vor Ort in einer Berat	2	bei der Arbeitsagent
Vignetten_15	3,77	4,09	7	1	Informationen (Anbie	3	telefonisch	5	bei einer Gewerksch
Vignetten_25	3,62	4,08	18	1	Informationen (Anbie	5	digital, per Videoaus	5	bei einer Gewerksch
Vignetten_9	3,54	4,06	75	1	Informationen (Anbie	2	vor Ort in einer Berat	4	bei einer unabhängig
Vignetten_10	3,42	4,01	2	1	Informationen (Anbie	2	vor Ort in einer Berat	5	bei einer Gewerksch
Vignetten_65	3,44	4,01	62	3	ausgehend vom eige	3	telefonisch	5	bei einer Gewerksch
Vignetten_64	3,63	4,01	61	3	ausgehend vom eige	3	telefonisch	4	bei einer unabhängig
Vignetten_37	3,46	3,93	31	2	die persönliche, aktu	3	telefonisch	2	bei der Arbeitsagent
Vignetten_8	3,64	3,91	74	1	Informationen (Anbie	2	vor Ort in einer Berat	3	bei einem Weiterbild
Vignetten_55	3,23	3,9	51	3	ausgehend vom eige	1	vor Ort in einer Berat	5	bei einer Gewerksch
Vignetten_7	3,25	3,89	67	1	Informationen (Anbie	2	vor Ort in einer Berat	2	bei der Arbeitsagent
Vignetten_67	3,4	3,89	64	3	ausgehend vom eige	4	digital, per E-Mail-Au	2	bei der Arbeitsagent
Vignetten_74	3,39	3,89	72	3	ausgehend vom eige	5	digital, per Videoaus	4	bei einer unabhängig
Vignetten_2	3,48	3,84	12	1	Informationen (Anbie	1	vor Ort in einer Berat	2	bei der Arbeitsagent
Vignetten_24	3,36	3,83	17	1	Informationen (Anbie	5	digital, per Videoaus	4	bei einer unabhängig
Vignetten_57	3,3	3,82	53	3	ausgehend vom eige	2	vor Ort in einer Berat	2	bei der Arbeitsagent
Vignetten_70	3,45	3,79	68	3	ausgehend vom eige	4	digital, per E-Mail-Au	5	bei einer Gewerksch
Vignetten_52	3,24	3,74	48	3	ausgehend vom eige	1	vor Ort in einer Berat	2	bei der Arbeitsagent
Vignetten_38	3,48	3,73	32	2	die persönliche, aktu	3	telefonisch	3	bei einem Weiterbild
Vignetten_63	3,29	3,73	60	3	ausgehend vom eige	3	telefonisch	3	bei einem Weiterbild
Vignetten_35	3,28	3,72	29	2	die persönliche, aktu	2	vor Ort in einer Berat	5	bei einer Gewerksch
Vignetten_72	3,08	3,7	70	3	ausgehend vom eige	5	digital, per Videoaus	2	bei der Arbeitsagent
Vignetten_62	3,27	3,67	59	3	ausgehend vom eige	3	telefonisch	2	bei der Arbeitsagent
Vignetten_60	3,32	3,64	57	3	ausgehend vom eige	2	vor Ort in einer Berat	5	bei einer Gewerksch
Vignetten_12	3,14	3,56	4	1	Informationen (Anbie	3	telefonisch	2	bei der Arbeitsagent
Vignetten_40	2,92	3,54	35	2	die persönliche, aktu	3	telefonisch	5	bei einer Gewerksch

1) Die offenen Textnennungen wurden hier eingeblendet, um Hinweise auf den Hintergrund zu erhalten. Sie wurden zugunsten der Übersichtlichkeit der Tabelle absichtlich nicht vollständig eingeblendet.

4.2 Datenaufbereitung für die Vignettenanalysen

Die Informationen dazu, wie Daten für die Vignettenanalyse aufbereitet wurden, enthält Abbildung 5.

Vignettenanalyse: Datenaufbereitung

- Datensatzes im Long-Format, eine Datenzeile je Vignettenbewertung
- Erstellung der Vignetten-Merkmale
- Dummy-Variablen für die Vignettendimensionen
  - Beratungsziel (3)
  - Format (5)
  - Anbieter (5)
- *Straightliner*-Merkmal, z. B. für Personen, die alle Vignetten mit 1 „keinesfalls“ bewertet haben
- Rekodierung binärer Variablen auf die Werte 0/1
- Rekodierung der Erwerbstätigkeit (Vollzeit/Teilzeit/Azubi = 1, sonst 0)
- Rekodierung Bundesland in West/Ost (0/1)

Abb. 5: Datenaufbereitung Vignettenanalyse
Quelle: eigene Darstellung

Informationen zum Bewertungsscore zeigt Abbildung 6.

Aus den Mehrebenanalysen wurden Bewertungen einzelner Personen ausgeschlossen, wenn ein erhärteter Verdacht von Straightlining vorlag. Die ab hier berichteten Werte sind ungewichtet. Insgesamt haben 24,4 Prozent aller Personen jeweils den gleichen Wert in allen vier Bewertungsmodulen vergeben. 14,8 Prozent haben in allen vier Modulen die Bewertung 1 vorgenommen. Inhaltlich bedeutet das, dass die Ausgestaltung des Beratungsangebotes auf die Bewertung irrelevant ist. Personen, die alle Vignetten mit 1 bewerten sind häufig Rentner und Rentnerinnen bzw. ältere Personen, für die das Thema Weiterbildungsberatung keine Relevanz zu haben scheint. Diese Personen werden von der Analyse ausgeschlossen.

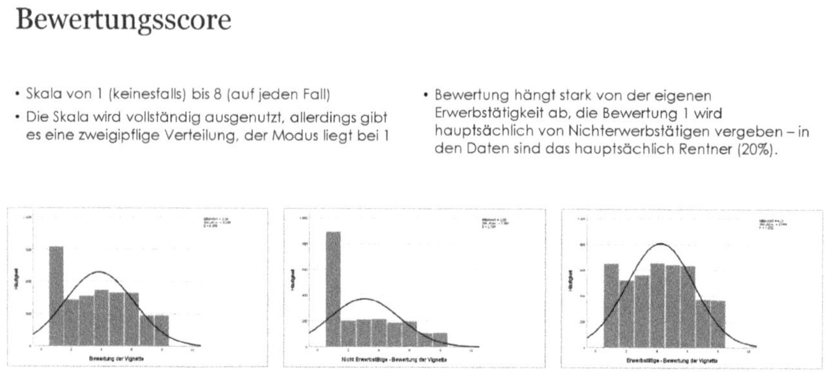

Abb. 6: Bewertungsscore Vignetten
Quelle: eigene Darstellung

4.3 Vignettenanalysen

Wie die Analysen vorgenommen werden sollen, zeigt Abbildung 7.

Dabei erfolgen die Analysen schrittweise und das Modell wird systematisch um Merkmale erweitert, um die Einflüsse der verschiedenen Merkmale zu untersuchen:

- Modell 0: „leeres" Modell nur mit *random intercept*
- Modell 1-4: Schrittweise Aufnahme der Vignettenmerkmale (Level 1)
- Modell 5: Modell mit Personenmerkmalen (Level 2)
- Modell 6: Vollständiges Modell mit Vignettenmerkmalen und Personenmerkmalen

Mit Abbildung 8 ist eine Lesehilfe gegeben, die hier der Einfachheit nicht weiter kommentiert wird.

Analyse

Hierarchische Datenstruktur durch Vignettendesign

- Datenstruktur: geclusterte Daten (die vier Bewertungen einer Person sind nicht unabhängig voneinander)
- Auswertung mit „linear mixed model" (*random intercept*), d.h. Erweiterung des einfachen Regressionsmodells um eine zusätzliche Ebene
  - Level 1: Vignettenebene
  - Level 2: Personenebene
- Varianzerklärung
  - Fixed effect: Merkmale im Regressionsmodell – unabhängige Variablen
  - Random effect: Varianz des Bewertungsniveaus auf Personenebene, die durch die unabhängigen Variablen nicht erklärt werden können

Abb. 7: Datenstruktur Vignettenanalyse
Quelle: eigene Darstellung

Lesehilfe zu den ausgewiesenen Analyseergebnissen

- AIC – *Akaike information criterion*: Das AIC basiert auf der *Log-Likelihood-Funktion* und dient dazu, verschiedene Modellkandidaten zu vergleichen. Um nicht komplexere Modelle als durchweg besser einzustufen, wird neben der *Log-Likelihood* die Anzahl der geschätzten Parameter als Strafterm aufgenommen. Je kleiner der Wert des AIC desto höher die Modellgüte.
- *Deviance*: Die *Deviance* ist eine Verallgemeinerung des AIC für hierarchische Modelle.
- R^2: Anteil der erklärten Varianz durch das Modell, hier aufgeschlüsselt in R^2 gesamt, R^2 der *Fixed Effects* und R^2 der *Random Effects* .
- *Intra Class Correlation* (ICC) ist ein Maß für die Korrelation eines Merkmals in Abhängigkeit einer Gruppenzugehörigkeit (in diesem Falle die Person). Je höher die ICC, desto ähnlicher sind sich die Bewertungen jeweils einer Person und desto unterschiedlicher die Bewertungen der verschiedenen Personen
- *Random Effect*:
  - *Id (within)*: Varianz innerhalb der Personen
  - *Residuals (between)*: Varianz zwischen den Personen
- Fixed Effects:
  - *Intercept*: Achsen-Abschnitt der Regression
  - *Fixed-Effects level 1*: Regressionskoeffizienten der Vignettenmerkmale
  - *Fixed-Effects level 2*: Regressionskoeffizienten der Personenmerkmale
- Der Regressionskoeffizient gibt die Veränderung auf dem Bewertungsscore bei Veränderung der unabhängigen Variable an. Bei *Dummy-Variablen* wird die Veränderung gegenüber der Referenzkategorie angezeigt.

Abb. 8: Lesehilfe Vignettenanalyse
Quelle: eigene Darstellung

4.4 Ergebnisse der Vignettenanalysen

Null-Modell

Das Null-Modell (s. Tabelle 9) enthält nur *random effect* für die Personen. Das Ergebnis zeigt, dass die Daten extrem geclustert sind. D.h., es gibt massive Unterschiede zwischen den Personen, wobei die Bewertungen je Person nur sehr wenig Varianz aufweisen. Allein durch die Person werden 46 Prozent der Varianz auf der abhängigen Variable, also der Bewertungsskala, erklärt.

Dieses Ergebnis zeigt sich auch in der *Intra Class Correlation* von 0,458 bzw. in der größeren Varianz auf Personenebene (id 2,374). Die durchschnittliche Bewertung der Vignetten liegt bei 4,334.

Modell 1

Modell 1 enthält nur die Vignettendimension „Beratungsziele“. Das Ziel 1 („Erhalt von Informationen zu einem klaren Weiterbildungswunsch“) ist dabei die Referenzkategorie.

Zu erkennen sind leichte Verbesserung von *R2* und der *Deviance.* Das Merkmal Ziele hat nur einen sehr geringen Erklärungsanteil von 0,1 Prozent (R2_fixed=0,001). Vignetten, die das Ziel 1 enthalten, erhalten durchschnittlich eine Bewertung von 4,366 und liegen dabei in etwa auf dem Gesamt-Niveau von 4,334. Einen signifikanten Unterschied gibt es nur für Ziel 3 („Ermittlung eines Weiterbildungsbedarfs“). Vignetten, die das Ziel 3 enthalten, werden durchschnittlich um 0,15 schlechter auf der Bewertungsskala bewertet als die Referenzkategorie.

Modell 2

Modell 2 enthält nur die Vignettendimension „Beratungsformat“. Die Referenzkategorie ist Format 1 („vor Ort in maximal 60 Minuten Erreichbarkeit“). Es ist eine leichte Verbesserung der Modellgüte zu erkennen, wenngleich nur geringer Anteil an der Varianzerklärung (R2_fixed = 0,006) gegeben ist. Das Modell zeigt, dass nur das Beratungsformat „digital, per E-Mail-Austausch“ im Vergleich zur Referenzkategorie einen signifikant positiven Effekt auf die Bewertung der Vignetten hat. Die Formate „vor Ort in mehr als 60 Minuten Erreichbarkeit“ und „telefonisch“ haben im Vergleich zur Referenzkategorie einen negativen Einfluss. Format 5 („digital, per Videoaustausch“) kann aufgrund fehlender Signifikanz nicht bewertet werden.

Modell 3

Modell 3 enthält nur die Vignettendimension „Anbieter“. Hier ist die Referenzkategorie Anbieter 1 („eigener Arbeitgeber“). Auch hier ist eine leichte Verbesserung der Modellgüte mit nur geringem Anteil an der Varianzerklärung (R2_fixed = 0,023) festzustellen. Im Vergleich zur Referenzkategorie zeigen alle Anbieterformate eine negative Bewertung der Vignetten. Am schlechtesten bewertet werden hierbei die Arbeitsagentur sowie Gewerkschaften. Hier sind die Bewertungen um fast einen Punkt schlechter (-0,8).

Modell 4

Modell 4 enthält alle Vignettendimensionen. Die Referenzkategorien entsprechen denen in den Modell 1 bis 3. Der Anteil der erklärten Varianz durch alle Vignettendimensionen gemeinsam ist mit drei Prozent (R2_fixe = 0,030) sehr gering. D.h., die Bewertung der Vignetten ist weitgehend personenabhängig und wird durch die Vignettendimensionen kaum beeinflusst.

Mit einem AIC von 22.276 weist dieses Modell im Vergleich zu den Vorgängermodellen auf eine höhere Modellgüte auf.

Tab. 9: Ergebnisse der Mehrebenenanalyse (I)

Modell: Linear mixed model (random intercept) lme4/lmer Signif. codes: 0 '****' 0.001 '***' 0.01 '**' 0.05 '.' 0.1 ' ' 1			Ausschluss: Staightliner mit Bewertung 1 (sl1) N=5532 1383 Personen * 4 Vignetten						
			model0	model1	model2	model3	model4	model5	model6
N			N=5532	N=5532	N=5532	N=5532	N=5532	N=5532	N=5532
Modellgüte		Deviance	22.524	22.510	22.461	22.362	22.302	22.277	22.029
		AIC	22.530	22.520	22.475	22.376	22.276	22.305	22.077
		R2	0.458	0.460	0.466	0.476	0.487	0.458	0.487
		R2_fixed	0.000	0.001	0.006	0.023	0.030	0.097	0.126
		R2_random	0.458	0.459	0.460	0.453	0.457	0.361	0.361
Random Effect		id (within)	2.006	2.009	2.016	1.985	2.000	1.581	1.581
		residual (between)	2.374	2.365	2.337	2.295	2.247	2.374	2.247
		Intra Class Correlation (ICC)	0.458						
Intercept			4.334 ***	4.366 ***	4.409 ***	4.837 ***	4.965 ***	4.447 ***	5.052 ***
Fixed Effect Level 1	ziele_1	Informationen zu klarem Weiterbildungswunsch		Ref			Ref		Ref
	ziele_2	Veränderung der aktuellen Arbeits- oder Lebenssituation		0.052			0.036		0.036
	ziele_3	Ermittlung eines Weiterbildungsbedarfs		-0.150 **			-0.177 **		-0.171 **
	format_1	vor Ort in maximal 60 Minuten Erreichbarkeit			Ref		Ref		Ref
	format_2	vor Ort in mehr als 60 Minuten Erreichbarkeit			-0.154 *		-0.160 *		-0.164 *
	format_3	telefonisch			-0.366 ***		-0.376 ***		-0.373 ***
	format_4	digital, per E-Mail-Austausch			0.184 *		0.187 **		0.188 **
	format_5	digital, per Videoaustausch			-0.036		-0.033		-0.028
	anbieter_1	bei dem eigenen Arbeitgeber				Ref	Ref		Ref
	anbieter_2	bei der Arbeitsagentur/dem Jobcenter.				-0.817 ***	-0.829 ***		-0.828 ***
	anbieter_3	bei einem Weiterbildungsanbieter (z.B. VHS, Kammer ...)				-0.477 ***	-0.484 ***		-0.478 ***
	anbieter_4	bei einer unabhängigen, kommunalen Beratungsstelle				-0.472 ***	-0.476 ***		-0.467 ***
	anbieter_5	bei einer Gewerkschaft				-0.755 ***	-0.764 ***		-0.758 ***
Fixed Effect Level 2	alter	Alter						-0.019 ***	-0.019 ***
	sex	Frau						0.046	0.039
	bildunggr	niedrige Bildung						Ref	Ref
		mittlere Bildung						-0.108	-0.083
		hohe Bildung						-0.051	-0.032
	erwerb01	Erwerbstätig (Voll-/Teilzeit, Azubi)						0.223 *	0.222 *
	participants	NFE letzte 12 Monate						0.067	0.082
	Q5	Informationssuche zu Weiterbildung letzte 12 Monate						0.360 ***	0.342 ***
	Q6	Beratung zu Weiterbildung letzte 12 Monate						0.566 ***	0.589 ***
	Q8	Weiterbildung Gebührenbereitschaft						0.418 ***	0.407 ***
	Q10	Verpflichtende Beratung						0.596 ***	0.587 ***
	Ost	Ostdeutschland						-0.115	-0.115

Tab. 10: Ergebnisse der Mehrebenenanalyse (II)

Modell: Linear mixed model (random intercept) lme4/lmer Signif. codes: 0 '***' 0.001 '**' 0.01 '*' 0.05 '.' 0.1 ' ' 1			Model 6 getrennt nach Erwerbstätigkeit		Model 6 getrennt nach Alter		Model 6 getrennt nach Beratung und Suche	
			Erwerbstätig model7a	Nicht Erwerbstätig model7b	Unter 55 mode8a	Über 55 model8b	Q5=1 or Q6=1 mode9a	Q5=0 and Q6=0 model9b
N			N=4100	N=1432	N=3564	N=1968	N=2344	N=3188
Modellgüte		Deviance	16.244	5.744	14.034	7.928	9.472	12.530
		AIC	16.289	5.790	14.082	7.976	9.516	12.574
		R2	0,479	0,504	0,450	0,510	0,404	0,517
		R2_fixed	0,124	0,136	0,120	0,091	0,085	0,100
		R2_random	0,355	0,368	0,330	0,419	0,319	0,417
Random Effect		id (within)	1,511	1,699	1,326	1,940	1,339	1,771
		residual (between)	2,214	2,291	2,213	2,268	2,520	2,052
		Intra Class Correlation (ICC)						
Intercept			5,016 ***	5,330 ***	4,409 ***	5,998 ***	5,938 ***	5,431 ***
Fixed Effect Level 1	ziele_1	Informationen zu klarem Weiterbildungswunsch	Ref	Ref	Ref	Ref	Ref	Ref
	ziele_2	Veränderung der aktuellen Arbeits- oder Lebenssituation	0,033	0,048	-0,010	0,107	-0,035	0,093
	ziele_3	Ermittlung eines Weiterbildungsbedarfs	-0,207 ***	-0,035	-0,149 *	-0,225 *	-0,230 **	-0,124 .
	format_1	vor Ort in maximal 60 Minuten Erreichbarkeit	Ref	Ref	Ref	Ref	Ref	Ref
	format_2	vor Ort in mehr als 60 Minuten Erreichbarkeit	-0,144 .	-0,218	-0,207 *	-0,102	-0,278 *	-0,077
	format_3	telefonisch	-0,347 ***	-0,432 **	-0,325 ***	-0,484 ***	-0,499 ***	-0,279 **
	format_4	digital, per E-Mail-Austausch	0,208 **	0,150	0,259 **	0,010	0,084	0,265 **
	format_5	digital, per Videoaustausch	-0,005	-0,056	0,063	-0,211 .	-0,013	-0,034
	anbieter_1	bei dem eigenen Arbeitgeber	Ref	Ref	Ref	Ref	Ref	Ref
	anbieter_2	bei der Arbeitsagentur/dem Jobcenter,	-0,997 ***	-0,356 *	-0,796 ***	-0,919 ***	-0,816 ***	-0,836 ***
	anbieter_3	bei einem Weiterbildungsanbieter (z.B. VHS, Kammer ...)	-0,615 ***	-0,073	-0,579 ***	-0,294 *	-0,449 ***	-0,494 ***
	anbieter_4	bei einer unabhängigen, kommunalen Beratungsstelle	-0,622 ***	-0,012	-0,525 ***	-0,376 **	-0,428 ***	-0,489 ***
	anbieter_5	bei einer Gewerkschaft	-0,886 ***	-0,358 *	-0,784 ***	-0,705 ***	-0,713 ***	-0,790 ***
Fixed Effect Level 2	alter	Alter	-0,011 **	-0,028 ***	0,001	-0,030	-0,014 ***	-0,025 ***
	sex	Frau	0,078	-0,069	0,084	-0,071	0,086	0,010
	bildunggr	niedrige Bildung	Ref	Ref	Ref	Ref	Ref	Ref
		mittlere Bildung	-0,008	-0,275	-0,108	-0,040	-0,339 .	-0,018
		hohe Bildung	0,012	-0,221	-0,016	0,002	-0,374 *	0,090
	erwerb01	Erwerbstätig (Voll-/Teilzeit, Azubi)			0,032 .	-0,038	-0,020	-0,019
	participants	NFE letzte 12 Monate	-0,020	0,272	0,062	0,100	0,111	0,086
	Q5	Informationssuche zu Weiterbildung letzte 12 Monate	0,357 ***	0,325 .	0,318 **	0,365 *		
	Q6	Beratung zu Weiterbildung letzte 12 Monate	0,536 ***	0,693 *	0,523 ***	0,763 **		
	Q8	Weiterbildung Gebührenbereitschaft	0,465 ***	0,255	0,379 ***	0,568 ***	0,285 *	0,547 ***
	Q10	Verpflichtende Beratung	0,679 ***	0,457 **	0,788 ***	0,333 *	0,635 ***	0,564 ***
	Ost	Ostdeutschland	-0,080	-0,096	-0,052	-0,162	-0,194	-0,037

Modell 6 (und 5)

Modell 6 enthält alle Vignettendimensionen und Personenmerkmale aus Modell 5. Die Personenmerkmale erklären 3,6 Prozent der Gesamtvarianz. Zusammen mit den Vignettenmerkmalen können durch Hinzunahme der unabhängigen Variablen 12,6 Prozent der Varianz erklärt werden.

Die Bereitschaft für eine Beratung Gebühren zu zahlen und die Suche nach Informationen zu (Weiter-)Bildung haben positive Effekte auf die Bewertung. Am stärksten wirken sich hier die Zustimmung zur Einführung einer verpflichtenden Beratung und die Teilnahme an einer Weiterbildungsberatung in den letzten 12 Monaten aus. Dagegen wirkt sich die tatsächliche Teilnahme an einer Weiterbildung nicht positiv auf die Bewertung aus.

Einen moderat positiven Effekt hat die eigene Erwerbstätigkeit. Dagegen gibt es einen negativen Effekt des Alters. D.h. mit jedem Altersjahr sinkt die generelle Bewertung der Beratungsangebote um 0,02. Bei Bildung, Geschlecht und West/Ost gibt es keine signifikanten Unterschiede.

Modell 7a: Erwerbstätige

In Modell 7a werden dieselben Analysen wie in Modell 6 vorgenommen, beschränkt auf erwerbstätige Personen. Die aufgeklärte Varianz liegt hier bei 12,4 Prozent der fixen Effekte (Tabelle 10).

- Unter den Zielen wird 3 („Ermittlung des eigenen Weiterbildungsbedarfs) am schlechtesten bewertet.
- Unter den Formaten wird Format 4 („digital, per E-Mailaustausch“) im Vergleich zur Referenzkategorie „vor Ort in maximal 60 Minuten Erreichbarkeit“ am besten und Format 3 („telefonisch“) am schlechtesten bewertet.
- Unter den Anbietern nimmt die Bewertung der Vignetten im Vergleich zur Referenzkategorie 1 („bei dem eigenen Arbeitgeber“) bei allen anderen Anbieterformen signifikant ab. Die schlechteste Bewertung ist bei Anbieter 2 („bei der Arbeitsagentur, dem Jobcenter“) zu erkennen.
- Unter den personenbezogenen Merkmalen zeigt sich einzig beim Alter ein negativer Effekt. Auch hier sinkt mit jedem Altersjahr die generelle Bewertung der Beratungsangebote.
- Die Bereitschaft für eine Beratung Gebühren zu zahlen und die Suche nach Informationen zu (Weiter-) Bildung haben auch hier positive Effekte auf die Bewertung. Auch hier wirkt sich am stärksten die Zustimmung zur Einführung einer verpflichtenden Beratung und die Teilnahme an einer Weiterbildungsberatung in den letzten 12 Monaten aus. Die tatsächliche Teilnahme an einer Weiterbildung hat keinen signifikanten Einfluss, weswegen hier keine Annahme getroffen werden kann.

Modell 7b: Nichterwerbstätige

In Modell 7b werden dieselben Analysen wie in Modell 6 vorgenommen, beschränkt auf nichterwerbstätige Personen. Die aufgeklärte Varianz liegt hier bei 13,6 Prozent.

- Bei den Formaten zeigt sich lediglich für Format 3 („telefonisch“) ein signifikanter Einfluss. Gegenüber der Referenzkategorie 1 („vor Ort in maximal 60 Minuten Erreichbarkeit“) wird diese mit -0,432 negativer bewertet.
- Bei den Anbieterformen zeigt sich gegenüber der Referenzkategorie 1 („bei dem eigenen Arbeitgeber“) eine signifikant schlechtere Bewertung der Vignetten für die Anbieter 2 („Arbeitsagentur/Jobcenter“) sowie Anbieter 5 („Gewerkschaft“).
- Unter den personenbezogenen Merkmalen zeigt sich einzig beim Alter ein negativer Effekt. Auch hier sinkt mit jedem Altersjahr die generelle Bewertung der Beratungsangebote um 0,3 Prozent.
- Positive Effekte auf die Bewertung haben nur die Merkmale „Einführung einer verpflichtenden Beratung“ und „Teilnahme an einer Weiterbildungsberatung in den letzten 12 Monaten“.

Modell 8a: 18- bis 54-Jährige

In Modell 8a werden dieselben Analysen wie in Modell 6 vorgenommen, beschränkt auf 18- bis 54-Jährige. Die aufgeklärte Varianz liegt hier bei 12,0 Prozent der fixen Effekte.

- Bei den Zielen zeigt sich nur für Ziel 3 („Ermittlung des eigenen Weiterbildungsbedarfs) im Vergleich zur Referenzkategorie (Ziel 1) eine signifikant schlechtere Bewertung.
- Bei den Formaten wird Format 4 („digital, per E-Mailaustausch“) im Vergleich zur Referenzkategorie am besten und die Formate 3 („telefonisch“) und 2 („vor Ort in mehr als 60 Minuten Erreichbarkeit“) am schlechtesten bewertet.
- Unter den Anbietern werden im Vergleich zur Referenzkategorie 1 („bei dem eigenen Arbeitgeber“) alle weiteren Anbieter schlechter bewertet. Die schlechteste Bewertung ist bei Anbieter 2 („bei der Arbeitsagentur, dem Jobcenter“) und Anbieter 5 („Gewerkschaft“) zu erkennen.
- Die Bereitschaft für eine Beratung Gebühren zu zahlen und die Suche nach Informationen zu (Weiter-) Bildung haben auch hier positive Effekte auf die Bewertung. Auch hier wirkt sich am stärksten die Zustimmung zur Einführung einer verpflichtenden Beratung und die Teilnahme an einer Weiterbildungsberatung in den letzten 12 Monaten aus, gefolgt von einer Beratungsteilnahme. Auch hier wirkt sich die tatsächliche Teilnahme an einer Weiterbildung nicht auf die Bewertung aus.

Modell 8b: 55- bis 69-Jährige

In Modell 8b werden dieselben Analysen wie in Modell 6 vorgenommen, beschränkt auf 55- bis 69-Jährige. Die aufgeklärte Varianz liegt hier bei 9,1 Prozent der fixen Effekte.

- Auch hier zeigt sich nur für Ziel 3 („Ermittlung des eigenen Weiterbildungsbedarfs) im Vergleich zur Referenzkategorie 1 eine signifikant schlechtere Bewertung.
- Bei den Formaten zeigt sich nur für Format 3 („telefonisch") eine Signifikanz von -0,484 im Vergleich zur Referenzkategorie.
- Unter den Anbietern wird die Referenzkategorie 1 („bei dem eigenen Arbeitgeber") am besten bewertet. Davon unterscheiden sich alle anderen vier Kategorien signifikant, wobei hier Unterschiede zwischen den verbleibenden Anbieterkategorien vorliegen. Die schlechteste Bewertung ist bei Anbieter 2 („bei der Arbeitsagentur, dem Jobcenter"), gefolgt von Anbieter 5 („Gewerkschaft") zu erkennen.
- Die Suche nach Informationen zu (Weiter-)Bildungsangeboten und die Zustimmung zur Einführung einer verpflichtenden Beratung haben auch hier positive Effekte und sind auf dem Ein-Prozent-Niveau signifikant.
- Höher signifikant ist die Teilnahme an einer Weiterbildungsberatung in den letzten 12 Monaten und hoch signifikant, mit deutlich positivem Effekt, ist die Bereitschaft für eine Beratung Gebühren zu zahlen.

Modelle 9a: Suche nach (Weiter-)Bildungsangeboten oder wahrgenommene Beratung

In Modell 9a werden dieselben Analysen wie in Modell 6 vorgenommen, beschränkt auf Personen, die in den letzten zwölf Monaten entweder nach (Weiter-) Bildungsangeboten gesucht oder eine Weiterbildungsberatung wahrgenommen haben. Die aufgeklärte Varianz liegt hier bei 8,5 Prozent der fixen Effekte.

- Unter den Zielen zeigt sich auch hier nur für Ziel 3 („Ermittlung des eigenen Weiterbildungsbedarfs") eine signifikant schlechtere Bewertung der Vignetten zur Referenzkategorie.
- Unter den Formaten gibt es nur für die Formate 3 („telefonisch") und 2 („vor Ort in mehr als 60 Minuten Erreichbarkeit") signifikante Ergebnisse. Bei beiden zeigt sich eine negative Bewertung im Vergleich zur Referenzkategorie.
- Unter den Anbietern wird die Referenzkategorie 1 („bei dem eigenen Arbeitgeber") am besten bewertet. Davon unterscheiden sich alle anderen vier Kategorien signifikant. Die schlechtesten Bewertungen sind wiederum bei

Anbieter 2 („bei der Arbeitsagentur, dem Jobcenter“) gefolgt von Anbieter 5 („Gewerkschaft“) zu erkennen.

- Unter den personenbezogenen Merkmalen zeigt sich beim Alter ein negativer Effekt. Auch hier sinkt mit jedem Altersjahr die generelle Bewertung der Beratungsangebote. Erstmals zeigt sich hier ein negativer (!) Effekt unter Personen mit hohem Schulabschluss.
- Die Bereitschaft für eine Beratung Gebühren zu zahlen, ist auf dem Ein-Prozent-Niveau signifikant. Ein positiver Effekt zeigt sich am stärksten bei der Zustimmung zur Einführung einer verpflichtenden Beratung.[5]

Modelle 9b: keine Suche nach (Weiter-)Bildungsangeboten und keine wahrgenommene Beratung

In Modell 9b werden dieselben Analysen wie in Modell 6 vorgenommen, beschränkt auf Personen, die in den letzten zwölf Monaten weder nach (Weiter-) Bildungsangeboten gesucht haben noch eine Weiterbildungsberatung wahrgenommen haben. Die aufgeklärte Varianz liegt hier bei 10,0 Prozent.

- Bei den Formaten zeigen sich nur für die Formate 4 („digital, per E-Mail-austausch“) und 3 („telefonisch“) signifikante Einflüsse. Während die telefonische Beratung einen negativen Einfluss aufweist, hat die Beratung via E-Mail-Austausch einen positiven Einfluss auf die Bewertung der Vignetten.
- Unter den Anbietern wird die Referenzkategorie 1 („bei dem eigenen Arbeitgeber“) am besten bewertet. Davon unterscheiden sich alle anderen vier Kategorien signifikant. Die schlechteste Bewertung ist bei Anbieter 2 („bei der Arbeitsagentur, dem Jobcenter“) zu erkennen.
- Unter den personenbezogenen Merkmalen zeigt sich einzig beim Alter ein signifikant negativer Effekt. Auch hier sinkt mit jedem Altersjahr die generelle Bewertung der Beratungsangebote um 0,3 Prozent.
- Stark positive Effekte sind bei den beiden Merkmalen „Zustimmung zur Einführung einer verpflichtenden Beratung“ und „Bereitschaft für eine Beratung Gebühren zu zahlen“ zu erkennen.[6]

---

5 Die beiden Aspekte „Suche nach (Weiter-)Bildungsangeboten und Teilnahme an (Weiter-)Bildungsberatung wurden hier als erklärende Merkmale ausgeschlossen, weil sie zur Bildung der vorgegebenen Zielpersonengruppen herangezogen wurden.

6 Die beiden Aspekte „Suche nach (Weiter-)Bildungsangeboten und Teilnahme an (Weiter-)Bildungsberatung wurden hier als erklärende Merkmale ausgeschlossen, weil sie zur Bildung der vorgegebenen Zielpersonengruppen herangezogen wurden.

Literatur

Bundesministerium für Bildung und Forschung (BMBF) (2022). *Weiterbildungsverhalten in Deutschland 2020. Ergebnisse des Adult Education Survey. AES-Trendbericht.* BMBF [https://www.bmbf.de/SharedDocs/Publikationen/de/bmbf/1/31690_AES-Trendbericht_2020.pdf?__blob=publicationFile&v=10]

Anhang

Anhang A: Fragenprogramm

Soziodemographie

Abb. 1: Fragebogen: Alter, Geschlecht und Staatsangehörigkeit
Quelle: eigene Darstellung

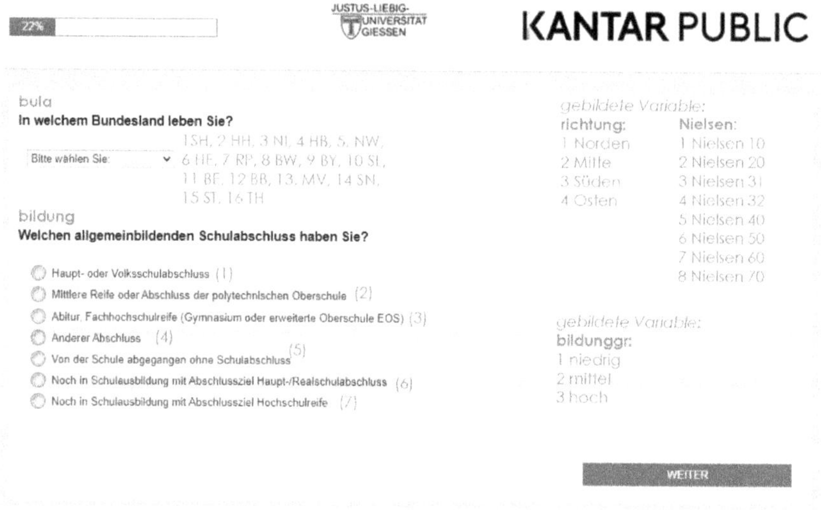

Abb. 2: Fragebogen: Bundesland und Schulabschluss
Quelle: eigene Darstellung

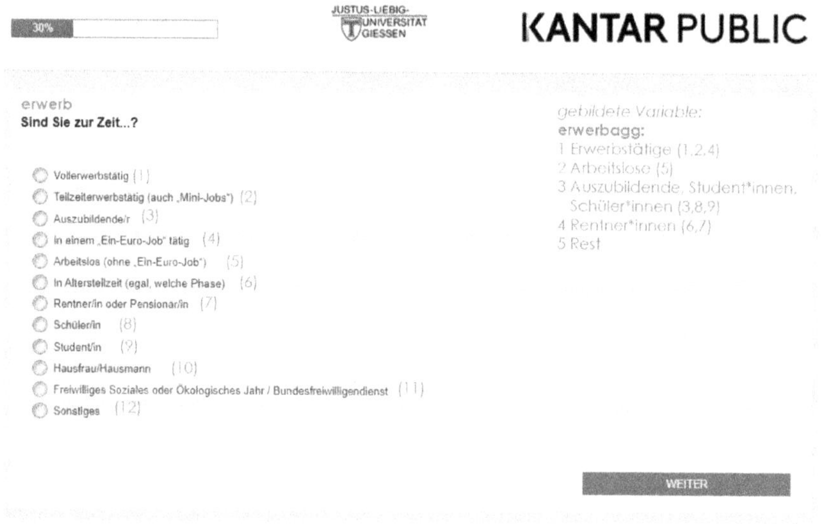

Abb. 3: Fragebogen: Erwerbssituation
Quelle: eigene Darstellung

Aus den Hintergrundinformationen zugespielt

Einkommen: Haushaltsnettoeinkommen [zugespielt 2022]

0 – unter 500 Euro	(1)
500 – unter 1.000 Euro	(2)
1.000 – unter 1.500 Euro	(3)
1.500 – unter 2.000 Euro	(4)
2.000 – unter 2.500 Euro	(5)
2.500 – unter 3.000 Euro	(6)
3.000 – unter 3.500 Euro	(7)
3.500 – unter 4.000 Euro	(8)
4.000 – unter 4.500 Euro	(9)
4.500 – unter 5.000 Euro	(10)
5.000 Euro und mehr	(11)
Keine Angabe	(12)

Weiterbildungsbeteiligung

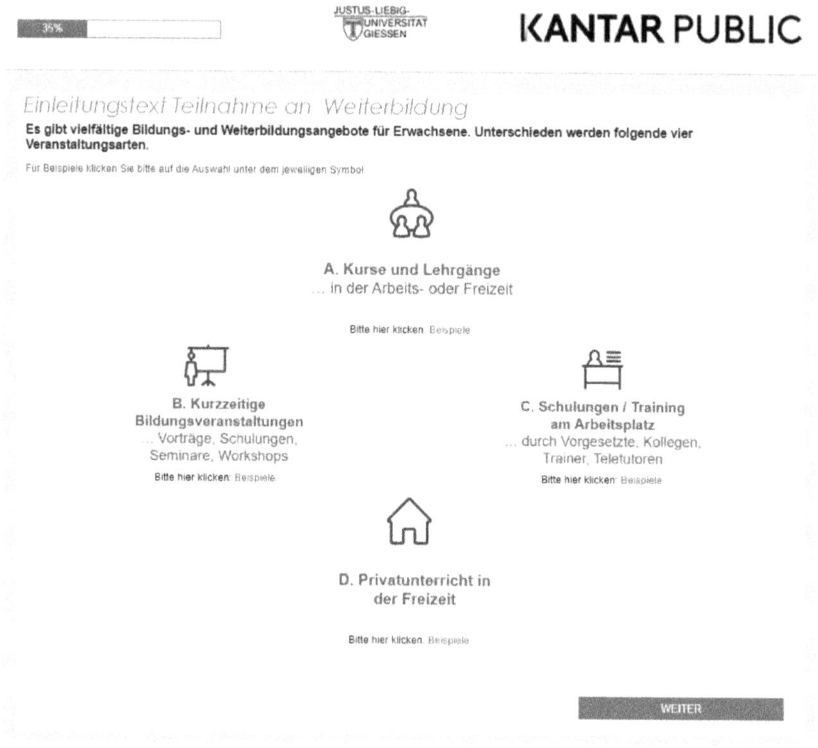

Abb. 4: Fragebogen: Erläuterungen und Definition zu Weiterbildung
Quelle: AES 2020 (F079: Einleitung zu den Weiterbildungsfragen/NFE), eigene Darstellung

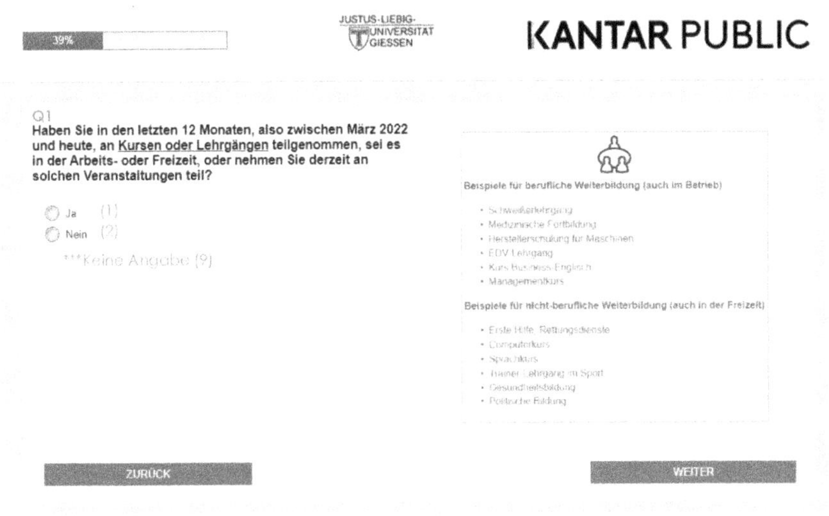

Abb. 5: Fragebogen: Weiterbildungsteilnahme Kurse und Lehrgänge
Quelle: AES 2020 (F080, Teilnahme an Kursen oder Lehrgängen in den letzten 12 Monaten), eigene Darstellung

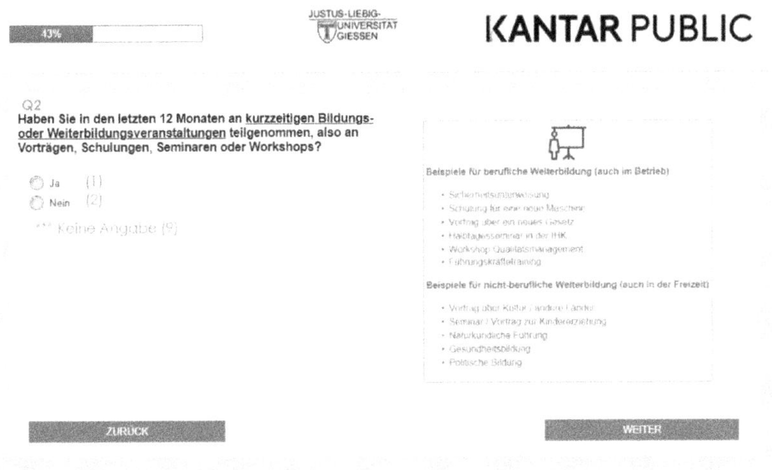

Abb. 6: Fragebogen: Weiterbildungsteilnahme kurzzeitige Veranstaltungen
Quelle: AES 2020 (F082, Teilnahme an kurzzeitigen Weiterbildungsveranstaltungen i. d. l. 12 Monaten), eigene Darstellung

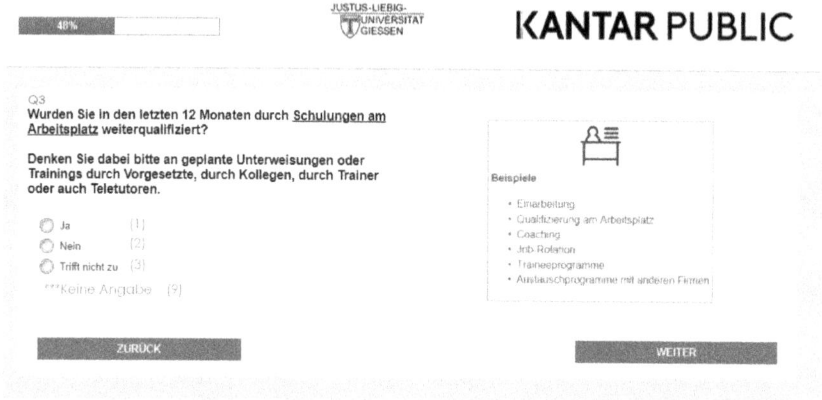

Abb. 7: Fragebogen: Weiterbildungsteilnahme Schulungen am Arbeitsplatz
Quelle: AES 2020 (F084, Weiterqualifizierung durch Schulungen am Arbeitsplatz i. d. l. 12 Monaten), eigene Darstellung

Abb. 8: Fragebogen: Weiterbildungsteilnahme Privatunterricht in der Freizeit
Quelle: AES 2020 (F086, Teilnahme an Privatunterricht in der Freizeit in den letzten 12 Monaten), eigene Darstellung

Beratung

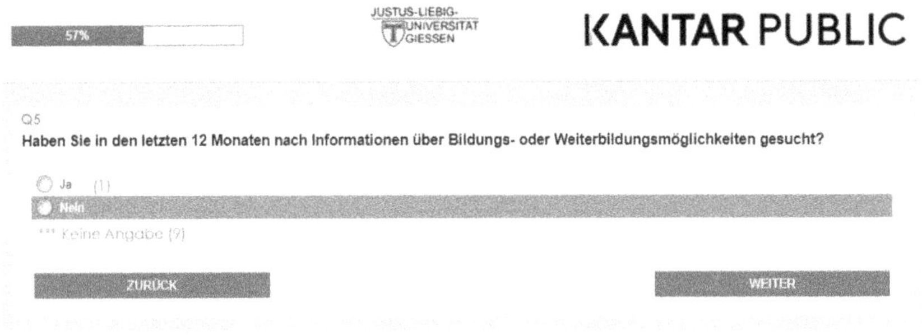

Abb. 9: Fragebogen: Informationssuche zu Weiterbildung
Quelle: AES 2020 (F124a, Suche nach Informationen über Bildungs- oder Weiterbildungsmöglichkeiten in den letzten 12 Monaten), eigene Darstellung

Abb. 10: Fragebogen: Nutzung professioneller Beratung
Quelle: AES 2020 (F126c1, Beratung über Bildungs- oder Weiterbildungsmöglichkeiten in den letzten 12 Monaten), eigene Darstellung

Vignettenmodul

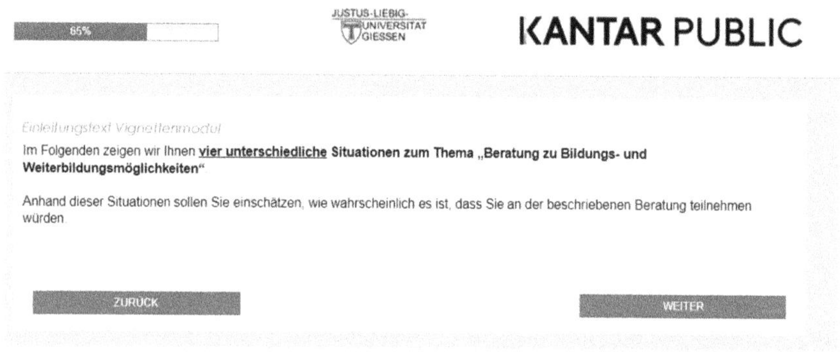

Abb. 11: Fragebogen: Einführung in Vignetten
Quelle: eigene Darstellung

Dimensionen des Vignettenmoduls

Beratungsziele (3)
Die Beratung dient dazu…

- Informationen (Anbieter, Orte, Zeiten, Kosten, etc.) zu einem schon recht klaren Weiterbildungswunsch zu bekommen.
- die persönliche, aktuelle Arbeits- oder Lebenssituation durch eine passende Weiterbildung zu verändern.
- ausgehend vom eigenen Lebenslauf und noch unklaren Weiterbildungswünschen herauszufinden, welche Weiterbildung hilfreich sein könnte.

FORMAT (5)
Die Beratung erfolgt…

- vor Ort in einer Beratungsstelle in maximal 60 Minuten Erreichbarkeit
- vor Ort in einer Beratungsstelle in mehr als 60 Minuten Erreichbarkeit
- telefonisch
- digital, per E-Mail-Austausch
- digital, per Videoaustausch

ANBIETER (5)
und wird angeboten…

- bei dem eigenen Arbeitgeber.
- bei der Arbeitsagentur/dem Jobcenter.
- bei einem Weiterbildungsanbieter (z. B. VHS, Kammer …).
- bei einer unabhängigen, kommunalen Beratungsstelle.
- bei einer Gewerkschaft.

Mögliche Szenarien („splits“):

In dem gegebenen Beispiel ist ein Textbaustein mit drei Variablen gegeben. Wenn alle möglichen Szenarien abgebildet werden sollen, sind das:

nSZENARIEN= BERATUNGSZIELE (3) * FORMAT (5) * ANBIETER (5)

n=3 * 5 * 5 = 75 scenarios

Fragen an den Befragten:

Aus diesen nSZENARIEN werden vier zufällig ausgewählt und dem Befragten gezeigt, jeweils mit den folgenden Fragen:

- Zufallsauswahl 1 aus nSZENARIEN (ohne Zurücklegen)
- Zufallsauswahl 1 aus nSZENARIEN (ohne Zurücklegen)
- Zufallsauswahl 1 aus nSZENARIEN (ohne Zurücklegen)
- Zufallsauswahl 1 aus nSZENARIEN (ohne Zurücklegen)

Skala:

Keinesfalls 1 – 2 – 3 – 4 – 5 – 6 – 7 – 8 auf jeden Fall,
***keine Angabe
(***=wird erst eingeblendet, wenn ZP ohne zu antworten auf „weiter zur nächsten Frage“ klickt)

Im Datensatz wird pro Szenario eine Variable abgelegt:
Vignette_1 … Vignette_75
Das je fortlaufender Nummer gemeinte Szenario ist in Tabelle A.1 dokumentiert.

Ein Beispiel, wie eine Frage aussehen kann findet sich unter Tabelle A.1.

Tab. A.1: Mögliche Szenarien

Lfd. Nr	Nr. A	A. BERATUNGSZIELE (3) Die Beratung dient dazu…	Nr. B	B. FORM AT (5) Die Beratung erfolgt…	Nr. C	C. ANBIETER (5) und wird angeboten…
1	1	Informationen (Anbieter, Orte, Zeiten, Kosten, etc.) zu einem schon recht klaren Weiterbildungswunsch zu bekommen.	1	vor Ort in einer Beratungsstelle in maximal 60 Minuten Erreichbarkeit	1	bei dem eigenen Arbeitgeber.
2	1	Informationen (Anbieter, Orte, Zeiten, Kosten, etc.) zu einem schon recht klaren Weiterbildungswunsch zu bekommen.	1	vor Ort in einer Beratungsstelle in maximal 60 Minuten Erreichbarkeit	2	bei der Arbeitsagentur/ dem Jobcenter.
3	1	Informationen (Anbieter, Orte, Zeiten, Kosten, etc.) zu einem schon recht klaren Weiterbildungswunsch zu bekommen.	1	vor Ort in einer Beratungsstelle in maximal 60 Minuten Erreichbarkeit	3	bei einem Weiterbildungsanbieter (z.B. VHS, Kammer …).
4	1	Informationen (Anbieter, Orte, Zeiten, Kosten, etc.) zu einem schon recht klaren Weiterbildungswunsch zu bekommen.	1	vor Ort in einer Beratungsstelle in maximal 60 Mx`x`inuten Erreichbarkeit	4	bei einer unabhängigen, kommunalen Beratungsstelle
5	1	Informationen (Anbieter, Orte, Zeiten, Kosten, etc.) zu einem schon recht klaren Weiterbildungswunsch zu bekommen.	1	vor Ort in einer Beratungsstelle in maximal 60 Minuten Erreichbarkeit	5	bei einer Gewerkschaft.
6	1	Informationen (Anbieter, Orte, Zeiten, Kosten, etc.) zu einem schon recht klaren Weiterbildungswunsch zu bekommen.	2	vor Ort in einer Beratungsstelle in mehr als 60 Minuten Erreichbarkeit	1	bei dem eigenen Arbeitgeber.

7	1	Informationen (Anbieter, Orte, Zeiten, Kosten, etc.) zu einem schon recht klaren Weiterbildungswunsch zu bekommen.	2	vor Ort in einer Beratungsstelle in mehr als 60 Minuten Erreichbarkeit	2	bei der Arbeitsagentur/dem Jobcenter.
8	1	Informationen (Anbieter, Orte, Zeiten, Kosten, etc.) zu einem schon recht klaren Weiterbildungswunsch zu bekommen.	2	vor Ort in einer Beratungsstelle in mehr als 60 Minuten Erreichbarkeit	3	bei einem Weiterbildungsanbieter (z.B. VHS, Kammer …).
9	1	Informationen (Anbieter, Orte, Zeiten, Kosten, etc.) zu einem schon recht klaren Weiterbildungswunsch zu bekommen.	2	vor Ort in einer Beratungsstelle in mehr als 60 Minuten Erreichbarkeit	4	bei einer unabhängigen, kommunalen Beratungsstelle.
10	1	Informationen (Anbieter, Orte, Zeiten, Kosten, etc.) zu einem schon recht klaren Weiterbildungswunsch zu bekommen.	2	vor Ort in einer Beratungsstelle in mehr als 60 Minuten Erreichbarkeit	5	bei einer Gewerkschaft.
11	1	Informationen (Anbieter, Orte, Zeiten, Kosten, etc.) zu einem schon recht klaren Weiterbildungswunsch zu bekommen.	3	telefonisch	1	bei dem eigenen Arbeitgeber.
12	1	Informationen (Anbieter, Orte, Zeiten, Kosten, etc.) zu einem schon recht klaren Weiterbildungswunsch zu bekommen.	3	telefonisch	2	bei der Arbeitsagentur/dem Jobcenter.
13	1	Informationen (Anbieter, Orte, Zeiten, Kosten, etc.) zu einem schon recht klaren Weiterbildungswunsch zu bekommen.	3	telefonisch	3	bei einem Weiterbildungsanbieter (z.B. VHS, Kammer …).

Tab. A.1: Fortsetzung

Lfd. Nr	Nr. A	A. BERATUNGSZIELE (3) Die Beratung dient dazu…	Nr. B	B. FORM AT (5) Die Beratung erfolgt…	Nr. C	C. ANBIETER (5) und wird angeboten…
14	1	Informationen (Anbieter, Orte, Zeiten, Kosten, etc.) zu einem schon recht klaren Weiterbildungswunsch zu bekommen.	3	telefonisch	4	bei einer unabhängigen, kommunalen Beratungsstelle.
15	1	Informationen (Anbieter, Orte, Zeiten, Kosten, etc.) zu einem schon recht klaren Weiterbildungswunsch zu bekommen.	3	telefonisch	5	bei einer Gewerkschaft.
16	1	Informationen (Anbieter, Orte, Zeiten, Kosten, etc.) zu einem schon recht klaren Weiterbildungswunsch zu bekommen.	4	digital, per E-M ail-Austausch	1	bei dem eigenen Arbeitgeber.
17	1	Informationen (Anbieter, Orte, Zeiten, Kosten, etc.) zu einem schon recht klaren Weiterbildungswunsch zu bekommen.	4	digital, per E-M ail-Austausch	2	bei der Arbeitsagentur/ dem Jobcenter.
18	1	Informationen (Anbieter, Orte, Zeiten, Kosten, etc.) zu einem schon recht klaren Weiterbildungswunsch zu bekommen.	4	digital, per E-M ail-Austausch	3	bei einem Weiterbildungsanbieter (z.B. VHS, Kammer …).
19	1	Informationen (Anbieter, Orte, Zeiten, Kosten, etc.) zu einem schon recht klaren Weiterbildungswunsch zu bekommen.	4	digital, per E-M ail-Austausch	4	bei einer unabhängigen, kommunalen Beratungsstelle.

20	1	Informationen (Anbieter, Orte, Zeiten, Kosten, etc.) zu einem schon recht klaren Weiterbildungswunsch zu bekommen.	4	digital, per E-M ail-Austausch	5	bei einer Gewerkschaft.
21	1	Informationen (Anbieter, Orte, Zeiten, Kosten, etc.) zu einem schon recht klaren Weiterbildungswunsch zu bekommen.	5	digital, per Videoaustausch	1	bei dem eigenen Arbeitgeber.
22	1	Informationen (Anbieter, Orte, Zeiten, Kosten, etc.) zu einem schon recht klaren Weiterbildungswunsch zu bekommen.	5	digital, per Videoaustausch	2	bei der Arbeitsagentur/ dem Jobcenter.
24	1	Informationen (Anbieter, Orte, Zeiten, Kosten, etc.) zu einem schon recht klaren Weiterbildungswunsch zu bekommen.	5	digital, per Videoaustausch	4	bei einer unabhängigen, kommunalen Beratungsstelle.
25	1	Informationen (Anbieter, Orte, Zeiten, Kosten, etc.) zu einem schon recht klaren Weiterbildungswunsch zu bekommen.	5	digital, per Videoaustausch	5	bei einer Gewerkschaft.
26	2	die persönliche, aktuelle Arbeits- oder Lebenssituation durch eine passende Weiterbildung zu verändern.	1	vor Ort in einer Beratungsstelle in maximal 60 Minuten Erreichbarkeit	1	bei dem eigenen Arbeitgeber.
27	2	die persönliche, aktuelle Arbeits- oder Lebenssituation durch eine passende Weiterbildung zu verändern.	1	vor Ort in einer Beratungsstelle in maximal 60 Minuten Erreichbarkeit	2	bei der Arbeitsagentur/ dem Jobcenter.

Tab. A.1: Fortsetzung

Lfd. Nr	Nr. A	A. BERATUNGSZIELE (3) Die Beratung dient dazu…	Nr. B	B. FORM AT (5) Die Beratung erfolgt…	Nr. C	C. ANBIETER (5) und wird angeboten…
28	2	die persönliche, aktuelle Arbeits- oder Lebenssituation durch eine passende Weiterbildung zu verändern.	1	vor Ort in einer Beratungsstelle in maximal 60 Minuten Erreichbarkeit	3	bei einem Weiterbildungsanbieter (z.B. VHS, Kammer …).
29	2	die persönliche, aktuelle Arbeits- oder Lebenssituation durch eine passende Weiterbildung zu verändern.	1	vor Ort in einer Beratungsstelle in maximal 60 Minuten Erreichbarkeit	4	bei einer unabhängigen, kommunalen Beratungsstelle
30	2	die persönliche, aktuelle Arbeits- oder Lebenssituation durch eine passende Weiterbildung zu verändern.	1	vor Ort in einer Beratungsstelle in maximal 60 Minuten Erreichbarkeit	5	bei einer Gewerkschaft.
31	2	die persönliche, aktuelle Arbeits- oder Lebenssituation durch eine passende Weiterbildung zu verändern.	2	vor Ort in einer Beratungsstelle in mehr als 60 Minuten Erreichbarkeit	1	bei dem eigenen Arbeitgeber.
32	2	die persönliche, aktuelle Arbeits- oder Lebenssituation durch eine passende Weiterbildung zu verändern.	2	vor Ort in einer Beratungsstelle in mehr als 60 Minuten Erreichbarkeit	2	bei der Arbeitsagentur/ dem Jobcenter.
33	2	die persönliche, aktuelle Arbeits- oder Lebenssituation durch eine passende Weiterbildung zu verändern.	2	vor Ort in einer Beratungsstelle in mehr als 60 Minuten Erreichbarkeit	3	bei einem Weiterbildungsanbieter (z.B. VHS, Kammer …).
34	2	die persönliche, aktuelle Arbeits- oder Lebenssituation durch eine passende Weiterbildung zu verändern.	2	vor Ort in einer Beratungsstelle in mehr als 60 Minuten Erreichbarkeit	4	bei einer unabhängigen, kommunalen Beratungsstelle.

35	2	die persönliche, aktuelle Arbeits- oder Lebenssituation durch eine passende Weiterbildung zu verändern.	2	vor Ort in einer Beratungsstelle in mehr als 60 Minuten Erreichbarkeit	5	bei einer Gewerkschaft.
36	2	die persönliche, aktuelle Arbeits- oder Lebenssituation durch eine passende Weiterbildung zu verändern.	3	telefonisch	1	bei dem eigenen Arbeitgeber.
37	2	die persönliche, aktuelle Arbeits- oder Lebenssituation durch eine passende Weiterbildung zu verändern.	3	telefonisch	2	bei der Arbeitsagentur/ dem Jobcenter.
38	2	die persönliche, aktuelle Arbeits- oder Lebenssituation durch eine passende Weiterbildung zu verändern.	3	telefonisch	3	bei einem Weiterbildungsanbieter (z.B. VHS, Kammer …).
39	2	die persönliche, aktuelle Arbeits- oder Lebenssituation durch eine passende Weiterbildung zu verändern.	3	telefonisch	4	bei einer unabhängigen, kommunalen Beratungsstelle.
40	2	die persönliche, aktuelle Arbeits- oder Lebenssituation durch eine passende Weiterbildung zu verändern.	3	telefonisch	5	bei einer Gewerkschaft.
41	2	die persönliche, aktuelle Arbeits- oder Lebenssituation durch eine passende Weiterbildung zu verändern.	4	digital, per E-Mail-Austausch	1	bei dem eigenen Arbeitgeber.
42	2	die persönliche, aktuelle Arbeits- oder Lebenssituation durch eine passende Weiterbildung zu verändern.	4	digital, per E-Mail-Austausch	2	bei der Arbeitsagentur/ dem Jobcenter.
43	2	die persönliche, aktuelle Arbeits- oder Lebenssituation durch eine passende Weiterbildung zu verändern.	4	digital, per E-Mail-Austausch	3	bei einem Weiterbildungsanbieter (z.B. VHS, Kammer …).

Tab. A.1: Fortsetzung

Lfd. Nr	Nr. A	A. BERATUNGSZIELE (3) Die Beratung dient dazu…	Nr. B	B. FORMAT (5) Die Beratung erfolgt…	Nr. C	C. ANBIETER (5) und wird angeboten…
44	2	die persönliche, aktuelle Arbeits- oder Lebenssituation durch eine passende Weiterbildung zu verändern.	4	digital, per E-Mail-Austausch	4	bei einer unabhängigen, kommunalen Beratungsstelle.
45	2	die persönliche, aktuelle Arbeits- oder Lebenssituation durch eine passende Weiterbildung zu verändern.	4	digital, per E-Mail-Austausch	5	bei einer Gewerkschaft.
46	2	die persönliche, aktuelle Arbeits- oder Lebenssituation durch eine passende Weiterbildung zu verändern.	5	digital, per Videoaustausch	1	bei dem eigenen Arbeitgeber.
47	2	die persönliche, aktuelle Arbeits- oder Lebenssituation durch eine passende Weiterbildung zu verändern.	5	digital, per Videoaustausch	2	bei der Arbeitsagentur/dem Jobcenter.
48	2	die persönliche, aktuelle Arbeits- oder Lebenssituation durch eine passende Weiterbildung zu verändern.	5	digital, per Videoaustausch	3	bei einem Weiterbildungsanbieter (z.B. VHS, Kammer …).
49	2	die persönliche, aktuelle Arbeits- oder Lebenssituation durch eine passende Weiterbildung zu verändern.	5	digital, per Videoaustausch	4	bei einer unabhängigen, kommunalen Beratungsstelle.
50	2	die persönliche, aktuelle Arbeits- oder Lebenssituation durch eine passende Weiterbildung zu verändern.	5	digital, per Videoaustausch	5	bei einer Gewerkschaft.

51	3	513ausgehend vom eigenen Lebenslauf und noch unklaren Weiterbildungswünschen herauszufinden, welche Weiterbildung hilfreich sein könnte.	1	vor Ort in einer Beratungsstelle in maximal 60 Minuten Erreichbarkeit	1	bei dem eigenen Arbeitgeber.
52	3	ausgehend vom eigenen Lebenslauf und noch unklaren Weiterbildungswünschen herauszufinden, welche Weiterbildung hilfreich sein könnte.	1	vor Ort in einer Beratungsstelle in maximal 60 Minuten Erreichbarkeit	2	bei der Arbeitsagentur/ dem Jobcenter.
53	3	ausgehend vom eigenen Lebenslauf und noch unklaren Weiterbildungswünschen herauszufinden, welche Weiterbildung hilfreich sein könnte.	1	vor Ort in einer Beratungsstelle in maximal 60 Minuten Erreichbarkeit	3	bei einem Weiterbildungsanbieter (z.B. VHS, Kammer …).
54	3	ausgehend vom eigenen Lebenslauf und noch unklaren Weiterbildungswünschen herauszufinden, welche Weiterbildung hilfreich sein könnte.	1	vor Ort in einer Beratungsstelle in maximal 60 Minuten Erreichbarkeit	4	bei einer unabhängigen, kommunalen Beratungsstelle.
55	3	ausgehend vom eigenen Lebenslauf und noch unklaren Weiterbildungswünschen herauszufinden, welche Weiterbildung hilfreich sein könnte.	1	vor Ort in einer Beratungsstelle in maximal 60 Minuten Erreichbarkeit	5	bei einer Gewerkschaft.

Tab. A.1: Fortsetzung

Lfd. Nr	Nr. A	A. BERATUNGSZIELE (3) Die Beratung dient dazu…	Nr. B	B. FORM AT (5) Die Beratung erfolgt…	Nr. C	C. ANBIETER (5) und wird angeboten…
56	3	ausgehend vom eigenen Lebenslauf und noch unklaren Weiterbildungswünschen herauszufinden, welche Weiterbildung hilfreich sein könnte.	2	vor Ort in einer Beratungsstelle in mehr als 60 Minuten Erreichbarkeit	1	bei dem eigenen Arbeitgeber.
57	3	ausgehend vom eigenen Lebenslauf und noch unklaren Weiterbildungswünschen herauszufinden, welche Weiterbildung hilfreich sein könnte.	2	vor Ort in einer Beratungsstelle in mehr als 60 Minuten Erreichbarkeit	2	bei der Arbeitsagentur/ dem Jobcenter.
58	3	ausgehend vom eigenen Lebenslauf und noch unklaren Weiterbildungswünschen herauszufinden, welche Weiterbildung hilfreich sein könnte.	2	vor Ort in einer Beratungsstelle in mehr als 60 Minuten Erreichbarkeit	3	bei einem Weiterbildungsanbieter (z.B. VHS, Kammer …).
59	3	ausgehend vom eigenen Lebenslauf und noch unklaren Weiterbildungswünschen herauszufinden, welche Weiterbildung hilfreich sein könnte.	2	vor Ort in einer Beratungsstelle in mehr als 60 Minuten Erreichbarkeit	4	bei einer unabhängigen, kommunalen Beratungsstelle.
60	3	ausgehend vom eigenen Lebenslauf und noch unklaren Weiterbildungswünschen herauszufinden, welche Weiterbildung hilfreich sein könnte.	2	vor Ort in einer Beratungsstelle in mehr als 60 M inuten Erreichbarkeit	5	bei einer Gewerkschaft.

61	3	ausgehend vom eigenen Lebenslauf und noch unklaren Weiterbildungswünschen herauszufinden, welche Weiterbildung hilfreich sein könnte.	3	telefonisch	1	bei dem eigenen Arbeitgeber.
62	3	ausgehend vom eigenen Lebenslauf und noch unklaren Weiterbildungswünschen herauszufinden, welche Weiterbildung hilfreich sein könnte.	3	telefonisch	2	bei der Arbeitsagentur/ dem Jobcenter.
63	3	ausgehend vom eigenen Lebenslauf und noch unklaren Weiterbildungswünschen herauszufinden, welche Weiterbildung hilfreich sein könnte.	3	telefonisch	3	bei einem Weiterbildungsanbieter (z.B. VHS, Kammer …).
64	3	ausgehend vom eigenen Lebenslauf und noch unklaren Weiterbildungswünschen herauszufinden, welche Weiterbildung hilfreich sein könnte.	3	telefonisch	4	bei einer unabhängigen, kommunalen Beratungsstelle.
65	3	ausgehend vom eigenen Lebenslauf und noch unklaren Weiterbildungswünschen herauszufinden, welche Weiterbildung hilfreich sein könnte.	3	telefonisch	5	bei einer Gewerkschaft.

Tab. A.1: Fortsetzung

Lfd. Nr	Nr. A	A. BERATUNGSZIELE (3) Die Beratung dient dazu…	Nr. B	B. FORM AT (5) Die Beratung erfolgt…	Nr. C	C. ANBIETER (5) und wird angeboten…
66	3	ausgehend vom eigenen Lebenslauf und noch unklaren Weiterbildungswünschen herauszufinden, welche Weiterbildung hilfreich sein könnte.	4	digital, per E-M ail-Austausch	1	bei dem eigenen Arbeitgeber.
67	3	ausgehend vom eigenen Lebenslauf und noch unklaren Weiterbildungswünschen herauszufinden, welche Weiterbildung hilfreich sein könnte.	4	digital, per E-M ail-Austausch	2	bei der Arbeitsagentur/ dem Jobcenter.
68	3	ausgehend vom eigenen Lebenslauf und noch unklaren Weiterbildungswünschen herauszufinden, welche Weiterbildung hilfreich sein könnte.	4	digital, per E-M ail-Austausch	3	bei einem Weiterbildungsanbieter (z.B. VHS, Kammer …).
69	3	ausgehend vom eigenen Lebenslauf und noch unklaren Weiterbildungswünschen herauszufinden, welche Weiterbildung hilfreich sein könnte.	4	digital, per E-M ail-Austausch	4	bei einer unabhängigen, kommunalen Beratungsstelle.
70	3	ausgehend vom eigenen Lebenslauf und noch unklaren Weiterbildungswünschen herauszufinden, welche Weiterbildung hilfreich sein könnte.	4	digital, per E-M ail-Austausch	5	bei einer Gewerkschaft.

71	3	ausgehend vom eigenen Lebenslauf und noch unklaren Weiterbildungswünschen herauszufinden, welche Weiterbildung hilfreich sein könnte.	5	digital, per Videoaustausch	1	bei dem eigenen Arbeitgeber.
72	3	ausgehend vom eigenen Lebenslauf und noch unklaren Weiterbildungswünschen herauszufinden, welche Weiterbildung hilfreich sein könnte.	5	digital, per Videoaustausch	2	bei der Arbeitsagentur/dem Jobcenter.
73	3	ausgehend vom eigenen Lebenslauf und noch unklaren Weiterbildungswünschen herauszufinden, welche Weiterbildung hilfreich sein könnte.	5	digital, per Videoaustausch	3	bei einem Weiterbildungsanbieter (z.B. VHS, Kammer …).
74	3	ausgehend vom eigenen Lebenslauf und noch unklaren Weiterbildungswünschen herauszufinden, welche Weiterbildung hilfreich sein könnte.	5	digital, per Videoaustausch	4	bei einer unabhängigen, kommunalen Beratungsstelle.
75	3	ausgehend vom eigenen Lebenslauf und noch unklaren Weiterbildungswünschen herauszufinden, welche Weiterbildung hilfreich sein könnte.	5	digital, per Videoaustausch	5	bei einer Gewerkschaft.

Vignettensum: Addition der Vignettenbewertungen (1 bis 8), wobei Vignetten ohne Angabe (sysmis) als „0“ gezählt wurden.

74%

JUSTUS-LIEBIG-UNIVERSITÄT GIESSEN

KANTAR PUBLIC

Vignette_1 ... Vignette_75: *hier Beispiel einer Vignettenfrage; gestellt wurden 4 pro Person*

Situation 1 / 4

Stellen Sie sich folgende Beratungssituation zu Bildungs- und Weiterbildungsmöglichkeiten vor:

Die Beratung dient dazu ausgehend vom eigenen Lebenslauf und noch unklaren Weiterbildungswünschen herauszufinden, welche Weiterbildung hilfreich sein könnte.
Die Beratung erfolgt telefonisch **und wird angeboten** bei einem Weiterbildungsanbieter (z.B. VHS, Kammer …).

Wie wahrscheinlich ist es, dass Sie eine solche Beratung zu Bildungs- und Weiterbildungsmöglichkeiten wahrnehmen würden?
Der niedrigste Wert 1 auf der Skala bedeutet keinesfalls und der hochste Wert 8 bedeutet auf jeden Fall.

- 1 Keinesfalls
- 2
- 3
- 4
- 5
- 6
- 7
- 8 Auf jeden Fall

*** Keine Angabe (99)

WEITER

Abb. 12: Fragebogen: Beispielvignette
Quelle: eigene Darstellung

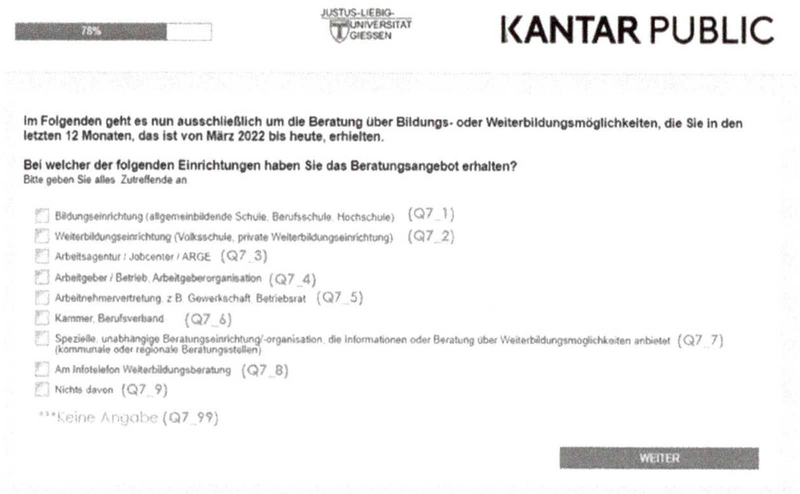

78%

JUSTUS-LIEBIG-UNIVERSITÄT GIESSEN

KANTAR PUBLIC

Im Folgenden geht es nun ausschließlich um die Beratung über Bildungs- oder Weiterbildungsmöglichkeiten, die Sie in den letzten 12 Monaten, das ist von März 2022 bis heute, erhielten.

Bei welcher der folgenden Einrichtungen haben Sie das Beratungsangebot erhalten?
Bitte geben Sie alles Zutreffende an

- Bildungseinrichtung (allgemeinbildende Schule, Berufsschule, Hochschule) (Q7_1)
- Weiterbildungseinrichtung (Volksschule, private Weiterbildungseinrichtung) (Q7_2)
- Arbeitsagentur / Jobcenter / ARGE (Q7_3)
- Arbeitgeber / Betrieb, Arbeitgeberorganisation (Q7_4)
- Arbeitnehmervertretung, z.B. Gewerkschaft, Betriebsrat (Q7_5)
- Kammer, Berufsverband (Q7_6)
- Spezielle, unabhängige Beratungseinrichtung/-organisation, die Informationen oder Beratung über Weiterbildungsmöglichkeiten anbietet (kommunale oder regionale Beratungsstellen) (Q7_7)
- Am Infotelefon Weiterbildungsberatung (Q7_8)
- Nichts davon (Q7_9)

***Keine Angabe (Q7_99)

WEITER

Abb. 13: Fragebogen: genutzte Beratungseinrichtungen
Quelle: AES 2020 (F125c, Beratungsanbieter), eigene Darstellung

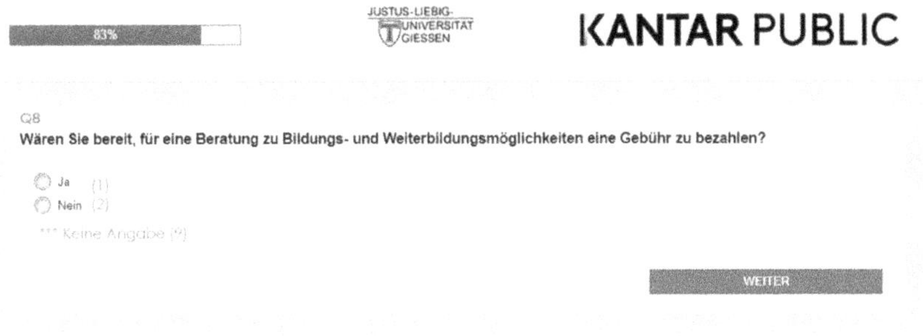

Abb. 14: Fragebogen: Bereitschaft Gebühr für Beratung zu zahlen
Quelle: AES 2020 (F125c/Beratungsanbieter), eigene Darstellung

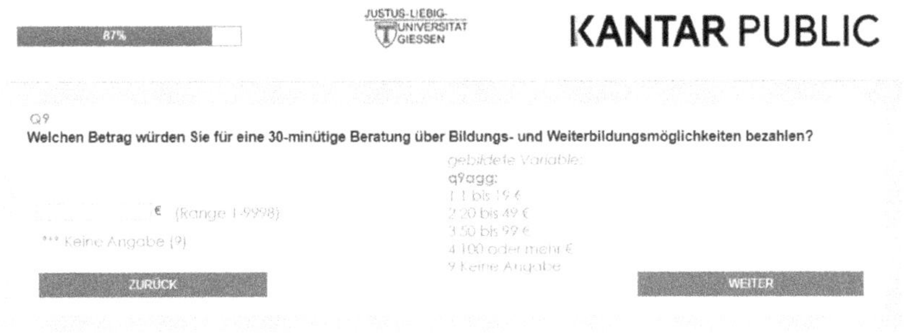

Abb. 15: Fragebogen: Höhe Beratungsgebühr
Quelle: eigene Darstellung

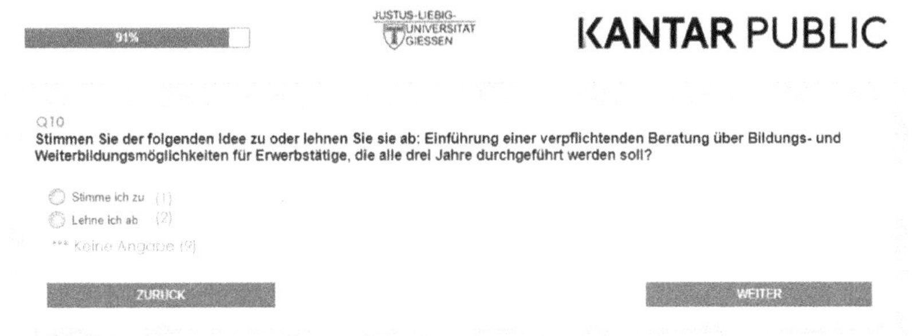

Abb. 16: Fragebogen: Einstellung zu Beratungspflicht für Erwerbstätige
Quelle: eigene Darstellung

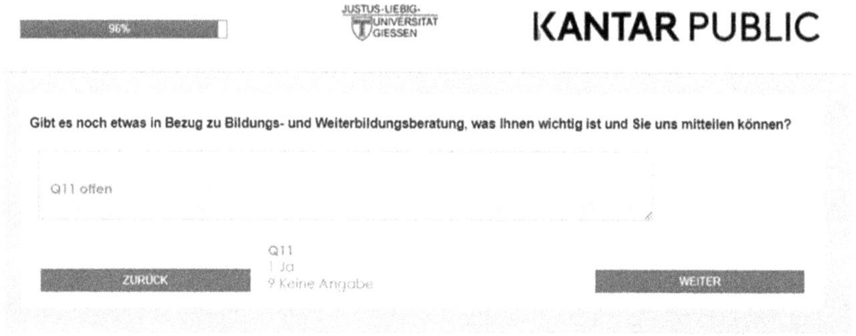

Abb. 17: Fragebogen: offene Abschlussfrage
Quelle: eigene Darstellung

Gewicht: *Gewichtungsvariable* (genauer s. Kapitel 2.5)
Hochfakt: Hochrechnungsvariable (genauer s. Kapitel 2.5)

Anhang B: Tabellen mit zwei Köpfen

Tab. A.2: Tabellarische Auswertungen Q1 bis Q10 nach Staatsangehörigkeit, Ost- und West-Deutschland und Geschlecht

Variable Q1: Teilnahme an Kursen oder Lehrgängen in den letzten 12 Monaten

				dt. Staatsangehörigkeit		Ost-West		Geschlecht	
			Total	deutsch	nicht deutsch	west	ost	männlich	weiblich
Basis	ungewichtet		1623	1409	214	1307	316	821	800
Basis	gewichtet		1623	1396	227	1315	309	810	811
Q1: Teilnahme an Kursen oder Lehrgängen in den letzten 12 Monaten	Ja	%	43	43	43	43	45	44	43
	Nein	%	57	57	57	57	55	56	57
	Summe	%	100	100	100	100	100	100	100

Variable Q2: Teilnahme an kurzzeitigen Weiterbildungsveranstaltungen in den letzten 12 Monaten

				dt. Staatsagehörigkeit		Ost-West		Geschlecht	
			Total	deutsch	nicht deutsch	west	ost	männlich	weiblich
Basis	ungewichtet		1623	1409	214	1307	316	822	799
Basis	gewichtet		1623	1396	227	1315	309	811	810
Q2: Teilnahme an kurzzeitigen Weiterbildungsv eranstaltungen in den letzten 12 Monaten	Ja	%	45	45	45	45	44	48	43
	Nein	%	55	55	55	55	56	52	57
	Summe	%	100	100	100	100	100	100	100

Variable Q3: Weiterqualifizierung durch Schulungen am Arbeitsplatz in den letzten 12 Monaten

				dt. Staatsagehörigkeit		Ost-West		Geschlecht	
			Total	deutsch	nicht deutsch	west	ost	männlich	weiblich
Basis	ungewichtet		1624	1410	214	1308	316	822	800
Basis	gewichtet		1624	1397	227	1315	309	811	811
Q3: Weiterqualifizierung durch Schulungen am Arbeitsplatz in den letzten 12 Monaten	Ja	%	38	37	44	38	38	40	37
	Nein	%	46	47	43	46	46	45	47
	Trifft nicht zu	%	15	16	13	15	16	15	16
	Summe	%	100	100	100	100	100	100	100

Variable Q4: Teilnahme an Privatunterricht in der Freizeit in den letzten 12 Monaten

				dt. Staatsagehörigkeit		Ost-West		Geschlecht	
			Total	deutsch	nicht deutsch	west	ost	männlich	weiblich
Basis	ungewichtet		1623	1409	214	1307	316	821	800
Basis	gewichtet		1624	1396	227	1315	309	811	811
Q4: Teilnahme an Privat-unterricht in der Freizeit in den letzten 12 Monaten	Ja	%	14	13	19	15	9	14	15
	Nein	%	86	87	81	85	91	86	85
	Summe	%	100	100	100	100	100	100	100

Variable participants: NFE-Teilnahme in den letzten 12 Mc

				dt. Staatsagehörigkeit		Ost-West		Geschlecht	
			Total	deutsch	nicht deutsch	west	ost	männlich	weiblich
Basis	ungewichtet		1624	1410	214	1308	316	822	800
Basis	gewichtet		1624	1397	227	1315	309	811	811
NFE-Teilnahme in den letzten 12 Monaten	Ja	%	64	64	68	65	63	65	64
	Nein	%	36	36	32	35	37	35	36
	Summe	%	100	100	100	100	100	100	100

Variable Q5: Suche nach Informationen über **Bildungs- oder Weiterbildungsmöglichkeiten in den letzten 12 Monaten**

				dt. Staatsagehörigkeit		Ost-West		Geschlecht	
			Total	deutsch	nicht deutsch	west	ost	männlich	weiblich
Basis	ungewichtet		1624	1410	214	1308	316	822	800
Basis	gewichtet		1624	1397	227	1315	309	811	811
Q5: Suche nach Informationen über Bildungs- oder Weiterbildungsmöglichkeiten in den letzten 12 Monaten	Ja	%	35	33	42	36	31	35	34
	Nein	%	65	67	58	64	69	65	66
	Summe	%	100	100	100	100	100	100	100

Variable Q6: Beratung über Bildungs- oder Weiterbildungsmöglichkeiten in den letzten 12 Monaten

				dt. Staatsagehörigkeit		Ost-West		Geschlecht	
			Total	deutsch	nicht deutsch	west	ost	männlich	weiblich
Basis	ungewichtet		1624	1410	214	1308	316	822	800
Basis	gewichtet		1624	1397	227	1315	309	811	811
Q6: Beratung über Bildungs- oder Weiterbildungsmöglichkeiten in den letzten 12 Monaten	Ja	%	12	12	14	12	11	11	13
	Nein	%	88	88	86	88	89	89	87
	Summe	%	100	100	100	100	100	100	100

Variable Q8: Bereitschaft für Beratung Gebühr zu bezahle

				dt. Staatsagehörigkeit		Ost-West		Geschlecht	
			Total	deutsch	nicht deutsch	west	ost	männlich	weiblich
Basis	ungewichtet		1624	1410	214	1308	316	822	800
Basis	gewichtet		1624	1397	227	1315	309	811	811
Q8: Bereitschaft für Beratung Gebühr zu bezahlen	Ja	%	28	27	33	28	29	31	25
	Nein	%	72	73	67	72	71	69	87
	Summe	%	100	100	100	100	100	100	100

Variable Q10: Verpflichtende Beratung

			Total	dt. Staatsagehörigkeit		Ost-West		Geschlecht	
				deutsch	nicht deutsch	west	ost	männlich	weiblich
Basis	ungewichtet		1624	1410	214	1308	316	822	800
Basis	gewichtet		1624	1397	227	1315	309	811	811
Q10: Verpflichtende Beratung	Ja	%	42	40	50	43	37	41	42
	Nein	%	58	60	50	57	63	59	58
	Summe	%	100	100	100	100	100	100	100

Tab. A.3: Tabellarische Auswertungen Q1 bis Q10 nach Altersgruppen, Erwerbssituation und dem Antwortverhalten im Vignettenmodul

Variable Q1: Teilnahme an Kursen oder Lehrgängen in den letzten 12 Monaten

				Alter			Erwerbssituation			Test (Vignetten)	
			Total	18-34 Jahre	35-54 Jahre	55-69 Jahre	Voll erwerbstätig	Teilzeit erwerbstätig	Teilzeit erwerbstätig	Test: durchgängig 1er	durchgängig 1er
Basis	ungewichtet		1623	340	605	678	840	229	554	241	1382
Basis	gewichtet		1623	325	600	698	899	282	442	215	1408
Q1: Teilnahme an Kursen oder Lehrgängen in den letzten 12 Monaten	Ja	%	43	50	52	32	54	42	21	13	48
	Nein	%	50	48	68	46	58	79	87	52	52
	Summe	%	100	100	100	100	100	100	100	100	100

Variable Q2: Teilnahme an kurzzeitigen Weiterbildungsveranstaltungen in den letzten 12 Monaten

				Alter			Erwerbssituation			Test (Vignetten)	
			Total	18-34 Jahre	35-54 Jahre	55-69 Jahre	Voll erwerbstätig	Teilzeit erwerbstätig	Teilzeit erwerbstätig	Test: durchgängig 1er	durchgängig 1er
Basis	ungewichtet		1623	340	606	677	841	229	553	240	1383
Basis	gewichtet		1623	325	601	698	900	282	442	214	1409
Q2: Teilnahme an kurzzeitigen Weiterbildungsv eranstaltungen in den letzten 12 Monaten	Ja	%	45	47	53	38	57	43	22	11	50
	Nein	%	55	53	47	62	43	57	78	89	50
	Summe	%	100	100	100	100	100	100	100	100	100

Variable Q3: Weiterqualifizierung durch Schulungen am Arbeitsplatz in den letzten 12 Monaten

				Alter		Erwerbssituation			Test (Vignetten)	
		Total	18-34 Jahre	35-54 Jahre	55-69 Jahre	Voll erwerbstätig	Teilzeit erwerbstätig	Teilzeit erwerbstätig	Test: durchgängig 1er	durchgängig 1er
Basis	ungewichtet	1624	340	606	678	841	229	554	241	1383
Basis	gewichtet	1624	325	601	698	900	282	442	215	1409
Q3: Weiterqualifizierung durch Schulungen am Arbeitsplatz in den letzten 12 Monaten	Ja %	38	53	50	22	49	37	18	10	43
	Nein %	46	38	44	53	43	51	50	61	44
	Trifft nicht zu %	15	10	7	25	8	13	32	30	13
	Summe %	100	100	100	100	100	100	100	100	100

Variable Q4: Teilnahme an Privatunterricht in der Freizeit in den letzten 12 Monaten

				Alter		Erwerbssituation			Test (Vignetten)	
		Total	18-34 Jahre	35-54 Jahre	55-69 Jahre	Voll erwerbstätig	Teilzeit erwerbstätig	Teilzeit erwerbstätig	Test: durchgängig 1er	durchgängig 1er
Basis	ungewichtet	1623	340	605	678	841	229	553	240	1383
Basis	gewichtet	1624	325	601	698	900	282	442	215	1409
Q4: Teilnahme an Priv at-unterricht in der Freizeit in den letzten 12 Monaten	Ja %	14	23	14	10	14	13	16	3	16
	Nein %	86	77	86	90	86	87	84	97	84
	Summe %	100	100	100	100	100	100	100	100	100

Variable participants: NFE-Teilnahme in den letzten 12 Monaten

			Alter			Erwerbssituation			Test (Vignetten)	
		Total	18-34 Jahre	35-54 Jahre	55-69 Jahre	Voll erwerbstätig	Teilzeit erwerbstätig	Teilzeit erwerbstätig	Test: durch-gängig 1er	durch-gängig 1er
Basis	ungewichtet	1624	340	606	678	841	229	554	241	1383
Basis	gewichtet	1624	325	601	698	900	282	442	215	1409
NFE-Teilnahme in den letzten 12 Monaten	Ja %	64	78	73	50	76	64	41	21	71
	Nein %	36	22	27	50	24	36	59	79	29
	Summe %	100	100	100	100	100	100	100	100	100

			Alter			Erwerbssituation			Test (Vignetten)	
		Total	18-34 Jahre	35-54 Jahre	55-69 Jahre	Voll erwerbstätig	Teilzeit erwerbstätig	Teilzeit erwerbstätig	Test: durch-gängig 1er	durch-gängig 1er
Basis	ungewichtet	1624	340	606	678	841	229	554	241	1383
Basis	gewichtet	1624	325	601	698	900	282	442	215	1409
Q5: Suche nach Informationen über Bildungs- oder Weiterbildungsmöglichkeiten in den letzten 12 Monaten	Ja %	35	48	38	26	41	28	25	3	40
	Nein %	65	52	62	74	59	72	75	97	60
	Summe %	100	100	100	100	100	100	100	100	100

Variable Q6: Beratung über Bildungs- oder Weiterbildungsmöglichkeiten in den letzten 12 Monaten

			Alter			Erwerbssituation			Test (Vignetten)	
		Total	18-34 Jahre	35-54 Jahre	55-69 Jahre	Voll erwerbstätig	Teilzeit erwerbstätig	Teilzeit erwerbstätig	Test: durchgängig 1er	durchgängig 1er
Basis	ungewichtet	1624	340	606	678	841	229	554	241	1383
Basis	gewichtet	1624	325	601	698	900	282	442	215	1409
Q6: Beratung über Bildungs- oder Weiterbildungsmöglichkeiten in den letzten 12 Monaten	Ja %	12	20	14	6	13	11	11	2	13
	Nein %	88	80	86	94	87	89	89	98	87
	Summe %	100	100	100	100	100	100	100	100	100

Variable Q8: Bereitschaft für Beratung Gebühr zu bezahlen

			Alter			Erwerbssituation			Test (Vignetten)	
		Total	18-34 Jahre	35-54 Jahre	55-69 Jahre	Voll erwerbstätig	Teilzeit erwerbstätig	Teilzeit erwerbstätig	Test: durchgängig 1er	durchgängig 1er
Basis	ungewichtet	1624	340	606	678	841	229	554	241	1383
Basis	gewichtet	1624	325	601	698	900	282	442	215	1409
Q8: Bereitschaft für Beratung Gebühr zu bezahlen	Ja %	28	39	27	23	32	21	24	8	31
	Nein %	72	61	73	77	68	79	76	92	69
	Summe %	100	100	100	100	100	100	100	100	100

Variable Q10: Verpflichtende BeratungTest

				Alter			Erwerbssituation			Test (Vignetten)	
			Total	18-34 Jahre	35-54 Jahre	55-69 Jahre	Voll erwerbstätig	Teilzeit erwerbstätig	Teilzeit erwerbstätig	Test: durch-gängig 1er	durch-gängig 1er
Basis	ungewichtet		1624	340	606	678	841	229	554	241	1383
Basis	gewichtet		1624	325	601	698	900	282	442	215	1409
Q10: Verpflichtende Beratung	Ja	%	42	46	39	41	41	44	40	34	43
	Nein	%	58	54	61	59	59	56	60	66	57
	Summe	%	100	100	100	100	100	100	100	100	100

III. Fazit

Bernd Käpplinger, Caroline Dietz und Martin Reuter

Abschließender Vergleich der Projekte, Fazit und Empfehlungen

1 Vergleichsdimensionen

Die verschiedenen, im Projekt eingesetzten Methoden und qualitativ wie quantitativ erhobenen Daten werden abschließend ergebnisbezogen vom Forschungsteam triangulativ (Flick, 2011; Kelle, 2008) hinsichtlich dieser Dimensionen zusammenfassend verglichen:

- *Relevanzen:* Welche Bedeutung hat Weiterbildungsberatung für Politik, Wissenschaft oder Bevölkerung?
- *Präferenzen:* Welche Präferenzen zur Gestaltung der Weiterbildungsberatung bestehen bei Politik, Wissenschaft oder Bevölkerung?
- *Empfehlungen:* Wie sollte Weiterbildungsberatung ausgestaltet sein aus Perspektive der für Politik, Wissenschaft oder Bevölkerung?

Diese Dimensionen werden einmal hinsichtlich Weiterbildungsberatung und einmal hinsichtlich Telefonberatung diskutiert.

1.1 Relevanzen und Präferenzen

1.1.1 Weiterbildungsberatung generell

Die generelle Bedeutung von Weiterbildungsberatung wird durch die systematische Literaturauswertung und alle qualitativ wie quantitativ Befragten zunächst bestätigt. In der weiterbildungspolitischen und wissenschaftlichen Literatur finden sich viele Argumentationen, in denen Weiterbildungsberatung eine wesentliche Bedeutung im Kontext von Transformation, Transparenz bzw. Intransparenz der Weiterbildungslandschaft eingeräumt wird. Gelegentlich wird sich dabei explizit oder implizit eine quantitative Steigerung der Weiterbildungsbeteiligung erhofft bzw. erwartet. Kritische Stimmen, welche die „unbequeme Frage" aufwerfen, ob die Bedeutung von Beratung dabei „überschätzt" wird (Dörner 2010, S. 28) oder auf die quantitativ relativ geringe Nutzung hinweisen (Käpplinger, 2020), sind dagegen eher selten. Auch die aktuelle Nationale Weiterbildungsstrategie (NWS) hat das Thema Beratung und Zugänge relativ prominent auf ihrer Agenda platziert.

In bildungspolitischen Dokumenten auf europäischer oder internationaler Ebene wird Lifelong Guidance aktuell zwar nicht näher thematisiert, aber besonders seit 2000 gab es hier eine Reihe an Memoranden und Mitteilungen der Kommission, die Lifelong Guidance in ihrer Bedeutung betont haben. Intensiver wurde Beratung dagegen in europäischen Netzwerken wie dem European Guidance Policy Network (ELGPN) und dem European Centre for the Development of Vocational Training (Cedefop) aufgegriffen.

In den Gruppendiskussionen unserer empirischen Untersuchungen wurde die große Bedeutung von Weiterbildungsberatung auch bestätigt. Es gab hier keinerlei grundsätzliche Diskussion über ihre Relevanz im Sinne einer grundlegenden Skepsis oder gar Kritik am Angebot und Ausbau von Beratungsstrukturen. Bei näherem Blick zeigen sich aber hinter der generellen und pauschalen Akzeptanz Einschränkungen und gewisse Widersprüchlichkeiten. Einschränkend gab es so an verschiedenen Stellen eine Fokussierung und Präferenzsetzung auf Weiterbildungsberatung vor allem in frühen Lebensphasen, wozu insbesondere die Schwelle von der Schule zum Beruf im jungen Erwachsenenalter zählt. Hierbei spielen manchmal wohl auch eigene lebensgeschichtliche Erfahrungen der Befragten eine Rolle, was man im Projekt besonders in der Fokusgruppen in östlichen Landesteilen beobachten konnte, wo sich die älteren Befragten noch an die aus ihrer Perspektive frühe und intensive Berufsorientierung in der DDR positiv erinnerten. Dies allein erklärt aber sicherlich nicht diesen Forschungsbefund der Fokussierung auf jüngere Erwachsene, der auch in Fokusgruppen in nördlichen, westlichen und südlichen Landesteilen zu beobachten war und sich auch in den quantitativen Daten findet.

Aus Perspektive der Weiterbildung scheint es hier der Fall zu sein, dass der Ansatz der lebensbegleitenden Weiterbildungsberatung in allen Altersphasen noch nicht komplett in der Bevölkerung angekommen ist. Es könnte auch sein, dass die Bevölkerung bewusst eine Präferenz für frühere Lebensphasen setzt oder hier die öffentliche Hand dahingehend reproduziert, wie diese in Bildung und Weiterbildung investiert. Schließlich haben Jaich (2014) und Noack et al. (2019) aufgezeigt, wie marginal die öffentlichen Ausgaben für Erwachsenen- und Weiterbildung im Verhältnis zu Bildungsausgaben insgesamt bislang sind und wie sie tendenziell deutlich schwächer wachsen als in anderen Bildungsbereichen.

Zudem wurde in den verschiedenen Datenerhebungen von den Befragten auf die Rolle von Familie und sozialem Umfeld am Arbeitsplatz verwiesen, da auch darüber im ersten Schritt eine Orientierung gefunden werden könne. Der Wert einer professionellen Beratung oder die Begrenzungen von Milieus sind hier nur sehr gering präsent, was kaum überrascht. Die lebenslange Beratung ist allgemein akzeptiert; der Fokus in den Gruppendiskussionen trotzdem gleichzeitig ungleichgewichtig eher auf jüngere Erwachsene und berufliche Situationen ausgerichtet.

Widersprüchlich stellte sich die insgesamt eher geringe Nutzung von Weiterbildungsberatung durch die Befragten selbst dar. Warum wird Weiterbildungsberatung so wenig genutzt, wenn sie gleichzeitig als so bedeutungsvoll eingestuft wird? Hier sind die Ergebnisse der Vignettenstudie an mehreren Stellen aufschlussreich. So zeigen vertiefende zusätzliche Auswertungen[1], dass sich beachtliche 41,6 Prozent der Befragten für eine verpflichtende Beratung aussprechen, obwohl selbst nur 11,9 Prozent der Befragten die Weiterbildungsberatung in den letzten 12 Monaten nutzten. Wünschen sich die Menschen ggf. mehr Verpflichtung in Weiterbildungsfragen von außen, weil sie im beruflichen und privaten Alltag sich dafür nicht ausreichend Freiräume für Weiterbildung und Weiterbildungsberatung schaffen können? Schließlich ist in vielen Befragungen wie zum Beispiel dem Adult Education Survey (AES) der Mangel an Zeit in Beruf und Freizeit immer wieder eine große bzw. eine der größten Weiterbildungsbarrieren, aber ist wirklich zu wenig Zeit vorhanden oder kommt hier nicht vielmehr zum Ausdruck, dass Weiterbildung oft keine hohe Präferenzsetzung erhält, sodass man sich dafür Zeit einfach nehmen muss?

Die höchste Zustimmung hat eine Pflichtberatung bei den Menschen zwischen 18 und 35 Jahren mit 46,5 Prozent, während mittlere Altersgruppen dies mit 39,4 Prozent befürworten und die Älteren eher wie die Jüngeren zum Thema Pflichtberatung stehen (41,1 %). Die jüngeren Befragten nutzten mit 20,0 Prozent fast vier Mal mehr Beratungsangebote als die älteren Personen zwischen 55 und 69 Jahren, die dies nur zu 5,9 Prozent taten. Auch bei der Zahlungsbereitschaft für Beratung waren die Jüngeren dazu mehr als 1,5 mal so häufig bereit als die Älteren (38,6 % versus 23,4 %). Diese in der Bevölkerung existierende, größere Relevanzsetzung auf Weiterbildungsberatung für jüngere Erwachsene wird aber bislang in ihrer Bedeutung weder in Wissenschaft noch Politik eingehend thematisiert und diskutiert. Vielleicht ist man hier noch sehr darauf fokussiert, dass im Prinzip ja richtige Paradigma der lebensbegleitenden Beratung weiter ins Bewusstsein der Bevölkerung zu bringen und praktisch durchzusetzen, statt sich allein auf die 1. oder 2. Schwelle zu fokussieren? Davon unbenommen kann man empirisch nüchtern festhalten, dass Weiterbildungsberatung stärker von

1 Diese beruhen auf den Daten der hier vorgestellten Vignettenstudie, wobei die Auswertungen über die dort präsentierten hinausgehen.

Menschen unter 35 Jahren genutzt und nachgefragt wird. In der Vignettenstudie sank mit jedem Altersjahr die generelle Bewertung der Attraktivität von Beratungsangeboten um 0,3 Prozent ab. Dies bedeutet zwar dezidiert nicht, dass es keine oder nur eine sehr geringe Nachfrage bei Menschen über 35 Jahren geben würde, aber sie ist mit dem Alter tendenziell rückläufig. Rund ein Viertel aller älteren Menschen zeigt Interesse an Weiterbildungsberatung, was insofern keine Nischengruppe mehr ist. Außerdem ist zu bedenken, dass auch wenn Ältere der Weiterbildungsberatung erst einmal keine große, eigene Relevanz zu den Zeitpunkten der Befragungen einräumten, dies sich ggf. schnell ändern könnte, wenn diese Personen eine persönliche Krise, zum Beispiel aus Gesundheitsgründen oder wegen beruflichen Umstrukturierungen erleben. Perspektivisch ist zu erwarten, dass mit einer steigenden Erwerbsbeteiligung von älteren Menschen und sogar in der Rente befindlichen Menschen auch das Interesse an Weiterbildungsberatung in den nächsten Jahren zunehmen könnte. Lag die Erwerbstätigenquote der Menschen zwischen 65 und 69 Jahren 2012 noch bei nur 11 Prozent, hat sie sich 2022 auf 19 Prozent fast verdoppelt (Destatis, 2024). Viel von niedrigen Renten über Fachkräftemangel bis zum demographischen Wandel spricht dafür, dass diese Erwerbstätigenquote im Alter weiter ansteigen wird und somit auch das Interesse und Möglichkeitsstrukturen mit Blick auf Weiterbildung. Zu bedenken wäre hierbei, nicht allein auf eine genuin wachsende Nachfrage zu setzen, sondern auch proaktiv die Nachfrage mit adäquaten Beratungsangeboten und Werbung zu unterstützen.

Zurück jedoch zu dem durchaus erstaunlichen Befund, dass sich beachtliche 41,6 Prozent der Befragten für eine verpflichtende Beratung aussprechen, aber selbst nur 11,9 Prozent der Befragten die Weiterbildungsberatung in den letzten 12 Monaten nutzten: Hier könnte wie erwähnt eine Interpretation sein, dass sich vielleicht einige Befragte als „intelligente Selbstverpflichtung" mehr Pflichten wünschen, weil sie es freiwillig nicht schaffen eine Beratung aufzusuchen. Unter pensionierten und in Rente befindlichen Befragten fand eine Pflichtberatung tendenziell hohe Zustimmung, zumal sie oft im offenen Textfeld markierten, dass für sie selbst diese Beratung nicht mehr notwendig sei. Bei allen Vignetten zeigten sich auch 14,8 Prozent aller Befragten kontinuierlich desinteressiert mit Blick auf Weiterbildungsberatung, da sie alle ihnen präsentierten Vignetten mit „keinesfalls" bewerteten, gleichgültig wie diese ausgestaltet waren. Insofern gibt es eine relevante Teilgruppe für die Weiterbildungsberatung anscheinend pauschal (aktuell) nicht in Frage kommt, während die Mehrheit Weiterbildungsberatung zumindest in Betracht zieht oder sich eine sehr große Teilgruppe sogar mehr Beratungspflichten wünscht. Dieser Befund irritiert durchaus, da die Beratungsprofession aus sehr guten und zahlreichen Gründen das Prinzip der

Freiwilligkeit hochhält, wenngleich es auch Argumentationen gibt, welche die oftmalige Relativität von Freiwilligkeit diskutieren sowie auf Phänomene wie „Binnenfreiwilligkeit" und „verpflichtende Freiwilligkeit" eingehen (Pätzold & Ulm, 2015). Bei manchen befragten Gruppen könnte so auch die normative Kraft des Lebenslangen Lernens und der Weiterbildung implizit eine Rolle in Form sozialer Erwünschtheit spielen, die dazu führt, dass man sich auf der rhetorischen Ebene genötigt fühlt, hier viel Bedeutung zu artikulieren, wenngleich man dies auf der eigenen Handlungsebene selbst nicht einlöst hat bzw. nicht plant einzulösen? An späterer Stelle wird in diesem Text für mehr Werbung und Kampagnen geworben, um Weiterbildungsberatung noch bekannter zu machen. Einschränkend sei hier bereits erwähnt, dass solche Kampagnen ggf. die normative Akzeptanz weiter befördern könnten, dass sie aber nicht unbedingt dazu führen müssen, dass reale Verhaltensänderungen eintreten und zum Beispiel bereits vorhandene Beratungsangebote tatsächlich genutzt werden. Eine Akzeptanz auf rhetorischer Ebene und eine Akzeptanz auf handlungspraktischer Ebene muss nicht identisch sein.

1.1.2 Telefonberatung

Weiterbildungspolitisch kommt der telefonischen Beratung mittlerweile relativ wenig bzw. weniger Bedeutung als noch vor einigen Jahren zu. Die diskontinuierliche Förderung des bundesweiten Info-Telefons des BMBF ist dafür das beste Beispiel, da hier nach rund 10 Jahren Entwicklungs- und Umsetzungsarbeit keinerlei Förderung auf Bundesebene mehr vorhanden ist und scheinbar keinerlei Anstrengungen unternommen wurde und wird, die Ergebnisse dieser Förderung für eine Nachnutzung zu sichern. Lediglich auf Landesebene gibt es partiell telefonische Angebote wie z. B. in Nordrhein-Westfalen das Infotelefon berufliche Weiterbildung[2], die aber keine prominente Rolle einnehmen. Der wissenschaftliche Diskurs griff frühzeitig Telefonberatung auf (Käpplinger, 2009) und aus Forschungsprojekten liegen einige Befunde und Studien vor (Lerch & Weitzel, 2024; Pätzold & Dohmen, 2024; Schmidt-Lauff & Rathmann 2024), die zu überwiegend positiven und anregenden Ergebnissen bei der Bewertung der Relevanz von Telefonberatung tendieren, wenngleich die Bedeutung von Telefonberatung auch nicht überbewertet wird.

Bezogen auf die Gruppendiskussionen wird der telefonischen Beratung vor allem eine Relevanz bei der basalen Informationsvermittlung oder als erste Anlaufstelle gegeben. Es wird von einigen Befragten ein Bedarf an Navigation bekundet,

2 https://www.land.nrw/buergerservice/infobereich-bildung

um sich in der Weiterbildungslandschaft, aber auch mit Blick auf die vielen Beratungsangebote, zurechtzufinden. Telefonberatung könnte eine Nischenbedeutung haben, wobei sie mit Mail- oder Chatberatung beim ersten Zugang bzw. bei dieser Lotsenfunktion „konkurriert". Telefonberatung ist im Anschluss an unsere quantitativen Ergebnisse tendenziell etwas weniger beliebt als die digitalen Angebote. Vignetten mit Telefonberatung waren dort zumeist wenig unbeliebt und oft deutlich unbeliebter als zum Beispiel Mailberatung. Allerdings zeigen zusätzliche Auswertungen, dass es auch in Nischen einen markanten Bedarf für Telefonberatung gibt. So war etwas überraschend bei den Menschen zwischen 18 und 35 Jahren eine telefonische Beratung bei einem klaren Weiterbildungswunsch beim Arbeitgeber die beliebteste Vignette. Auch unter den insgesamt beliebtesten Vignetten zu möglichen Beratungsszenarien findet sich eine Vignette mit telefonischer Beratung auf Platz 6 der über 70 Vignetten (s. Tabelle 8 im Beitrag Arndt et al. in diesem Band). Bei Frauen findet sich Telefonberatung bei der drittbeliebtesten Vignette. Auch fanden Personen ohne deutsche Staatsbürgerschaft Telefonberatung zum Teil gut. Telefonische Beratung ist zwar nirgends die beliebteste Beratungsform, aber gänzlich unbeliebt ist sie jedenfalls nicht. Sie hat eine deutlich vorhandene Bedeutung. Insgesamt erscheint es aussichtsreich diese Nischenbedeutung nicht aus dem Auge zu verlieren und in einer pluralen Angebotslandschaft auch weiter zu optimieren. Gerade die Feldstudie vor Ort im Beratungszentrum des ehemaligen Info-Telefons des BMBF hat zudem aufgezeigt, dass u. a. durch sogenanntes Co-Browsing während eines Telefonats nicht immer komplett strikt zwischen Telefonberatung und digitaler Beratung unterschieden werden muss, sondern es durchaus denkbare und ertragreiche Mischformen gibt (vgl. auch Mocigemba & Unterreiner, 2024). Eine Telefonberatung kann digital unterstützt verlaufen bzw. in gewissen Phasen des Beratungsgesprächs können digitale Tools zugeschaltet werden, wenn die Ratsuchenden online sind während einem Telefonat.

1.1.3 Relevanzen und Präferenzen zu Beratungsanbietern

Es zeigten sich bei der Bewertung der verschiedenen Vignetten[3] an manchen Stellen leicht negative Einflussfaktoren. Folgende Tabelle 1 zeigt, dass eine Telefonberatung mit einem Mittelwert von 4,08 deutlich schlechter als eine Präsenzberatung (4,27 und 4,45) bewertet wird.

3 Diese wurden von 1 = keinesfalls bis 8 = auf jeden Fall bewertet.

Tab. 1: Verschiedene Vignetten und ihre Beliebtheit

			Gesamt				Analysefälle		
Nr	Variable	Label	N	Mean	STDDV		N	Mean	STDDV
1	ziele_1	Informationen zu klarem Weiterbildungswunsch	2169	3,88	2,275		1846	4,39	2,091
2	ziele_2	Veränderung der aktuellen Arbeits- oder Lebenssituation	2162	3,92	2,275		1866	4,39	2,103
3	ziele_3	Ermittlung eines Weiterbildungsbedarfs	2165	3,71	2,244		1820	4,22	2,082
4	format_1	vor Ort in maximal 60 Minuten Erreichbarkeit	1301	3,92	2,287		1102	4,45	2,087
5	format_2	vor Ort in mehr als 60 Minuten Erreichbarkeit	1303	3,77	2,24		1106	4,27	2,072
6	format_3	telefonisch	1308	3,61	2,215		1110	4,08	2,085
7	format_4	digital, per E-Mail-Austausch	1293	4,07	2,31		1112	4,57	2,102
8	format_5	digital, per Videoaustausch	1291	3,82	2,256		1102	4,31	2,088
9	anbieter_1	bei dem eigenen Arbeitgeber	1299	4,34	2,409		1107	4,92	2,131
10	anbieter_2	bei der Arbeitsagentur/dem Jobcenter.	1292	3,53	2,239		1082	4,02	2,122
11	anbieter_3	bei einem Weiterbildungsanbieter (z.B. VHS, Kammer …)	1294	3,89	2,202		1123	4,33	2,031
12	anbieter_4	bei einer unabhängigen, kommunalen Beratungsstelle	1307	3,86	2,194		1121	4,33	2,008
13	anbieter_5	bei einer Gewerkschaft	1304	3,58	2,191		1099	4,07	2,054
		Gesamt	6496	3,84	2,266		5532	4,33	2,093

Quelle: Eigene Auswertung und Darstellung

Selbst 60 Minuten Anfahrtsweg für eine Präsenzberatung wurden nicht ähnlich schlecht bewertet, d.h. viele Menschen würden lieber mehr als 60 Minuten Anfahrtsweg in Kauf nehmen als sich telefonisch beraten zu lassen. Die negativsten Einflüsse auf die Akzeptanz und Attraktivität von Beratungsangeboten besitzen jedoch nicht das Format oder der Ort, sondern mit erheblichem Abstand die Beratungsanbieter Arbeitsagentur/Jobcenter und Gewerkschaften. Im Vergleich zu dem beliebtesten Anbieter, dem eigenen Arbeitgeber, fallen Arbeitsagentur/Jobcenter in der Bewertung signifikant um 0,83 Punkte ab und Gewerkschaften um 0,76 Punkte. Weiterbildungsanbieter oder unabhängige, kommunale Beratungsstellen sind um fast einen halben Punkt unbeliebter als der eigene Arbeitgeber, aber damit deutlich beliebter als Arbeitsagentur/Jobcenter und Gewerkschaften. Von den 15 unbeliebtesten Vignetten beinhalten sieben die Arbeitsagentur/Jobcenter und vier die Gewerkschaften. Dieser quantitative Befund deckt sich auch mit vielen Eindrücken und Zitaten aus den qualitativen Gruppendiskussionen, wo oft gerade gegenüber einer Beratung durch die Arbeitsagentur oder dem Jobcenter großer Zweifel entgegengebracht wurde bzw. von negativen Erfahrungen berichtetet wurde.[4] Hauptkritikpunkt war oft, dass die Beratung bei diesen Anbietern unpersönlich sei und zu wenig auf die Persönlichkeiten und Situation der Ratsuchenden eingegangen worden sei. Einige typische Zitate aus den Gruppendiskussionen verdeutlichen dies:

> „Unsere Erfahrung ist wirklich so, dass man von der Agentur sagen muss, dass man da eigentlich so eine abzuarbeitende Nummer ist. Dass man da entsprechender Weise die Vorschläge bekommt, die standardmäßig auf das Profil passen könnten, ob das jetzt zum Menschen passt oder ob das jetzt der Wunsch ist von demjenigen, ist da völlig relativ egal." (GI, 17:37)

> „Das war einfach nur so auf dieser Sachebene, es gibt den, den und den Job. Aber dieses ‚Passt das überhaupt zu mir, zu meiner Persönlichkeit?', war nicht vorhanden." (HH, 21:55)

> „Was die Agentur nicht leisten kann, ist dieses Persönliche. Die haben ihre Zeiten, die haben ihre Termine, die haben ihre Zielsetzung. Punkt." (GI, 51:35)

Es erscheint vor diesem empirischen Hintergrund sowohl aus dem qualitativen als auch quantitativen Forschungsteil des Projekts mehr als bedenklich, dass die Arbeitsagentur bei der Weiterbildungsberatung strategisch eine noch größere Bedeutung bekommen soll, wie beispielsweise in der Nationalen Weiterbildungs-

4 Anzumerken ist dabei, dass die gemachten Erfahrungen in der Regel viele Jahre oder Jahrzehnte zurückliegen und sich entsprechend nicht auf die aktuelle Beratungspraxis dort bezieht. Nichtsdestotrotz besteht diese Einstellung.

strategie, während relativ neue Förderprogrammen wie das der „Berufsberatung im Erwerbsleben“ (BBiE) auf Bundesebene verfolgt werden, während in manchen Bundesländern Förderungen für Weiterbildungsberatung eingestellt werden. Mit den Interessen und Präferenzen der Mehrheit der Bevölkerung für eine Beratung außerhalb der Arbeitsagentur ist dies anhand unserer Daten nicht vereinbar. Die Arbeitsagentur und die Jobcenter sind in den Vignettenergebnissen empirisch abgesichert kein beliebter Anbieter von Weiterbildungsberatung. Zwar mag man einwenden, dass die Kritik sich stellenweise vielleicht an vergangenen Erfahrungen in Jobcentern festmacht und auf aktuelle Arbeitsagenturen übertragen wird, aber in den Gruppendiskussionen machten die Befragten hier selbst keine Differenzierung auf. Auch wenn es in den Arbeitsagenturen einiges an Veränderungen hin zu mehr Kundenorientierungen gegeben haben mag, konnten wir weder im qualitativen noch im quantitativen Forschungsteil des Projekts eine veränderte Sichtweise und größere Akzeptanz der Befragten erkennen. Es gab zumindest keinen Bericht oder offene Anmerkungen, dass frühere negative Erfahrungen nun durch neue, positivere Erfahrungen eine Korrektur erfahren hätten.

Die große Beliebtheit bzw. die Präferenz für den Arbeitgeber als beliebtesten Beratungsanbieter war die größte Überraschung im Forschungsprojekt. In der multivariaten Analyse sind diese signifikant und mit Abstand die erste Anlaufstelle in Weiterbildungsfragen für die 1.500 bundesweit Befragten. Von den 15 beliebtesten Vignetten beinhalten 12 den Arbeitgeber als Anbieter von Beratung. Vor diesem Hintergrund erscheinen nicht selten artikulierte Sorgen von Arbeitgeberverbänden und manchen Arbeitgebern, dass Weiterbildung sehr stark mit einer Abwanderungsmotivation von Beschäftigten genutzt würde, empirisch unbegründet. Offensichtlich sucht stattdessen die Mehrheit der Beschäftigten zunächst nach Verbesserungen durch Weiterbildungen, um sich bei dem bisherigen Arbeitgeber weiterzuentwickeln. Oder warum sonst sollten sie eine Weiterbildungsberatung beim Arbeitgeber so deutlich bevorzugen? Es erscheint unwahrscheinlich, dass sie dort Anliegen und Weiterqualifizierungen besprechen wollen, die sie weg vom bisherigen Arbeitgeber führen. Aus professioneller Sicht stellt sich die Frage, wie eine professionelle Beratung durch den Arbeitgeber aussehen könnte. In größeren Unternehmen mag es unter anderem professionelle Coaching-Angebote, vermittelt oder eingekauft, durch die Personalabteilung geben. Kleinere Unternehmen könnten vielleicht Beschäftigte entsenden, damit sie sich zum Beispiel bei den jeweils für die Betriebe zuständigen Kammern in Weiterbildungsfragen beraten lassen. Die aktuell vom BMBF geförderten und direkt in den Unternehmen verankerten Weiterbildungsmentoren-Programme der Gewerkschaften könnten als ein solcher Ansatz eingeordnet werden. Es ist denkbar, dass sich Beschäftigte im Rahmen eines solchen Programmes wie gewünscht direkt am Arbeitsplatz „abgeholt" fühlen und mit Personen, die den Betrieb auch sehr gut kennen ihre Fragen, Probleme und Themen besprechen können, statt mit einem relativ fremden Beratenden. Denkbar wäre zudem, dass Beratungsstellen oder Weiterbildungsanbieter noch mehr aufsuchende Angebote in Kooperation mit Unternehmen entwickeln, um Weiterbildungsberatungsangebote direkt im Unternehmen durchzuführen. Beschäftigten ist es nicht immer bewusst, mit wem Betriebe alles kooperieren, um Weiterbildungs- und Beratungsangebote zustande zu bringen. Wirkt gemäß der Individualbefragung AES 2022 die betriebliche Weiterbildungsbeteiligung mit 77 Prozent aller Weiterbildungsaktivitäten deutlich dominant (BMBF, 2024, S. 21), so zeigt die Unternehmensbefragung CVTS 2020 (Käpplinger, 2025), dass bei dem Kursangebot zu 46,8 Prozent betriebsexterne durchgeführte Kurse eingesetzt werden und lediglich 35,0 Prozent aller Unternehmen betriebsintern organisierte Kurse anbieten. Bei den betriebsexternen Kursen nutzen die Unternehmen zumeist private Anbieter, Kammern sowie Hersteller-/Mutterfirmen. Öffentliche Anbieter haben hier eher eine Nischenbedeutung, was aber nicht unterschätzt werden sollte. Dies bedeutet, dass bereits jetzt die Mehrheit der weiterbildungsaktiven Unternehmen generell eine externe Unterstützung braucht, um ihren Beschäftigten Weiterbildung anbieten zu können. Es ist davon auszugehen, dass hier auch zumindest en passant vor, während und nach den Weiterbildungen beraten wird. Hier könnten positive Erfahrungen bewirkt haben, dass sich viele Befragte auch zukünftig eine arbeitsplatznahe Weiterbildungsberatung wünschen. Damit ist keine Qualifizierungsberatung gemeint, die sich an den Betrieb oder die Organisation als Beratungspartner richtet, sondern eine individuelle Weiterbildungsberatung, welche sich die Beschäftigten und große Teile der Bevölkerung in Deutschland wünschen. Dieser, wie bereits beschrieben, insgesamt erstaunliche Befund ist dem Forschungsteam in der vorliegenden Forschungsliteratur nicht begegnet und könnte Bedarf nach mehr Forschung und ggf. Entwicklungsprojekten in diese Richtung anzeigen.

Allenfalls im Bereich der Grundbildung und Alphabetisierung wird eine arbeitsplatznahe Qualifizierung immer wieder diskutiert, die auch verschiedene Elemente von (Lern-)Beratung enthält (Klein, 2011). Es erscheint vor diesem Hintergrund anzuraten, dies theoretisch wie empirisch weiter zu verfolgen und ggf. Konzepte zu entwickeln, wie eine solche arbeitsplatznahe Weiterbildungsberatung ausgebaut werden könnte. Netzwerkansätze machen hier sicherlich Sinn, da schon jetzt die Unternehmen mit einem breiten Fächer an zumeist privaten und auch öffentlichen Anbietern und Organisationen rund um Weiterbildungsfragen kooperieren.

Trotzdem sollte nicht vergessen werden, dass sich manche Beschäftigte, wenn auch nicht die Mehrheit oder eine sehr große Zahl, durchaus beruflich und vielleicht jenseits des aktuellen Arbeitgebers verändern wollen. Volkswirtschaftlich wie subjektiv macht dies auch Sinn, um Beschäftigtenpotenziale zu nutzen, die sich bei dem aktuellen Arbeitgeber nicht realisieren lassen. Letztlich ist ein relativ breites und plurales Spektrum an Beratungsanbietern vorteilhaft und passt zu einer insgesamt diversen Gesellschaft und komplexen sowie dynamischen Wirtschaft. Auch ist zu bedenken, dass gemäß Selbsteinschätzungen schon jetzt Beratungsangebote im Betrieb relativ intensiv und deutlich überwiegend von Männern genutzt werden, während Frauen stärker auch andere Beratungsanbieter nutzen. Dies mag partiell mit der niedrigeren Erwerbstätigkeit von Frauen[5] erklärbar sein, könnte aber vielleicht auch mit Benachteiligungen am Arbeitsplatz in Zusammenhang stehen. Allgemein wird öfters von funktionierenden Männernetzwerken in der Berufswelt gesprochen, wo ggf. Beratung en passant passiert, wenngleich es sich hier wohl nur selten um eine professionelle Beratung handelt. Aus Sicht der Befragten wird dies aber sehr wohl als Beratung angesehen. Von den Befragten haben im Rahmen unserer quantitativen Befragung 12,3 Prozent der Frauen und 10,8 Prozent der Männer eine Weiterbildungsberatung genutzt.[6] In Bezug auf die genutzten Anbieter verteilt es sich wie folgt:

Tab. 2: Nutzung von Weiterbildungsberatung nach Geschlecht und Anbieter

	Frauen	Männer
Arbeitgeber	38,8 %	48,3 %
Weiterbildungseinrichtung	26,5 %	18,0 %
Arbeitsagentur / Jobcenter	23,5 %	12,5 %
Kommunale/regionale Beratungsstelle	19,1 %	14,3 %
Kammer/Berufsverband	12,2 %	11,2 %
Gewerkschaft/Betriebsrat	8,2 %	13,2 %
Info-Telefon Weiterbildung (BMBF)	3,1 %	2,2 %

Quelle: Vignettenstudie, eigene Darstellung (N = 298, Mehrfachnennungen möglich auf Basis von n=187)

5 2022 betrug gemäß Destatis die Erwerbstätigenquote bei Männer 80,8 Prozent und bei Frauen 73,6 Prozent. Quelle: https://www.destatis.de/DE/Themen/Arbeit/Arbeitsmarkt/Erwerbstaetigkeit/Tabellen/erwerbstaetigenquoten-gebietsstand-geschlecht-altergruppe-mikrozensus.html

6 In der Kategorie Divers wurde keine Weiterbildungsberatung im erhobenen Zeitraum genutzt.

Auffällig ist, dass Frauen den Großteil aller Beratungsanbieter häufiger nutzen als Männer. Lediglich den am häufigsten genutzten Anbieter - den Arbeitgeber - haben Männer 10 Prozentpunkte häufiger genutzt. Auch Gewerkschaften oder der Betriebsrat werden mehr von Männern als von Frauen als Beratungshilfe besucht. Die Differenz zwischen Männern und Frauen beim Arbeitgeber lässt sich nicht allein mit der Erwerbsquote erklären, da die Differenz bei der Erwerbsquote (7 Prozentpunkte) kleiner als diese Differenz (10 Prozentpunkte) ist. Während so Frauen noch besser in beruflichen Weiterbildungsfragen beraten werden könnten, könnten gleichzeitig Männer noch besser in nicht-beruflichen Weiterbildungsfragen beraten werden, da diese sich im Vergleich zu Frauen unterdurchschnittlich an nicht-beruflicher Weiterbildung beteiligen, obwohl von politischer Bildung über Gesundheitsbildung bis zu allgemeiner Persönlichkeitsentwicklung sehr wohl auch Männer die vorhandenen Erwachsenenbildungsangebote mehr als bisher nutzen könnten.

Auch vor diesen Hintergründen machen einerseits plurale Beratungsstrukturen Sinn, um alle Geschlechter zu erreichen. Andererseits stellen sich hier allgemeine Fragen, ob die zwischen den Geschlechtern deutlich ungleiche Nutzung von Beratungsangeboten eher eine freie Entscheidung oder Ausdruck von Benachteiligungen ist. Nicht mehr uneingeschränkt haltbar ist zumindest die Einschätzung, dass sich deutlich häufiger Frauen als Männer beraten lassen. In Bezug auf eine professionelle Beratung mag das stimmen, aber offenbar gelingt es Männern besser, Informationen und Beratung direkt am Arbeitsplatz zu bekommen. Will man also Beratung am Arbeitsplatz weiter ausbauen, sollte man sich zumindest zusätzliche Gedanken dazu machen, wie man Frauen besonders erreicht, weil diese hier bislang weniger beraten werden als Männer und bei einem weiteren Ausbau von Beratungsstrukturen ggf. bestehende Ungleichheiten noch weiter zunehmen.

Inwiefern die unterschiedliche Nutzung der Beratungsanbieter auch mit inhaltlichen Schwerpunkten einhergeht, muss an dieser Stelle offenbleiben und sollte in zukünftiger Forschung weiterverfolgt werden. Frauen könnten sich bspw. stärker mit allgemeinen Weiterbildungsthemen auseinandersetzen und entsprechend häufiger Weiterbildungseinrichtungen oder kommunale/regionale Beratungsstellen aufsuchen, wohingegen Männer diese seltener nutzen, da sie sich möglicherweise hauptsächlich berufsbezogen beim Arbeitgeber beraten lassen.

2 Fazit und zentrale Empfehlungen

Die empirische Betrachtung von Perspektiven in der Bevölkerung zum Thema Weiterbildungsberatung hat sich als erkenntnisreich und anregend dargestellt.

Es zeigen sich zum Teil deutliche Unterschiede zu den Diskursen in Politik und Wissenschaft. Hieraus direkte Empfehlungen und Handlungsanweisungen abzuleiten sollte verantwortungsvoll und mit großer Vorsicht erfolgen, da zum Beispiel viele Befragte eher wenig mit den bereits existierenden Beratungsstrukturen vertraut waren. Auch dominiert ein eher traditioneller Blick auf die frühen Phasen des Erwachsenenalters und Lifelong Guidance scheint (noch) als lebenslanges Beratungsangebot und -nutzung nicht komplett bekannt und akzeptiert zu sein.

Trotzdem müssen Politiken und Wissenschaft im Auge behalten, welche Relevanzen und Präferenzen in der Bevölkerung bestehen. Entsprechend werden aus den Projekten folgende zentrale Empfehlungen zur Diskussion gestellt:

Zentrale Empfehlungen

1. Weiterbildungsberatung durch mehr Öffentlichkeitsarbeit bekannter machen
2. Weiterbildungsberatung mehr arbeitsplatznah anbieten
3. Weiterbildungsberatung nicht zentralisiert über die Arbeitsagentur oder Gewerkschaften anbieten
4. Weiterbildungsberatung vielfältig hinsichtlich der Beratungsanbieter anbieten
5. Weiterbildungsberatung lebensbegleitend mit Fokus auf das frühe bis mittlere Erwachsenenalter anbieten
6. Weiterbildungsberatung plural hinsichtlich Beratungsformen (digital, telefonisch, Präsenz, hybrid) anbieten
7. Pflicht und Gebühren für Weiterbildungsberatung?
8. Teilweise komplexe Beratungsziele zwischen Information, Situation und Biographie

Ad 1: Weiterbildungsberatung durch mehr Öffentlichkeitsarbeit bekannter machen
Obwohl an den Gruppendiskussionen eher weiterbildungsaffine Personen teilnahmen, waren selbst diesen die Infrastrukturen an Beratungsstellen überwiegend nur in Ansätzen bekannt. Dies ist wenig überraschend, da sich Förderprogramme und damit Beratungsangebote oft und z.T. relativ abrupt verändern. Die Einstellung des Infotelefons Weiterbildungsberatung des BMBF ist dafür neben vielen anderen ein gutes bzw. schlechtes Beispiel. Zudem wurde dieses relativ wenig während seiner Laufzeit beworben. Das englische Vorbild Calldirect war u. a. deswegen ein Erfolg, weil hierfür rund um beliebte Fernsehserien Werbung geschaltet wurde (Käpplinger, 2009). Das war gegenüber Präsenzberatung (Face-to-Face) vergleichsweise kostenintensiv, aber wirkungsvoll in dem Sinne, dass eher ungewöhnliche Nutzungsgruppen die Telefonberatung in Anspruch nahmen. Gerade Dienstleistungsangebote wie Telefonberatung oder digital unterstützte Beratung haben einen besonderen Bedarf an Öffentlichkeitsarbeit, weil auf diese nicht wie auf Präsenzangebote an frequentierten Orten gestoßen werden kann.

Die gemäß den AES-Zahlen erhebliche Diskrepanz zwischen Beratungswunsch und Beratungsnutzen (Käpplinger, 2020) lässt sich besonders mit Blick auf unsere qualitativen Forschungsergebnisse durch eine nur begrenzt gute Bekanntheit von Beratungsangeboten im Weiterbildungsbereich erklären. Quantitativ wurde die Bekanntheit von uns bedauerlicherweise nicht abgefragt, was Gegenstand von folgenden Forschungsprojekten sein sollte.

Bei der Öffentlichkeitsarbeit und einer denkbaren Werbekampagne für Weiterbildungsberatung sollte sich gut und mit breiter professioneller Expertise überlegt werden, wie verschiedene Milieus gelungen angesprochen werden können und welche Werbekanäle online oder im öffentlichen Raum geeignet wären. Angesichts der Diversität der Gesellschaft sollte an einer möglichst großen Breitenwirkung bzw. einer Kampagne mit diverser Ansprache gedacht werden. Um in der Weiterbildung allgemein unterrepräsentierte und benachteiligte Gruppen könnte sich besonders bemüht werden.

Ad 2: Weiterbildungsberatung noch mehr arbeitsplatznah anbieten
Das Forschungsprojekt hat insbesondere im quantitativen Studienteil ermittelt, dass der Arbeitgeber ein sehr wichtiger Akteur ist, bei dem Informationen und Beratung zu Weiterbildung bereits jetzt eingeholt werden und wo die deutliche Mehrheit der Befragten sich auch wünschen würde in Zukunft informiert und beraten zu werden. Betriebe und Unternehmen könnten in Netzwerken und Kooperationen noch mehr mit externen Beratungsanbieter zusammenarbeiten. Bei der bisherigen Nutzung fällt auf, dass Männer überdurchschnittlich diese Kanäle nutzen, während Frauen eher externe Beratungsstellen aufsuchen. Hier bleibt zu prüfen, wie im Betrieb Frauen ggf. noch mehr und besser informiert und beraten werden könnten. Männer könnten hingegen noch mehr mit Blick auf nicht-berufliche Weiterbildungsangebote (politische Bildung, Gesundheitsbildung, etc.) beraten werden.

Es besteht weiterer Forschungsbedarf, um zu eruieren, inwiefern dies mit unterschiedlichen Berufen und Beschäftigungsumfang bei den Geschlechtern zusammenhängt oder ob Benachteiligungen bis zu Diskriminierungen bestehen. Dies ist relevant, um bestehende Ungleichheiten nicht weiter zu verschärfen. Mit einer professionellen Beratung in Betrieben können je nach Zielgruppe Herausforderungen verbunden sein, weshalb zu prüfen ist, auch semi-professioneller Beratung einen Raum zu geben bzw. sie als „Türöffner" zu nutzen, worüber eine Weiterleitung zu professioneller Weiterbildungsberatung erfolgen kann. Vielleicht gibt es aber auch eine Reihe an Beratungs- und Informationsanliegen, die lebenswelt- und arbeitsplatznah geklärt werden können? Ein Beispiel für eine niedrigschwellige Beratung sind die aktuell existierenden und vom BMBF geförderten Mentoringprogramme der Gewerkschaften[7], bei denen qualifizierte „Weiterbildungsmentor:innen" in der Lebenswelt Betrieb Qualifizierungsbedarfe ermitteln, Kolleginnen und Kollegen zur Weiterbildungsbeteiligung motivieren und beraten sowie Weiterbildungsmaßnahmen vermitteln. Außerhalb der Berufswelt könnte Beratungsangebote in Quartieren in städtischen und ländlichen Räumen weiter ausgebaut werden.

Ad 3: Weiterbildungsberatung nicht zentralisiert über die Arbeitsagentur oder Gewerkschaften anbieten
Die Gewerkschaften und die Arbeitsagentur haben unzweifelhaft eine wichtige Rolle im Angebot von Weiterbildungsberatungen. Allerdings deutet bei unseren empirischen Daten nichts darauf hin, dass sie eine zentrale oder sogar eine dominante Rolle haben sollten. Dafür scheint die Akzeptanz in der Bevölkerung schlichtweg zu niedrig in der Breite zu sein. Auch angesichts der insgesamt eher geringen Bekanntheit der Beratungsstrukturen könnte es doppelt kontraproduktiv sein, ausgerechnet diese Beratungsanbieter prominent zu platzieren wie es aktuell förderpolitisch auf Bundesebene mit BMBF- und BMAS-Förderungen im Kontext der Nationalen Weiterbildungsstrategie der Fall zu sein scheint. Um es allegorisch zuspitzen: Die Bundesagentur sollte unbedingt im Konzert der Beratungsanbieter im Bereich Weiterbildung mitspielen, aber sie sollte keinesfalls die Erste Geige spielen!

Die vom BMBF geförderten Mentoringprogramme der Gewerkschaften zeigen gleichzeitig auf, dass sich Beratungsangebote auch wandeln können und ein Imagewandel möglich erscheint. Insofern sollte die aktuelle Nachfrage nicht verabsolutiert werden, sondern neue Angebote können zumindest mittel- und langfristig auch die Nachfrage verändern. Die Beratungslandschaft ist nicht statisch und sollte es auch nicht sein.

Ad 4: Weiterbildungsberatung vielfältig hinsichtlich der Beratungsanbieter anbieten
Wir haben keinen Hinweis dafür gefunden, dass die Pluralität der Beratungsanbieter die Bevölkerung überfordern oder stark verwirren würde. Problematisch scheint eher zu sein, dass sich manchmal eine erste Anlaufstelle gewünscht wird, diese jedoch nicht vorhanden ist. Diese Rolle wurde von Befragten stellenweise im qualitativen Forschungsteil in einer Telefonberatung gesehen, was sich im quantitativen Forschungsteil jedoch so nicht wiederholt hat. Qualitative und quantitative

7 https://www.bmbf.de/bmbf/de/bildung/berufliche-bildung/foerderinitiativen-und-programme/weiterbildungsmentoren/weiterbildungsmentoren.html

Ergebnisse differieren hier, was in Zukunft Gegenstand weiterer Analysen und Studien sein könnte.

Insofern bleibt die Frage etwas offen, wie eine solche erste Anlaufstelle aussehen könnte. Hier zeigt sich weiterer Forschungsbedarf. Insofern die Bundesagentur eine zentrale Rolle bei der Koordination und Vernetzung übernehmen sollte, bedarf es unseres Erachtens im Anschluss an den oben genannten Bedarf der Vernetzung und Kooperation eines spezifischen Fachkonzepts für Vernetzung und Kooperationsstrukturen. Für die Berufsberatung im Erwerbsleben (BBiE) ist uns jedoch ein solches Fachkonzept zumindest bislang nicht bekannt. Historisch könnte ein Rückblick auf Beratungsstrukturen, die im Rahmen der BMBF-Förderprogramme „Lernende Regionen" und „Lernen vor Ort" in der ersten Dekade des 21. Jahrhundert relativ gelungen aufgebaut wurden, erkenntnisreich für einen Wissenstransfer sein. Allerdings erwiesen diese sich nach Ende der Programmförderung zumeist als wenig nachhaltig. Dies zeigt einen eigenständigen Ressourcenbedarf für Netzwerkarbeit an. Es wäre naiv anzunehmen, dass hochwertige und nachhaltige Netzwerkarbeit allein über die normalen Fördermittel für die Beratungsstellen erbracht werden können. Es ist hier dringend anzuraten, die Erkenntnisse zu den Gelingens- und Scheiternsbedingungen von Netzwerkarbeit zu sondieren und zu nutzen (Emminghaus & Tippelt, 2009; Tippelt & Kadera, 2018; Jütte, 2002).

Ad 5: Weiterbildungsberatung lebensbegleitend mit Fokus auf das frühe bis mittlere Erwachsenenalter anbieten

Insbesondere die zusätzlichen Auswertungen der quantitativen empirischen Daten des Projektes, aber auch die AES-Daten verweisen darauf, dass der Bedarf an Weiterbildungsberatung bei Personen im Alter bis Mitte/Ende 30 besonders groß ist. Lebensbegleitende Beratung ist ein sinnvoller Ansatz und sicherlich sollte das alte Paradigma, dass Berufsberatung nur an den sogenannten Ersten und Zweiten Schwellen zwischen Schule-Ausbildung sowie Ausbildung-Berufstätigkeit relevant wäre, aufgeben werden. Gleichwohl kann man festhalten, dass das jüngere und mittlere Erwachsenenalter wohl trotzdem häufiger Beratungsbedarf entstehen lässt. Dadurch sollte Weiterbildungsberatung im fortgeschrittenen Erwachsenenalter eine Rolle spielen, aber eine gewisse Schwerpunktsetzung auf Jüngere ist, auch im Interesse der Bevölkerung legitim.

Gleichwohl braucht es aber Anreize, Impulse und eine Öffentlichkeitsarbeit, die auch Älteren die etwaige Schwellenangst vor dem Aufsuchen einer Weiterbildungsberatung nimmt. Es sei hier an gewünschte oder materiell notwendige, geringfügige Erwerbstätigkeit nach Verrentung oder den Übergang vom Beruf in die Pensionierung gedacht, die ein in Zukunft stark wachsendes Zukunftsfeld sein wird aufgrund des demographischen Wandels und vorhandenem Fachkräftemangel. Angesichts gerade dieses Fachkräftemangels könnte Weiterbildungsberatung zudem möglicherweise dazu beitragen, dass man sich selbst in den letzten Berufsjahren partiell neu orientiert, um bei der Arbeit motiviert zu sein oder auch noch Veränderungsprozesse angeht.

Bei den Jüngeren bleibt zu sondieren, wie Weiterbildungsberatung modern und attraktiv bleibt. Dies bezieht sich auf die werbungsbezogene Ansprache, aber auch die Weiterbildungsformen, bei denen wahrscheinlich digitale oder hybride Formate weiter an Bedeutung gewinnen werden. Auch der demographisch weiterwachsende Bevölkerungsanteil mit Migrationshintergrund erfordert eine weitere interkulturelle Öffnung von Beratungsstellen, die entsprechend selbst möglichst divers in ihrem eigenen Personalbestand aufgestellt sein sollten.

Ad 6: Weiterbildungsberatung plural hinsichtlich Beratungsformen (digital, telefonisch, Präsenz, hybrid) anbieten

Telefonberatung schneidet von allen Beratungsformen zumeist am schlechtesten sowohl im quantitativen wie im qualitativen Teil dieses Forschungsprojektes ab. Sie hat aus Befragtenperspektive lediglich eine Nebenrolle bei der informativen Beratung. Komplett überraschend ist dies nicht, wobei jedoch eine etwas größere Bedeutung erwartbar gewesen wäre. Außerdem ist anzumerken, dass sich die Befragten in den Gruppendiskussionen eine Lotsenrolle angesichts der verschiedenen Beratungsangebote gewünscht hatten. Vielleicht fehlte ihnen hier doch auch etwas die Fantasie wie dies mit einer telefonischen Beratung funktionieren könnte. Die Relevanz hybrider Formate scheint unstrittig und lässt sich vielfältig beobachten. Daher erscheint eine strikte Trennung in einer post-digitalen Welt immer schwieriger, in der beispielsweise in Präsenzbegegnungen digitale Unterstützung schnell verfügbar sein kann. Insofern sollten zunehmend weniger Grundsatzdiskussionen im Sinne eines Entweder-Oder geführt, sondern sequenzielle und simultane Verbindungen gesucht werden. So kann ein erster Kontakt über einen Chat oder eine Mail entstehen und wenn sich um mehr als ein rein informatives Anliegen handelt, kann eine vertiefende Beratung in Präsenz gesucht werden, die ggf. einen digitalen Epilog hat, bei dem Informationen per Mail ausgetauscht werden. Allerdings stellt dies für Beratungsorganisationen, deren Personal und Beratungsprofessionen eine Herausforderung dar, da man sich in digitaler und physischer Welt ähnlich kompetent bewegen können muss. Hierzu muss allerdings auch eine entsprechende Ressourcenausstattung vorhanden sein.

Ad 7: Pflicht und Gebühren für Weiterbildungsberatung?

Die Erhebung von Einstellungen zu Weiterbildungsberatungspflichten und -gebühren kann auf den ersten Blick als ein ungewöhnliches Erkenntnisinteresse im

Forschungsprojekt erscheinen. Dass sich aber 41,6 Prozent für eine verpflichtende Beratung zu Weiterbildung aussprechen und 27,9 Prozent eine Bereitschaft Gebühren zu bezahlen aufweisen zeigt an, dass es Relevanz besitzt und den Diskurs bereichern kann. Im verwandten Bereich des Coachings ist es die Regel, dass Coaching-Leistungen vom Unternehmen oder individuell bezahlt werden. In Zeiten knapper Kassen könnte es ggf. eine Variante sein, um Mittel einzuwerben. Die Gebühren könnten sozial gestaffelt sein, wie es aus dem Bereich der individuell finanzierten Weiterbildung bekannt ist. Allerdings zeigen die empirischen Daten auch, dass lediglich ein Viertel der Personen zahlungsbereit sind. Dies ist oft dann der Fall, wenn sie selbst Weiterbildungsberatung schon einmal genutzt haben. Insofern könnten ggf. nur Folgetermine eine moderate Kostenbeteiligung beinhalten. Das Thema bleibt nach wie vor als heikel einzustufen und bedarf weiterer Forschung und ggf. versuchsweise Erprobungen. Hierbei erscheinen uns Modell- bzw. Testregionen, in denen die Prozesse wissenschaftlich begleitet werden, als erkenntnisreich.

Ähnlich heikel ist die Frage, ob gewisse Pflichtberatungen vorgesehen werden sollten. Hier ist die Zustimmung in der Bevölkerung durchaus überraschend deutlich größer, wobei es häufig eine Diskrepanz zwischen der Einstellung und dem eigenen Handeln gab. Insofern findet man Dienstleistungen wie Beratung zwar pauschal wichtig, aber nutzt diese überraschenderweise bislang selbst relativ wenig. Eine denkbare Alternative könnte hier sein, mit noch mehr animierenden Einladungen und aufsuchenden Beratungsansätzen zu hantieren. So wäre das Angebot bekannt und zugänglich, stellt aber noch keine Pflicht dar. Alles in allem scheint es sich hier lohnen, zumindest experimentell Neues in Erprobungen zu testen und wissenschaftlich zu evaluieren im Rahmen von Begleitforschung.

Ad 8: Beratungsziele zwischen Information, Situation und Biographie
Weiterbildungsberatung kann von einer relativ einfachen Informationssuche bis zu einer vertieften biographischen Beratung in Krisensituationen reichen (Gieseke & Opelt, 2004). Dies gilt es bei der Weiterentwicklung der Weiterbildungsberatung zu bedenken. Informative Formate scheinen eher gut über rein digitale oder telefonische Beratung bearbeitbar zu sein. Für eine biographische Beratung bietet sich ein Format in Präsenz an, wenngleich eine gewisse Anonymität hier gleichzeitig in bestimmten Fällen durchaus sehr hilfreich sein kann. Bei sozial problematischen Anliegen können telefonische Hilfsnummern gut geeignet sein. Für Beratende ist dies nicht immer sofort erkennbar, weil den Ratsuchenden selbst nicht immer bewusst ist, dass ihr vermeintlich rein informatives Beratungsanliegen mit tiefergehenden situativen und biografischen Komplexitäten verbunden ist. Dies wird beiden Seiten in der Regel erst im Dialog im Rahmen der Weiter-

bildungsberatung klar. Umso wichtiger ist es, wenn Beratungsanliegen – auch vermeintlich rein informative – möglichst immer geprüft bzw. sondiert werden, ob es da nicht noch mehr Beratungsbedarf gibt. Beratung ist damit als anspruchsvolle Tätigkeit zu kennzeichnen, die einen hohen Grad an Professionalität und Kompetenz erfordert. Vor diesem Hintergrund erscheint es mehr als fraglich, wie qualitätsvoll eine alltagsweltliche Information und Beratung von Angehörigen, Kolleginnen und Kollegen oder Vorgesetzten sein kann, wenngleich diese anscheinend oft gewünscht wird. Dies veranschaulicht abschließend, wie wichtig es ist, die Perspektiven der Bevölkerung mit Blick auf Weiterbildungsberatung vertieft zu eruieren und diese vor dem Hintergrund wissenschaftlichen Wissens zu diskutieren, um einen Beitrag zur bestmöglichen partizipativen und damit auch demokratischen Weiterentwicklung der Weiterbildungsberatung zu leisten.

Wir hoffen mit den acht zentralen Empfehlungen aus dem Projekt Anregungen für weitere Debatten und Entwicklungen gegeben zu haben, die auch mit weiterführenden und vertiefenden Forschungsarbeiten verbunden werden.

Literatur

Bundesministerium für Bildung und Forschung (BMBF) (2024). *Weiterbildungsverhalten in Deutschland 2022 – Ergebnisse des Adult Education Survey – AES-Trendbericht.* BMBF [https://www.bmbf.de/SharedDocs/Publikationen/DE/1/26667_AES-Trendbericht_2022.pdf?__blob=publicationFile&v=4]

Destatis – Statistisches Bundesamt (2024). *Erwerbstätigkeit älterer Menschen.* Destatis [https://www.destatis.de/DE/Themen/Querschnitt/Demografischer-Wandel/Aeltere-Menschen/erwerbstaetigkeit.html#:~:text=M%C3%A4nner%20und%20Frauen%20unterscheiden%20sich,der%20Frauen%20einer%20Erwerbst%C3%A4tigkeit%20nach]

Dörner, O. (2010). Lifelong Guidance for all? *DIE-Zeitschrift für Erwachsenenbildung, 2*, 28–31.

Emminghaus, C., & Tippelt, R. (Hrsg.). *Lebenslanges Lernen in regionalen Netzwerken verwirklichen - Abschließende Ergebnisse zum Programm „Lernende Regionen - Förderung von Netzwerken“.* wbv.

Flick, U. (2011). *Triangulation* (3., aktualisierte Auflage). VS Verlag für Sozialwissenschaften.

Gieseke, W., & Opelt, K. (2004). *Weiterbildungsberatung II. Studienbrief EB 2001.* Zentrum für Fernstudien und Universitäre Weiterbildung.

Jaich, R. (2014). Finanzierung der gesetzlich geregelten Erwachsenenbildung durch die Bundesländer. *Gutachten im Auftrag der Max-Traeger-Stiftung.*

Jütte, W. (2002). *Soziales Netzwerk Weiterbildung.* W. Bertelsmann.

Käpplinger, B. (2020). Weiterbildungsberatung: Mantra oder manifester Bedarf? *BWP – Berufsbildung in Wissenschaft und Praxis, 49*, 17–21.

Käpplinger, B. (2025). Im Erscheinen in *Education Permanente.*

Kelle, U. (2008). *Die Integration qualitativer und quantitativer Methoden in der empirischen Sozialforschung. Theoretische Grundlagen und methodologische Konzepte.* VS Verlag für Sozialwissenschaften.

Klein, R. (Hrsg.). (2011). *Professionalisierung arbeitsbezogener Grundbildung durch Fort- und Weiterbildung – Konzepte und Erfahrungen. GiWA-Online Nr. 8.* Büro für Berufliche Bildungsplanung www.bbb-dortmund.de

Lerch, S., & Weitzel, H. (2024). Beratung für lebensentfaltende Bildung. *Zeitschrift für Weiterbildungsforschung (ZfW), 47*, 47–62. https://doi.org/10.1007/s40955-024-00273-1

Mocigemba, D., & Unterreiner, L. (2024). Hybridisierungstendenzen in Settings der Berufs- und Laufbahnberatung. *Zeitschrift für Weiterbildungsforschung (ZfW), 47*, 7–27. https://doi.org/10.1007/s40955-024-00275-z

Noack, M., Dobischat, R., Münk, D., & Rosendahl, A. (2019). *Policy Brief: Stiefkind Weiterbildung. Wo der Staat seine Bürger vernachlässigt.* wbv.

Pätzold, H., & Dohmen, J. (2024). Die Rolle von neutraler, überregionaler, telefonischer Weiterbildungsberatung und verwandter Formen im Weiterbildungsberatungssystem. *Zeitschrift für Weiterbildungsforschung (ZfW), 47*, 63–80. https://doi.org/10.1007/s40955-024-00277-x

Schmidt-Lauff, S., & Rathmann, M. (2024). Weiterbildungsberatung im Online-Format – Zur Analyse digitaler Dokumente. *Zeitschrift für Weiterbildungsforschung (ZfW), 47*, 81–97. https://doi.org/10.1007/s40955-024-00279-9

Tippelt, R., & Kadera, S. (2018). Netzwerke und lernende Regionen als Orte organisationspädagogischer Forschung und Praxis. In M. Göhlich, A. Schröer, & S. M. Weber (Hrsg.), *Handbuch Organisationspädagogik* (S. 779–790). Springer VS.

Autorinnen und Autoren

Arndt, Frank Dr.
Verian Deutschland (vormals: Kantar Public),

Bilger, Frauke
Associate Director, Verian Deutschland (vormals: Kantar Public),
Forschungsschwerpunkt: Arbeit und berufliche Bildung
E-Mail: frauke.bilger@veriangroup.com

Denninger, Anika
Wissenschaftliche Mitarbeiterin am Institut für Erziehungswissenschaft der Justus-Liebig-Universität Gießen
Forschungsschwerpunkte: Erwachsenen- und Weiterbildung, Wissenschaftliche Weiterbildung, Wissenschaftsmanagement
E-Mail: anika.denninger@erziehung.uni-giessen.de

Dietz, Caroline
Wissenschaftliche Mitarbeiterin an der Professur für Weiterbildung der Justus-Liebig-Universität Gießen
Forschungsschwerpunkte: Weiterbildungsberatung, Lebenslanges Lernen, betriebliche Weiterbildung
E-Mail: caroline.dietz@uni-giessen.de

Käpplinger, Bernd
Professur für Weiterbildung, Justus-Liebig-Universität Gießen
Forschungsschwerpunkte: Programmplanung, Bildungsberatung, Betriebliche Weiterbildung
E-Mail: bernd.kaepplinger@erziehung.uni-giessen.de

Koubek, Eva
Project Manager, Verian Deutschland (vormals: Kantar Public)
Forschungsschwerpunkt: Arbeit und berufliche Bildung

Lichte, Nina
Freiberuflerin in der Erwachsenenbildung
Forschungsschwerpunkte: Weiterbildungsberatung, Betriebliche Weiterbildung in KMU
E-Mail: ninalichte@hotmail.com

Pohlmann, Claudia
Wissenschaftliche Mitarbeiterin an der Professur für Weiterbildung der Justus-Liebig-Universität Gießen
Forschungsschwerpunkte: Beratung, Berufsorientierung, Programmplanung
E-Mail: claudia.pohlmann@erziehung.uni-giessen.de

Reuter, Martin
Wissenschaftlicher Mitarbeiter an der Professur für Weiterbildung der Justus-Liebig-Universität Gießen
Forschungsschwerpunkte: Qualitätsmanagement, Pädagogische Organisationsforschung, Struktur und Steuerung des Weiterbildungssystems, Weiterbildungsadressaten und -teilnehmende
E-Mail: martin.reuter@erziehung.uni-giessen.de

Stanik, Tim
Professor für Erziehungswissenschaften mit dem Schwerpunkt Erwachsenenbildung und Pädagogische Professionalität, Universität Münster
Forschungsschwerpunkte: Bildungsberatung in der Weiterbildung, Didaktik der Erwachsenenbildung, Professionelles Handeln in der Weiterbildung
E-Mail: tim.stanik@uni-muenster.de

Studien zur Pädagogik, Andragogik und Gerontagogik

Begründet von Franz Pöggeler

Herausgegeben von Bernd Käpplinger und Steffi Robak

Die „Studien zur Pädagogik, Andragogik und Gerontagogik" widmen sich der theoretischen und empirischen Erwachsenenbildungs- und Weiterbildungsforschung. Sie reflektieren deren Internationalisierung in ihrer Wirkung nach innen und außen und begleiten diese kritisch. Sie sind ein transnationales Forum, wo Leitideen nationaler und internationaler Konferenzen fortgeführt werden. Es wird auch ein Raum für solche Grundlagenarbeiten offeriert, die der Konstitution und dem internationalen Vergleich der Erwachsenenpädagogik dienen.

In der Reihe kann auf Deutsch und Englisch publiziert werden. Manuskriptvorschläge sowohl etablierter Wissenschaftler/innen als auch ambitionierter Nachwuchswissenschaftler/innen können an die Herausgeber/innen gerichtet werden. Sie werden in Absprache mit dem Verlag begutachtet - oder peer reviewed - und ggf. zur Aufnahme in die Reihe empfohlen.

Kontakt:

Prof. Dr. Bernd Käpplinger (Justus-Liebig-Universität Gießen):
Bernd.Kaepplinger@erziehung.uni-giessen.de
http://www.uni-giessen.de/fbz/fb03/institute/ifezw/prof/wb/team

Prof. Dr. Steffi Robak (Leibniz Universität Hannover):
Steffi.Robak@ifbe.uni-hannover.de
http://www.ifbe.uni-hannover.de/robak.html

Band 1 Dieter P. J. Wynands: Die Herausbildung des Lehrerstandes im Rheinland während des 19. Jahrhunderts. 1989.

Band 2 Claudia H. Roesch: Das Bild des Kindes in der deutschsprachigen Lyrik nach 1945 unter besonderer Berücksichtigung der 70er und 80er Jahre. Eine Untersuchung zur pädagogischen Anthropologie. 1989.

Band 3 Franz Pöggeler: Erziehung für die eine Welt. Plädoyer für eine pragmatische Friedenspädagogik. 1990.

Band 4 Franz Pöggeler (ed.): The State and Adult Education. Historical and Systematical Aspects. 1990.

Band 5 Günter Heumann: Die Entwicklung des allgemeinbildenden Schulwesens in Nordrhein-Westfalen (1945/46 - 1958). Ein erziehungsgeschichtlicher Beitrag. 1989.

Band 6 Auguste Maria Löhrer: Entwicklungstendenzen in Biologiebüchern der Realschule seit Ende des Zweiten Weltkriegs. 1990.

Band 7 Reinhard Dräbing: Der Traum vom „Jahrhundert des Kindes". Geistige Grundlagen, soziale Implikationen und reformpädagogische Relevanz der Erziehungslehre Ellen Keys. 1990.

Band 8 Kurt Neumann: Sonnenberg - Entstehung und Entwicklung einer Bildungseinrichtung im Kontext gesellschaftlicher Defizite und bildungspolitischer Chancen. 1990.

Band 9 Hubert Henz: Bildungstheorie. 1991.

Band 10 Manfred Geuting: Planspiel und soziale Simulation im Bildungsbereich. 1992.

Band 11 Franz Pöggeler (Hrsg.): Bild und Bildung. Beiträge zur Grundlegung einer pädagogischen Ikonologie und Ikonographie. 1992.

Band 12 Robert Küppers: Der Pädagoge Leo Weismantel und seine „Schule der Volkschaft" (1928 bis 1936). 1992.

Band 13 Franz Pöggeler: Bildungsunion im vereinten Deutschland. Perspektiven einer grundlegenden Reform. 1992.

Band 14 Dieter P. J. Wynands (Hrsg.): Geschichte der Lehrerbildung in autobiographischer Sicht. 1993.

Band 15 Inge Schippan: Elternkreise drogengefährdeter und drogenabhängiger Jugendlicher. Entstehung und Entwicklung einer Selbsthilfebewegung. 1993.

Band 16 Regina Oertel: Berufliche Qualifizierung von Frauen am Beispiel einer überbetrieblichen, gewerblich-technischen Umschulung. 1993.

Band 17 Katarina Cekoviç: Der Beitrag Rudolf Reuters zur Theorie und Praxis der Erwachsenenbildung. 1994.

Band 18 Walter Leirman: Four Cultures of Education. Engineer - Expert - Communicator - Prophet. 1994.

Band 19 Monika Chatty (Hrsg.) / Franz Hargasser (Hrsg.): Vom Jahrhundert der Kinder zum Jahrhundert der Alten? Versuch einer Ortsbestimmung der Erziehungswissenschaften beim Übergang vom 20. zum 21. Jahrhundert. 1994.

Band 20 Ursel Schmitz: Bildungspolitische Entwicklung des Sprachenproblems in Belgien. 1994.

Band 21 Peter Jarvis / Franz Pöggeler (Eds.): Developements in the Education of Adults in Europe. 1994.

Band 22 Walter Leirman: Quatre Cultures en Education. Expert, Ingénieur, Prophète, Communicateur. 1994.

Band 23 Hedwig Wassenberg: Von der Volksschullehrerin zur Volkslehrerin. Die Pädagogin Hedwig Dransfeld (1871-1925). 1994.

Band 24 Ingeborg Schultheis: Zur Problematik der eigenständigen Mädchenbildung. Stellungnahmen des Vereins katholischer deutscher Lehrerinnen in der Zeit von 1885-1985. 1995.

Band 25 Franz Pöggeler (Ed.): National Identity and Adult Education. Challenge and Risk. 1995.

Band 26 Eric Bockstael (Ed.): Handicap and Politics. 1995.

Band 27 Jurij Jug / Franz Pöggeler (Eds.): Democracy and Adult Education. Ideological Changes and Educational Consequences. 1996.

Band 28 Herbert Otte: Lernschwierigkeiten und Lernmotivationen von Erwachsenen in der kaufmännischen Weiterbildung an Volkshochschulen. 1996.

Band 29 Franz Pöggeler (Hrsg.): Erwachsenenbildung als Brücke zu einem größeren Europa. 1996.

Band 30 Ko Hoon Park: Erziehung und Leben koreanischer Kinder in Deutschland. Eine empirische Untersuchung. 1996.

Band 31 Ludwig Kerstiens: Lebensfragen - Antwortsuche - Impulse zum Nach-Denken. Autobiographische Problemerschließung als Methode der Erwachsenenbil- dung. 1996.

Band 32 Walter Peters: Lehrerausbildung in Nordrhein-Westfalen 1955-1980. Von der Pädagogischen Akademie über die Pädagogische Hochschule zum Aufbruch in die Universität. 1996.

Band 33 Lee-Whan Ahn: Von der tugendhaften zur gebildeten Frau. Kontinuität und Wandel in Frauenbildung Koreas um die Wende vom 19. Jahrhundert zum 20. Jahrhundert - eine Untersuchung unter frauenemanzipatorischem Aspekt. 1997.

Band 34 Dieter P. J. Wynands: Elementarbildung während der Industrialisierung. Das Volksschulwesen der Stadt Aachen von 1814 bis 1924. 1997.

Band 35 Bastiaan van Gent: Lessons in Beauty. Art and Adult Education. 1997.

Band 36 Danny Wildemeersch / Matthias Finger / Theo Jansen (eds.): Adult Education and Social Responsibility. Reconciling the irreconcilable? 1998. 2., revised edition 2000.

Band 37 Dusan M. Saviçeviç: Adult Education: From Practice to Theory Building. 1999.

Band 38 Martha Friedenthal-Haase (ed.): Personality and Biography: Proceedings of the Sixth International Conference on the History of Adult Education. Vol. I: General, Comparative and Synthetic Studies. Vol. II: Biographies of Adult Educators from Five Continents. 1998.

Band 39 Björn Willi Paape: Grundlagen der Umschulung. Eine Form beruflicher Weiterbildung. 1998.

Band 40 Karl Pütz: Die Beteiligung von Ausländern an der Weiterbildung im Rahmen von Volkshochschulkursen. Eine empirische Studie unter besonderer Berücksichtigung der Volkshochschule der Stadt Aachen. 1998.

Band 41 Heribert Felten: Erlebnispädagogik als Möglichkeit zur Kompensation von Verhaltensdefiziten. Dargestellt an Beispielen aus der ästhetischen Erziehung. 1998.

Band 42 Wilhelm Koch-Bode: Prälingual Gehörlose im Alter. 1999.

Band 43 Franz Hargasser: Was uns zum Menschsein befähigt. Dispositionen als Grundlage einer integralen pädagogischen Anthropologie. 1999.

Band 44 Carol A. Pandak: Rebuilding Civil Society: Nonformal Adult Education and Voluntary Organizations - The Hungarian Experience. 1999.

Band 45 Anita Klapan: Lernen im Schülerheim. Grundlagen der Internatspädagogik. 1999.

Band 46 Marianne Genenger-Stricker: Erfolgsfaktor Studienbegleitung. Zur Funktion institutioneller Betreuung und Beratung Studierender am Beispiel eines Part-time-Studiengangs für Familienfrauen. 2000.

Band 47 Anthony Cooke / Ann MacSween (eds.): The Rise and Fall of Adult Education Institutions and Social Movements. The Proceedings of the Seventh International Conference on the History of Adult Education. 2000.

Band 48 Ansgar Pöggeler: Zahnmedizin und Schule im Spiegel von Lehrer- und Schülerbüchern zwischen 1800 und 1950. 2000.

Band 49 Wassilios Baros: Familien in der Migration. Eine qualitative Analyse zum Beziehungsgefüge zwischen griechischen Adoleszenten und ihren Eltern im Migrationskontext. 2001.

Band 50 Martha Friedenthal-Haase / Gottfried Meinhold / Käthe Schneider / Ulrich Zwiener (Hrsg.): Alt werden - alt sein. Lebensperspektiven aus verschiedenen Wissenschaften. 2001.

Band 51 Suresh C. Ghosh: Civilisation, Education and School in Ancient and Medieval India, 1500 B.C. – 1757 A.D. Ancient India, 1500 B.C. – 1192 A.D., Vedic Schools and Buddhist Viharas and Medieval India, 1192 A.D. – 1757 A.D., Maktabs and Madrashas, Mosques and Khanqahs. 2002.

Band 52 Björn Paape: Aspekte der Integration von Lernfeldern in eine handlungsorientierte Wirtschaftsdidaktik. 2002.

Band 53 Balázs Németh / Franz Pöggeler (eds.): Ethics, Ideals and Ideologies in the History of Adult. 2002.

Band 54 Erika Kohls: Anthropologie der Erziehung bei Horst-Eberhard Richter. 2002.

Band 55 Hanns-Dietrich Werner: Über Mandalasymbolik und Heilpädagogik in der Schule. Ein Erfahrungsbericht. 2003.

Band 56 Kurt Frey: Die Gruppe als *der Mensch im Plural*. Die Gruppenpädagogik Magda Kelbers. 2003.

Band 57 Barry J. Hake / Bastiaan van Gent / József Katus (eds.): Adult Education and Globalisation: Past and Present. The Proceedings of the 9th International Conference on the History of Adult Education. 2004.

Band 58 Iwona Kiereta: Die Migrationsproblematik im Rahmen des Beitritts Polens zur Europäischen Union unter besonderer Berücksichtigung der Bildungspolitik als Steuerungsinstrument. 2005.

Band 59 Kalman Yaron: Geistige Welten. Aufsätze aus vierzig Jahren. Herausgegeben von Franz Pöggeler. 2006.

Band 60 Franz Hargasser: Was uns zu Menschen macht. Bedeutende anthropologische Phänomene – neu reflektiert. 2007.

Band 61 Jost Reischmann / Michal Bron jr (eds.): Comparative Adult Education 2008. Experiences and Examples. A Publication of the International Society for Comparative Adult Education ISCAE. 2008.

Band 62 Bernd Käpplinger / Steffi Robak (eds.): Changing Configurations in Adult Education in Transitional Times. International Perspectives in Different Countries. 2014.

Band 63 Sarah Widany: Weiterbildungsbeteiligung im Trend. Die Teilnahme von Akademiker_innen an beruflicher Weiterbildung im Zeitverlauf – 1991 bis 2010. 2014.

Band 64 Antonia Victoria Thiemann: Museen schlagen Brücken. Bürgerschaftliches Engagement älterer Menschen im Museum. 2014.

Band 65 Susanne Lattke / Wolfgang Jütte (eds.): Professionalisation of Adult Educators. International and Comparative Perspectives. 2014.

Band 66 Steffi Robak / Horst Rippien / Lena Heidemann / Claudia Pohlmann (Hrsg.): Bildungsurlaub – Planung, Programm und Partizipation. Eine Studie in Perspektivverschränkung. 2015.

Band 67 Regina Egetenmeyer (ed.): Adult Education and Lifelong Learning in Europe and Beyond. Comparative Perspectives from the 2015 Würzburg Winter School. 2016.

Band 68 Tim Stanik: Beratung in der Weiterbildung als institutionelle Interaktion. 2016.

Band 69 Regina Egetenmeyer / Sabine Schmidt-Lauff / Vanna Boffo (eds.): Adult Learning and Education in International Contexts: Future Challenges for its Professionalization. Comparative Perspectives from the 2016 Würzburg Winter School. 2017.

Band 70 Bernd Käpplinger / Steffi Robak / Marion Fleige / Aiga von Hippel / Wiltrud Gieseke (eds.): Cultures of Program Planning in Adult Education. Concepts, Research Results and Archives. 2017.

Band 71 Regina Egetenmeyer (ed.) / Paula Guimaraes / Balázs Németh / Steffi Robak: Joint Modules and Internationalisation in Higher Education. 2017.

Band 72 Regina Egetenmeyer (ed.) / Monica Fedeli / Bernd Käpplinger: Adult Education and Work Contexts - International Perspectives and Challenges. 2018.

Band 73 Claudia Pohlmann: Bildungsurlaub. 2018.

Band 74 Bernd Käpplinger / Maren Elfert: Verlassene Orte der Erwachsenenbildung in Deutschland / Abandoned Places of Adult Education in Canada. 2018.

Band 75 Saskia Eschenbacher: Transformatives Lernen im Erwachsenenalter. Kritische Überlegungen zur Theorie Jack Mezirows. 2018.

Band 76 Svenja Krämer: Lernhabitus von Frauen mit türkischem Migrationshintergrund. Einflüsse auf den Lernprozess und Folgerungen für didaktisches Handeln in der Erwachsenenbildung/Weiterbildung. 2018.

Band 77 Sara Reiter: Betriebliche Weiterbildung und Migrationshintergrund. Analysen zur Teilnahme an Weiterbildung auf Basis der Daten des Nationalen Bildungspanels. 2019.

Band 78 Bernd Käpplinger (Hrsg.): Neue Häuser der Erwachsenenbildung 1959 und 2019. Bleibt alles anders? 2020.

Band 79 Clara Kuhlen: Differenzierungspraktiken in der Erwachsenenbildung. Eine Situationsanalyse zu Diversity im Programmplanungshandeln. 2021.

Band 80 Marion Fleige / Wiltrud Gieseke / Aiga von Hippel / Maria Stimm: Berufliche Weiterbildung in Volkshochschulen. Zugänge zum lebenslangen Lernen. 2022.

Band 81 Eva Humt: ‚Migration' beobachten. Eine Studie zu personenbezogenen Um- weltbeobachtungen durch Weiterbildungsorganisationen vor dem Hintergrund differenzierungsreflexiver Organisationsentwicklung. 2024.

Band 82 Barry J. Hake / Kirsi Ahonen / Christian Stifter (eds.): Reformers, Activists, Intellectuals, and the Circulation of Knowledge. Studies in Social, Cultural, and Popular Educational Movements in Europe, 1815–1973. 2025.

Band 83 Bernd Käpplinger / Caroline Dietz / Martin Reuter (Hrsg.): Lebenslanges Lernen und Weiterbildungsberatung. Politisch-wissenschaftliche Diskurse und Perspektiven in der Bevölkerung. 2025.

Band 84 Marion Fleige / Wiltrud Gieseke / Aiga von Hippel (Hrsg.): Beiträge der Erwachsenenbildung für gesellschaftliche und individuelle Entwicklungen. Reflexionen zum jüngeren Werk Wiltrud Giesekes. 2025.

Band 85 Petra Seyfferth: Weiterbildungsangebote für geflüchtete Frauen am Beispiel der Städte Münster und Gelsenkirchen. 2025. Erscheint demnächst.

www.ingramcontent.com/pod-product-compliance
Ingram Content Group UK Ltd.
Pitfield, Milton Keynes, MK11 3LW, UK
UKHW021822290926
8980IPUK00004B/215